中國社會科學引文索引（CSSCI）來源集刊

簡帛研究

簡帛研究

二〇一五

·春夏卷·

中國社會科學院簡帛研究中心
中國社科院歷史所戰國秦漢室

楊振紅　鄔文玲　主編

廣西師範大學出版社
·桂林·

圖書在版編目（CIP）數據

簡帛研究．2015．春夏卷 / 楊振紅，鄔文玲主編．
桂林：廣西師範大學出版社，2015.6
ISBN 978-7-5495-6929-8

Ⅰ.①簡… Ⅱ.①楊…②鄔… Ⅲ.①竹簡—中國—
文集②帛書—中國—文集 Ⅳ.①K877.54-53

中國版本圖書館 CIP 數據核字（2015）第 138484 號

廣西師範大學出版社出版發行
（廣西桂林市中華路 22 號 郵政編碼：541001
網址：http://www.bbtpress.com）
出版人：何林夏
全國新華書店經銷
桂林廣大印務有限責任公司印刷
(桂林市臨桂新區西城大道中段廣西師範大學出版社集團有限公司
創意產業園 郵政編碼：541100)
開本：889 mm × 1 194 mm 1/16
印張：21 字數：480 千字
2015 年 6 月第 1 版 2015 年 6 月第 1 次印刷
印數：0 001～1 200 册 定價：100.00 元

目　録

"逍遥"與"舒遲"
——從連綿詞的幾種特别用法看傳世經典與出土文獻的解讀

香港浸會大學　陳致

内容提要　在上古漢語中,連綿詞有一些特别的用法,往往未引起學者足够重視。一般情况下,連綿詞的兩字不能拆開理解和使用。如清代王念孫所云:"凡連語之字,皆上下同義,不可分訓。"從一般意義上來説,這是毋庸置疑的。但在傳世經典和出土文獻中,特别是在韻文裏面,連綿詞有些特别的用法,却并不一定遵循不可拆開的原則。本文通過分析"婀娜""逍遥""舒夷"等連綿詞在傳世經典、金文和簡帛文字中的用例,來分析與之相關的一些詞語,以及變化形式。對這些連綿詞變化形式的理解,既可以幫助我們理解新出土的金文和簡帛文字的一些内容,同時也會幫助重新理解傳世經典中一些前人難解的或者誤解的文句。

關鍵詞　連綿詞　詩經　簡帛文字　金文　上古音

在上古漢語中,連綿詞有一些特别的用法,往往未引起學者足够重視。一般情况下,連綿詞的兩字不能拆開理解和使用,往往因聲著形,不拘一律。其中尤以雙聲、疊韻多見。一般情况下,兩字不能拆開,不能單獨爲義爲用。

王念孫在《讀書雜志·漢書第十六》中云:"凡連語之字,皆上下同義,不可分訓。説者望文生義,往往穿鑿而失其本指。如訓流貤,則曰:無有差次,不得流行。"[①]作爲連綿詞的"流

① 王念孫:《讀書雜志·漢書第十六·連語》,道光十二年刻本。

貤”二字實際上因聲著形,合則兩立,離則兩不成義。若追本溯源,連綿詞在甲骨文中已有發現。李圃、趙誠等學者已經指出“踟蹰”或“躊躇”一詞在武丁時期的甲骨文中已經存在。[①]如《合集》13338 所著録:

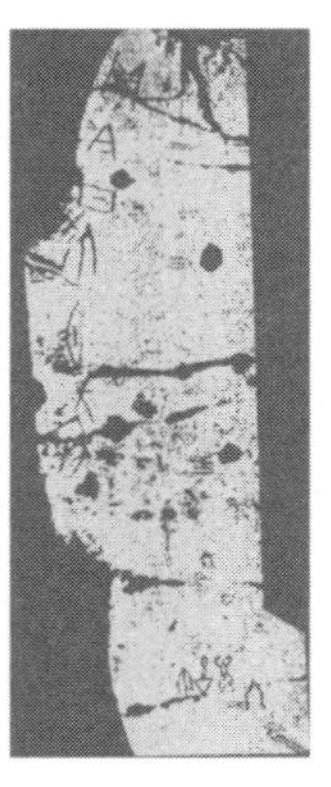

其中二字,第二字像蜘蛛之形,爲鼄字原形。李、趙二人均認爲是連綿詞,李認爲是“踟蹰”,趙以爲是“躊躇”。由於連綿詞的語音關聯特性,大體以詞的讀音爲基準,所用字形則每多變化,顯見的例子如:“踟蹰”(《詩・静女》)之用字,變爲“躑躅”(《易・姤》)、“蹢躅”(《史記・淮陰侯列傳》)、“踶躅”(《淮南子・俶真訓》)、“躊躇”(《莊子・外物》)、“”(兩字另本作上從竹、下從心,《説文解字》)等等;[②]“猶豫”(《楚辭・離騷》)之用字,變爲“猶預”(《史記・魯仲連傳》)、“由豫”(《易・豫》)、“冘豫”(《後漢書・馬融傳》)、“猶與”(《禮記・曲禮》)、“猶予”(《吕氏春秋・下賢》)。[③] 上古漢語中,此例甚多,常見者如“婀娜”“逍遥”“舒遲”等等。[④]

當然聯綿詞也有一些特别的例外。如後世之“伶牙俐齒”,乃將兩個連綿詞,拆解并合成一個成語。另外在詩歌的語詞中爲求聲韻的效果,亦可有意拆開使用連綿詞,即以“婀娜”一詞爲例,其字可作“猗儺”“猗那”“亞箬”“阿難”,後世更作“旖旎”等不一而足。在《詩經》中本作“猗儺”(《隰有萇楚》),而於《商頌・那》中則拆爲“猗與那與”一詞,於《隰桑》又變爲“隰桑有阿,其葉有難”,分入兩句。自古以來《詩經》學者多不知其爲分解之連綿詞,以爲阿

① 李圃:《甲骨文選注》“夕風”條,上海古籍出版社,1993,41-44 頁;趙誠:《甲骨文簡明詞典》,北京:中華書局,1988,286 頁。

② 姜亮夫:《楚辭通故》,昆明:雲南人民出版社,1999,488-489 頁。

③ 姜亮夫:《楚辭通故》,443-444 頁。

④ 關於連綿詞的研究,著作甚多,清人王念孫《讀書雜誌》、黄生《義府》等已多有研究,王國維又編定《聯綿字譜》,收入詞語二千條左右;近人符定一積數十年編成《聯綿字典》,收録六朝以上連綿詞更多,是四十年代集成性著作(初版於 1943 年,見中華書局 1946 年版)。其後又有杜其容《毛詩聯綿詞譜》集中收録《詩經》的連綿詞 127 例(《台灣大學文史哲學報》第 9 期,1969,129-292 頁)。較近的著作,中文可參考謝紀鋒《漢語聯綿詞詞典》,北京:外語教學與研究出版社,2011;徐振邦《聯綿詞概論》,北京:大衆文藝出版社,1998;英文可參見 Jingtao Sun 孫景濤,“Reduplication in Old Chinese,”Ph.D.dissertation. Department of Asian Studies, The University of British Columbia, 1999.

是美的意思;難是盛的意思,則悖離詩人之本意矣。其實《詩經》中還有其他類似的例子。如《詩·鄭風·野有蔓草》形容女子的美貌,用"清揚"一詞,云:"有美一人,清揚婉兮。"而在《詩·齊風·猗嗟》中,分拆爲"美目清兮,美目揚兮"。連綿詞分入兩句,不僅限於韻文,如上舉的"猶豫"一語,《老子》第十五章傳世河上公本作"與兮若冬涉川,猶兮若畏四鄰"。王弼本作"豫焉若冬涉川,猶兮若畏四鄰"。傅奕本作"豫兮若冬涉川,猶兮若畏四鄰"。郭店竹簡本作"豫乎若冬涉川,猶乎其若畏四鄰"。馬王堆帛書本作"與呵其若冬涉水,猶呵其若畏四鄰"。[①] 一語連綿,即已分成兩句;而在《淮南子·兵略訓》中,則爲"擊其猶猶,除其與與",又將"猶豫"變而爲"猶猶與與"兩字之重文疊字,分繫於兩句。而"猗儺"有時其實亦可重言。比如《衛風·淇奥》一詩開篇云:"瞻彼淇奥,綠竹猗猗。"以前學者多以爲如毛詩傳所云是"美盛貌"。也有學者認爲"猗"字通"禕",是"美"的意思。[②] 但是,我認爲此"猗"之重言乃由"猗那"這一連綿詞衍生變化出來,其實就是形容風動菉竹的婀娜摇曳的姿態。

除重言外,連綿詞有時亦可拆取其一半。《周頌·潛》:"猗與漆沮,潛有多魚。"其中"猗與"一詞,過去《詩經》都認爲是感歎之詞。其實是不對的。我以爲"猗與"乃是由"猗與那與"變來的拆解後的連綿詞,是水流彎曲之義,用來形容漆水和沮水的曲折流向。此後,漢代學者因爲誤讀,又產生作爲感歎詞的"猗與"一詞。如《漢書·武帝紀》:"猗與偉與!何行而可以章先帝之洪業休德,上參堯舜,下配三王!"《漢書·叙傳》:"猗與元勳,包漢舉信。"是皆其誤讀之例也。

連綿詞的這些離合變化,并不罕見。但有些語詞沿用至今,有些衍生出另外詞義的詞語,有些則荒遠莫稽、不知其義。而出土文獻資料的大量出現,往往使一些已成爲化石的詞語被重新發現。由於連綿詞的特殊性,因聲尋義、聲迹案求,其離合蔓衍,往往有迹可尋。若追溯"逍遥""舒遲"等詞的來源,可以提供一個典型的案例。

本文通過分析"婀娜""逍遥""舒夷"等連綿詞在傳世經典、金文和簡帛文字中的用例,來分析與之相關的一些詞語,以及變化形式。對這些連綿詞的變化形式的理解,既可以幫助我們理解新出土的金文和簡帛文字的一些内容,同時也有助於重新理解傳世經典中一些前人難解的或者誤解的文句。

① 見劉笑敢《老子古今》,北京:中國社會科學出版社,2006,191-192頁。

② [清]陳啓源:《毛詩稽古編》,影印文淵閣《四庫全書》本,經部第79冊,卷27,臺北:臺灣商務印書館,1983,9頁下。

一　關於"逍遥"之本義

戰國道家的"逍遥"思想,我們都知道始於莊子。《莊子》内篇有"逍遥游"一章,冠於全書之首。其章首言"鯤鵬""斥鴳"之語,次則許由辭堯之讓天下,次則藐姑神人之喻,復次蓬心瓠落之事,復結之以"逍遥乎寢卧"於樗樹之下。究其文義,大抵是言無所營求,不牽於物。故唐陸德明撰《經典釋文叙録·莊子》云:"時人皆尚游説,莊生獨高尚其事,優游自得,依老氏之旨,著書十餘萬言,以逍遥自然無爲齊物而已;大抵皆寓言,歸之於理,不可案文責也。"指出其"逍遥"的思想大抵出於老子"自然無爲"之旨,後人多從陸德明説。然逍遥之本義究竟爲何?這一詞語究竟是從哪裏來的?這是本文所要討論的主旨。

唐成玄英謂"逍遥"之義及其淵源大抵可約之爲三:

第一,顧桐柏云:"逍者,銷也;遥者,遠也。銷盡有爲累,遠見無爲理。以斯而游,故曰逍遥。"

第二,支道林云:"物物而不物於物,故逍然不我待;玄感不疾而速,故遥然靡所不爲。以斯而游天下,故曰逍遥游。"

第三,穆夜云:"逍遥者,蓋是放狂自得之名也。至德内充,無時不適;忘懷應物,何往不通!以斯而游天下,故曰逍遥游。"

後人又有諸多解釋,如"所謂逍遥者,乃消摇也(《經典釋文》)。消猶消釋,摇猶鬆散,且消即摇也,摇即消也,亦即在行動中消除舊業,試比較《安般守意經》'是應空定意隨道行'。"[①]前舉諸家對"逍遥"一詞的解釋,正如王念孫所批評的那樣,不免望文生義。不解連綿詞不能分拆之義。關於"逍遥"之本義,莊子自己亦有其解釋。《大宗師》云:

假於异物,托於同體;忘其肝膽,遺其耳目;反覆終始,不知端倪;芒然彷徨乎塵垢之外,逍遥乎無爲之業。

《達生》篇亦有類似的表述,云:"忘其肝膽,遺其耳目,芒然彷徨乎塵垢之外,逍遥乎无事之業,是謂爲而不恃,長而不宰。"《讓王》又云:

舜以天下讓善卷,善卷曰:"余立於宇宙之中,冬日衣皮毛,夏日衣葛絺;春耕種,形足以勞動;秋收斂,身足以休食;日出而作,日入而息,逍遥於天地之間而心意自得。吾何以天下爲哉!悲夫,子之不知余也。"遂不受。於是去而入深山,莫知其處。

① 張文江:《莊子内七篇析義》,上海人民出版社,2012。

從上引諸例來看,“逍遥”既是一種亂世中形成的政治思想,同時也是一種人生態度。若大而言之,在哲學上則是對“自由”境界的一種追求。在《天運》篇,莊子本身推尊一種“至人”,同時對於“逍遥”之義,作了一番詮釋:

> 扁子曰:“子獨不聞夫至人之自行邪? 忘其肝膽,遺其耳目,芒然彷徨乎塵垢之外,逍遥乎无事之業,是謂爲而不恃,長而不宰。今汝飾知以驚愚,修身以明汙,昭昭乎若揭日月而行也。汝得全而形軀,具而九竅,无中道夭於聾盲跛蹇而比於人數,亦幸矣,又何暇乎天之怨哉! 子往矣!”

是謂“爲而不恃,長而不宰”顯然與老子“是以聖人處無爲之事,行不言之教。萬物作而不辭,生而不有,爲而不恃,成功不居”(王弼本,第二章),及“生而不有,爲而不恃,長而不宰”(第十章、五十一章)的思想一脉相承。而這種“爲而不恃,長而不宰”的“自然無爲”的精神境界,莊子總括之以“逍遥”之名。

其後,《荀子》《文子》《鄧析子》《列子》《吕氏春秋》等戰國秦漢子學著作中,每因《莊子》“逍遥”之義,而發揮其思想,玆不備列。

然而,《莊子》“逍遥”的概念是怎麽來的? 我們知道春秋戰國之際,隨着諸子蜂起,思想討論的深入,很多語詞和概念都經過了一個由具體而抽象的概念化的過程。“逍遥”一語也不例外,其本義是一個形容人的動作、姿態的普通的連綿詞,由具體而抽象化,被早期道家諸子借用來形容一種人生態度和精神境界。

二 “逍遥”與“匪紹匪游”

早在《莊子》之前,成書於公元前6世紀的《詩經》,“逍遥”一詞即已多見。《詩·鄭風·清人》第二章云:“清人在消,駟介麃麃。二矛重喬,河上乎逍遥!”最後一句與第一章最後一句“河上乎翱翔”對文,意亦相同,是優游自得之義。在《詩經》的《小雅·白駒》《檜風·羔裘》中都有“逍遥”一詞,義亦相類。如《檜風·羔裘》:

> 羔裘逍遥,狐裘以朝。豈不爾思? 勞心忉忉。
> 羔裘翱翔,狐裘在堂。豈不爾思? 我心憂傷。
> 羔裘如膏,日出有曜。豈不爾思? 中心是悼。

《毛傳》云:“《羔裘》,大夫以道去其君也。國小而迫,君不用道。好絜其衣服,逍遥游燕,而不能自强於政治。故作是詩也。”另見《小雅·白駒》:

皎皎白駒,食我場苗。縶之維之,以永今朝。所謂伊人,于焉逍遥!
皎皎白駒,食我場藿。縶之維之,以永今夕。所謂伊人,于焉嘉客!
皎皎白駒,賁然來思。爾公爾侯,逸豫無期?慎爾優游,勉爾遁思。
皎皎白駒,在彼空谷。生芻一束,其人如玉。毋金玉爾音,而有遐心。

《毛傳》説這是周大夫刺宣王之詩。如果真是西周宣王之世的作品,那麼"逍遥"一詞在西周晚期已經出現。

《史記正義》引《玄妙内篇》云:"李母懷胎八十一載,逍遥李樹下,迺割左腋而生。"①所謂"逍遥李樹下",意即徘徊於李樹之下。假設《玄妙内篇》關於老子母親的記載是真實準確的,據這段記載,再參照《詩經》諸篇中"逍遥"的用法,那麼我們可以看到,在《莊子》之前,大約春秋時期,"逍遥"一詞或許尚未具備《莊子》時的政治思想、人生態度和哲學境界,其基本的意義就是"徘徊""優游""游衍"之義。

如果考察再早一些或西周宣王同時代的詩篇,我們發現,雖未直接見到"逍遥"一詞,但其實已經有逍遥之義,但因聲賦形,以其他文字出現。《詩·大雅·常武》:"赫赫業業,有嚴天子。王舒保作,匪紹匪游。"毛傳:"匪紹匪游,不敢繼以敖游也。"鄭箋:"紹,緩也。"蘇轍《詩集傳》則釋紹爲急,則"匪紹匪游"爲不急不緩。朱熹《詩集傳》謂紹爲糾緊。義亦近蘇轍之説。馬瑞辰謂紹通弨,謂弛弓之義,引申爲緩。其説看似更有道理,但其實迂曲。實際上"匪紹匪游"即"紹游"也,"匪"字爲連詞,無義,可忽略不計。胡承珙《毛詩後箋》於本詩舉《大雅·緜》中"爰始爰謀"之例云:

> 詩中如"爰始爰謀",謂於是始謀,"曰止曰時",謂止居於是。似此文例甚多,皆非每者一義。②

胡氏此説的爲卓見。據此,則"匪紹匪游"原出於"紹游"一詞。而"紹游"究竟何指?《詩·陳風·月出》:

月出皎兮,佼人僚兮,舒窈糾兮,勞心悄兮。
月出皓兮,佼人懰兮,舒懮受兮,勞心慅兮。
月出照兮,佼人燎兮,舒夭紹兮,勞心慘兮。

第三章云:"舒夭紹兮。"楊樹達《積微居小學述林》云:"紹與綽古音同。《月出》《常武》二詩皆假紹字爲綽耳。夭訓和舒,紹訓緩,正與訓遲訓徐之舒義相類也。《莊子·逍遥游》篇

① [唐]張守節:《史記正義》,[西漢]司馬遷:《史記》卷六三《韓非老子列傳》,北京:中華書局,1963,2139頁。
② [清]胡承珙:《毛詩後箋》,合肥:黄山書社,1999,1479頁。

云:藐姑射之山有神人焉,肌肤若冰雪,綽約若處子。綽約即夭紹之倒文也。”[①]余謂楊樹逹的説法頗有啓發性,但“夭紹”未必爲“綽約”之倒文,揆之音讀,毋寧説是“紹游”之倒文。而“匪紹匪游”,亦“夭紹”之倒文。謂徐行緩步之貌。“紹游”其實就是“逍遥”這一連綿詞的變化形式。“夭紹”恐怕是“逍遥”之倒文,而其實也是“逍遥”一詞的不同文字。《類篇》卷三十七云:“紹,市紹切,《説文》:繼也。一曰:紹,緊糾也,亦姓,古作綤。紹又蚩招切,緩也。《詩》:‘匪紹匪游’。”《廣韻》:“夭,於兆切,又乙嬌切,又於矯切。”胡承珙謂《文選·西京賦》之“要紹修態”,當即“夭紹”也。李善注:“謂嬋娟作姿容也。”我認爲實際上“要紹”固爲“夭紹”,爲嬋娟作姿容之義,此詞亦以形容人之嬋緩,步履舒遲慢易。故“要紹”本亦具此義。

據此,“匪紹匪游”之義已昭然可見,乃“紹游”這一連綿詞之分解詞語。何謂“紹游”?《詩經》給我們提供了清楚的答案。《詩·鄭風·清人》次章云:“清人在消,駟介麃麃。二矛重喬,河上乎逍遥。”《文選·南都賦》注引《韓詩》云:“逍遥,游也。”《楚辭·九章》王逸注:“逍遥,游戲也。”《詩·檜風·羔裘》首章:“羔裘逍遥,狐裘以朝。”毛傳:“羔裘以游燕,狐裘以適朝。”《詩·小雅·白駒》首章:“所謂伊人,于焉逍遥。”鄭玄箋:“逍遥,游息。”字又作“消摇”。《禮記·檀弓上》言孔子“負手曳杖,消摇於門,歌曰:‘泰山其頽乎,梁木其壞乎,哲人其萎乎。’既歌而入,當户而坐。”逍、遥、紹、夭四字古音皆極相近,逍(sew)字,[②]廣韻相邀切,宵部心母,古音亦在宵部;遥(lew)字餘昭切,宵部以母;紹(djewʔ)字,市沼切,宵部禪母;同在宵部。而游(lu)字以周切,尤部以母,上古音在幽部;夭(qoowʔ),烏皓切,豪部影母。上古音亦在宵部。其中“逍”字與“紹”韻同紐近;“遥”與“游”爲一聲之轉,皆在以紐,又幽宵合韻,可以旁轉。夭字與遥字則韻紐俱近。

與此相關的詞語還有“招摇”。《史記·孔子世家》説到衛靈公見孔子後,“孔子居衛,靈公與夫人同車,使孔子爲次乘,招摇市過之”。“招摇”本亦“逍遥”之義。因招(tjew)字古音亦在宵部,故所謂“紹游”“紹夭”“要紹”與“逍遥”“招摇”本是同一連綿詞轉化而生。楚辭中有“超(thew)遥”一詞,我頗疑其亦源自“逍遥”。《七諫》云:“心悇憛而煩冤兮,蹇超摇而無冀。”雖然源自逍遥,這裹的意思是指内心動摇不安,與逍遥的本義似乎正好相反。同一個連綿詞,詞義也發生了變化。

相關的連綿語詞用法,還有《小雅·桑扈》中“彼交匪敖,萬福來求”。交(kreew)字見母,敖(ŋaaw)字疑母,古音亦在宵部。其實“彼交匪敖”即“匪紹匪游”也。兩句詩都是將連綿詞分拆,以合詩入韻。“匪”字爲虚詞無義,而不是否定詞。其用法如詩中“以遨以游”的

① 楊樹逹:《詩“舒夭紹兮”解》,見其著《積微居小學述林》卷六,中國科學院,1954,228頁。

② 爲便於讀者,本文采用鄭張尚芳的古音構擬,列於所討論單字之後。文章結尾并附有所討論諸字之聲韻表,便於檢覽。

“以”字、“爰始爰謀”的“爰”字和“式號式呼”的“式”字。兩句詩原詞即“交敖”與“紹游”,也就是“逍遥”。并非如《詩經》的注疏家所説“不驕傲、不怠慢”的意思。“彼交匪敖”謂南仲奉天子之威,征徐方,行軍中從容不迫。“王舒保作,匪紹匪游”則謂周天子“舒”且“紹游”,也是從容不迫的意思。“保”則指召穆公,“作”是興師的意思。

三 “虚邪”與“舒遲”

連綿詞的另外一個典型例子是“舒遲”,其衍變的形式更爲複雜。其實“舒遲”一詞與“逍遥”亦有關係。《詩・邶風・北風》云:

> 北風其凉,雨雪其雱。惠而好我,攜手同行。其虚其邪?既亟只且!
> 北風其喈,雨雪其霏。惠而好我,攜手同歸。其虚其邪?既亟只且!
> 莫赤匪狐,莫黑匪烏。惠而好我,攜手同車。其虚其邪?既亟只且!

文字本身不難理解,唯有三章倒數第二句,“其虚其邪”,自古以來疏注紛紜,莫衷一是。《毛傳》:“虚,徐也。”鄭玄《毛詩傳箋》:“邪讀如徐。”朱熹《詩集傳》:“虚,寬貌。邪,一作徐,緩也。”陳奂《詩毛氏傳疏》:“虚邪二字連文成義,虚邪猶委蛇也。”胡承珙《毛詩後箋》:“虚徐疊韻,是當時有此語。毛謂《詩》之虚邪即漢人之虚徐也。”這裏漢人乃指班固《幽通賦》:“承靈訓其虚徐兮,佇盤桓而且俟。”馬瑞辰則認爲“虚”爲“舒”之假借。馬引《詩・召南・野有死麕》末章云:“舒而脱脱兮,無感我帨兮,無使尨也吠。”關於“舒而脱脱”一句,馬瑞辰云:“舒,語詞。《説文》:‘余詞之舒也。故舒亦爲語詞。’《爾雅》:‘虚虚,間也。’間即語詞,虚即舒之假借,猶北風其虚其邪,假虚爲舒,徐之舒也。”[①]陳奂云:“《集韻十四泰》:‘娧娧,舒遲貌,一曰喜也。’此三家詩義。《玉篇》:‘娧,好貌。’娧娧爲本字,脱脱爲假借字。”[②]

我以爲“舒而脱脱”的“脱脱”固爲舒遲之義,“舒而”并非如馬瑞辰説爲語詞,而是類“舒舒然”之義,其實即經傳中之“舒遲”也。舒(hlja)、虚(kha)皆魚部字,遲[夷](lil)與邪(ljaa)固然一在魚部,一在脂部,而上古音中,二字魚脂通轉,聲母相近。從字音上説,“邪”與“舒”“徐”“胡”等字同屬魚部,恐怕更接近。但以舒、徐引領的、由“舒遲”而孳生之詞,頗不鮮見。

而“其虚其邪”也是舒遲這一連綿詞的分解形式。在“舒遲”這一詞語上我們還可以看到一些其他的變化用法,對於我們重新理解經典和出土文獻中的章句應該有所助益。下面

① [清]馬瑞辰撰、陳金生點校:《毛詩傳箋通釋》,北京:中華書局,1989,155頁。
② [清]王先謙撰、吴格點校:《詩三家義集疏》,北京:中華書局,1987,113頁。

舉例説明:

舒遲之義,《禮記·玉藻》:"君子之容舒遲,見所尊者齊遬。足容重,手容恭,目容端,口容止,聲容静,頭容直,氣容肅,立容德,色容莊,坐如尸。"以前以爲"舒遲"是君子之容閑雅的意思。但如果結合金文中"舒遲"來看,其實是指祭祀中莊重之容。這在春秋金文中得到印證。

春秋晚期王孫遺者鐘(集成 261)銘文云:

> 隹正月初吉丁亥,王孫遺者擇其吉金,自乍龢鐘。中翰()虘()𬉰,元鳴孔皝。用亯台孝,于我皇且文考,用旂釁壽。余𠭯(温)龏(恭)䝬(舒)屖(遲),戥(畏)嬰(忌)趩趩。肅慎聖武,惠于政德,悊于威義,誨猷不飤。闌闌龢鐘,用匽台喜。用樂嘉賓父䂀,及我倗友。余恁㠯心,延永余德,龢溺民人。余尃旳于國。皝皝趣趣,萬年無諆。枼()萬孫子,永保鼓之。(相連器號:261.1,261.2)

同時期的王孫誥編鐘:[①]

> 隹正月初吉丁亥,王孫誥擇其吉金,自作龢鐘。中翰且揚,元鳴孔皇。有嚴穆穆,敬事楚王。余畏不差,惠于政德,淑于威儀。䝬(舒)屖(遲),畏忌翼翼,肅哲(慎)臧御,聞于四國。恭厥盟祀,永受其福。武于戎功,謀猷(猷)不飤。闌闌龢鐘,用宴以喜,以樂楚王諸侯嘉賓,及我父兄諸士。皇皇熙熙,萬年無期,永保鼓之。

王子午鼎(《集成》2811):

> 隹正月初吉丁亥,王子午擇其吉金,自乍肆(將)彝鼎。用亯厶孝于我皇且文考,用祈釁壽。龏䝬屖,畏趩趩。敬厥盟祀,永受其福。余不畏不差,惠于政德,悊于威義,闌闌獸獸。令尹子庚,殹民之所亟。萬年無期,子孫是制。

諸器皆從河南淅川下寺楚墓出土。從三篇金文可以看到,"𥁰龏䝬屖,畏忌翼翼"是當時祭祀中一成語,謂祭祀敬慎其事,小心翼翼。

同一連綿詞也見於上博三《中弓》篇。

---

① 河南省文物研究所、河南省丹江庫區考古發掘隊、淅川縣博物館:《淅川下寺春秋楚墓》,北京:文物出版社,1992,140-170 頁。劉雨、盧巖編:《近出殷周金文集録》,北京:中華書局,2002,113-209 頁。

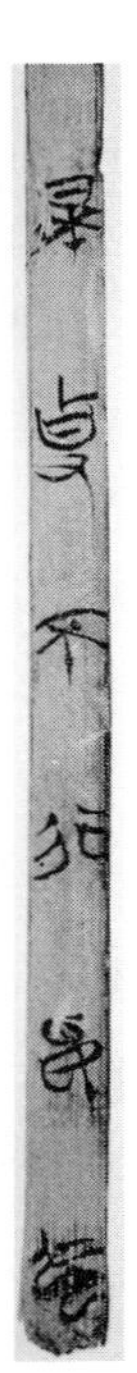

“中(仲)尼曰:‘夫民安舊而厓(重)轚(遷),杲(早)叀(使)不行,妥(舒)㞒(遲)又(有)城(成),是古(故)又(有)司不可不先也。’”①

整理者謂“妥”即“綏”,訓“安”。趙炳清謂“妥㞒”即“安仁”,并引《論語·里仁》“仁者安仁,知者利仁”爲證。認爲這句話當理解爲“早使不行,安仁有成,是故有司不可不先也”。② 此説句意紆曲,恐怕難以成立。也有學者讀妥㞒爲委蛇。因委與妥皆歌部字,㞒字從它得聲。這一説法優於前説。③ 也有學者認爲“妥”當釋爲“舒”,《廣雅·釋詁四》:“綏,舒也。”妥㞒當釋爲“舒遲”。意謂從容不迫。這個説法從句意上説最易理解。“早使不行,綏遲有成”意爲:急於治理百姓不行,緩治才能成。④ 但妥(nhoolʔ)字歌部,所通之綏(snul)字又是微部,與魚部舒(hlja)字古音相去甚遠,也尚不足以定論。姑列之。

金文“㝬屖”一語,諸家都釋爲“舒遲”。舒字通虘、徐、荼、余、舍、紓、予諸字,而屖字通遲、夷諸字。舒遲作爲連綿詞却不具備雙聲疊韻的特徵,這在連綿詞中并不罕見,兩字的組合往往因義類相近,其例如“肅雍”“邅迴”“屯邅”等等。正因義類相近,這些詞有些分開也可各自組合成重言。這樣的例子很多,如“冥漠”,可用“冥冥莫莫”,分言“冥冥”與“漠漠”亦可,義亦乘是。其他還有“恍惚”之於“恍恍”與“忽忽”。舒遲是個典型的例子。其義爲祭祀

① 見馬承源主編《上海博物館藏戰國楚竹書(三)》,上海古籍出版社,2003,269-273頁。

② 趙炳清:《上博簡三〈仲弓〉的編聯及講釋》,簡帛研究網,2005年4月10日。

③ 史傑鵬:《上博竹簡(三)注釋補正》,簡帛研究網,2005年7月16日。亦見連德榮撰寫、季旭昇訂改《仲弓譯釋》,收入季旭昇主編《上海博物館藏戰國楚竹書(三)讀本》,臺北:萬卷樓,2005,190-191頁。

④ 楊芬:《上博簡〈彭祖〉〈互先〉〈中弓〉集釋》,武漢大學歷史學院碩士學位論文,2006,57頁。

中從容莊敬,分言之,“舒舒”與“遲遲”亦具此義也。

先説“遲遲”一詞,《詩經》很常見,有時是取從容遲緩之義,有時則指祭祀中莊敬之義。其例如《詩·邶風·谷風》:“行道遲遲,中心有違。”毛《傳》:“舒行貌。”《小雅·采薇》:“行道遲遲,載渴載飢。”毛《傳》:“遲遲,長遠也。”以上是取從容持久之義。《商頌·長發》:“昭假遲遲,上帝是祇。”馬瑞辰認爲:“遲遲,正狀其昭假之久。”這是不對的。其實這是形容祭祀時莊敬的禮容。《禮記·孔子閒居》:“無體之禮,威儀遲遲。”這裏的“遲遲”與時間無關,而是和“舒遲”中莊敬之義相關。

同語也出現在上博簡二《民之父母》第八簡和十一簡:

孔子曰:“善哉!商也。將可教詩矣。‘城王不敢康,夙夜基命又密’,亡聖之樂,‘威我(義)𡰥𡰥’”①

又云:

(無)體之禮(豊),威(裸)儀(我)𡰥(遲)𡰥,亡備(服)之喪,内恕巽悲。亡聖之樂,塞于四方;亡體之豊(禮),日逑月相;亡備之喪②

整理認爲“威我(義)𡰥𡰥”,即“威儀棣棣”,在這裏與《禮記·孔子閒居》和《孔子家語·

① 馬承源主編:《上海博物館藏戰國楚竹書(二)》,上海古籍出版社,2002,165-167頁。

② 馬承源主編:《上海博物館藏戰國楚竹書(二)》,170-172頁。

論禮》中"威儀逮逮,不可選也"一樣,也是在引《邶風・柏舟》的句子。其實未必,孔子這裏的"威儀遲遲"顯係引《孔子閒居》後面一段"無體之禮,威儀遲遲"的文字。"遲遲"二字其實就是"舒遲"的"遲",意即祭祀中戒慎恐懼,莊敬之容。[①]

《小雅・賓之初筵》"曰既醉止,威儀怭怭"是形容醉後失儀的狀態,與"遲遲"義正相反。從字韻上説,質部的怭(blig)與脂部的遲(l' il)是陰入對轉。金文中亦有相關的用例。如戰國中期令狐君(嗣)子壺(集成 9719–9720),其銘文云:

> 隹十年四月吉日,令狐君嗣子,乍鑄尊壺。柬柬嘼嘼,康樂我家。屖屖()康盄,承受屯德。旂無彊,至于萬啻年。子之子,孫之孫,其永用之。

《説文》:"屖屖,遲也。"這裏的"屖屖"與其説是持久之義,不如説是莊敬之意可能性更大。

上博簡《孔子詩論》第二簡云:

> 寺也,文王受命矣。訟,坪悳也。多言逡。丌(其)樂安而屖,丌(其)訶紳而𦳙,其思深而遠,至矣。大顕,盛悳也。多言[②]

---

① 馬承源主編:《上海博物館藏戰國楚竹書(二)》,167 頁。

② 馬承源主編:《上海博物館藏戰國楚竹書(一)》,上海古籍出版社,2001,127–128 頁。

此“犀”字學者多從馬承源説,謂爲棲遲緩慢之義。[①] 其實當爲“舒犀”之“犀”獨言,除了緩慢之義外,更有可能是莊肅之義,謂頌之聲穆穆可聽。《商頌·那》中“於赫湯孫,穆穆厥聲”,即其所指。在這裏“犀”和“穆穆”都不是指時間長久,而是指莊重之義。

舒與“徐”通,出土與傳世文獻中其例甚多,不煩舉證。而“徐徐”重言,又每與“遲遲”同義。《爾雅·釋訓》:“遲遲,徐也。”《周易·困第四十七》:

> 傳世本:九四:來徐徐,困于金車,吝,有終。
>
> 帛書:九四:來徐,困于□□,閵,有終。

這裏可以看到帛書《周易》曰“來徐”,大概“徐”字獨用與重言無异。字又作“荼”與“余”。李富孫《周易异文釋》云:

> 【來徐徐】《釋文》云:“子夏作荼荼,翟同。音圖,云:内不定之意。王肅作余余。”案:《史記·齊世家》“執簡公于徐州”,(《田敬仲世家》同,《索隱》曰:“徐音舒,齊邑。”)《春秋·哀十四年》作“舒州”。《玉藻》注云:“荼讀爲舒遲之舒。”《周禮·弓人》注云:“荼,古文舒,假借字。鄭司農云:‘荼讀爲舒。舒,徐也。’”(《詩·常武》毛傳同。)是古假荼爲舒。舒、徐音轉義同。翟音圖,非。(《書大傳》注:“荼,緩也。”)《説文》曰:“余,詞之舒也。”[②]

虞翻:“來,欲之初。荼荼,舒遲也。見險,故‘來荼荼’。”《爾雅·釋詁》孫炎注云:“余,舒遲之身也。”釋文謂是疑懼之意,這也與“舒遲”的本義有關。謂祭祀時之戒慎恐懼也。

援連綿詞變化之例,反觀傳世與出土之文獻,其中又多可楬其櫽,闡其微者。與舒遲相關之詞語,還見於《莊子·應帝王》:“泰氏,其卧徐徐,其覺于于。”古今之注莊者,雖知其爲舒緩之義,但多以爲是通“迂緩”之“迂”,都未注意到其實這就是“徐于”這一連綿詞之分解,而“徐于”就是“虚邪”“舒遲”。此處莊子的用法如同“猶豫”之於《淮南子·兵略訓》中“擊其猶猶,除其與與”之例。“泰氏,其卧徐徐,其覺于于。”就是説泰氏無論卧起都從容不迫,緩緩而爲。較有虞氏更像個聖人。《銀雀山漢墓竹簡(壹)》有《尉繚子》一篇云:“……昌于于者勝成去。”[③]此“于于”也是“從容自得”之義,其義與“徐徐”相同,乃是由“虚邪”“舒遲”“徐于”這一連綿詞的易容變化而來。

---

① 馬承源主編:《上海博物館藏戰國楚竹書(一)》,127頁。

② [清]李富孫:《周易異文釋》“困四十七”,《續修四庫全書》第27册,上海古籍出版社,1995。

③ 銀雀山漢墓竹簡整理小組:《銀雀山漢墓竹簡》,北京:文物出版社,1985,77–78頁。

附表:逍遥、舒遲諸字韻表

與逍遥、舒遲聲韻有關諸字	反切《廣韻》	聲紐	韻部	王力/上古韻部	李方桂/上古韻部	白一平(William Baxter)/上古韻部	鄭張尚芳/上古韻部
紹	市沼	禪	宵	ʑiô/宵	djagwx/宵	djewʔ/宵	djewʔ/宵 2
夭	烏晧	影	豪	ô/宵	ʔagwx/宵	ʔawʔ/宵	qoowʔ/宵 3
逍消	相邀	心	宵	siô/宵	sjagw/宵	sjew/宵	sew/宵 2
遥	餘昭	以	宵	ʎiô/宵	grjagw/宵	ljaw/宵	lew/宵 3
游	以周	以	尤	ʎiu/幽	rəgw/幽	lju/幽	Lu/幽 1 部
要	於霄	影	宵	iô/宵 2	ʔjagw/宵	ʔjew/宵	qew/宵 2
舒	傷魚	書	魚	ɕia/魚	hrjag/魚	hlja/魚	hlja/魚
徐	似魚	邪	魚	zia/魚	sdjag/魚	zlja/魚	lja/魚
胡	户吴	匣	魚	ɣa/魚	gag/魚	ga/魚	gaa/魚
虚	去魚	邪	魚	khia/魚	khjag/魚	khja/魚	kha/魚
夷	以脂	以	脂	ʎiei/脂	rid/脂	lji/脂	lil/脂
遲	直尼	澄	脂	diei/脂	drjid/脂	drjij/脂	l'il/脂 1 部
邪	似嗟	邪	麻	zya/魚	rjiag/魚	zja/魚	ljaa/魚
而	如之	日	之	ȵiə/之	njəg/之	njə/之	nj/之
于	羽俱	云	魚	ɣiua/魚	gwjag/魚	wja/魚	G^{w}a/魚
相	息良	心	陽	siaŋ/陽	siaŋ/陽	stjaŋ/陽	slaŋ/陽
羊	與章	心	陽	ʎiaŋ/陽	raŋ/陽	ljaŋ/陽	laŋ/陽
須	相俞	心	虞	sio/侯	sjug/侯	sjo/侯	so/侯
臾	求位	群	脂	giuət/物	gwjiədh/微	grjuts/物	gruds/隊 2 部
敖遨	五勞	疑	豪	ŋô/宵	ŋagw/宵	ŋaw/宵	ŋaaw/宵 1
傲	五到	疑	豪	ŋô/宵	ŋagwh/宵	ŋaws/宵	ŋaaws/宵 1
翔	似羊	邪	陽	ziaŋ/陽	riaŋ/陽	zljaŋ/陽	ljaŋ/陽
交	古肴	見	肴	keô/宵	kragw/宵	krew/宵	kreew/宵 2
招	止遥	章	宵	tɕiô/宵	tjagw/宵	tjew/宵	tjew/宵 2

資料來源:東方語言學網

釋“紳”“轂”[*]

——從楚帛書“紳”字考釋談起

吉林大學古籍研究所
吉林大學出土文獻與中國古代文明研究協同創新中心　李春桃

内容提要　本文將長沙子彈庫楚帛書舊釋爲“繫”的字改釋成“紳”，辭例上“申之以”的用法古書習見。同時，本文對古文字中與“繫”有關的字進行梳理、考釋，將金文及曾侯乙墓漆匫箱中的有關字改釋爲“轂”，讀爲“繫”。

關鍵詞　楚帛書　繫　紳　陳　轂

一　楚帛書字新釋

1942年被盜掘出土的長沙子彈庫楚帛書極具歷史價值，一直以來都是學界的研究熱點。因帛書破損及不清晰處較多，以致過去對文字的釋讀尚有不足之處。如帛書乙篇（即十三行篇）中第六行有語句作：

惟德慝之歲，三時，A之以（素?）[降?]……

* 基金項目：本文受到國家社會科學基金重大項目（14ZDB027）資助，同時得到中國博士後科學基金第五十四批面上資助（編號：2013M541279）、第七批特別資助（編號：2014T70278）、黑龍江省社會科學研究規劃年度項目資助（編號14E083）。

其中A形原篆作:

嚴一萍先生釋爲"繫",認爲其從殳省。[1] 李學勤先生釋爲"縛"。[2] 李零先生謂"其字下半猶存女字殘劃,應正爲嫛,此字從糸與繫同,從女與嫛同,這裏似應讀爲繼"。[3] 高明先生隸作"緐",謂其"乃繫字之省,讀如繼。繒書所云,猶謂德慝之歲,三時已亂,繼之而大雨滂沱而降"。[4] 後來討論此句的何琳儀先生贊同釋"繫"説,他認爲形是"素"字,"素""索"一字分化,此句意爲"繫之以索"。[5] 曾憲通先生亦贊同釋"繫"説,謂整句"繫之以素降","如楚俗以五彩絲繫臂之比"。[6] 鄭剛先生讀"繫"爲"繼"。[7] 劉信芳、[8]鄭禮勳、[9]陳媛媛、徐在國[10]等先生均贊同釋"繫"説。按,以上諸家僅李學勤先生釋"縛",李零先生已經指出此説於字形不合,[11]其説是。其他學者儘管對此句的理解尚有不同,釋A爲"繫"却是極其一致。

從字形來看,以往釋該字爲"繫"有待商榷,目前古文字中"毄"或從毄之字作如下形體:

《容成氏》22 《周易》1 《靈王遂申》04

《周易》40 《繫年》120

鄭與兵壺

其中《容成氏》中形體整理者誤釋成"撞",裘錫圭先生改釋成"墼",讀爲"擊"。[12] 此説爲後來公布的上博簡《周易》所證實。《周易》簡中的兩個形體有今本對照,前者今本作"擊",後者今本作"繫",所以兩處簡文釋讀均無問題。鄭與兵壺中形體與《周易》簡1形體極其相似,舊

① 嚴一萍:《楚繒書新考》,《中國文字》第26册,2979頁。

② 李學勤:《楚帛書中的天象》,《湖南考古輯刊》第1集,長沙:岳麓書社,1982;又輯入《簡帛佚籍與學術史》,南昌:江西教育出版社,2001,38頁。

③ 李零:《長沙子彈庫戰國楚帛書研究》,北京:中華書局,1985,58頁。

④ 高明:《楚繒書研究》,《古文字研究》第12輯,北京:中華書局,1985,386頁。

⑤ 何琳儀:《長沙帛書通釋》,《江漢考古》1986年第2期。

⑥ 曾憲通:《長沙楚帛書文字編》,北京:中華書局,1993,106頁。

⑦ 鄭剛:《戰國文字中的"陵"和"李"》,中國古文字研究會第七次年會會議論文,1988,後收入《楚簡道家文獻辨證》,汕頭大學出版社,2004,72頁,本文據後者。鄭剛:《論楚帛書乙篇的性質》,《容庚先生百年誕辰紀念文集(古文字研究專號)》,廣州:廣東人民出版社,1998,603頁。按,兩篇文章中鄭剛先生雖然均讀"繫"爲"繼",但對整句文意的理解兩者并不相同。

⑧ 劉信芳:《楚帛書解詁》,《中國文字》新21期,臺北:藝文印書館,1996,90頁。

⑨ 鄭禮勳:《楚帛書文字研究》,中正大學中國文學系碩士學位論文,指導教師:黄静吟副教授,2007。

⑩ 陳媛媛:《楚帛書乙篇・集釋》,吉林大學碩士學位論文,指導教師:李守奎教授,2009。徐在國:《楚帛書詁林》,合肥:安徽大學出版社,2010,761頁。按,以上所引各家觀點,後文再次提及時不另出注。

⑪ 李零:《〈長沙子彈庫戰國楚帛書研究〉補證》,《古文字研究》第20輯,北京:中華書局,2000,167頁。

⑫ 裘錫圭:《讀上博簡〈容成氏〉札記二則》,《古文字研究》第25輯,北京:中華書局,2004,316-317頁。

或誤釋成"敕",或誤釋爲"陳",後张新俊、魏宜輝先生改釋成"墼",破讀方面,張説讀爲"啻"、①魏説讀爲"懈"。② 改釋可信,破讀當以魏説更爲合理。

以A形與上述"繫""毄"相比,兩者并不相同。另外,《説文》謂"繫"從毄得聲,又謂"毄"從殳、從車會"相擊中也"之義,既然"毄"是會意字,意符殳旁似不是可有可無的,③ A形中却没有殳旁。更爲關鍵的是,以往對A的分析也有問題。多數學者將A左面直接隸定成"害",難以信從。李零先生謂A形左下部從女,得到一些學者的贊同。從輪廓上看□下部很像女旁,但該形中間所從顯然是一個V形筆劃,如果把下部看成女,則V形中右部一斜筆便失去着落。古文字中"毄"已多見,左下部没有帶V形筆劃的。故以往對A的分析及將其釋成"繫"字均不準確。

我們認爲此形應是古文字中常見的"紳"字,楚文字中的"紳"字或作:

□包山159 □包山190 □《申公臣靈王》6

□ □天星觀④

□《繫年》6 □《繫年》40

裘錫圭先生曾指出此類形體右上部是"東"之省,下面"田"是聲符。⑤ 其説可信。值得注意的是,上録清華簡《繫年》中形體"東"與"田"旁之間寫作V形筆劃,這與A所從V形正一致。

A與以上"紳"字形體極爲相似,衹是A的糸旁寫在右側,而古文字中在不以偏旁位置關係會意時,左右往往無别。至於A左下部應該是"田"旁之殘,下面把A在帛書中的位置截録如下:

---

① 張新俊:《上博楚簡文字研究》,吉林大學博士學位論文,指導教師:吴振武教授,2005,14頁。

② 魏宜輝:《利用戰國竹簡文字釋讀春秋金文一例》,《史林》2009年第4期。

③ 古文字中"毄"字(旁)也多從殳。清華簡《繫年》134號簡中有□形,整理者讀爲"擊",爲魏武侯之名。按,此形不從殳(或支)旁,實屬特殊情況。

④ 形體參滕壬生《楚系簡帛文字編(增訂本)》,武漢:湖北教育出版社,2008,1090頁;李守奎:《楚文字編》,上海:華東師範大學出版社,2003,731頁。

⑤ 裘錫圭:《談曾侯乙墓鐘磬銘文中的幾個字》,《裘錫圭學術文集》第三卷,上海:復旦大學出版社,2012,57頁。

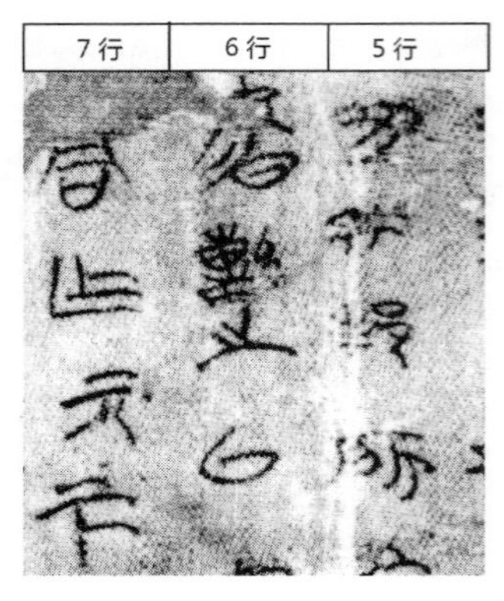

圖 B1

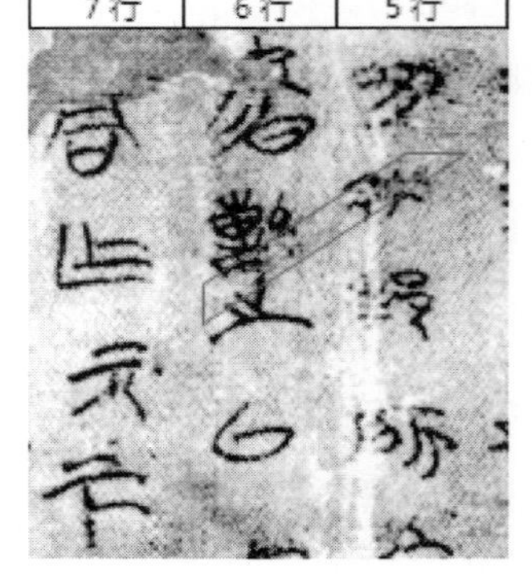

圖 B2

從上圖可以看出,帛書中第 5 行“隹”字上部至第 6 行 A 的下部有緊縮殘缺痕迹(參圖 B2 直綫框選處),似是因帛書疊壓粘連或抽絲所致。進而導致“隹”字變形、A 所從的“糸”旁下部殘缺、A 的下一字“之”的位置上移,也使 A、“之”兩字間隔空間變小。A 左下部的田旁正是因此而殘損了下部横畫,這才被誤認成“女”旁。下面按照我們的理解把 A 形還原作形,可見該形與清華簡《繫年》中的形體最爲相似,衹是兩者偏旁左右互换而已。

“A 之以”一句文意因前後、二形未能確釋而不易理解。過去釋 A 爲“繫”,有部分學者主張按本義約束解釋,如何琳儀、曾憲通等先生。還有一些學者認爲“繫”應讀爲“繼”,理解成延續,如李零、高明、鄭剛等先生。現將 A 改釋成“紳”後,古文字中“紳”字絕大多數都讀爲“申”,此處亦然,“申”既有約束意,也有延伸義,[①]所以無論過去哪一理解正確,改釋爲“紳”皆可通順。但從整段文意來看,此句前“惟德慝之歲,三時□”是在討論歲星失序,三時……,後句“是月以婁,曆爲之……”也在討論星宿問題。若把中間此句理解成“約束以某物”意,顯得較爲突兀。應當注意到,“申”常訓作“重”,此類用法在古文字中習見,如金文中的“申就”一詞便用此意。典籍中“申之以”格式極爲常見,現列舉數例如下:《左傳·成公十三年》:“申之以盟誓,重之以昏姻。”《孟子·梁惠王上》:“謹庠序之教,申之以孝悌之養。”《管子·輕重》:“故申之以號令,抗之以徐疾也。”《禮記·昏義》:“成婦禮,明婦順,又申之以著代。”《荀子·議兵》:“慮必先事,而申之以敬,慎終如始,終始如一。”楚帛書中“申之以”與典籍中的用法應是一致的,説明將 A 釋爲“紳”并讀作“申”在文意上也是合適的。[②]

① 參宗福邦、陳世鐃、蕭海波主編《故訓匯纂》,北京:商務印書館,2003,1481-1492 頁。

② 本文完成後曾呈於部分師友,蒙告知魏宜輝先生在一篇未刊舊稿《試從古文字分析“毄”及相關諸字》中也曾懷疑 A 形是“紳”字,但未作詳論。故筆者以本文向魏先生請教,承其告知《試從古文字分析“毄”及相關諸字》與《利用戰國竹簡文字釋讀春秋金文一例》爲同一篇文章,後者是修改删減前者而來。按,魏先生後文本文初稿便已引用(見前文注釋),未見提及此説,應是修改時删除,讀者可參看。

二 釋“毄”字

上文討論了“紳”被誤釋成“毄”聲字的情況，其實古文字中可能還有一些真正的“毄”字未被正確釋讀出來，下面試論之。

《説文》：“毄，相擊中也。如車相擊，故從殳、從軎。”裘錫圭先生指出《説文》分析不可信，他據漢印及秦漢簡帛中“毄”字寫法認爲“毄”左旁所作“東”下加“凵”之形，并不從軎。[①]其説是。不但秦漢文字如此，楚簡中“毄”旁亦從東。裘先生在將釋成“墼”的同時，也懷疑該形可能是“毄”字。此説可信，古文字中常常在下部增添羨符土形，以東旁來説，“重”字本從東，後來便在“東”下部增添土形。循此規律不難想見，“毄”本應從東、從殳作㲀，[②]後來才增添土旁。傳抄古文中的“繫”字作，[③]從糸、從毄，形體中“毄”旁就寫作從東（横置）、從殳，這是上文將“毄”分析成從東、從殳的重要依據。

上世紀70年代湖北隨縣出土幾件青銅器，[④]其中一件鬲銘有形體作C1形：

《集成》592

此形可隸定作“㲀”，舊或僅作嚴格隸定；[⑤]或釋“揀”；[⑥]或釋“陳”。[⑦] 按，“揀”字晚出，且從字形上看此説也無堅實依據。至於釋“陳”，上引魏宜輝先生文通過排比“陳”字主要寫法，指出“‘陳’字或加支旁，或加土旁，或支、土皆加，没有一例是省去左邊阜旁的”。[⑧] 此形無阜旁、支旁，而是右部從殳，古文字中確定的“陳”字似未見有從殳作者，故釋“陳”不確。按照上文分析，“毄”本從殳、從東，與C1正同，所以我們懷疑C1應是“毄”字。形體象以手執物擊打口袋之形，是擊打之“擊”的表意形體，而從手、毄聲之“擊”爲其後出形聲字。此形在原銘文中用爲人名。

---

① 裘錫圭：《讀上博簡〈容成氏〉札記二則》，《古文字研究》第25輯，北京：中華書局，2004，316-317頁。

② 小文完成後，蒙蘇建洲先生提示，其在一篇文章中也曾有此推測。按，蘇先生觀點參其文《〈上博五・弟子問〉研究》，《中研院歷史語言研究所集刊》第83本第2分，2012。但對“繫”字本義的理解，我們與蘇先生并不相同。

③ 郭忠恕、夏竦輯，李零、劉新光整理：《汗簡・古文四聲韻》卷四，北京：中華書局，1983，14頁。

④ 隨州市博物館：《湖北隨縣發現商周青銅器》，《考古》1984年第6期。

⑤ 如上引《湖北隨縣發現商周青銅器》一文，又董蓮池《新金文編》，北京：作家出版社，2011，370頁。

⑥ 張亞初：《殷周金文集成引得》，北京：中華書局，2001，21頁。中國社會科學院考古研究所：《殷周金文集成（修訂增補本）》，北京：中華書局，2007。

⑦ 黄德寬主編：《古文字譜系疏證》，北京：商務印書館，2007，3497頁。

⑧ 參魏宜輝《利用戰國竹簡文字釋讀春秋金文一例》，《史林》2009年第4期。按，此説主要針對當時所見金文中大量“陳”字而言，近年公布的《繫年》104簡中“陳”或作形，省去阜旁，但《繫年》中“陳”字凡20例，僅此一例不從阜，似屬偶然現象。所以我們認爲魏宜輝先生觀點在通常情況下仍是較爲合理的。

另曾侯乙墓漆匫箱中有墨書文字,先按通行意見將釋文録寫如下:[①]

民祀隹此,日辰於維,興歲之四,辰尚若C2,琴瑟常和。

其中C2原篆作:

舊釋該形爲"陳",似無异説。按,C2從支、從東,該形也不從阜,且楚文字中的"陳"字基本都作以下諸形:

《璽匯》0281　包山228　《昭王毁室》3　新蔡甲三49　包山166

其右上部究竟爲何形,學界尚有争議,很多學者認爲其不是東旁,李守奎先生近來對此問題有討論,[②]可參看。而上述C2形從東、從支,與楚文字中的"陳"并不相同,釋"陳"也存在疑點。此處提出另一種可能。C2形顯然與上文討論的C1形相近,兩者左部相同,前者右部從支,後者從殳,古文字中很多從殳的字,在楚文字中或訛寫成從支,[③]上文所論"毄"字便屬一例。且C1與C2所在器物均出自湖北隨縣,兩者國别相同,很可能爲同一形體,我們認爲將其釋成"毄"更爲合理。

釋C1、C2爲"毄"還有一重要證據。清華簡《周公之琴舞》16號簡中有形作者,原整理者隸定成"毄",讀爲"動"。蘇建洲先生改釋成"毄",讀爲"懈",簡文"文非懈師"與前面"德非惰師"文意可相互對照。[④] 按,釋"毄"説於形體及文意均勝舊説,當可信從。該形左下部是在東旁的豎畫上加一横畫飾筆,此類現象古文字中習見,故隸定成"毄"是可信的。從形體上看C1、C2與形十分接近,他們很可能就是同一個字。

關於"辰尚若C2,琴瑟常和"的文意,劉國勝先生贊同釋"陳"説,解釋此句義"一年十二個月,日月之會倘若順從星宿的陳列,琴瑟常得其和"。[⑤]現釋C2爲"毄",應讀爲"繫","繫"有連綴義,且古籍中"辰""繫"常連用,如《大戴禮記·夏小正》:"辰繫於日。"王聘珍解詁:"辰謂大辰……繫,連綴也,九月辰與日俱出俱入,故云繫也。"[⑥]《禮記·中庸》:"今夫天,斯

① 釋文主要參考以下諸家意見:饒宗頤:《曾侯乙墓匫器漆書文字初釋》,《古文字研究》第10輯,北京:中華書局,1983;黄錫全:《湖北出土商周文字輯證》,武漢大學出版社,1992;劉國勝:《曾侯乙墓E61號漆箱漆書文字研究——附"瑟"考》,《第三届香港中國古文字學國際學術研討會論文集》,香港中文大學,1997。

② 李守奎:《清華簡〈繫年〉中的"𨻰"字與陳氏》,中國古文字研究會第十九届年會論文,2012;又載《中國文字研究》第18輯,2013。

③ 參李守奎《楚文字編》,上海:華東師範大學出版社,2003,192-193頁。

④ 蘇建洲:《初讀清華三〈周公之琴舞〉、〈良臣〉札記》,簡帛網,2013年1月18日。

⑤ 劉國勝:《曾侯乙墓E61號漆箱漆書文字研究——附"瑟"考》,《第三届香港中國古文字學國際學術研討會論文集》,香港中文大學,1997。

⑥ 方向東:《大戴禮記匯校集解》,北京:中華書局,2008,286頁。按,他本或無此四字,參同書287頁。

昭昭之多,及其無窮也,日月星辰繫焉,萬物覆焉。”《太白陰經·雜占》:“經曰:天有二十八宿,爲十二次,在地爲十二辰,配十二月,至於九州分野,各有攸繫,上下相應,故可得而占識之。”[①]漆箱文字中“尚”可能讀爲“當”,“若”訓作順,“辰尚若繫,琴瑟常和”大概是説星辰應當合順連綴,琴瑟常可和鳴。關於星辰、琴瑟之間關係,上引劉國勝先生文已有很好的説明,此不贅述。

① 李荃:《太白陰經》(二),《中華古典文學叢書》第45册,廣州出版社,2003,125頁。

試説清華簡《周公之琴舞》“日内辠鼜不寍,是佳尼”*

北京印刷學院社會科學部　崔存明

内容提要　學者對清華簡《周公之琴舞》“四啓”部分“日内辠(罪)鼜不寍,是佳尼”一句的釋讀做出了多種嘗試,但結合上下文來看,都與全文主旨不合。本文通過對其中關鍵字的重新訓解,將“日内辠鼜不寍,是佳尼”一句釋爲“日内辠(罪),鼜(居)不寍(寧),是佳尼(引)”,意爲“每日内心反省,居處不寧,以此來延續(先祖的功業)”,以求符合“四啓”部分所表達的“晝夜思慮如何效法皇天與先祖,光顯其事業於天上地下”的全詩主旨。

關鍵詞　周公之琴舞　日内辠　鼜不寍　是佳尼

《清華大學藏戰國竹簡(叁)》①中的《周公之琴舞》公開出版後,引起了學界的廣泛重視和全面深入的討論,取得了豐碩成果。清華簡整理者篳路藍縷,從竹簡的保護與整理、簡文的隸定、釋文的斟酌等方面完成了大量的基礎性工作。正是這些開創性的工作成果,使學者進一步研究與討論《周公之琴舞》得以順利展開。然而,由於《周公之琴舞》作爲時代相隔久遠的先秦古詩類文獻,言辭古奥,用韵寬泛而不規律,所以隨着研究的深入就會發現一些影

* 本成果受北京印刷學院“北印學者”培養與選拔計劃及北京印刷學院重點項目資助。

① 李學勤主編:《清華大學藏戰國竹簡(叁)》,上海:中西書局,2012。

響到一首詩甚至是整組詩[①]正確理解的疑難字句。本文在整理者成果基礎上,對其中"四啓"部分的一個關鍵句"日内皐畨不窓,是隹尾"所存在的問題進行嘗試性疏解。

一　問題的由來

由於"日内皐畨不窓,是隹尾"在"四啓"詩中的末尾,位置相對特殊而重要,其所表達的内容與全詩有着相對密切的相關性。爲了準確把握這句話釋讀存在的問題,我們先把整理者所做的"四啓"釋文及李守奎先生所做的文義串講列出,便於討論:

四啟(啓)曰:文=(文文)亓(其)又豙(家),缶(保)藍(監)亓(其)又(有)逡(後),需(孺)子王矣,不(丕)寍(寧)亓(其)又(有)心。李=(懋懋)亓(其)才(在)立(位),㬎(顯)於上下。亂(亂)曰:䚵(遹)亓(其)㬎(顯)思,皇天之衽(功),晝之才(在)見(視)日,夜之才(在)見(視)晨(辰)。日内(入)皐畨(舉)不窓(寧),是隹(惟)尾(宅)。[②]

文義串講:

四章之啓曰:賴我先人勤勉其家,保佑監督其後嗣,小子我現今得以即位臨政,内心惶恐不安,戰戰兢兢。我會勤勉在位,光顯祖考於上,照臨臣民於下。四章之亂曰:光明偉大啊,皇天之功績!白天觀察太陽效仿,晚上觀察星辰學習。每天羅納有罪之人,舉正不安分之人,這是合乎法度。[③]

李守奎先生的譯文以成王作爲四啓部分作者。[④] 這與李學勤先生認爲四啓是周公所作的觀點不同。[⑤] 這裏需要説明的是,儘管關於四啓的作者問題存在不同觀點,但這并不會對准確理解其文義造成混淆與影響,理由如下:如果認爲四啓部分是周公所作,則此篇是以周

① 《周公之琴舞》全篇由十首整齊的"啓—亂"結構詩組成,因此稱其爲《周公之琴舞》組詩更爲恰當,也便於學術研究中的行文與表述。

② 此釋文采用了整理者的最初版本,見李學勤主編《清華大學藏戰國竹簡(叁)》,133 頁。

③ 李守奎:《〈周公之琴舞〉補釋》,中國文化遺産研究院編《出土文獻研究》第 11 輯,上海:中西書局,2012,17 頁。

④ 李守奎先生認爲"'孺子王矣'在《周書》中是周公勸誡成王的習慣用語,據此曾懷疑啓與亂是君臣唱和關係,但第六章啓之首句'其余冲人,服在清廟'顯然是成王自稱,啓不可能是周公之詩",并在此基礎上認爲四啓的主旨"是成王進一步表態,即位勤政,不敢荒寧,仰觀日月星辰,效法天之光明,懲治罪惡,致天下太平",參見李守奎《〈周公之琴舞〉補釋》,15–17 頁。

⑤ 李學勤先生最早在《文物》上發表文章認爲《周公之琴舞》組詩中各篇"有的是王的口氣,有的却是朝臣的口氣",并根據《尚書·立政》與《周公之琴舞》四啓部分都有"孺子王矣"一句,認爲"由此足知這篇詩實際原在周公所作之中",參見李學勤《新整理清華簡六種概述》,《文物》2012 年第 8 期。此後,李先生又撰文進一步推想出組成《周公之琴舞》組詩的 10 篇詩中,具体有哪 5 首是周公所作,哪 5 首是成王所作,并再次確認四啓部分"無疑是周公作的一篇",參見李學勤《論清華簡〈周公之琴舞〉的結構》,《深圳大學學報》(人文社會科學版)2013 年第 1 期。

公勸誡成王的口吻行文;如果認爲該部分是成王所作,則可看成是成王自儆之作。因此,參照整理者的釋文,充分考慮不同的作者立場對理解四啓文義可能帶來的影響,在李守奎先生所做的串講式譯文的基礎上,我們可以從較爲客觀的立場上歸納出此首詩的主旨:繼位者應該效法皇天之功與先王業績,勤勉謹慎,光顯其功業於天上與地下。

然而,在這樣的行文主旨背景下,由於整理者將全詩最後一句話"日内辠罍不寍,是隹尼"釋讀爲"日内(入)辠罍(舉)不寍(寧),是隹(惟)尼(宅)",并對最後一個字"尼"的釋讀除了正式釋文中所給出的"宅"以外,又給出讀爲"度"與讀爲"引"二種可能。[①] 這就引發了學術界對"日内辠罍不寍,是隹尼"這句話的釋讀出現了不同的觀點。而結合整首詩的大意綜合分析發現,這些不同釋讀觀點都難以同全詩的主旨相契合。下面我們就對這些不同釋讀觀點存在的問題進行逐個解析。

李守奎先生在總體上接受了整理者的釋文,衹是在斷句上有所修改,將原來的斷句"日内(入)辠罍(舉)不寍(寧),是隹(惟)尼(宅)"修改爲"日内(入)辠,罍(舉)不寍(寧),是隹(惟)尼(宅)",但是在對此句話釋義時則采納了整理者給出的第二種意見,將"尼"字"讀爲'度'",從而將此句釋義爲"每天羅納有罪之人,舉正不安分之人,這是合乎法度"。[②] 這一釋文明顯與全文濃厚的"晝夜思慮如何效法皇天與承嗣先祖,光顯其事業於天上地下"之文氣不相協調:此句之前的所有文字都是在討論皇天之神聖、先王之偉大,以及繼位者立志勤勉,繼承與發揚先王之功;行文至此,作爲通常具有總結性質的全篇最後一句話却突然發生了轉折,轉向談論非天子職責所在的抓捕罪人、監察不安分者等瑣碎的行政事務層面的問題。這樣就使本來該承擔總結、升華全文功能的結尾句,從文義上與全文形成了明顯的齟齬與反差。李守奎先生也在某種程度上發現了這一問題,但是又進行了圓融式的解釋:"'日入罪,舉不寧'的釋讀似顯突兀,但結合周初天下洶洶,尚未安定的實際情況,懲治不服是其迫切需要。章尾之字隸作有'尼''任''引'等多種思考,讀爲'度',也僅是一種假設,尚待進一步研究。"[③]

还有學者將此句釋讀爲:"日入辠(次),罍(夜)不寧,是維度",并據此認爲:"'日入辠,罍不寧'當即《易傳》'天行健'之意。'尼'當以讀'度'爲是,這裏的'度',是對於天象的度的引申理解,即對應於上句的'晝之在視日,夜之在視辰'。"[④]這一觀點汲取了楚簡訓詁的前沿

① 李學勤主編:《清華大學藏戰國竹簡(叁)》,139 頁。
② 李守奎:《〈周公之琴舞〉補釋》,17 頁。
③ 李守奎:《〈周公之琴舞〉補釋》,16 頁。
④ 子居:《清華簡〈周公之琴舞〉解析》,《學燈》第 29 期。

成果,但在個别文句解讀與整篇詩義協調匹配方面尚需仔細斟酌。[①] 作爲全詩之亂的部分,共有三句話:"𣣈(遹)亓(其)㬎(顯)思,皇天之社(功)。[②] 晝之才(在)見(視)日,夜之才(在)見(視)晨(辰)。日内(入)皐畧(舉)不窓(寧),是隹(惟)尼(宅)。"第一句在歌頌皇天之功。第二句説日夜觀察與效法太陽與星辰,隱含着學習其運行規律之義。從皇天之功到太陽星辰,詩人的論述不斷趨向具體意象。按照這樣的行文邏輯,第三句的表述會更加具體地落實到現實政治生活中的具體行爲方式上,而不會繼續討論"對天象的理解"。否則構成全詩之亂的三句話都在空泛地討論天象,既與本詩前面啓的部分割裂開來,又與《周公之琴舞》整體叙事内容相違背。因爲《周公之琴舞》組詩是"以周公還政、成王嗣位爲其内容",[③] 所以其論述的重心最後一定是落實在對具體政治行爲的傳承與承諾上。通過對《周公之琴舞》全文結構的仔細分析,可以發現其行文邏輯特點:通過稱頌皇天之功,追述先祖事迹,來説明嗣王要如何繼承先王事業。在這樣的行文邏輯背景下,根據"晝之在視日,夜之在視辰"釋"尼"爲"天象度的引申理解",使本來應該承擔總結與傳承歷史經驗任務的結尾句,却突兀地轉向談論天象問題,顯然是偏離既有行文邏輯,從而與整篇詩意宗旨不相協調。

總之,就現有研究成果來看,學者們做出了多方面的努力探索,但是都未能對"日内皐畧不窓,是隹尼"一句做出較爲貼切的解答。

二 "日内皐畧不窓,是隹尼"疏證

古書中出現某一句話與全文不相協調通常有二種可能:其一,錯簡現象;其二,對古文字的釋讀與訓詁不準確。據整理者介紹:"《周公之琴舞》共十七支簡,其中除十五號簡殘缺了近半,其餘都保存完好。篇尾留白,有結尾符號。簡背有編號。"[④]據此,錯簡現象就基本可以排除。因而,我們接下來從古文字的釋讀與訓詁方面重新思考解決問題的方向。

首先,我們來看原簡文字:

① 釋"夜"爲"舉"是裘錫圭先生近年的新觀點,最新表述見裘錫圭《説"夜爵"》,李学勤主編《出土文獻》第2輯,上海:中西書局,2011。需要注意的是,裘先生在文後的"附記"中又指出:"楚簡一般以從'止''與'聲之字爲'舉',偶爾又用'夜'字爲'舉',是完全可能的。"因此,我們在引用這一成果時要注意其通假的偶然性。訓詁學的結論有的是普適性的,有的是特例性的,因此在具體應用中要結合具體文本加以認真分析,慎重使用,避免出現文字學意義上是正確的,但在文本解讀中則可能不正確的現象。因此,引用裘先生結論,結合"晝之在視日,夜之在視辰",把"尼"釋爲"天象度的引申理解",從文字學角度講得通,但要嵌入四啓全詩,則在行文邏輯上難以協調,詳見下文分析。

② 關於此處的標點,整理者最初所做釋文爲逗號,本文根據全詩結構與文義特點,認爲改爲句號較好,這樣一來,四啓之亂就由三句話組成。

③ 李學勤:《新整理清華簡六種概述》。

④ 李學勤主編:《清華大學藏戰國竹簡(叁)》,132頁。

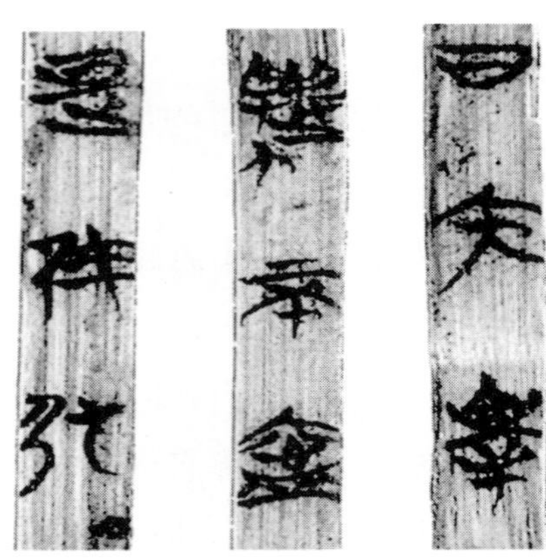

通過對原簡的仔細審讀,我們發現竹簡九個字的字形都很清晰,整理者隸定爲“日内辠鬌不寍,是隹尼”,其中前八個字的字形基本没有疑問,衹有第九個字“□”的隸定,在現有的甲骨文、金文及簡帛文字中尚未找到較準確的隸定用例。因此,下面結合《周公之琴舞》“四啓”部分的全文主旨,對整理者隸定後的前八個字中與準確理解整句關係密切的關鍵文字的訓詁進行重新思考,對第九個字“□”的隸定加以新的考證,在此基礎上,對“日内辠鬌不寍,是隹尼”進行重新釋讀。

(一)先看“日内辠鬌不寍”

整理者言:“入,《廣雅·釋詁三》:‘得也。’鬌,讀爲‘舉’。《吕氏春秋·自知》‘所以舉過也’,高誘注:‘舉猶正也。’寧,《爾雅·釋詁》:‘安也’。”①因而,整理者釋讀并斷句爲“日内(入)辠鬌(舉)不寍(寧)”。② 李守奎先生後來進行了重新斷句“日内(入)罪,鬌(舉)不寍(寧)”。③ 本文在采納李守奎先生斷句的基礎上,對其中關鍵字的訓詁進行重新思考。

1.“内”

整理者釋“内”爲“入”。這一釋義所定下的基調引導了對整句話下文其他關鍵字的訓解逐漸走上與“四啓”其他部分格格不入的軌迹,最後得出了“每天羅納有罪之人,舉正不安分之人,這是合乎法度”的突兀結論。爲解決這一文義前後齟齬問題,根據四啓全文“晝夜思慮、繼往開來”的行文主旨,本文另釋“内”爲“内心”。《大戴禮記·文王官人》:“察其内以揆其外”,王聘珍解詁:“内,心。”《大戴禮記·曾子事父母》:“養之内,不養於外”,王聘珍解詁:“内謂心,外謂貌。”《禮記·雜記下》:“兄弟之喪内除”,孔穎達疏:“内,心也。”《禮記·禮器》:“無節於内者,”孔穎達疏:“内,猶心也。”《易·坤》:“君子敬以直内,”孔穎達疏:“内,謂心也。”這樣就從“内”字自身義項中得到了符合全文的釋義,就不必另釋爲“入”字。

---

① 李學勤主編:《清華大學藏戰國竹簡(叁)》,139 頁。

② 李學勤主編:《清華大學藏戰國竹簡(叁)》,133 頁。

③ 李守奎:《〈周公之琴舞〉補釋》,16 頁。

2."辠"

整理者没有給出專門的訓釋,李守奎先生的譯文則是讀如"罪"字。《説文》:"罪,捕魚竹網。從網、非。秦以罪爲辠字。"段玉裁注:"本形聲之字,始皇改爲會意字……《文字音義》云:始皇以罪字似皇,乃改爲罪。按經典多出秦後,故皆作罪。罪之本義少見於竹帛。"

根據"四啓"全文的行文主旨,這裏的"辠"應訓爲"罪"。下面對其釋義略加説明。《左傳》莊公十一年:"禹、湯罪己,其興也悖焉;桀、紂罪人,其亡也忽焉。"這段話開啓後世君主在危難之際,下"罪己"之詔的先河。此處的"罪"是"歸罪"之義,可引申爲"反省"。結合四啓文義,及"日内罪"的具體語言環境,本文將"辠"讀爲"罪",取其"罪己""反省"之義,則"日内罪"可釋爲"每日内心反省"。

3."蠠"

整理者認爲:"'蠠'讀爲'舉'。《吕氏春秋·自知》'所以舉過也',高誘注:'舉'猶正也。'"[①]整理者的這一訓釋是順應上文把"内(入)辠"解釋爲"羅納罪人",循此邏輯,接下來把"蠠(舉)不寍(寧)"解釋爲"舉正不安分者",就是自然結果。

本文從全詩结尾句與全詩主旨協調的角度,釋"蠠"爲"舉"讀爲"居",意爲"居處"。首先,釋"蠠"爲"舉",已經被大量新出土簡帛材料所證明,裘錫圭先生做了較全面總結:"楚簡一般以從'止''與'聲之字爲舉。(參看李守奎《楚文字編》第85-86頁,華東師範大學出版社,2003年;滕壬生《楚系簡帛文字編》增訂本第132-134頁,湖北教育出版社,2008年;李守奎等《上海博物館藏戰國楚竹書(一—五)文字編》第72-73頁,作家出版社,2007年)。"[②]"蠠"則在"𦦙"字下部另加了一個義符"虫",并不影響整個字的聲韵關係,因此清華簡的整理者將其釋爲"舉"是准確的。其次,"舉""居"均見母魚部字,二字雙聲疊韻,故可通假,且有如下兩條文獻例證:《讀書雜志·荀子第二·非相》"居錯",王念孫按:"《司馬相如傳》:'族舉遞奏',《漢書》'舉'作'居';《書》大傳:'舉事力者',《韓詩外傳》:'舉'作'居'。"[③]根據上述兩點,結合全詩主旨,本文釋"蠠"爲"居"。

綜上所述,結合四啓全詩的行文内在邏輯,通過對"内""辠""蠠"重新訓詁,最後將"日内(入)辠蠠(舉)不寍(寧)"重新斷句并釋讀爲:"日内辠(罪),蠠(居)不寍(寧),"其義爲:"每日内心不安,居處不寧。"

(二)再看"是隹尼"

對這句話正確理解的關鍵在於對"[illegible]"字的準確隸定與正確理解。整理者將"[illegible]"隸定爲"尼",通過前文所舉的原簡圖片來看,字形隸定較爲準確,因此問題的關鍵在於對其釋義的

① 李學勤主編:《清華大學藏戰國竹簡(叁)》,139頁。

② 裘錫圭:《説"夜爵"》。

③ 參見馮其庸、鄧安生《通假字彙釋》,北京大學出版社,2006,296頁。

準確理解。整理報告認爲:"尼,從尸,乇聲,疑即'仛'字,讀爲'宅',《禮記·郊特牲》疏:'安也。'或讀爲'度',法度。或疑字當釋'引',義爲延續長久。"①這説明整理者在作釋文的時候,有三種考慮:其一,釋爲"尼",從尸,乇聲,疑即'仛'字,讀爲"宅";其二,釋爲"度",義爲法度;其三,釋爲"引",義爲延續長久。但最後在正式釋文中則采用"尼(宅)",②即釋爲"尼",讀爲"宅"。

如前所舉,李守奎先生和子居先生都與整理者讀爲"宅"不同,二人都采納了整理者給出的第二種釋讀意見,即釋爲"尼",讀爲"度"。如前所述,二位先生所作的釋義都不能與全詩文義緊密契合。因此,本文根據四啓整篇文義在於"繼承先王傳統,兢兢業業,光顯於上下",結合對"[illegible]"字的字形重新考察,認爲采用整理者所做的第三種釋讀設想,即"疑字當釋'引',義爲延續長久"較爲恰當。論證如下:

首先,引字的這一用法,有如下文獻用例:其一,《後漢書·班固傳》"固又作典引篇",李賢注"引,猶續也";其二,《方言》卷十二"考,引也",錢繹箋疏"引之言延也"。

其次,釋"[illegible]"爲"引"還可以從文字學角度略加説明。宋宣和五年(1123)出土於青州臨淄縣(今淄博市臨淄區)齊故城的叔尸鐘,其銘文中的引字寫作"[illegible]",③這一字形與"[illegible]"字的字形較爲接近,且叔尸鐘鑄造於"春秋晚期的齊靈公時期",在年代上也較接近於戰國楚簡,所以叔尸鐘的金文"[illegible]"字在向戰國文字演變過程中,或許爲了字形的標準化,而發展成爲竹簡的"[illegible]"字。④ 如上所述,綜合考慮《周公之琴舞》四啓部分的行文宗旨,結合傳世文獻根據及古文字演變規律,本文試釋"[illegible]"爲"引",義爲"延續(先祖的功業)"。⑤ 在此基礎上,本文另釋"是隹尼"爲"是隹尼(引)",義爲"以此延續(先祖的功業)"。

綜上,本文把"日内辠罍不寍,是隹尼"重新斷句并釋讀爲"日内辠(罪),罍(居)不寍(寧),是隹尼(引)";其義爲:"每日内心反省,居處不寧,以此來延續(先祖的功業)。"

---

① 李學勤主編:《清華大學藏戰國竹簡(叁)》,139頁。

② 李學勤主編:《清華大學藏戰國竹簡(叁)》,133頁。

③ 中國社會科學院考古研究所:《殷周金文集成》,0272,北京:中華書局,1984,303頁。

④ 近年出土的大量戰國簡帛文字從字形上與商周金文相比較,顯示出明顯的標準化特點,無論從字形的尺寸相對統一,還是從單字内部構字偏旁的比例相對協調等方面,簡帛文字都要比金文整齊、規範得多。這可以爲我們研究商周甲金文字與戰國簡帛文字之間的字形嬗變特點提供一個參考視角。

⑤ 本文釋"[illegible]"爲"引"是采納整理者的原始釋義給出的一種可能性,并從文獻學與文字學角度給出了初步的例證。需要進一步説明的是,1977年《考古》第5期刊發了于豪亮先生《説"引"字》一文,根據雲夢睡虎地秦簡和長沙馬王堆帛書中的"引"字,將以往甲金文中釋爲"弘"的字改釋爲"引",使長期困擾大家的一些甲骨文與金文銘文的釋讀難題得到解決。于先生采用的思路,正是從古文字歷史演變的角度,由簡帛文字反推甲骨、金文的方法。本文則采取了正常的從甲骨、金文到簡帛文字的推導研究。然而,本文釋"[illegible]"爲"引",從文字學上尚衹有叔尸鐘銘文一條例證,然後輔以文獻學例證。

三 餘論

根據李守奎先生的研究,清華簡《周公之琴舞》“四啓”部分的詩義與今本《周頌・昊天有成命》近似。[①] 因此,《周頌・昊天有成命》也可以當作本文對“日内罪蠠不寍,是隹尾”加以重新考釋與解讀的傳世文本佐證。從《周頌・昊天有成命》的詩義上看,主要是勸誡成王要繼承先王精神,日夜警戒。全詩没有關於“懲惡防患”之文辭,也没有與此相關的隱喻,同時也没有抽象討論天象問題。[②] 這也從傳世文獻的角度佐證了本文將“日内皐蠠不寍,是隹尾”釋讀爲“日内皐(罪),蠠(居)不寍(寧),是隹尾(引)”的合理性。

附識:承蒙匿名評審專家提出建設性意見,在此謹致謝忱。本文寫作過程中承蒙訪學導師朱鳳瀚先生在百忙中加以指導,陝西師範大學文學院王偉學友也提供了寶貴意見,特此致謝。

① 李守奎:《〈周公之琴舞〉補釋》,17頁。

② 附《周頌・昊天有成命》:“昊天有成命,二后受之。成王不敢康,夙夜基命宥密。於緝熙,單厥心,肆其靖之。”

清華簡《筮法》與楚地數字卦實占筮例分析*

清華大學出土文獻研究與保護中心　賈連翔

内容提要　本文是數字卦區域研究的一次嘗試,依據清華簡《筮法》中《得》《四位圖》《四季吉凶》《乾坤運轉》等節對數字卦解卦原理的説明,對以包山簡中6條完整筮例爲代表的戰國時期楚地實占筮例進行分析,認爲這些筮例所記録的内容與《筮法》所載的解卦原則基本吻合,《筮法》所記内容應即此時楚地數字卦的原理和説明。

關鍵詞　數字卦　楚地　《筮法》　包山簡

戰國時期的楚地,信巫鬼重卜筮之風甚爲興盛,其筮占之法尤具特色。《離騷》中曰:“索藑茅以筳篿兮,命靈氛爲余占之。”王逸《楚辭章句》稱:“藑茅,靈草也。筳,小折竹也。楚人名結草折竹以卜曰篿。”應是楚人對用蓍草筮占的一種發展。近三十多年來,在楚地出土的天星觀簡、新蔡葛陵簡和包山簡中發現了二十餘例數字卦實占筮例,其性質可與《左傳》《國語》中的筮例相媲美。更爲有幸的是,清華簡《筮法》的出現,爲這些實際筮占卦例的解讀提供了重要依據。《筮法》是一部詳細記述筮占理論和方法的專書,并且列舉了許多數字卦作爲筮例説明,數字卦的形式與上舉三批楚簡中所見十分一致。本文將利用《筮法》中所提到的筮占理論,對楚簡中記録信息較爲完整的筮例進行分析,這也是對數字卦區域研究進行的一種嘗試。

---

* 本文是國家社科基金重大項目“清華簡《繫年》與古史新探”(10&ZD091)階段性成果。

我們首先看一下《筮法》中提到的幾條重要的解卦原則。

其一，第二十節記有《四位圖》，包括四種類型，見圖 1：[①]

下軍之位	上軍之位	臣妾之位	子姓之位	臣之位也	君之位也	外之位也	門之位也
次軍之位	中軍之位	妻之位也	躬身之位	大夫之位	身之位也	宮廷之位	室之位也

圖 1　四種類型的四位圖

四位圖實際上是對楚地出土的這類數字卦的記録形式給出了一定的解釋，以四位圖爲結構，楚地數字卦應是由位於右上、右下、左上、左下四個位置的三爻卦（即八經卦）組成的。

其二，第二十一節《四季吉凶》對“六子卦”在四季中的吉凶情況進行了說明，整理者將脱文補足并列表，如表 1：[②]

表 1　六子卦與四季吉凶對照表

	大吉	小吉	大凶	小凶
春	震巽	坎	艮離	兑
夏	坎	震巽	兑	艮離
秋	兑	艮離	坎	震巽
冬	艮離	兑	震巽	坎

資料來源：《筮法》第二十一節《四季吉凶》

簡文隨後又稱：“凡筮志事及軍旅，乃惟凶之所集於四位是視，以名其凶。”意思是説要將筮得的卦根據表中所示内容判斷吉凶，再結合這些卦在四位中的位置來解釋具體情況。

其三，《四季吉凶》中祇列有“六子卦”，對於乾、坤二卦的吉凶判斷則要複雜一些，需要依靠第二十二節《乾坤運轉》來説明。簡文稱：“凡乾，月夕吉，坤，月朝吉。坤，晦之日，逆乾以長巽，入月五日，豫巽，乾、坤長艮，旬，乾、坤乃各返其所。”整理者的圖解見圖 2：[③]

① 李學勤主編、清華大學出土文獻研究與保護中心編：《清華大學藏戰國竹簡（肆）》，上海：中西書局，2014，106 頁。

② 李學勤主編、清華大學出土文獻研究與保護中心編：《清華大學藏戰國竹簡（肆）》，108 頁。

③ 李學勤主編、清華大學出土文獻研究與保護中心編：《清華大學藏戰國竹簡（肆）》，109 頁。

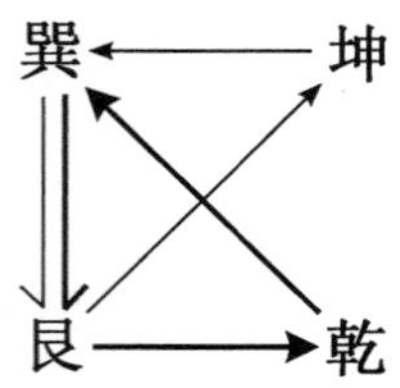

圖 2　乾坤運轉圖

“月朝”“月夕”見於《荀子・禮論篇》:“月朝卜日,月夕卜宅,然後葬也。”楊倞注:“月朝,月初也;月夕,月末也。”結合後文的内容,此處的月朝、月夕應指一月中的第一天和最末一天,即朔日和晦日。此外,乾、坤又以一旬爲時程在四隅卦的位置上游走,自晦日至初四,乾、坤長巽,其中晦日即月夕,乾恒吉,初一即月朝,坤恒吉,其餘應以巽卦的吉凶爲判;自初五至初十,乾、坤長艮,應以艮卦的吉凶爲判。此後二旬,十一至十五“長”巽,十六至二十“長”艮;二十一至二十五“長”巽,二十六至晦前一日“長”艮。如圖 3 所示。

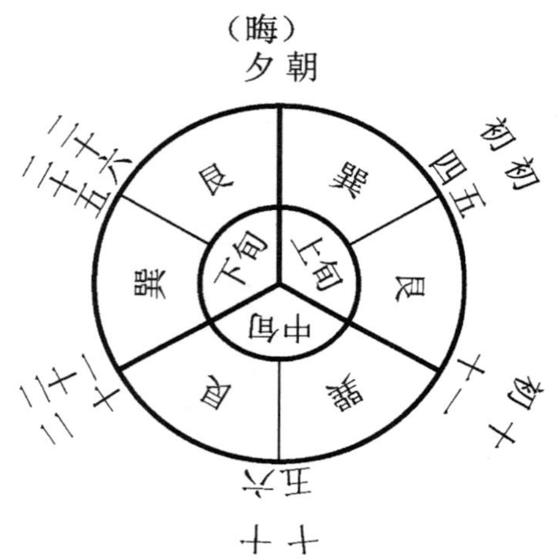

圖 3　每月各旬乾坤吉凶判斷依據圖

上述内容可以明顯看出,楚地數字卦的吉凶判定與筮占的日期、季節有密切的關係,這就涉及到楚國曆法的問題。楚曆的歲首和建正向有争議,其中也涉及到了四季劃分的問題,學界曾圍繞雲夢睡虎地秦簡《日書》中秦楚月名對照進行了很多研究,在此無法展開討論。[①]

① 各家觀點可參看朱曉雪《包山楚墓文書簡、卜筮祭禱簡集釋及相關問題研究》,吉林大學博士學位論文, 2011,617-621 頁。

目前,對於楚曆的四季劃分學界可以説是基本一致的,具體可見表 2:[①]

表 2 楚曆四季劃分及地支對照表

季節	地支	楚月
春	寅	荆𡰥
	卯	夏𡰥
	辰	亯月
夏	巳	夏柰
	午	八月
	未	九月
秋	申	十月
	酉	𡉚月
	戌	獻馬
冬	亥	冬柰
	子	屈柰
	丑	遠柰

在了解了上述基本内容後,我們對三批材料中的 25 個筮例進行了挑選。天星觀簡於 1978 年出土,然而圖版等完整的材料至今尚未發表,目前的研究多以王明欽先生碩士論文中的釋文爲底本進行討論,文字的釋讀,竹簡的綴合、編聯等問題無法討論,筮例信息的準確性和完整性也受到一定的限制。新蔡葛陵簡中出現的卦例數量最多(共 12 例),可惜竹簡受到過較大的擾動,殘損十分嚴重,竹簡的綴合、編聯始終都是一個難以徹底解决的問題,筮例的完整性也大打折扣。包山簡在三批竹簡中情况最爲理想,其中 6 條筮例竹簡均無殘斷,所録信息完整,堪稱研究楚地筮占最爲珍貴的出土資料。[②]

① 值得注意的是陳偉先生認爲"楚曆的四季劃分要比夏曆晚出一個月",詳見陳偉《包山楚簡初探》,武漢大學出版社,1996,8–9 頁。這就是説夏𡰥、亯月、夏柰爲春季,八月、九月、十月爲夏季,𡉚月、獻馬、冬柰爲秋季,屈柰、遠柰、荆𡰥爲冬季。筆者最初曾同意此觀點,但這種觀點有反例,如九店簡 56 號墓簡【88】、【89】、【90】、【91】記四時移徙禁忌,簡文殘缺嚴重,可據文例補出:"荆𡰥、夏𡰥、[亯月,春不可以東徙]☑【88】;[夏柰、八月、九月]、□不可以南[徙]☑【89】;[十月]、𡉚月、獻馬,秋季不可以西徙☑【90】;[冬]柰、屈柰、遠柰,不可以北徙☑【91】。"此處是經編審先生指出後改從,特此致謝。

② 馬楠先生曾結合《筮法》内容對此 6 例做過分析,但其對於乾坤二卦的吉凶判斷等與我們的理解不同,詳見馬楠《清華簡〈筮法〉二題》,《深圳大學學報(人文社會科學版)》2014 年第 1 期。

第一例(包山簡【201】、【202】),卦例如下:[①]

筮日爲"荆层之月乙未之日",荆层之月爲春季,乙未之日爲此月二十一日。[②] 命辭云:"自荆层之月以就荆层之月,出入事王,盡卒歲,躳身尚毋有咎。"當爲筮"志事"的情况。名爲"應會"的筮者以"央蓍"筮得此卦,卦象:右上震,右下坤,左上兑,左下兑。結果是:"恒貞吉,少有戚於躳身,且爵位遲踐。"包山簡中與"志事"相關的内容每每以得作爲結果,如"志事少遲得""志事速得"。在《筮法》的"十七命"中,"得"的内容很多,應是一種常用命題。參看《得》節,坤爲母,兑爲少女,震爲長男,是"三女同男"之象,可得;坤、兑爲右,震爲左,是"三右同左"之象,亦可得,與"恒貞吉"相合。參看《四位圖》,身之位爲坤卦,按上文我們對《乾坤運轉》節的理解,本月二十一日,坤在第三個旬期中"長"巽位,春季巽爲大吉,與"少有戚於躳身,且爵位遲踐"并不相合,此處闕疑。[③]

第二例(包山簡【209】、【210】、【211】),卦例如下:

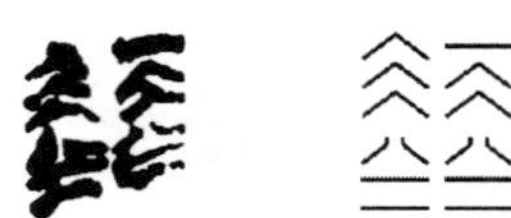

筮日爲"夏层之月乙丑之日",夏层之月爲春季,乙丑之日爲此月二十七日。命辭云:"出入事王,自夏层之月以就集歲之夏层之月,盡集歲,躳身尚毋有咎。"也屬於問"志事"。名爲"五生"的筮者以"㢴悳"筮得此卦,卦象:右上爲艮,右下爲兑,左上爲坤,左下爲兑。結果是:"恒貞吉,少有戚於躳身與宫室,且外有不順。"參看《得》節,坤爲母,兑爲少女,艮爲少男,是"三女同男"之象,可得;坤、兑爲右,艮爲左,是"三右同左"之象,可得;左下兑位於左上坤之下,是爲"入于陰",可得;春見八,亦可得,凡此皆與"恒貞吉"相合。又參看《四位圖》,躳身之位、宫廷之位皆爲兑,春季兑爲小凶,與"少有戚於躳身與宫室"合。外之位爲坤,根據《乾坤運轉》,本月二十七日,坤在第三個旬期中"長"艮位,春季艮爲大凶,與"且外有不順"相合。

① 本文所用包山簡釋文參看李守奎、賈連翔、馬楠《包山楚墓文字全編》後附《包山楚墓題銘釋文》,上海古籍出版社,2012,584-587頁;清華簡釋文參看李學勤主編《清華大學藏戰國竹簡(肆)》。

② 朱曉雪:《包山楚墓文書簡、卜筮祭禱簡集釋及相關問題研究》,622-629頁。文中根據張培瑜先生《中國先秦史曆表》將包山楚簡七個年份所有紀日干支排列成曆日表,便於查閱,本文所用曆日皆本於此表。

③ 如按前注所引陳偉先生的觀點,荆层月爲冬季,巽在冬季爲大凶,與"少有戚於躳身"是可以相合的;第三、四、六例將宫室理解爲室之位,也可釋通,在此從略。

第三例（包山簡【228】、【229】），卦例如下：

筮日爲“荆尸之月己卯之日”，荆尸之月爲春季，己卯之日爲初七。命辭云：“出入事王，荆尸之月以就集歲之荆尸之月，盡集歲，躳身尚毋有咎。”亦爲筮“志事”的情况。名爲“陳乙”的筮者以“共命”筮得此卦，卦象：右上艮，右下巽，左上離，左下坤。結果是：“恒貞吉，少有戚於宫室。”參看《筮法》的《得》節，巽爲長女，離爲中女，坤爲母，艮爲少男，是“三女同男”之象，可得；艮、巽、離爲左，坤爲右，是“三左同右”之象，亦可得，與“恒貞吉”相合。又參看《四位圖》，宫室應即宫廷之位，此處爲坤卦，按《乾坤運轉》本月初七日，坤“長”艮，春季艮爲大凶，與“少有戚於宫室”相合。

第四例（包山簡【232】、【233】），卦例如下：

筮日同於上例，命辭爲：“出入事王，自荆尸之月以就集歲之荆尸之月，盡集歲，躳身尚毋有咎。”又是“五生”以“弚悳”得此卦，卦象：右上兑，右下震，左上離，左下離。結果是：“恒貞吉，少有戚於宫室瘢。”參看《筮法》的《得》節，兑爲少女，離爲中女，震爲長男，是“三女同男”之象；震、離爲左，兑爲右，是“三左同右”之象，亦可得，與“恒貞吉”相合。又參看《四位圖》，宫廷之位爲離，春季離爲大凶，與“少有戚於宫室瘢”相合。

第五例（包山簡【239】、【240】、【241】），卦例如下：

筮日同於上例，即“荆尸之月己卯之日”。命辭爲：“既腹心疾，以上氣，不甘食，尚速瘥，毋有祟。”此爲筮疾病。又是“陳乙”以“共命”得此卦，卦象：右上艮，右下震，左上乾，左下震。結果是：“恒貞吉，疾變，有續，遲瘥。”按《筮法》的《得》節，震、艮爲左，乾爲右，是“三左同右”之象，可得；右上艮與右下震可視爲“丁數”，亦可得，與“恒貞吉”相合。

第六例(包山簡【245】、【246】),卦例如下:

筮日同於上例,即"荆层之月己卯之日"。命辭也同爲:"既腹心疾,以上氣,不甘食,尚速瘥,毋有祟。"還是"五生"以"𢀜惪"得此卦,卦象:右上震,右下巽,左上坎,左下乾。結果是:"恒貞吉,疾變,病窔。"按《筮法》的《得》節,震爲長男,坎爲中男,乾爲父,巽爲長女,是"三男同女"之象,可得,故稱"恒貞吉"。在春季震、巽爲大吉,坎爲小吉,是为"三吉",己卯爲本月初七,乾長艮位,艮在春季爲大凶,按《筮法》的《死生》節:"三吉同凶,待死。"又合觀此卦左右兩列六爻,两上爻均無陽爻,可稱"五虛同一虛",也是死象。故稱"疾變,病窔"。

通過上述分析,這些筮占卦例所記録的内容與《筮法》所載的解卦原則绝大部分都是吻合的,《筮法》所記内容即爲楚地數字卦的原理和説明,應是十分可信的。

附記:拙文寫作得到李學勤先生的指導。《簡帛研究》的編審對本文提出了諸多寶貴的修改意見。文稿修改過程中,馬楠先生也給予了很大的幫助。特此説明,謹致謝忱。

讀上博楚竹書雜志*

曲阜師範大學歷史文化學院　侯乃峰

内容提要　上海博物館藏戰國楚竹書所收録的文獻,原整理者已經進行了較好的整理,然其中某些字詞文句仍有進一步討論的必要。我們在閱讀上海博物館藏戰國楚竹書的過程中,對其中某些字詞文句有一些淺見,現提出以供研究者參考。

關鍵詞　上海博物館藏戰國楚竹書　校讀　札記

一

《孔子詩論》簡 8:"《少(小)旻(旻)》多惥(擬),惥(擬)言不中志者也。"

劉信芳師指出此句中的"多擬"就是多打比方,"擬言"的"言"是議論、謀劃的意思,"擬言不中志者也"就是比喻謀事拿不定主意的人。關於"多擬",劉老師引《詩・小雅・小旻》的有關句例爲證:"如匪行邁,謀是用不得於道""如彼築室於道,謀是用不潰於成""如彼泉

* 本文係國家社會科學基金重點項目"簡帛詩學文獻釋讀與研究"(編號:13AZD034)、曲阜師範大學科研啓動基金"上博竹書(一~七)儒學文獻釋文整理"研究項目成果。

流,無淪胥以敗”“如臨深淵,如履薄冰”。[①] 其説當可信。

按:不過,將後半句“擬”與“言不中志者”看作動賓結構的句式并作如上理解固然可通,然似乎不如將“擬言”看作動賓結構的名詞詞組作主語更爲通順些。“擬言”當指揣度、謀劃之言,“擬言不中志”當謂揣度、謀劃之言不合心意。《説文》:“擬,度也。”段注:“今所謂揣度也。”《周易·繫辭上》:“擬之而後言,議之而後動,擬議以成其變化。”疏:“擬度之而後言也。”其中的“擬議”或可相當於簡文的“擬言”。《小旻》詩句有“謀之其臧,則具是違;謀之不臧,則具是依”“謀夫孔多,是用不集。發言盈庭,誰敢執其咎”“謀是用不得於道”“哀哉爲猶,匪先民是程,匪大猶是經;維邇言是聽,維邇言是争”“謀是用不潰于成”等,似皆謂擬議謀劃之言不得用、所謀終不得成之義。

二

《性情論》篇簡文滿簡書寫,每簡從三十一二字到四十多字不等。其中第三十一、三十二簡之間,據郭店簡《性自命出》篇可知有脱文 30 字。

陳霖慶先生以爲:“《性情論》無此段文字,不知是書手漏抄,或爲不同版本所造成,無可考。”[②]

按:其實,比較前後簡文滿寫簡字數,第三十一簡當容 36 字,第三十二簡當容 35 字,則所脱的 30 字不足一簡的字數,故可推知此處訛誤當是書手抄寫時看錯行,即誤從前一處“求亓心”跳到後一處“求亓心”,從而導致漏抄 30 字,而非脱去一支整簡。

這種脱文現象在出土簡帛文獻中可以找到類似的例子。如定州漢簡《論語》簡 82-84:“子曰:由也……之國,可使治其賦也,不智(知)其仁也。求也,[千室之邑]……乘之家,可使爲之宰也,不智(知)其仁也。赤也[何如]……”[③]與今本《論語》對照,可知此段簡文“求也”之前脱“求也何如? 子曰”六字。考其之所以産生脱文,亦當是抄手因前後兩處“求也”相涉而誤脱。

這種脱文現象在傳世典籍中更是經常出現。如《淮南子·人間》:“魯君聞陽虎失,大怒,問所出之門,使有司拘之。以爲傷者受大賞,而不傷者被重罪。”《太平御覽》引此,自“以爲傷者”下作:“以爲傷者,戰鬬者也;不傷者爲縱之者。傷者受厚賞,不傷者受重罪。”王念孫指

① 劉信芳:《孔子詩論述學》,合肥:安徽大學出版社,2003,42-43 頁。

② 季旭昇主編,陳霖慶、鄭玉珊、鄒濬智合撰:《〈上海博物館藏戰國楚竹書(一)〉讀本》,北京大學出版社,2009,215 頁。

③ 河北省文物研究所定州漢墓竹簡整理小組:《定州漢墓竹簡·論語》,北京:文物出版社,1997,22 頁。

出:"此因兩'傷者'相亂,故寫者誤脱之耳。"[①]脱文的情況與簡文類似,都是書手抄寫時誤從上一個詞語跳到下一個詞語,導致中間的文字漏抄。錢玄先生曾對典籍中因類似原因導致的脱文現象加以歸納并舉出不少例證,[②]可以參看。

三

《性情論》簡19:"戚肰(然)目(以)冬(終)。"

原簡中"戚"字不清,原整理者以爲"戚"之异體,訓爲"憂"。[③]

按:"戚然"或可讀爲"寂然"。寂,《説文》"無人聲";《周易·繫辭上》:"《易》无思也,无爲也,寂然不動,感而遂通天下之故。"寂然,即安静無聲之貌,在簡文中用來形容傷心欲絶的大哭結束之後若有所失、默然不語之狀,似亦可通。而且,這段簡文是説"哭之動心也"的狀態。從實際情況來説,任何一次痛哭都有終止之時,且終止時因尚未從悲傷中完全恢復過來,哭者常常是默然不語的。故用"寂然"一詞來描述哭者"終(終止)"這一階段的狀態還是很合適的。

四

《性情論》簡37-38:"人之[考(巧)]言利訇(詞、辭)者,不又(有)夫詘詘之心則潼(流)。"

劉昕嵐先生以爲:詘,言語拙鈍貌。《廣韻·物韻》:"詘,辭塞。"《史記·李斯列傳》:"輕財重士人,辯於心而詘於口。"故簡文此處"詘詘"應爲樸拙無巧之義。[④] 陳偉先生以爲:巧言利辭,擅長言辭。詘詘,讀作"款款"。款,《説文》作"欵"。朱駿聲《説文通訓定聲》云:"此字古音讀如窟,從欠祟聲。"與"詘"音近可通。款,《廣雅·釋詁一》:"誠也。"古書往往叠用。《楚辭·卜居》云:"吾寧悃悃款款樸以忠乎",王逸章句於"悃悃款款"説:"志純一也。"又於全句説:"竭誠信也。"《文選》卷四一司馬遷《報任少卿書》云:"誠欲效其款款之愚",李善注:"款款,忠實之貌。"流,虚浮不實。這句話大致是説善於言辭者,如果没有忠實之心,就會浮

---

① [清]王念孫:《讀書雜志》,南京:江蘇古籍出版社,2000,924頁。

② 錢玄:《校勘學》,南京:江蘇古籍出版社,1988,34-37頁。

③ 馬承源主編:《上海博物館藏戰國楚竹書(一)》,上海古籍出版社,2001,248頁。

④ 劉昕嵐:《郭店楚簡〈性自命出〉篇箋釋》,武漢大學中國文化研究院編《郭店楚簡國際學術研討會論文集》,武漢:湖北人民出版社,2000,346頁。

而不實。[1]

按:將“詘”訓爲“言語拙鈍貌”顯然與簡文“巧言利辭”矛盾,即便解釋爲“樸拙無巧之義”於簡文中似亦難自圓其説。因有所謂“言爲心聲”,一個人既然具有“巧言利辭”,即可表明其“巧”,故將“詘”往“樸拙無巧”方面考慮恐怕是難以講通的。將“詘詘”讀作“款款”於義可通,然通假之字例未免孤懸,且將“款(歀)”字看作是從“出”聲恐不可信,現在古文字學界大多認爲《説文》中的“祟”字乃從“柰”字譌變而來。[2] 由此,我們懷疑“詘詘”或可讀作“兀兀”。《説文》“䵡”字段注云:“杌、䡄、𡰫、仡皆‘兀’聲,以《説文》‘檮杌’作‘檮柮’例之,則出聲、兀聲同。”《莊子·田子方》“向者先生形體掘若槁木”,“掘”通“兀”。《洪武正韻·質韻》:“兀,兀兀,不動貌,亦作掘。”[3]兀兀,又爲勤奮刻苦、孜孜不倦的樣子。此義似當是由“不動貌”引申而來,埋頭苦幹、勤勉用功於某事即與“不動”之義相涵相因。韓愈《進學解》:“焚膏油以繼晷,恒兀兀以窮年。”其中“兀兀”即爲此義。如此,則簡文當是説善於言辭者,如果没有勤奮努力、踏實苦幹之心,就會浮而不實。

五

上博二《民之父母》簡9:“亓(其)才(在)設(語)也,敗矣！厷(宏)矣！大矣！”

所謂的“敗”字,原簡字形作“”。原整理者讀爲“快”,又疑是“散”之誤寫。[4]

按:原整理者認爲“敗”是“散”之誤寫是有可能的。楚簡中的“散”字作“”(郭店《老子》甲15)、“”(郭店《唐虞之道》17)、“”(上博二《容成氏》14)等形,與左部減省成一個“貝”的“敗”字如“”(包山文書128)、“”(上博七《凡物流形》甲19)形寫法較爲近似。不過,楚簡中的“敗”字左部絶大多數寫作兩個“貝”形,如本篇簡2即有“敗”字寫作“”形。又與此句簡文對應的傳世典籍分别作“言則大矣！美矣！盛矣”和“言則美矣！大矣”,皆有“則”字。簡文中“亓(其)才(在)設(語)也”可對應傳世典籍的“言”字,而簡本却不見“則”字。在楚簡文字中,“則”字或寫作“”(上博一《緇衣》17)、“”(上博二《子羔》2)等形。

① 陳偉:《郭店簡書〈性自命出〉校釋》,謝維揚、朱淵清主編《新出土文獻與古代文明研究》,上海大學出版社,2004,201頁。

② 林澐:《讀包山楚簡札記七則》,收入其著《林澐學術文集》,北京:中國大百科全書出版社,1998,21頁;陳劍:《甲骨文舊釋“智”和“盤”的兩個字及金文“䫉”字新釋》,收入其著《甲骨金文考釋論集》,北京:綫裝書局,2007,223頁;張富海:《漢人所謂古文之研究》,北京:綫裝書局,2007,63、65頁;郭永秉:《説“蒜”、“祘”》,《出土文獻與古文字研究》第3輯,上海:復旦大學出版社,2010,345-351頁;又收入其著《古文字與古文獻論集》,上海古籍出版社,2011,278-286頁。

③ 張儒、劉毓慶:《漢字通用聲素研究》,太原:山西古籍出版社,2002,916頁。

④ 馬承源主編:《上海博物館藏戰國楚竹書(二)》,上海古籍出版社,2002,168頁。

因此,我們很懷疑此處簡文所據的底本原本當作"亓(其)才(在)詨(語)也,則敚(媺-美)矣!厷(宏)矣!大矣",抄手在抄寫時誤將"則敚"二字的"則"字左部""與"敚(媺-美)"字右部"(攵)"混合寫在一起,從而形成了誤字"〈則敚〉"。也即,此句簡文原本或當是作:"亓(其)才(在)詨(語)也,則敚(美)矣!厷(宏)矣!大矣!"

由《民之父母》全篇簡文抄寫狀況分析,可知抄手在抄寫過程中頗爲草率馬虎。如簡7"志"字當是涉上文誤寫成"㝵(得)"字、簡11"備(服)"字當是涉上文誤寫成"豊(體)"字等;且抄完之後又没有認真校勘,如簡13"亡(無)備(服)䘮(喪)",據文例顯然脱一"之"字,稍微注意即可發現,而抄寫者没有補足。因此,我們認爲此處簡文是抄手誤書所致,應該還是很有可能的。

六

《從政》簡乙4:"䛟悬(敏)而共(恭)孫(遜),𡥅(教)之纏(纏-勸)也。恩(温)良而忠敬,息(仁)之宗也。"

首"䛟"字,原簡字形作"",右部模糊不清且稍有殘缺。原整理者存疑未釋。[①] 陳偉先生以爲此字從現存筆劃看,右旁上作"欠",下作"臼";其左旁所從與"言"類似,亦見於郭店簡《性自命出》62號簡,應是"遣(無辶)"之變體。在本簡中,此字或可釋爲"遣",讀爲"愆"。"愆悔"是悔過的意思。[②] 劉信芳師將其讀爲"侃敏"。[③]

按:陳説似可通。不過,從下文對應的"恩(温)良而忠敬"這種并列結構的句式來看,將"恭遜"前面的二字釋讀爲動賓結構的"愆悔"似有可疑。陳劍先生曾將字隸定爲"䛟悬"讀爲"捷敏",[④]其説似要優於讀爲"愆悔"。然從字形以及音理關係上看,"䛟"字如何能够讀爲"捷"恐亦難以解釋。

郭店楚簡《性自命出》62號簡中的字作""形。如果此處簡文的""字確實與其同形,則嚴格隸定的話,當隸定爲"䛟"。楚系簡帛文字中"欠""次"二旁常常混用不分。何琳儀老師曾指出,楚系文字"欠"字或作"次"形,則屬繁化;"次"在偏旁中或省"二"作"欠"形,與"欠"或作"次"形,交相繁省,惟據偏旁組合關係、相關辭例予以區别。[⑤] 現在由大量的楚系

① 馬承源主編:《上海博物館藏戰國楚竹書(二)》,236頁。

② 陳偉:《上海博物館藏楚竹書〈從政〉校讀》,簡帛研究網,2003年1月10日。

③ 劉信芳:《上博藏竹書〈從政〉補釋(六則)》,《第四届國際中國古文字學研討會論文集》,香港中文大學,2003年10月15-17日,263-264頁。

④ 參見陳劍先生爲"上博楚簡字詞全編"項目所做的釋文。

⑤ 何琳儀:《戰國古文字典》,北京:中華書局,1998,1255頁。

簡帛文字來看,可知其説確乎不拔。如果僅就“詼”字形分析成“從言、次聲”的話,則此字當可讀爲“齊”。“齊敏”猶言莊敬而敏捷,典籍多見。如《詩·大雅·生民》“履帝武敏歆”,毛傳:“敏,疾也。從於帝而見於天,將事齊敏也。”孔穎達疏:“‘將事齊敏’者,將,行也,謂行祀天之事齊敬而速疾也。”《文選·張衡〈南都賦〉》:“儇才齊敏,受爵傳觴,獻酬既交,率禮無違。”李善注:“敏,疾也。”《中論·藝紀》:“故恭恪廉讓,藝之情也;中和平直,藝之實也;齊敏不匱,藝之華也;威儀孔時,藝之飾也。”蔡邕《蔡中郎集·處士圈叔則銘》:“民之齊敏,卓時挺生。思心精叡,綜物通靈。”“齊敏”與“恭遜”正可對文。

七

《昔者君老》簡3:“子眚(省)割。”

林素清先生根據形制、字體等情況,認爲《昔者君老》第3簡應編入上博四《内豊》篇;後又進一步認爲,若將《昔者君老》餘下的第1、2、4簡也一起編入《内豊》似亦無不可;全部簡文可以看作是君子對待父母之道與太子對待君王的儀則文字抄在一起,或編聯成篇,都是可以理解的。[①] 日本學者井上亘先生也指出,《内豊》篇與《昔者君老》篇的書寫者應當是同一人,有可能聯綴爲一篇。《昔者君老》篇的内容,可以認爲是説“太子”的孝行,所以與《内豊》篇的内容有關。而且,可能相當於《内豊》篇的篇末部分。但是,他同時指出,這裏説的“有關”并不一定是“同篇”的意思;對於編聯的問題,應當采取小心謹慎的態度。[②] 所説皆可參,對於我們確切理解簡文的含義亦甚有幫助。

其中“子眚割”一句,原整理者將“眚”讀爲“省”,訓爲“察”;將“割”讀爲“蓋”,屬下讀。[③]

按:“子眚割”當讀爲“子省謁”。“省謁”,謂省視、探望。“子省謁”即指兒子前去省視、探望父母。《後漢書·袁閎傳》:“(袁閎)父賀,爲彭城相。閎往省謁,變名姓,徒行無旅。”簡文後面所謂的“憙(喜)於内,不見於外;憙(喜)於外,不見於内。恩(慍)於外,不見於内。内言不㠯(以)出,外言不㠯(以)内(入)”都是“子省謁”時應當注意的行爲規範。這些規範一言以蔽之,即不讓父母擔心,無論憂喜皆不入父母之心,以免引起父母情緒波動。後人或有主張對父母應當“報喜不報憂”者,其實從傳統中醫學的觀點來説,心情平静爲老人養生之大

① 林素清:《釋“匱”——兼及〈内禮〉新釋與重編》,“中國古文字:理論與實踐國際學術研討會”論文,美國芝加哥大學東亞系,2005年5月28-30日;收入《南山論學集——錢存訓先生九五生日紀念》,北京圖書館出版社,2006,18-23頁;《上博楚簡四〈内禮〉篇重探》,“出土簡帛文獻與古代學術國際研討會”論文,臺灣政治大學,2005年12月2-3日;《上博四〈内禮〉篇重探》,《簡帛》第1輯,上海古籍出版社,2006,153-160頁。

② [日]井上亘:《〈内豊〉篇與〈昔者君老〉篇的編聯問題》,簡帛研究網站,2005年10月16日。

③ 馬承源主編:《上海博物館藏戰國楚竹書(二)》,244頁。

要。如《黄帝内經·陰陽應象大論篇》即指出:“怒傷肝……喜傷心……思傷脾……憂傷肺……恐傷腎。”故“喜”事實亦不宜告知父母,簡文所記或與此有關。

八

上博(四)《逸詩》簡 2:“……莫奴(如)同生。”

此簡前面文字缺失。廖名春先生據簡文押韻和用詞的要求以及《管子·地員》篇的記載擬補爲“多新(薪)多新(薪),莫奴(如)蕭荓。多人多人,莫奴(如)同生”。[①]

按:其説或可備一解。然“蕭荓”典籍尠見,且似非成辭。從用詞習慣上説,“萑葦”“松”“梓”等植物皆見於《詩經》,中間擬補之字恐不會用一個前所未聞之詞的。故我們懷疑,若其説押韻現象可信,則似可將其擬補之文字中的“蕭荓”换作“楚荆”。《詩·商頌·殷武》中有“荆楚”,指楚地而言。青銅器銘文中或作“楚荆”,見於史牆盤(《殷周金文集成》10175)、鴻叔簋(《殷周金文集成》3950)等。《説文》:“楚,叢木;一名荆也。”“楚荆”皆植物之屬,爲典籍文獻之成辭;且《多薪》屬楚簡,研究者或推測本詩具有楚地特徵。如李鋭先生以爲《交交鳴烏》作爲佚詩,考慮其詠“烏”的特色,有可能是南方人作的詩。[②] 秦樺林先生推測楚簡佚詩很可能并非删詩的孑遺,而是《詩經》定本形成之後,由戰國時誦習《詩經》的儒者所擬作;《交交鳴烏》的發現,爲我們填補了從《詩經》到楚辭文體發展的過渡環節——擬《詩》體。[③] 季旭昇先生亦贊同本篇二詩應該是楚人做《詩經》的作品,不太可能是孔子編《詩》不取的逸篇;同時進一步推測,《交交鳴烏》頌美的對象最有可能是楚莊王。[④] 則詩人在本詩篇中使用含有褒美之義且常見的成辭“楚荆”應當是很有可能的。

九

上博(五)《君子爲禮》簡 1:“弗能少居也。”

唐洪志先生以爲,“少居”即“稍稍安處”,“弗能少居”即“弗能稍安”。顔回謙稱自己比較笨(不太明白夫子所講道理),不能稍稍安處(再聽夫子講道理),實即懇求夫子趁熱打鐵,

---

① 廖名春:《楚簡〈逸詩·多薪〉補釋》,簡帛研究網,2005 年 2 月 12 日。

② 李鋭:《讀上博四札記(一)》,簡帛研究網,2005 年 2 月 20 日。

③ 秦樺林:《楚簡佚詩〈交交鳴鶩〉札記》,簡帛研究網,2005 年 2 月 20 日。

④ 季旭昇主編,袁國華協編,陳思婷等合撰:《〈上海博物館藏戰國楚竹書(四)〉讀本》,臺北:萬卷樓圖書股份有限公司,2007,29、30 頁。

繼續講下去。[①] 其説可通,然似乎稍嫌迂曲。或説:“少”,少頃;“居”,讀若“處”,審度也。《漢書·谷永傳》“臣愚,不能處也”,顔師古注:“處,謂斷決也。”[②]其説亦可參。然“處”字訓爲“審度、斷決”之意似與“安、止”之意有關係。

按:我們認爲“居”或可解釋爲“存諸心”,亦即經過透徹理解之後而記在、存貯在心裏。《論語·顔淵》“居之無倦”,朱熹《集注》云:“居,謂存諸心。”“弗能少居也”,顔淵意謂自己對老師的話不能有稍稍的理解,因此也就不能記在、存貯在心裏,自然也就無法以之審度、斷決事理,言外之意是請老師把話説得更明白一些。

十

上博(八)《子道餓》簡2:“於妝(偃)僞。”

僞,李鋭先生疑讀爲“違”;[③]廖名春先生從其説,并訓“違”爲“恨、怨恨”,“於偃違”即“自己引以爲恨”。[④]

按:廖説雖可通,然言游作爲儒者,親炙於孔子,長年累月“修其德行”,在言辭中似不會用“恨”這種字眼。因此,我們以爲“僞”或可讀作“委”,委屈之義。《説文》“逶”或作“蟡”,可證“委”聲字與“爲”聲字可通。言游之意,當是謂司寇失信於己的行爲讓自己覺得很委屈,故選擇離開。

十一

《顔淵問於孔子》簡12A:“豫絞(約)而收貧。”

讀書會引或説以爲“豫絞”可讀爲“舍繳”,意爲免除賦税;又指出:

> 關於“收貧”一詞,《管子·輕重甲》:“君出四十倍之粟,以振孤寡,收貧病,視獨老。”可資對照。《管子·入國》:“入國四旬,五行九惠之教:一曰老老、二曰慈幼、三曰恤孤、四曰養疾、五曰合獨、六曰問病、七曰通窮、八曰振困、九曰接絶。”簡文老老、慈幼、豫絞、收貧都是惠政。“豫絞”與“收貧”相對。

孟蓬生先生以爲“豫絞而收貧”當讀爲“舉約而收貧”,指振濟族中之貧困者。古代常以

① 唐洪志:《上博簡(五)孔子文獻校理》,碩士學位論文,華南師範大學,2007,34頁。

② 參見復旦大學出土文獻與古文字研究中心《君子爲禮》釋文本注釋。

③ 李鋭:《讀上博八札記(一)》,清華大學簡帛研究網,2011年7月18日。

④ 廖名春:《上博楚竹書〈魯司寇寄言游於逡楚〉篇考辨》,《中華文史論叢》2011年第4期,11-12頁。

“貧約”連言，如《左傳・昭公十年》：“桓子請老于莒……凡公子公孫之無禄者，私分之邑；國之貧約孤寡者，私與之粟。”蕭旭先生將“豫絞”讀爲“舒繳”，指緩收賦税。《漢書・王莽傳》：“收贍名士，交結將相卿大夫甚衆。”《漢紀》卷26“收”作“救”。《廣雅》：“收，振也。”“振”亦“救”也，“救”謂賙恤之。《漢書》下文“以振貧窮，收贍不足者”，亦“收贍”連文。《周禮・地官・大司徒》：“以保息六養萬民：一曰慈幼，二曰養老，三曰振窮，四曰恤貧，五曰寬疾，六曰安富。”“收貧”即“恤貧”。[①] 劉波先生認爲“收”可讀爲“賙”，文獻中“賙”或作“周”，援助周濟之義；簡文“收貧”即“賙貧”或作“周貧”。[②] 王輝先生以爲“豫絞”當讀爲“舍約”，與“收貧”意思相當，均指安撫窮困。[③] 説皆可參。

按：從語法對應角度來看，王輝先生之説當是。然似乎不如將此句簡文讀爲“予約而收貧”更爲通順些。《廣雅》：“予，與也。”即“給予、賜與”之義。則簡文意謂對於貧約窮困者給予救助振濟。

① 諸説皆參見復旦吉大古文字專業研究生聯合讀書會《上博八〈顔淵問於孔子〉校讀》（復旦大學出土文獻與古文字研究中心網站，2011年7月17日）及文後的“學者評論”。

② 劉波：《上博八〈顔淵問於孔子〉札記二則》，復旦大學出土文獻與古文字研究中心網站，2012年4月15日。

③ 王輝：《“豫絞而收貧”小札》，復旦大學出土文獻與古文字研究中心網站，2012年4月16日；又參見王輝《上博藏簡詞語釋讀四則》，《中國文字》新三十八期，臺北：藝文印書館，2012，198頁。

《鮑叔牙與隰朋之諫》"箸㑳浮"解

吉林大學古籍研究所
吉林大學出土文獻與中國古代文明研究協同創新中心
王凱博

内容提要 上博簡《鮑叔牙與隰朋之諫》簡3"箸㑳浮"一語頗難解,學者們歧説紛紜。結合上下文的邏輯關係、句法特征以及古音、故訓等考慮,筆者認爲此詞當讀爲"作籍復",意爲蠲免徭役、賦税,是齊桓公聽諫言悔過之後所施行的惠政之一。

關鍵詞 鮑叔牙與隰朋之諫 箸㑳浮 作籍復

上博五《鮑叔牙與隰朋之諫》簡3:"乃命有司:箸㑳浮,老弱不刑。"其中"箸㑳浮"一語,整理者讀作"箸㑳(祚)浮",無進一步的解説。[①] 蘇建洲認爲"箸"似讀爲"書"。[②] 禤健聰認爲"㑳"當讀爲"籍","箸籍"即"著籍",謂登記貢賦、人事及户口等檔案,"浮"如何釋讀,待考。[③] 劉信芳斷讀爲"乃命有司箸作,浮老弱不刑",疑"作"讀作"胙","浮"讀作"醋",既祭書册以賜福肉,醋衆民也。[④] 彭浩認爲"箸"讀作"書",《説文》"書,著也",此處有制定之意,"作"爲作刑的簡稱,有如秦漢律中因犯罪被判城旦舂、隸臣妾、鬼薪白粲、司寇等,"浮"訓罰,是比作刑要輕的處罰,有如秦漢律中的貲甲盾、罰金、奪爵等,"乃命有司箸(書)作浮,老

① 馬承源主編:《上海博物館藏戰國楚竹書(五)》,上海古籍出版社,2005,184、185頁。

② 蘇建洲:《初讀〈上博五〉淺説》,簡帛網,2006年2月18日。

③ 禤健聰:《上博楚簡(五)零札(一)》,簡帛網,2006年2月24日。

④ 劉信芳:《上博藏五試解七則》,簡帛網,2006年3月1日。

弱不刑"是説重建司法制度。[①] 陳偉認爲"箸集浮"讀爲"著作符","著"爲記載,"浮"可能讀爲"符",官府文書之義。[②] 張富海認爲"箸"通作"著",著於簿籍,"集"是"祚"之异體,"浮"從彭浩訓罰,"祚""浮"語義相反,"乃命有司箸祚浮,老弱不刑",謂命令有司明著賞罰於簡册,而又特别强調老弱不刑,以示刑政之寬緩。[③] 李學勤斷讀爲"乃命有司箸集,浮老弱不刑"。[④] 朱艷芬認爲"箸"讀"著",而"作"爲"箸"訓釋之詞,"浮"讀"孚","乃命有司作孚"蓋謂命有司制定使百姓信服的法律,後文"老弱不刑"是這種法律的具體體現。[⑤] 季旭昇認爲"箸集浮"讀爲"著籍復",并引《管子·霸形》"三月一復,六月一計,十二月一著",以爲"箸集浮"或相當於"著復計","集"或是類似"計"的一種异稱,又可能"集"讀爲"籍",睡虎地秦簡上計登録在"籍"上,統計資料也叫"籍",所以"箸(著)作(籍)浮(復)"可能是如《管子·立政》所述嚴格的上計制度,也有可能是比較寬鬆的上計用語。[⑥]

今按,以上説法可謂既多且雜,似皆有其一定的合理性,但細加揣度又都存有難解之處。比如斷句上,學者已指出《管子·戒》有"於是管仲與桓公盟誓爲令,曰:'老弱勿刑。'"之句,簡文"老弱不刑"與之相當,或將"浮"屬下讀,無論是從文句自身還是從對讀的角度看,這一句讀皆難信從;又如,或句讀作"乃命祭有司箸集浮:老弱不刑;畝纆短,田纆長",然結合他處"命祭有司""命""命百有司"等文段的叙述結構及内容看,易知此一句讀也不確。語音通假上,"集"讀爲"計"之説,實際上無合理的論據,"浮"讀作"酬"全無論證,其説難爲人深信。具體文義的疏釋上,則更雜亂,許多内容不確定的成分頗大,使人齊加認同,較爲困難。諸説在此如逐一細辯的話,篇幅勢必會很冗長。

現有解釋既然都難愜人意,在此筆者也想據自己的思考和理解,對"箸集浮"作一新解,希望能對其理解有所助益。所論必有不妥之處,請大家多予批評。

爲了便於理解及下文討論,先將有關的連續語段抄録於下(除了本文討論者,其他引文

① 彭浩:《"有司箸作浮老弱不刑"解》,簡帛網,2006年3月7日;更詳細的論述參見彭浩《〈鮑叔牙與隰朋之諫〉考釋二則》,丁四新主編《楚地簡帛思想研究(三)——"新出楚簡國際學術研討會"論文集》,武漢:湖北教育出版社,2007,6-8頁。

② 陳偉:《也説〈鮑叔牙與隰朋之諫〉與〈管子·霸形〉的對讀》,簡帛網,2006年4月4日;又載其著《新出楚簡研讀》,武漢大學出版社,2010,219-222頁。

③ 張富海:《上博簡五〈鮑叔牙與隰朋之諫〉補釋》,簡帛網,2006年5月10日;張富海:《上博簡五〈鮑叔牙與隰朋之諫〉補釋》,《北方論叢》2006年第4期。

④ 李學勤:《試釋楚簡〈鮑叔牙與隰朋之諫〉》,《文物》2006年第9期。

⑤ 朱艷芬:《〈競建内之〉與〈鮑叔牙與隰朋之諫〉集釋》,吉林大學碩士學位論文(指導教師:吴良寶),2008,67頁。

⑥ 季旭昇:《〈上博五·鮑叔牙與隰朋之諫〉釋文暨三個問題》,中國古文字研究會、復旦大學出土文獻與古文字研究中心編《古文字研究》第29輯,北京:中華書局,2012,514-515頁;其詳細論證參見季旭昇《〈上博五·鮑叔牙與隰朋之諫〉"乃命有司著作浮"解——兼談先秦吏治的上計》,"簡帛·經典·古史國際論壇"論文,孫少文伉儷人文中國研究所、香港浸會大學中文系及中國傳統文化研究中心主辦,2011年11月30日,該文後收入陳致主編《簡帛·經典·古史》,上海古籍出版社,2013,99-112頁。

采寬式):[①]

公弗圖,必害公身。公曰:"然則奚【鮑6】如?"

鮑叔牙答曰:"齊邦至惡死,而上逍其刑;至欲食,而上厚其斂;至惡苛,而上不時使。"

公乃身命祭有司:祭服毋黼【鮑7】;毋内散器,[②]器必蠲潔;犧牲珪璧,必全如故;加之以敬。乃命有司:箸集浮;老弱不刑;畝纆短,田纆長;百糧鐘。命【鮑3】:九月除路;十月而徒梁成;一之日而車梁成。

乃命百有司曰:有夏氏觀其容以使,及其亡也,皆爲其容;殷人之所以代之,觀其容,聽其【鮑1】言,凡其所以亡……(省)凡其所以衰亡……(省)【鮑2】

是講在鮑叔牙、隰朋的啓諫下,桓公悟覺到自身惡行及將會招致的後果,惶然而訊"然則奚如",鮑叔牙繼又責其"三事",即"齊邦至惡死,而上逍其刑",是説刑罰急,"至欲食,而上厚其斂",是説賦税厚,"至惡苛,而上不時使",是説徭役繁。至此,二子諫言已畢,其後則述桓公革新,首先在祭祀方面下了規定,其次"乃命有司:箸集浮;老弱不刑",其中"老弱不刑"講寬緩刑罰,自然就是承上鮑叔牙所責桓公"齊邦至惡死,而上逍其刑"而言。據前後文的這一對照關係,可以推測"箸集浮"當是講除了"刑罰"外,桓公在"賦税""徭役"方面所作的惠政或新規。如這一推測不誤,則以此反觀以往諸家的理解,就皆屬失題了。

既然"箸集浮"可能是説"賦税""徭役"之事,則又當如何解釋呢?這要先從"老弱不刑"的句法結構特點切入。"老弱不刑"等於説"不刑老弱",在理解上"老弱"實是"刑"之賓語,則"箸集浮"與之當類。

綜合各方面信息,筆者認爲"箸集浮"可讀爲"作籍復"。下面逐一疏證。先從關鍵的"浮"入手,"浮"讀爲"復"没有問題,"孚"聲字與"复"聲字常見通借,古籍及出土文獻皆有其例。《釋名·釋宫室》:"罘罳在門外。罘,復也。罳,思也。"王先謙疏證補:"蘇輿曰:《廣雅·釋宫》:'罘罳謂之屏。'《水經·穀水》注及《御覽》引并作'復思',則罘罳有作復思者。或作'桴思',見《明堂位》疏。或作'浮思',見《考工記·匠人》注。或作'覆思',見宋玉《大言賦》。或作'罘思',見《漢書·文帝紀》顔注。其實一也。"[③]上博簡《周易·隨》"九五:孚于嘉,吉",帛書本、阜陽漢簡本"孚"并作"復"。《比》卦"初六:有孚比之",帛書本作"復"。其他如《大有》"厥孚交如"、《隨》"有孚在道"、《萃》"有孚不終"等,今本"孚"皆作"復"。[④]

---

① 此釋文的編連與釋讀已吸取了研究者的既有合理意見,爲免繁瑣,不再一一出注。

② 關於"錢器"讀爲"散器"及其理解,請參拙文《"錢器"小考》,武漢大學簡帛研究中心編《簡帛》,待刊稿。

③ 張儒、劉毓慶:《漢字通用聲素研究》,太原:山西古籍出版社,2002,176頁。

④ 白於藍:《戰國秦漢簡帛古書通假字彙纂》,福州:福建人民出版社,2012,88頁。

又如,上博簡《中(仲)弓》簡20“孚過攼析”,或以爲“孚”讀爲“愎”[①],亦爲其證。

“復”,在此爲除免(賦役)之義。《周禮·地官·旅師》“使無正役,復之也”,孫詒讓正義“復,即所謂舍也”。《逸周書·文酌》“樂生身復”,朱右曾集訓校釋“復,除役也”。此例未知確否。《墨子·號令》“復之三歲”,孫詒讓閒詁引《漢書》顔師古注“復,除其賦役也”。《荀子·議兵》“中試則復其户”,楊倞注“復其户,不徭役也”。《商君書·徠民》“今使復之三世,無知軍事”“今利其田宅,而復之三世”“今復之三世,而三晋之民可盡也”等,其“復”也屬這一意義。《漢書·晁錯傳》“死事之後不得一算之復”,顔師古注“復,復除也”。《漢書·刑法志》“中試則復其户”,顔師古注“復,謂免其賦税也”。《漢書·高帝紀上》“復勿租税二歲”,顔師古注“復,除其賦役也”。《後漢書·光武帝紀》“詔復濟陽二年徭役”,李賢注“復,謂除其賦税也”。[②]

前文已推測“箸集”應爲“復”在理解上的賓語或對象,跟“老弱不刑”句法上類似,唯有句式上的肯定、否定之别而已。現在既明確了“復”之義訓及其用法,則益知“箸集”所表達的無外乎就是賦税、徭役之類意思。循其音義綫索以進,筆者以爲“箸集”恐怕衹能讀爲“作籍”了。

先談“集”讀爲“籍”。“乍”聲字與“昔”聲字常見通借,古書及出土文獻其例均甚多見,[③]不贅。“籍”,賦税之謂。《詩·大雅·韓奕》“實畝實籍”,鄭玄箋“籍爲税之義也”,孔穎達疏“宣十五年公羊傳曰:什一而籍。是籍爲税之義也”。《左傳·襄公二十五年》“賦車籍馬”,孔穎達疏“賦與籍俱是税也”。《讀書雜志·墨子第二·節用上》“其籍斂厚”,王引之按“籍斂,税斂也”。

在此還需先講明一點,因爲下文會談到“箸”讀“作”、訓“役作”的問題,或者就會問:將“集”讀爲“作”,豈不來得更爲直接?筆者的理解是,“集”“作”聲符雖同,但出土文獻所見表“籍”之形體皆從“乍”聲,如《容成氏》簡36“湯乃溥爲征籍”、中山王鼎“籍斂中則庶民附”,其“籍”作“𢁉”,清華簡《繫年》簡1“帝籍”之“籍”作“ 𢼄”。[④] 退一步講,即便將“集”讀“作”,訓役作,以剩下的“箸”當賦税,則文獻中似也找不到一個合適的詞與之相應。基於以上考慮,筆者要將“集”讀爲“籍”而非更直接的“作”。

---

① 讀“愎”之説參陳劍《上博竹書〈仲弓〉篇新編釋文》,收入其著《戰國竹書論集》,上海古籍出版社,2013,109頁。

② “復”的這一義訓、用法不唯以上所列,其例古書中實甚多,王杖十簡亦見,張家山漢簡有對手工業者除復的規定,見於278、279、280號簡,其中的“復”也都是這種用法。可參高敏《秦漢的徭役制度》,《中國經濟史研究》1987年第1期,其文第五部分“秦漢徭役的豁免條件與對象”所引涉及不少句例,又可參張仁璽《秦漢復除制述論》,《山東師範大學學報》(社會科學版)1993年第4期。

③ 張儒、劉毓慶:《漢字通用聲素研究》,372-373頁;白於藍:《戰國秦漢簡帛古書通假字彙纂》,455、457、458、459頁。

④ 《墨子》有“作斂”一詞,見諸《辭過》《節用》等篇,辭例均爲“厚作斂於百姓”,王念孫《讀書雜志》曰:“作斂與籍斂同。”《墨子》以“乍”聲之“作”表“籍”,應屬這一用字習慣在古書中的遺留。

再談"箸"讀爲"作"。郭店簡《語叢二》簡 50"毋失吾乇,此乇得矣"、簡 51"小不忍,伐大乇",未釋之形釋讀上舊有分歧,近來白於藍將之釋讀作"圖",①應可信。此外,《禮記·緇衣》引《葉公之顧命》"毋以小謀敗大作"、《逸周書·祭公解》"汝無以小謀敗大作",郭店簡、上博簡《緇衣》相應之字皆作"煮",清華簡《祭公之顧命》作"𢉧"(作)。與《鮑叔牙與隰朋之諫》合屬一篇的《競建内之》簡 3 有"發古慮,行古迲",其中"迲"字,蘇建洲據文例及語音關係,讀之爲"圖",②而楚文字"圖"從"者"得聲,所以"箸"可讀爲"作"。③

值得注意的是,郭店簡《語叢》、上博簡《緇衣》爲具有齊系文字特點的抄本,④而《鮑叔牙與隰朋之諫》記述齊國之事,且學者發現其中有些語句或内容可與《管子》對讀,它很可能是齊地文獻而以楚系文字抄寫者,幾種文本皆顯現出了"者""乍"的通假現象或習慣,應該不是偶然。沈培曾在分析、論證了該篇竹書"朋"讀爲"凡"的語音現象後説:⑤

> 最後,我們還想簡單提一下把"朋"讀爲"凡"這个語音現象在研究本篇簡文時所具有的其他方面的作用。
>
> 趙彤在《戰國楚方言音系研究》裏説過這樣的話:
>
> > 《詩經》中冬侵合韻、蒸侵合韻的現象多見於《大雅》。冬侵合韻在《秦風》和《豳風》中也各有一例,蒸侵合韻在《魯頌》中有一例。因此,冬部、蒸部(可能衹是一部分字)近於侵部的現象可能主要是關中和齊魯一帶方言的特點。
>
> 我們討論的本篇簡文,叙述的正是齊國的事情,"朋"讀爲"凡"大概就是齊方言的反映。現在我們要問,除此之外,本篇還有没有其他語音現象反映齊方言的特點呢?也許,在用字、詞彙和語法方面也能找到反映地域特點的蛛絲馬迹。

如筆者對此句"箸"讀爲"作"之意見可信,則適爲沈先生的卓識增一印證。

簡文"箸"讀爲"作","作"役作之謂也。《廣雅·釋詁》:"作,役也。"《資治通鑑·秦紀

---

① 白於藍:《釋"乇"》,華東師範大學中國文字研究與應用中心編《中國文字研究》第 14 輯,鄭州:大象出版社,2011,8-11 頁。

② 蘇建洲:《上博五·鮑叔牙與隰朋之諫(競建内之)賸義掇拾》,武漢大學簡帛研究中心編《簡帛》第 9 輯,上海古籍出版社,2014,58-60 頁。

③ 本文審稿意見指出,此"箸籍"或可與《競建内之》簡 3"行古迲(籍)"表示采用過去的籍税合觀,則"書籍復"就是對有記載的籍税予以免除。筆者的疑慮在於,"老弱不刑"之"老弱"爲并列式名詞,而"書籍"爲定中結構,且所言唯賦税一事,與前文鮑叔牙所責三事中除了刑罰外的徭役、賦税二者不能相應,也就是説僅以之當賦税講而徭役方面在下文没了着落,所以筆者暫且保留自己意見。

④ 馮勝君:《論郭店簡〈唐虞之道〉、〈忠信之道〉、〈語叢〉一～三以及上博簡〈緇衣〉爲具有齊系文字特點的抄本》,北京大學博士後研究工作報告(指導教師:裘錫圭),2004。

⑤ 尚賢(沈培):《小議上博簡〈鮑叔牙與隰朋之諫〉中的虚詞"凡"》,簡帛網,2006 年 5 月 13 日;沈培:《小議上博簡〈鮑叔牙與隰朋之諫〉中的虚詞"凡"》,復旦大學出土文獻與古文字研究中心編《出土文獻與古文字研究》第 1 輯,上海:復旦大學出版社,2006,45-54 頁。

三》"盗多,皆以戍、漕、轉、作事苦",胡三省注"作,役作也"。《六韜·盈虛》:"不以役作之故,害民耕績之時。"《詩·小雅·十月之交》"胡爲我作",鄭玄箋"女何爲役作我"。《周禮·地官·鄙師》"凡作民則掌其戒令",鄭玄注"作民,謂起役也"。《漢書·晁錯傳》"乃募皐人及免徒復作令居之",顔師古注引臣瓚曰"募有罪者及罪人遇赦復作竟其日月者,今皆除其罰,令居之也"。[①]

綜上所述,"箸雋浮"當讀爲"作籍復","作籍"猶古書所謂"徭賦""賦役"等,是桓公悔過後蠲除人民徭役、賦税的惠政。古書中刑、賦、役三事排比出現,或者徭賦并提,以之形况明王或暴君之政,其例甚多見。筆者將"箸雋"解爲"作""籍"二事,連帶下"老弱不刑"謂"不刑罰老人、幼童"者一起,不唯適與上文鮑叔牙責桓公"三事"相應,且與古書文例特征相契合。

附記:匿名審稿專家對拙文提出了很好的修改建議,筆者非常感謝!又文章録用後,李天虹先生發表大作《上博五〈鮑叔牙與隰朋之諫〉"箸雋浮"再探》(簡帛網,2015年2月8日),對"箸雋浮"有新的研究,敬請參看。

① 除了上所列外,古書中"作"的這一意義及用法實甚多見,唯作注者不多,出土文獻亦見,如睡虎地秦簡《司空律》"官作居貲、贖、債而遠其計所官者,盡八月各以其作日及衣數告其計所官",其"作"就屬這一意義。

包山楚簡司法術語考釋兩則

中國社會科學院歷史研究所　吴雪飛

内容提要　包山楚簡中的司法術語“徵”和“搏”,在簡文中分别表示“證明”和“逮捕”,與《左傳》中記載的司法程序“徵”和《周禮》中記載的司法程序“搏”相合。包山楚簡中的“徵”和“搏”不必再分别讀爲“證”和“捕”,因爲在秦漢司法中方以“證”“捕”分别代替“徵”“搏”表示證明和逮捕。通過考察包山楚簡司法術語與同時代傳世文獻記載的司法術語的聯繫,可以看出楚國司法是整個周代司法的一部分。

關鍵詞　包山楚簡　徵　搏　證明　逮捕

包山楚簡司法類簡牘中出現若干與司法相關的術語,表示特定的司法程序,與先秦傳世文獻中記載的司法術語頗爲相合。前輩學者對包山楚簡中的司法術語作了很多考釋,但筆者近來研究發現,如果將其與同時代傳世文獻中的相關記載聯繫起來,某些術語尚有繼續探討的餘地。循此路徑,本文嘗試在前輩學者研究的基礎上,對包山楚簡中的兩個司法術語——“徵”和“搏”作進一步考釋辨析,并以此爲例考察楚國司法與整個周代司法間的聯繫。不妥之處,敬請方家指教。

一　徵

包山楚簡司法簡中有字作“”(第137反)、“”(第138簡)、“”、“”、“”、“”

（第138反）、“”（第139反）、“”（第149簡）等，這些字爲同一字，它們在簡文中出現的語境分别如下：

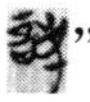

第137簡反：陰之正既爲之盟，慶逃，㠯逨宿（拘），其余執，將至時而斷之。

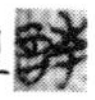

第138、139簡：陰人舒㠯命，陰人御君子陳旦、陳龍、陳無正、陳，與其客百宜君，大史連中，左關尹黄惕，酖佐蔡惑，平射公蔡冒，大賹尹連且，大廚尹公弼必，與（褻）三十

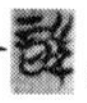

第138簡反：思（使）㠯之（仇）叙（除）於㠯之所，與其（仇），有怨不可。同社、同里、同官不可，匿至從父兄弟不可

第139簡反：左尹以王命告子郘（宛）公，命上之識（志）獄爲陰人舒㠯盟，其所命爲於此書之中以爲

第149簡：不量其關金將之於其尹，陵让尹之相陽余可内之①

以上五條簡文中，前四條簡文内容相關，均爲舒㠯殺人案的審判記録，“”字在這些簡文中，表示同一獄訟程序，即“作證”。整理者將“”隸定爲“諆”，并解釋爲“讀如證，作證”。② 學者多從其説。何琳儀先生將之讀爲“徵”，訓爲驗證。③ 此字亦出現於郭店簡《性自命出》中，寫作“”，其簡文曰：“幣帛，所以爲信與也。”④從簡文看，此字與“信”義近。整理者將這個字隸定爲“詿”，讀爲“證”，⑤裘錫圭先生按：“詿，或可讀爲徵。”⑥筆者認爲，以上表示“信”“驗”之義的“”字，包山簡和郭店簡的整理者讀爲“證”并無錯誤，而根據先秦訴訟中的用字，將此字徑釋爲“徵”則更直接明白。下面即探討之。

首先看先秦“徵”字的字形。“徵”字，甲骨文作“”“”等，⑦金文作“”（史牆盤）、⑧

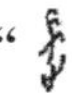

① 以上簡文基本依據湖北省荆沙鐵路考古隊《包山楚簡》（北京：文物出版社，1991）一書，又參考陳偉等《楚地出土戰國簡册十四種》（北京：科學出版社，2009）一書，釋文用寬式。

② 湖北省荆沙鐵路考古隊：《包山楚簡》，北京：文物出版社，1991，49頁。

③ 何琳儀：《戰國古文字典》上册，北京：中華書局，1998，141頁。

④ 荆門市博物館：《郭店楚墓竹簡》，北京：文物出版社，1998，圖版62頁。

⑤ 荆門市博物館：《郭店楚墓竹簡》，180頁。

⑥ 荆門市博物館：《郭店楚墓竹簡》，182頁。

⑦ 劉釗、洪颺、張新俊：《新甲骨文編》，福州：福建人民出版社，2009，475、476頁。

⑧ 牆盤之“”，劉楚堂先生隸定爲“”，讀爲“徵”。參見劉楚堂《牆盤新釋》，《殷都學刊》1985年第2期。

“”(大克鼎)、[①]“”(士山盤)等。[②] 裘錫圭先生認爲“”“”當隸定爲“𡉚”。“”、“”當隸定爲“𨖷”。裘先生謂:

> 如果不求精確,可以把“𡉚”、“𨖷”等字都看作“徵”的古字。因爲“𡉚”、“𨖷”等字跟“徵”字即使不是一字的异體,至少也是通用字,“徵”字一直用到今天,“𡉚”、“𨖷”等字却早已停止使用,也可以説它們已經爲“徵”字所取代了。[③]

裘先生將“𡉚”“𨖷”并釋爲“徵”。戰國文字的“徵”可寫作“”(隨縣石磬),[④]當由甲骨文和金文之“”“”演變而來,惟其下部變形音化爲“升”。而戰國文字“徵”最常見的寫法是從“口”從“𡉚”,如曾侯乙墓“”,隨縣石磬“”等。[⑤] 裘錫圭先生認爲:“這可能是‘𡉚’字的繁體,也可能是一個從‘口’,‘𡉚’聲的字。”[⑥]按《説文·壬部》:“徵,召也。,古文徵。”“徵”之古文作“”,其左部亦從“口”從“𡉚”,與出土材料相合。朱駿聲謂:“許用《爾雅》訓召者,以古文從口之故。”[⑦]“徵”有召、呼之義,故“徵”之古文從“口”。因此戰國文字之“徵”寫作“喤”,是從“口”會意、以“𡉚”爲聲之字。戰國璽印之“徵”又作“”(璽匯 3287)、[⑧]“”(璽匯 3530)等,[⑨]亦從“口”從“𡉚”,與曾侯乙墓之“喤”字形相同,惟其“𡉚”之上部逐漸訛變爲從“屮”,下部變形音化爲“升”,與《説文》“徵”之古文“”左部所從已非常接近。[⑩]

包山簡之“”,其右部之“𡉚”的部分與璽印和《説文》“徵”之古文非常接近,可見包山簡“”之“𡉚”部爲戰國文字的典型寫法。而包山簡“”字左部從“言”,古文字中從“言”與從“口”義近通作,故包山簡之“”與“”“”“”“”等當爲一字,可徑釋爲“徵”。[⑪] 或者

---

① 裘錫圭先生將大克鼎之“”釋爲“徵”,并認爲此處的“徵”訓爲“徵召”“徵發”。參見裘錫圭《古文字釋讀三則》,《裘錫圭學術文集》第 3 卷,上海:復旦大學出版社,2012,433 頁。

② 朱鳳瀚:《士山盤銘文初釋》,《中國歷史文物》2002 年第 1 期。朱鳳瀚先生認爲此字當讀爲“懲”。黃錫全先生釋爲“徵”,讀爲“懲”。參見黃錫全《士山盤銘文别議》,《中國歷史文物》2003 年第 2 期。晁福林先生徑釋爲“徵”,而不再讀爲“懲”。參見晁福林《從士山盤看周代服制》,《中國歷史文物》2004 年第 6 期。

③ 裘錫圭:《古文字釋讀三則》,《裘錫圭學術文集》第 3 卷,432 頁。

④ 湯餘惠主編:《戰國文字編》,福州:福建人民出版社,2001,573 頁。

⑤ 湯餘惠主編:《戰國文字編》,573 頁。

⑥ 裘錫圭:《古文字釋讀三則》,《裘錫圭學術文集》第 3 卷,431 頁。

⑦ 朱駿聲:《説文通訓定聲》,北京:中華書局,1984,70 頁。

⑧ 羅福頤主編:《古璽彙編》,北京:文物出版社,1981,308 頁。季旭升先生將此字釋爲“徵”,參見季旭升《説文新證》下册,臺北:藝文印書館,2005,23 頁。

⑨ 羅福頤主編:《古璽彙編》,328 頁。《戰國文字編》將此字釋作“徵”,參見湯餘惠主編《戰國文字編》,573 頁。

⑩ 惟秦系文字中“徵”字作“”(秦璽)、“”(雲夢秦簡),爲今天的“徵”字字形所本,其中部的“𡉚”,上部亦訛變爲“屮”,下部訛變爲“壬”,形成了今天的“𡉚”之字形。故《説文》將“徵”歸入“壬”部,認爲其從壬。

⑪ 何琳儀先生亦指出曾侯乙墓之“喤”爲包山簡之“諻”之异文。參見何琳儀《戰國古文字典》上册,140 頁。“喤”從“口”“𡉚”聲,即訓爲“召”“呼”之“徵”字之形聲字,故“諻”亦可徑釋爲“徵”,訓爲證驗。

可以説，包山簡之“□”從“言”與曾侯乙墓等之“喤”從“口”含義相同，因“徵”古訓爲“召”，即以言語相召唤，故包山簡之“徵”從“言”。

新出材料亦爲我們提供了新的證據。上博簡《容成氏》：“湯於是乎□九州之師”，[1]此處的“□”，與包山簡之“□”爲一字，當隶定爲“諻”，釋爲“徵”，訓爲“召”。清華簡《繫年》中的人名“陳公子□郐”，其中的“□”字，亦當隸定爲“諻”。整理者認爲“諻郐”即文獻中的“夏徵舒”，[2]可見“諻”當爲“徵”。因此，包山簡中的“諻”應全部釋作“徵”。

再來看“徵”字的含義。《説文・壬部》：“□，召也。□，古文徵。”段玉裁謂：“徵者，證也，驗也。有證驗，斯有感召，有感召，而事以成。”[3]朱駿聲亦謂：“當以明信應驗爲本義，徵召徵求爲轉注。”[4]段、朱二人均認爲“徵”之本義爲“證驗”，引申出“徵召”之義。而“證”，《説文・言部》：“證，告也。”段玉裁注：“今人爲證驗字。”[5]朱駿聲認爲其假借爲“徵”。[6]“證”之本義爲“告”，非爲“證驗”之義，證驗之本字當爲“徵”，後以“證”代之。

周代文獻中多用“徵”表示“證驗”之義，“徵”常訓爲“驗”。《尚書・洪範》：“曰休徵”，偽孔傳：“叙美行之驗。”[7]《左傳》昭公元年：“徵爲五聲”，杜預注：“徵，驗也。”[8]《荀子・儒效》：“是大儒之徵也。”楊注：“徵，驗也。”[9]《管子・權修》：“喜之有徵。”注：“徵，驗也。”[10]以上的“徵”均訓爲“驗”，爲驗證、證明之義。又如《左傳》宣公三年：“既而文公見之，與之蘭而御之。辭曰：‘妾不才，幸而有子。將不信，敢徵蘭乎？’”“徵蘭”，即以蘭爲徵，以蘭爲驗證之物。楊伯峻先生謂：“以蘭爲信物也。”[11]《論語・八佾》：“子曰：‘夏禮，吾能言之，杞不足徵也；殷禮，吾能言之，宋不足徵也。’”不足“徵”，即不足驗證。

“徵”又由驗證引申出“明”“信”“應”“審”等義。《禮記・中庸》：“子曰：‘吾説夏禮，杞不足徵也。’”鄭玄注：“徵猶明也，吾能説夏禮，顧杞之君不足與明之也。”[12]《左傳》昭公三十年：“且徵過也。”杜預注：“徵，明也。”[13]《莊子・逍遥遊》：“故夫知效一官，行比一鄉，德合一

---

① 馬承源主編：《上海博物館藏戰國楚竹書（二）》，上海古籍出版社，2002，圖版133頁。
② 李學勤主編：《清華大學藏戰國竹簡（貳）》，上海：中西書局，2011，171頁。
③ 段玉裁：《説文解字注》，上海古籍出版社，1981，387頁。
④ 朱駿聲：《説文通訓定聲》，70頁。
⑤ 段玉裁：《説文解字注》，100頁。
⑥ 朱駿聲：《説文通訓定聲》，75頁。
⑦ 阮元刻：《十三經注疏》，上海古籍出版社，1997，192頁。
⑧ 阮元刻：《十三經注疏》，2025頁。
⑨ 王先謙：《荀子集解》，北京：中華書局，1988，138頁。
⑩ 黎翔鳳：《管子校注》上册，北京：中華書局，2004，50頁。
⑪ 楊伯峻：《春秋左傳注》第2册，北京：中華書局，2009，674頁。
⑫ 阮元刻：《十三經注疏》，1634頁。
⑬ 阮元刻：《十三經注疏》，2125頁。

君而徵一國者。”司馬彪注:“徵,信也。”[①]《莊子·列禦寇》:“以不徵徵,其徵也不徵。”郭象注:“徵,應也。”[②]《左傳》襄公二十八年:“以徵過也”,杜預注:“徵,審也。”[③]以上所訓的明、信、應、審等,爲證明、詳審等義,均由“徵”之驗證之義引申而出。

“徵”的本義爲驗證、證明,在春秋戰國的訴訟材料中,“徵”用來表示訴訟中的證據或作證。《左傳》成公八年:“晋趙莊姬爲趙嬰之亡故,譖之於晋侯,曰:‘原、屏將爲亂。’欒郤爲徵。”杜預注:“欒氏、郤氏亦徵其爲亂。”[④]楊伯峻先生謂:“欒氏、郤氏爲趙莊姬之譖作證。”[⑤]又《左傳》襄公二十一年:“祁懼其討也,愬諸宣子曰:‘盈將爲亂,以范氏爲死桓主而專政矣,曰:“吾父逐鞅也,不怒而以寵報之,又與吾同官而專之。吾父死而益富。死吾父而專於國,有死而已,吾蔑從之矣。”其謀如是,懼害於主,吾不敢不言。’范鞅爲之徵。”楊伯峻先生注:“徵,證也。”[⑥]王筠指出以上兩處之“徵”是“辭訟之見證也”。[⑦] 案“譖”指誣告,“愬”指控告,二字均表起訴。趙莊姬誣告原、屏於晋侯,欒氏、郤氏爲之“徵”;欒祁控告欒盈於范宣子,范鞅爲之“徵”。“徵”的含義是“作證”。欒氏、郤氏、范鞅等相當於證人,他們提供證言以證明控告事實。[⑧]

包山楚簡中司法術語的“徵”與《左傳》中的“徵”用法相同,指訴訟中的證據或作證。包山楚簡第137簡反曰:“陰之正既爲之盟徵,慶逃,㫃迲㣎(拘),其余執,將至時而斷之。”“盟”和“徵”,是相繼的司法環節,“盟”是指盟誓,即證人起誓,保證其證言爲真實可信。“徵”是“作證”,指證人提供證言以證明獄訟之情實。包山楚簡第138、139簡曰:“陰人舒㫃命[illegible],陰人御君子陳旦、陳龍、陳無正、陳㚇,與其戟客百宜君,大史連中,左闗尹黄愓,酖佐蔡惑,平射公蔡冒,大賕尹連且,大廚尹公弼必,與戟(褻)三十。”“命徵”,即命令證人作證。“命徵”後的人名均指證人。包山楚簡第138簡反曰:“思(使)㫃之仇叙除於㫃之所徵,與其仇,有怨不可徵。同社、同里、同官不可徵,匿至從父兄弟不可徵。”這是記述證人作證之條件,與當事人有仇怨者不能作證,與其有鄰里關係、同僚關係或親戚關係者不能作證。包山楚簡第139簡反曰:“左尹以王命告子宛公,命湓上之志獄陰人舒㫃盟,其所命爲於此書之中以爲徵。”[⑨]此處的“徵”指“證據”,司法人員命令能够記起獄訟情節的陰之人爲舒㫃盟誓(即作證),盟誓

---

① 王先謙:《莊子集解》,北京:中華書局,1987,3頁。

② 郭慶藩:《莊子集釋》下册,北京:中華書局,1961,1064頁。

③ 阮元刻:《十三經注疏》,2001頁。

④ 阮元刻:《十三經注疏》,1904頁。

⑤ 楊伯峻:《春秋左傳注》第2册,838頁。

⑥ 楊伯峻:《春秋左傳注》第3册,1059頁。

⑦ 王筠:《説文解字句讀》,北京:中華書局,1988,88頁。

⑧ 溫慧輝女士指出《左傳》中欒、郤、范鞅之“徵”相當於證人證言,參見溫慧輝《〈周禮·秋官〉與周代法制研究》,北京:法律出版社,2008,243頁。

⑨ 湖北省荆沙鐵路考古隊:《包山楚簡》,圖版61頁。

的内容記録下來作爲證據。“徵”在包山楚簡第149簡中用爲徵求、徵用之義。其文曰:“不量其關金將□之於其尹。陵让尹之相陽余可内(納)之。”即不足之“關金”,向“陵让尹”處徵取。

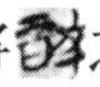

綜上可以看出,包山簡中的“□”字,確當爲“徵”,其在包山簡記載的司法程序中或表示名詞的“證據”,或表示動詞的“作證”,是一個司法術語,與《左傳》記載的訴訟中的“徵”含義相同。

先秦以“徵”表示訴訟中的“證據”“作證”,而秦漢司法中始以“證”代“徵”表示證據、作證。[1] “證”字出現於文獻中的時間較晚,到春秋末至戰國,始可以見到用“證”來表示“驗證”,《墨子・天志下》:“以此知其賞善之證。”《楚辭・惜誦》:“所以證之不遠。”王逸注:“證,驗也。”《韓非子・難三》:“見其可説之有證”,此時“證”逐漸代替“徵”表示證明、驗證,但是仍未見其用於司法中。而秦漢司法中始全部用“證”表示證據、作證。張家山漢簡《二年律令・具律》:“證不言情,以出入罪人者,死罪,黥爲城旦舂;它各以其所出入罪反罪之。獄未鞫而更言情者,除。吏謹先以辨告證。”整理小組:“證,作證。”[2]《漢書・夏侯嬰傳》:“高祖戲而傷嬰,人有告高祖。高祖時爲亭長,重坐傷人,告故不傷嬰,嬰證之。”《漢書・周勃傳》:“其後人有上書告勃欲反,下廷尉,逮捕勃治之。勃恐,不知置辭。吏稍侵辱之。勃以千金與獄吏,獄吏乃書牘背示之,曰:‘以公主爲證。’”秦漢司法中的“證”即周代訴訟中的“徵”,指證據、作證。

先秦訴訟中表示證明的法律術語是“徵”,秦漢以後始以“證”代“徵”。包山楚簡爲戰國材料,其用來表示訴訟中“作證”“證據”的“□”,正可釋讀爲“徵”字,可見包山楚簡與先秦司法術語的情况相合。包山簡中的“徵”,似不必再讀爲“證”,因爲至秦漢以後,始以“證”代替“徵”來表示訴訟中的證明。

二 搏

包山楚簡司法簡中有字作“□”(第133簡)、“□”(第135簡反)、“□”(第142簡)、“□”(第144簡)等,這些字在簡文中用爲同一字,其在簡文中出現語境分别如下:

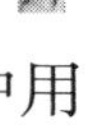

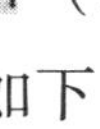

第133簡:(陰人苛冒、宣卯……)僉殺僕之兄叻,僕以諮告子宛公,子宛公命魏右司

---

① 岳麓秦簡《同、顯盗殺人案》:“毋徵物,難得”,整理者謂:“徵物,徵訓‘求’,追求(罪犯等)之物,即物證。”參見朱漢民、陳松長主編《岳麓書院藏秦簡(三)》,上海辭書出版社,2013,183頁。案:此處的“徵物”含義是否爲物證,尚難確定。如其爲物證,則此處的“徵”當訓爲“驗”而非“求”,指證明、證驗,徵物,即驗證於物,也即物證。

② 彭浩、陳偉、工藤元男主編:《二年律令與奏讞書》,上海古籍出版社,2007,137頁。

> 馬彭懌爲僕簽等(志),以舍陰之數客,陰侯之慶李、百宜君,命爲僕之,得苛(冒、宣卯自殺。)
>
> 第 135 簡反:左尹以王命告湯公:"舒慶告謂:'苛冒、宣卯殺其兄昒,陰之數客得冒,卯自殺……'"
>
> 第 142 簡:(小人)之州人君夫人之敀愴之拘一夫逸,趣至州巷,小人將之,夫自傷。小人安獸(守)之以告。
>
> 第 144 簡:小人取愴之刀以解小人之桎,小人逃至州巷,州人將小人,小人信以刀自傷,州人安以小人告。[①]

上舉四簡中,第 133 簡中的""字,包山楚簡整理小組隸定作"𢸍",認爲"從隻從尃,讀如獲"。[②] 按此字左部所從爲"手"。郭店簡中的"手"寫作"",[③]《説文》"手"之古文爲"",與此字左部所從接近。又戰國文字"拜"從兩"手",寫作""(郭店簡《性自命出》)、""(不降矛)等,[④]其中"手"作爲偏旁的寫法與此字左部所從更爲接近,尤其是不降矛"拜"字中"手"的寫法,與此字左部所從幾乎完全相同。因此此字左部當從"手"。其右部所從爲"尃",故此字可隸定爲"搏"。第 135 簡、142 簡、144 簡的"",可隸定作"敷",其與第 133 簡"搏"字用法相同,應該爲"搏"字异體。

從簡文文義來看,這些字在簡文中讀爲同一字,其表示的司法程序爲"逮捕""抓捕"。學者多將之釋爲"捕",指逮捕罪犯。[⑤] 惟何琳儀先生將"敷"讀爲"搏",并引《説文》"搏,索持也"證之。[⑥] 筆者認爲,將此字讀爲"捕",并無錯誤,惟按照先秦訴訟的用字習慣,將此字徑釋爲"搏"則更爲直接明白。下面即探討之。

---

① 以上簡文基本依據湖北省荆沙鐵路考古隊著《包山楚簡》一書,又參考陳偉等著《楚地出土戰國簡册十四種》一書,釋文用寬式,每簡記述不完整内容根據他簡補足。

② 湖北省荆沙鐵路考古隊:《包山楚簡》,49 頁。

③ 湯餘惠:《戰國文字編》,791 頁。

④ 湯餘惠:《戰國文字編》,791 頁。

⑤ 參見陳偉《包山楚簡初探》,武漢大學出版社,1996,140 頁。劉釗《包山楚簡文字考釋》,《出土簡帛文字叢考》,臺北:台灣古籍出版有限公司,2004,22 頁。王穎《包山楚簡詞彙研究》,厦門大學出版社,2008,95 頁。李守奎等《包山楚墓文字全編》,上海古籍出版社,2012,128、434 頁。劉信芳先生又認爲此字通"縛",參見劉信芳《包山楚簡解詁》,臺北:藝文印書館,2003,128 頁。

⑥ 何琳儀:《戰國古文字典》上册,598 頁。

“搏”,《説文·手部》:“搏,索持也”。[①] 段玉裁謂:

> 入室搜曰索。索持,謂摸索而持之。《周禮·環人》:“搏諜賊。”《釋文》云:“搏音博,又房布反,劉音付”。《射人》注:“狸,善搏者也。行而止則擬度焉。其發必獲。”《釋文》云:“搏音博,劉音付”。《士師》注:“胥讀爲宿偦之偦,偦謂司搏盜賊也。”《釋文》云:“搏音博,劉音付”。《小雅·車攻》箋:“獸,田獵搏獸也。”《釋文》云:“搏音博,舊音付。”按《小司徒》注之伺捕盜賊,即《士師》注之司搏盜賊也。一用今字,一用古字。古捕盜字作“搏”,而房布反,又音付,猶後人所謂捫搎、摸索也。本部搏捕二篆皆收,捕訓取也,又部取下云捕也,是與索持義迥別。今則捕行而搏廢,但訓爲搏擊。[②]

段玉裁指出,“搏”訓爲“索持”,“索持”的含義是“摸索而持之”,“摸索而持之”表示“逮捕”。段玉裁還特别指出,古代表示逮捕的字爲“搏”,後以“捕”代之。

筆者認爲,段玉裁所言可信。《説文》訓“搏”爲“索持”,“索持”正爲“逮捕”義,故“搏”是逮捕術語。

首先看“索持”的含義。“索”,《説文·宀部》:“索,入家搜也。”“索”爲“索”之本字。“索”含有“搜尋”“尋找”的意思。文獻中以“索”代“索”,表示搜索。逮捕有搜索、尋找的過程,故文獻常將逮捕稱爲“索”“索捕”等,《史記·秦始皇本紀》:“始皇爲微行咸陽,與武士四人俱,夜出逢盜蘭池,見窘,武士擊殺盜,關中大索二十日。”《史記·留侯世家》:“秦皇帝大怒,大索天下,求賊甚急,爲張良故也。”張家山漢簡《二年律令·捕律》:“吏主若備盜賊、亡人而捕罪人,及索捕罪人……”[③]“索”“索捕”均指搜捕、逮捕。“索捕”的含義是搜索而捕之。《説文》訓“搏”爲“索持”,即“搜索而持之”,與“搜索而捕之”含義接近。因而《説文》訓“搏”爲“索持”,正以司法術語理解之,指逮捕、抓捕罪人。段玉裁認爲《説文》所訓之“搏”是指逮捕,可謂卓見。

再來看“搏”在文獻中的用法。《説文》對“搏”字的這一訓詁,不見於秦漢之後,却常見於先秦文獻中,最典型的即《周禮》,《周禮》中的“搏”均爲司法術語,表示逮捕。《周禮·司虣》:“若不可禁,則搏而戮之。”孫詒讓謂:“《説文·手部》云:‘搏,索持也。’案:搏猶今言捕也。”[④]《周禮·司稽》:“掌巡市,而察其犯禁者與其不物者而搏之。”《周禮·環人》:“巡邦國,

---

① 段玉裁改“索”爲“索”,并謂:“入室搜曰索,索持謂摸索而持之。”索,《説文》:“索,草有莖葉,可作繩索。”“索”字本義爲繩索。索,《説文》:“索,入家搜也。”“索”之本義爲搜索。按照段意,《説文》此處的“索持”的“索”當指搜索,故應改爲“索”。但在先秦文獻中,“索”多數已借用爲索,表示索求、搜索義,其常與求、得等連用,如《荀子·王霸》:“故君人勞于索之,而休於使之。”楊注:“索,求也。”《韓非子·孤憤》:“求索不得”。筆者認爲《説文》“索持”中的“索”即已借爲“索”,不必再改爲“索”。但段玉裁指出這裏的“索”是指搜索、摸索,則抓住了《説文》此處訓詁的核心含義。

② 段玉裁:《説文解字注》,597頁。

③ 彭浩、陳偉、工藤元男主編:《二年律令與奏讞書》,152頁。

④ 孫詒讓:《周禮正義》第4册,北京:中華書局,1987,1092頁。

搏諜賊。"孫詒讓謂:"云'搏諜賊'者,《説文·手部》云:'搏,索持也。'謂遇有諜賊,則搏執繫治之。"[①]《周禮·司隸》:"帥其民而搏盜賊,役國中之辱事,爲百官積任器,凡囚執人之事。"《周禮》之"搏"均爲《説文》所訓"索持"之義,表示逮捕,相當於後世的"捕"。又如《孟子·離婁下》:"今也爲臣,諫則不行,言則不聽,膏澤不下於民,有故而去,則君搏執之。"《禮記·月令》:"是月也,命有司修法制,繕囹圄,具桎梏,禁止奸,慎罪邪,務搏執。"以上的"搏"與"執"連用,含義爲逮捕。

通過以上的分析可以看出,先秦表示逮捕的法律術語是"搏"。包山簡爲戰國文獻,其司法簡中的"[illegible]"字,從手從尃,正可隸定爲"搏"。"搏"在簡文中亦表示逮捕,此與先秦文獻記載的"搏"的情况相合。

先秦文獻中以"搏"表示逮捕。而"捕"在先秦早期的文獻中較少出現,《説文》:"捕,取也"。《莊子·秋水》:"捕鼠不如狸狌。""捕"訓爲"取",與"搏"訓爲"索持"義迥别。戰國、秦漢之際的文獻中開始出現以"捕"代"搏"表示"逮捕"的現象。《管子·問》:"所捕盜賊,除人害者幾何矣?"《管子》一書,郭沫若先生認爲"乃戰國、秦、漢時代文字之匯總"。[②] 其時代較晚,間有秦漢作品。《墨子·號令》:"能捕得謀反、賣城、逾城敵者一人,以令爲除死罪二人,城旦四人。""若能身捕罪人,若告之吏,皆構之。"《墨子·號令》與出土秦律頗多相合之處。前人認爲"《號令》篇所言令丞尉、三老、五大夫、太守、關内侯、公乘,皆秦時官,其號令亦秦時法。"[③]李學勤先生將《墨子》城守各篇與睡虎地秦簡的内容作詳細對比,指出《墨子·號令》中的一些内容非常接近睡虎地秦簡。[④] 因此,《墨子·號令》屬戰國晚期秦國的作品。《吕氏春秋·無義》有"續經因告衛吏使捕之",而《吕氏春秋》亦爲戰國晚期秦國作品。

秦漢文獻中逮捕罪人始一概用"捕"字,不見再用"搏"字者。睡虎地秦簡《秦律雜抄》:"捕盜律曰:捕人相移以受爵者,耐。求盜勿令送逆爲它,令送逆爲它事者,貲二甲。"[⑤]《漢書·高帝紀》:"貫高等謀逆發覺,逮捕高等,并捕趙王敖下獄。"張家山漢簡《二年律令·捕律》:"詗告罪人,吏捕得之,半購詗者。"[⑥]秦漢這種以"捕"表示"逮捕"義的用法遂逐漸爲後世司法所沿用。

綜上可以看出,在先秦文獻中,表示"逮捕"義的字是"搏"字,戰國秦漢之際開始以"捕"字代替"搏"字,秦漢則完全使用"捕"字,并爲後世所沿用。段玉裁認爲"搏"與"捕"爲古今字的關係,古代表示逮捕的字爲"搏",後以"捕"代"搏",這一結論是可信的。孫詒讓亦曰:

---

① 孫詒讓:《周禮正義》第9册,2413頁。

② 參見郭沫若主編《管子集校》叙録,《郭沫若全集·歷史編》第5卷,北京:人民出版社,1984,18頁。

③ 參見孫詒讓《墨子閒詁》下册,北京:中華書局,2001,586頁。

④ 李學勤:《秦簡與〈墨子〉城守各篇》,收入其著《簡帛佚籍與學術史》,南昌:江西教育出版社,2001,122—130頁。

⑤ 睡虎地秦墓竹簡整理小組:《睡虎地秦墓竹簡》,北京:文物出版社,1990,89頁。

⑥ 彭浩、陳偉、工藤元男主編:《二年律令與奏讞書》,148頁。

"捕即搏之借字,《説文·手部》云:'搏,索持也。捕,取也。'後世通以捕爲搏,義亦互通。"①可見其基本接受段玉裁的觀點。

包山楚簡"搏"字的出現,亦證明了段玉裁的結論。包山楚簡的"搏"表示"逮捕",與《説文》訓"搏"的"索持"義相合,亦與《周禮》及其他先秦文獻中"搏"的用法相合。包山楚簡爲戰國中期偏晚的文獻,②故使用"搏"字表示"捕盜"義。包山簡之"搏"似不必再讀爲"捕",因爲用"捕"代"搏"而表示"逮捕",至戰國秦漢之際始出現。

三　結語

總結以上"徵"和"搏"的考釋,包山楚簡中的司法術語"徵"與《左傳》記載的訴訟中的"徵"含義相同,表示證據、作證;包山楚簡中的司法術語"搏",與《周禮》記載的訴訟中的"搏"含義亦相同,表示逮捕、抓捕。包山楚簡的司法術語與傳世文獻記載的先秦司法術語頗多相合之處,這充分説明楚國司法是整個周代司法的一部分。

秦漢司法是周代司法的發展,其一方面繼承了周代司法,一方面又作了很大的改變,故其司法術語與包山楚簡相比已發生了變化。周代表示證明的"徵"和表示逮捕的"搏",至秦漢分别以"證"和"捕"代替,并爲後世所沿用。因此,包山楚簡的法律用語體現出周代的特征,而與秦漢的法律用語有所區别。考察法律術語的繼承、變化,可以看出秦漢司法對周代司法的因革。

本文寫成後得到羅新慧師的審閲、修改,投稿後又蒙匿名審稿專家提出寶貴修改意見,謹致謝忱!

① 孫詒讓:《周禮正義》第3册,778頁。

② 包山楚簡所出之包山楚墓2號墓墓主名邵㸁,其官爲左尹,死時年齡爲35至40歲左右,下葬時間爲公元前316年楚曆六月二十五日。2號墓所出司法簡所記多爲邵㸁所經辦之案件。參見湖北省荆沙鐵路考古隊《包山楚簡》,1頁。

也説秦及漢初的“掾”*

中國社會科學院歷史研究所　張　欣

内容提要　周家臺三〇號秦墓竹簡《秦始皇三十四年曆譜》所見“椽(掾)曹”一詞,掾與曹并用,表明秦末“掾”已具有行政機構(曹)中掾的含義。通過對“三年大將吏弩機”銘文中“彖長丞”的分析,可知在戰國末葉趙國已存在作爲職官名稱的掾。《漢舊注》作者當認爲漢初應存在掾史一稱。掾字含義産生之後當發生多種分化,秦及漢初非“佐助”之義動詞性掾與後世稱爲屬吏的掾之間,當存在同源异流(甚至源流俱异)之可能。《睡虎地秦墓竹簡》《張家山漢墓竹簡》等秦及漢初簡牘中未出現可稱爲屬吏之掾,似表明當時掾史制度還處於形成階段,屬吏掾的存在還不甚普遍。

關鍵詞　秦及漢初　椽曹　彖長丞　掾

學界關於秦及漢初是否存在可稱爲屬吏的掾這一問題,存在不同意見。有學者主張《睡虎地秦墓竹簡》及《張家山漢墓竹簡》中出現的掾,屬性爲動詞,其含義不同於朱駿聲《説文

* 本文係中國博士後科學基金第56批面上資助項目“漢魏時期辟除制度研究”(項目編號:2014M560160)的階段性成果。

通訓定聲》中所言掾"佐助"之義[①],而對動詞性掾的含義亦有數種理解,尚未取得共識[②]。秦及漢初部分簡牘没有記載後世稱爲屬吏的掾,那麽這種掾是否真無存在之可能?筆者亦認爲《睡虎地秦墓竹簡》及《張家山漢墓竹簡》中所見掾解爲非佐助之義的動詞,更能暢達疏解簡文中的掾,然而筆者同時亦認爲在这些含義之外,秦及漢初當仍然存在可稱爲屬吏之掾的用法,下面提出一隅之見。鑒於部分學者對《史記》《漢書》中所記武帝以前掾史相關史料的可靠性有异議,筆者依據出土文獻及《史記》《漢書》之外的部分傳世史料,對此問題作一些考察。

一　周家臺秦簡《秦始皇三十四年曆譜》中的"椽曹從公"

1993年湖北省荆州市周梁玉橋遺址博物館(原沙市市博物館)發掘清理周家台30號秦墓,出土簡牘中有一種名爲《秦始皇三十四年曆譜》,載有墓主生前該年(前213)全年履行公務的記録[③],收録在2001年中華書局出版《關沮秦漢墓簡牘》一書中,其中正月丁亥條載:

---

① 王偉:《張家山漢簡〈二年律令〉雜考》,簡帛研究網,2003年1月21日。部分學者認同此説,研究此期掾問題時大都持謹慎態度。如鄒水傑《簡牘所見秦漢縣屬吏設置及演變》,《中國史研究》2007年第3期,16頁;李迎春《秦漢郡縣屬吏制度演變考》,北京師範大學博士學位論文,2009,127-128頁。中日學者彭浩、陳偉、工藤元男等再次整理張家山漢簡《二年律令》與《奏讞書》部分時,曾在有關簡文掾字條下注出此説(彭浩、陳偉、工藤元男主編:《二年律令與奏讞書:張家山二四七號漢墓出土法律文書釋讀》,上海古籍出版社,2007,242-243頁)。近年陳偉在《五一廣場東漢簡牘校釋》(簡帛網,2013年9月22日)一文中再次認同此説。

② 王偉《張家山漢簡〈二年律令〉雜考》一文認爲掾應爲"審核""核查"之意,與"案"字意思接近。李迎春指出王説在秦漢古籍中缺乏例證,而據《史記・貨殖列傳》提出掾爲經營、管理、處理説(李迎春:《秦漢郡縣屬吏制度演變考》,127-128頁)。池田雄一認爲《張家山漢簡・奏讞書》中"淮陽守行縣掾新郪獄"的"掾"爲"順便去"(立ち寄る)之意,即淮陽太守"行縣并順便去新郪之獄"(池田雄一編:《奏讞書—中国古代の裁判記録》,刀水書房,2002,107頁,轉引自籾山明《中國古代訴訟制度研究》,上海古籍出版社,2009,中文版序,2頁)。籾山明在2006年日文版《中國古代訴訟制度研究》中認同此説(籾山明《中國古代訴訟制度研究》第199頁注釋①引《張家山漢簡・奏讞書》"淮陽守行縣掾新郪獄"一段文字後認爲:"關於'掾',由池田雄一等譯注的一説即'行縣并順便去新郪之獄',不是近於正確的解釋的嗎?"),後在中譯本序言中又對該説作出修正,認爲"掾新郪獄"的掾可能是"檢查"(點檢する)之意;睡虎地秦簡中"司馬令史掾計"(原簡號55)中亦理解爲檢查苑囿會計的司馬令史(籾山明:《中國古代訴訟制度研究》中文版序,2頁)。"三国時代出土文字資料の研究"班認爲將"淮陽守行縣掾新郪獄"中掾:"理解爲佐吏很困難,是不是掾,字形上也不是很明確。"掾"或可釋作"録",或許可譯作"二千石丞認真檢查";其中掾字譯解爲"審查",并舉出"淮陽守行縣掾新郪獄"的例子("三国時代出土文字資料の研究"班:《江陵張家山漢墓出土「二年律令」譯注稿その(三)》,《東方學報》,78,(2006),147、149頁)。高恒認爲《張家山漢墓竹簡・奏讞書》"淮陽守行縣掾新郪獄"中掾通"録":"録,録囚,司法制度。此句當是該卷宗之標題。意爲此卷宗是淮陽郡守巡行所屬新郪縣,省録該縣縣獄囚徒的文書";并認爲該《奏讞書》中諸掾字皆通假"録"字(高恒:《秦漢簡牘中法制文書輯考》,北京:社會科學文獻出版社,2008,369-374頁)。陶安亦主張睡虎地秦簡中掾通假録,認爲原釋文有誤(朱漢民、陳松長主编:《岳麓書院藏秦簡〔三〕》,上海辭書出版社,2013,125頁注釋4(本卷簡牘釋文及注釋由陶安執筆,見該書"前言"第六部分)。

③ 湖北省荆州市周梁玉橋遺址博物館編:《關沮秦漢墓清理簡報》,《文物》1999年第6期。《周家臺三〇號秦墓發掘報告》,湖北省荆州市周梁玉橋遺址博物館編《關沮秦漢墓簡牘》,北京:中華書局,2001,157頁。

丁亥,史除,不坐椽曹從公,宿長道。[①]

簡文中“宿長道”三字倒書於丁亥干支之上,整理者以爲表示此三字當屬於正月丁亥日這一欄,當是。“不坐椽曹從公”一句内涵極爲豐富,對我們認識秦及漢初掾的問題頗爲重要。

此段簡文之斷句,似有幾種,除上文迻録原整理者點讀外,或斷爲“丁亥,史除。不坐椽曹,從公,宿長道。”此種點讀:(1)將“坐椽曹”理解爲在曹治事,與簡文後面“坐南廥”相類。這一理解,似將“椽曹”理解爲椽的曹,“椽”作定語,“不坐椽曹”意即不在(有)椽(掾)的曹中(治事)。其長處是簡文前後坐的意義一致,當皆爲“在”之義。然“坐椽曹”似與《漢書・薛宣傳》中“坐曹治事”[②]還有所區別,《薛宣傳》用“治事”一語補足“坐曹”,故簡文中“不坐椽曹”似語義未完整,即使與之後的從公等連讀,即“不在(有)椽(掾)的曹,跟隨公”仍有語義不完之嫌。(2)“不坐椽曹”中的“椽”字似較難落實;“椽曹”之意亦不甚明確。若解爲有椽(掾)的曹,這種用法較爲罕見,不過,若果真此時之曹存在有掾、無掾之别,似證明秦末已存在掾史之掾。(3)將“史除”中“除”解爲除用,即史被除用。然該史未有具體名姓,較爲特殊。又“史除”一語與後文“不坐椽曹”之關係似不甚緊密,同書一簡頗爲可疑。綜合簡文前後來看,這種點讀表面上説得通,但細審之後,在簡文理解方面仍存在不少問題和疑點,故筆者不擬采用這種點讀。

通過對《秦始皇三十四年曆譜》的細緻梳理,筆者以爲《關沮秦漢墓簡牘》一書整理者對該條簡文中若干字句解釋及句讀似多少存在一些問題。爲疏解方便計,適當調整了簡文中關鍵字句的考察順序。

1.關於“不坐”

《關沮秦漢墓簡牘》整理者解“坐”爲坐罪,援引唐代玄應《一切經音義》卷二:“坐,罪也。謂相緣罪也。”爲例證。然又引《漢書・薛宣傳》:“坐曹治事。”將“不坐椽曹從公”理解爲“不在官署内處理公務”。[③] 既然將“不坐”中之“坐”解爲坐罪,而下文疏解部分又理解爲“不在”,前後相左。當誤。筆者以爲,簡文中“坐”爲坐罪之意,原注釋不誤。整理者所援引之唐代《一切經音義》雖時代較晚,但解釋應大體準確。不過還可舉出坐指坐罪更早時期之例證。《史記・商君列傳》:“商君之法,舍人無驗者坐之。”[④]《岳麓書院藏秦簡〔三〕》“六 暨過誤失坐官案”:“除銷史丹爲江陵史,□未定(?)……凡八劾……廼十月己酉暨坐丹論一甲。”[⑤]“暨

① 湖北省荆州市周梁玉橋遺址博物館編:《關沮秦漢墓簡牘》,95頁;圖版,15頁。彭錦華:《周家台30號秦墓竹簡“秦始皇三十四年曆譜”釋文與考釋》,《文物》1999年第6期。

② 《漢書》卷八三《薛宣傳》:“及日至休吏,贼曹掾张扶独不肯休,坐曹治事。”(《漢書》,北京:中華書局,1962,3390頁)

③ 湖北省荆州市周梁玉橋遺址博物館編:《關沮秦漢墓簡牘》,注12,97頁。

④ 《史記》卷六八《商君列傳》,北京:中華書局,1959,2236頁。

⑤ 朱漢民、陳松長主編:《岳麓書院藏秦簡〔三〕》,146頁。

坐丹論"即暨因丹罪責而坐罪,受到處罰。《秦始皇三十四年曆譜》中"不坐"之含義當與《睡虎地秦墓竹簡》中"弗坐"相近。《秦律十八種·效》:"……故吏弗效,新吏居之未盈歲,去者與居吏坐之,新吏弗坐;其盈歲,雖弗效,新吏與居吏坐之,去者弗坐,它如律。"[①]又如《法律答問》:"使者(諸)侯、外臣邦,其邦徒及僞吏不來,弗坐。"[②]弗坐,不坐,皆爲不坐罪之意。《漢書·薛宣傳》中"坐曹"解爲"在曹"可通,而據此將簡文中"不坐椽曹"解爲"不在椽(掾)曹",當有所偏頗。此解把"椽曹"等同於曹(辦公機構),忽視其中椽(掾)這一關鍵之字,并未真正厘清"椽曹"的含義。

2."椽(掾)曹"的理解

"椽曹"中的"曹",爲分曹理事之機構,秦及漢初縣級機構當已分曹理事。這在里耶秦簡、睡虎地秦簡等出土文獻中都有所反映,縣級機構諸曹如,獄東曹(5-22;8-959+8-1291)、獄南曹(8-728;8-1886)、廷吏曹(8-241;9-1131[③])、尉曹(8-253;8-453)、倉曹(8-1777+8-1868)、司空曹(8-269)、廷令曹(8-1859)、(廷)户曹(8-263;8-1533)、車曹(8-405)、覆曹(8-2550)、中曹(8-61+8-293+8-2012)、左曹[④]等。[⑤]

郡級機構可能亦分曹理事。里耶秦簡中有尉府爵曹卒史(8-247)[⑥],似卒史爲爵曹中的理事者。《睡虎地秦墓竹簡·語書》"府令曹畫之"顯示郡府可能亦有諸曹機構[⑦],然未詳其具體構成及負責理事郡吏之職官。與郡尉諸曹具體理事者略有不同,縣諸曹理事者,已知出土文獻中有令史、佐、史之類,傳世文獻中還包括掾。里耶秦簡中有如下資料:

例 1.卅四年八月癸卯户曹令史☑ (8-2004)

例 2.☑辛酉,倉守擇付庫建、車曹佐般受券(8-405)[⑧]

---

① 睡虎地秦墓竹簡整理小組編:《睡虎地秦墓竹簡》,北京:文物出版社,1990,57 頁。

② 睡虎地秦墓竹簡整理小組編:《睡虎地秦墓竹簡》,136 頁。

③ 鄭曙斌、張春龍編著:《湖南出土簡牘選編》(一),長沙:岳麓書社,2013,207 頁。

④ 湖北省荆州市周梁玉橋遺址博物館編:《關沮秦漢墓簡牘》,96 頁。

⑤ 諸曹之後爲簡號或綴合號,見陳偉主編《里耶秦簡牘校釋》,武漢大學出版社,2012。下引里耶秦簡簡文,凡未特别注明者,均出自此書,不另注。秦代諸曹研究,參葉山《解讀里耶秦簡——秦代地方行政制度》,武漢大學簡帛研究中心主辦《簡帛》第 8 輯,上海古籍出版社,2013,89-137 頁。

⑥ 陳偉主編:《里耶秦簡牘校釋》8-247:"☑【尉】府爵曹卒史文、守府戍卒士五狗以盛都結……"(122 頁)。按:卒史爲郡級掾史,知前爵曹當亦爲郡級,疑爲郡尉或廷尉之類。故知郡尉府亦當分曹理事。

⑦ 《睡虎地秦墓竹簡·語書》:"發書,移書曹,曹莫受,以告府,府令曹畫之。其畫最多者,當居曹奏令、丞……"(睡虎地秦墓竹簡整理小組編:《睡虎地秦墓竹簡》,15 頁)。按:睡虎地秦墓竹簡整理小組注釋譯文以爲"府令曹畫之"即"郡官命郡的屬曹進行責罰"(16 頁)。知當時太守府亦分曹理事。

⑧ 陳偉主編:《里耶秦簡牘校釋》。

例1表明户曹中理事者爲令史。例2中車曹,已公布里耶秦簡中未見其他例證[1]。據“倉守+擇”、“庫+建(人名)”文例,“車曹佐般”似亦應理解爲“車曹佐+般”,故似可認爲車曹機構理事者中包括佐。

例3.獄東曹書一封,丞印,詣無陽……(5-22)

例4.獄東曹書一封,令印,詣洞庭守府。(8-959)

例5.獄南曹(8-1760)

例6.獄南曹書三封,丞印,二詣酉陽、一零陽……(8-1886)

例7.元年七月庚子朔丁未倉守敢言之:獄佐辨、平、士吏賀具獄……(5-1)

例8.……廿七年八月甲戌朔壬辰,酉陽具獄獄史啓敢□……(8-133)

例9.☑□沅陵獄史治所。(8-186)

例3至例6表明縣獄曹有獄東曹、獄南曹之分。縣獄曹理事者中可能包括例7獄佐,以及例8、例9中的獄史,獄史、獄佐可能在獄曹中處理事務。《史記·項羽本紀》正義引《楚漢春秋》亦載有東陽獄史[2];《史記·曹相國世家》中有沛獄掾[3],似秦獄曹中有掾、史、佐等。《秦始皇三十四年曆譜》中的“椽曹”中的椽(掾),可能亦爲郡縣曹中的理事者。

關於“椽曹”中的“椽”,《關沮秦漢墓簡牘》整理者以爲“椽”讀作掾,意爲屬吏[4]。釋作椽字的圖版爲,該字左半部初看似木,細審字左半與右半相接部位,似略向上運筆,更像隸書“手”之行狀,似應釋爲“掾”[5]。不過該字的手旁與睡虎地秦簡中的(掾)[6]相比,左半手形向上運筆程度上又稍顯平緩,易被認作木字旁。退一步講,即使釋作椽,椽、掾二字當亦可通。《説文》:“椽,榱也。”[7]其意爲承屋瓦構件,多與房屋建造相關[8]。以此意置於簡文中,似難以解釋通順。而椽,從木彖聲;掾,從手彖聲[9],上古音韻部同[10];所從之木、手隸書中字形相近,椽、掾當可相通假[11]。椽字通假爲掾之後,掾曹一稱似可以得到穩妥解釋。掾曹當爲曹

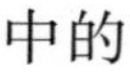

① 細審《里耶秦簡〔壹〕》圖版(湖南省文物考古研究所編著:《里耶秦簡〔壹〕》,北京:文物出版社,2010,63頁),曹前一字顯示爲車字,無誤。或以爲車字爲庫字省寫,然受券等文書中似不應出現如此紕漏。姑以《里耶秦簡牘校釋》釋文爲准。

② 《史記》卷七《項羽本紀》,299頁。

③ 《史記》卷五四《曹相國世家》,2021頁。

④ 湖北省荆州市周梁玉橋遺址博物館編:《關沮秦漢墓簡牘》,97頁。

⑤ 方勇《秦簡牘文字編》即將該字隸定爲掾,見其著《秦簡牘文字編》,福州:福建人民出版社,2012,342頁。

⑥ 張守中撰集:《睡虎地秦簡文字編》,北京:文物出版社,1994,182頁。

⑦ 《説文解字注》卷一一《第六篇注上》,上海古籍出版社,1981,255頁。

⑧ 參見宗福邦等主編《故訓匯纂》,北京:商務印書館,2003,1134頁。

⑨ 分見《説文解字注》卷一一第六篇注上,木部,255頁;《説文解字注》卷二三第十二篇注上,598頁。

⑩ 椽、掾韻部皆爲元部,參郭錫良《漢字古音手册》(增訂本),北京:商務印書館,2010,348,355頁。

⑪ 參白於藍編著《簡牘帛書通假字字典》,福州:福建人民出版社,2008,226-227頁。

(機構)中的掾,或掾吏、曹吏之意。

郡縣中的曹可指分科辦事的吏,亦指吏所在的官署[①]。前一指稱出土簡牘中似不經見,而作爲分曹理事機構,出現得相對較多。所以《秦始皇三十四年曆譜》中“掾曹”當有二解:其一,掾吏、曹吏;其二,曹中的掾。

秦漢時期稱某曹中掾的用法較多[②],但稱掾曹亦非僅見,《西京雜記》云:

> 京兆有古生者,學從横、揣摩、弄矢、搖丸、樗蒲之術,爲都掾史四十餘年,善訑謾。二千石隨以諧謔,皆握其權要,而得其歡心。趙廣漢爲京兆尹,下車而黜之,終於家。京師至今俳戲皆稱古掾曹。[③]

此例中,前稱“都掾史”,後稱“掾曹”,二者所指稱應相近,此掾曹當具有掾史的含義。又《後漢書·馬武傳》載:

> 帝後與功臣諸侯讌語,從容言曰:“諸卿不遭際會,自度爵禄何所至乎?”高密侯鄧禹先對曰:“臣少嘗學問,可郡文學博士。”帝曰:“何言之謙乎? 卿鄧氏子,志行修整,何爲不掾功曹?”餘各以次對……[④]

此例亦將掾置於具體某曹(功曹)之前,似與掾曹用法相近。後世稱掾曹者亦復不少:《通典·職官十一》三署郎官叙:“漢中郎將分掌三署,有議郎、中郎、侍郎、郎中,凡四等……公車特徵賢良方正、敦樸有道、高節、公府掾曹試博士者,亦充兹位。”[⑤]亦將公府諸曹掾史稱爲公府掾曹。又《水經注疏·沔水二》“沔水又東南逕蔡洲在府城東北漢水中……楊儀居上洄,楊顒居下洄”句,疏文引《襄陽耆舊傳》“楊顒字子昭,爲蜀丞相諸葛亮主簿,後嘗爲東曹屬,典選舉。及顒死,亮泣三日,曰,掾曹非楊顒,於朝中多損益矣。”[⑥]蜀相諸葛亮稱已故東曹屬爲掾曹,似亦將掾曹解爲東曹之掾屬。清人王夫之《讀通鑒論·唐高宗八》載:“漢制:三公州郡各辟掾曹,時舉孝廉以貢於上,辟召一聽之長官……”[⑦]亦將三公州郡官長辟除諸曹掾史

---

① 參睡虎地秦墓竹簡整理小組編《睡虎地秦墓竹簡》,《語書》注釋②,15 頁。

② 兹舉兩例。章曹掾,《漢書》卷一九《百官公卿表》如淳曰:“章,謂大材也。舊將作大匠主材吏名章曹掾。”(734 頁)奏曹掾,《漢書》卷五一《路温舒傳》:“元鳳中,廷尉光以治詔獄,請温舒署奏曹掾。”(2368 頁)

③ 周天游校注:《西京雜記》卷四,西安:三秦出版社,2006,209-210 頁。參向新陽、劉克任校注《西京雜記校注》,上海古籍出版社,1991,206-208 頁。又《古今姓氏書辯證》古姓:“出自姬姓,周太王亶父,避狄人之難去,國於岐山之下,自號古公,後氏焉。漢有京兆古生,爲都掾史四十餘年,善訑慢,二千石隨以諧謔,趙廣漢黜之,京師以古掾曹爲俳戲。”(鄧名世著,王力平點校:《古今姓氏書辯證》卷二四,南昌:江西人民出版社,2006,363 頁)

④ 《後漢書》卷二二《馬武傳》,785 頁。

⑤ 王文錦等點校:《通典》二九《職官十一》,北京:中華書局,1988,805 頁。

⑥ 楊守敬、熊會貞疏,段熙仲點校:《水經注疏》卷二八《沔水二》,南京:江蘇古籍出版社,1989,2380-2381 頁。

⑦ 王夫之:《讀通鑒論》卷二一《唐高宗八》,北京:中華書局,1975,1653 頁。

稱爲辟掾曹,反映了用掾曹指代諸曹之掾史用法具有歷史延續性[①]。

秦漢之際稱掾曹,或稱某曹之掾,似與掾史制度處於形成時期,稱謂不甚固定有一定關係。[②]

3.關於“史除”

簡文中的“史除”之“除”,整理者未出注。“除”有除吏之意,《秦始皇三十四年曆譜》中有十二月“丙辰,守丞登、史豎,除。到”[③]。尤其是“到”字,可推知此條簡文中“除”爲除吏之意,即守丞登與史豎被除用。然“史除”句與上簡文似有所不同。前一簡文記守丞登與史豎除用時,記載了被除用者之名字,而此條簡文僅記史,未記史之名。若還依前簡,解除爲除用,則“史除”意即史被除用。然,史除與墓主生前有何關係,而記入《曆譜》中? 與“不坐”又有何種關係? 對這些疑問,以除用解釋“史除”中之“除”字,似難以作答。儘管《秦始皇三十四年曆譜》中一日之記事都極爲簡要,但如此含混之記載令人生疑。未記該史之名可能是疏忽遺漏,補充此人名後,即“史某,除”。不過此事與後文不坐句關係不大。“不坐”(不坐罪),之前似應述説所坐罪名、或緣由。將“史除”,解爲史被除用,無法解釋及呼應“不坐”一詞。

或“史除”句僅爲丁亥日同一天之事,故附記於一起。標點上除字後應爲句號,即“史某,除。”之後另記一事。但筆者前已考證,簡文中“不坐”爲不坐罪之意,整理者注釋不誤,然整理者蓋以爲解作坐罪時,略顯突兀,未明坐罪之緣由,故不堅持前解,後又疏解爲坐曹從事公務。其實秦及漢初的除字并非衹有除吏一義,還有一義爲懲辦、懲處,如《睡虎地秦墓竹簡·秦律雜抄》:“戰死事不出,論其後。有(又)後察不死,奪後爵,除伍人。”[④]在戰爭中不屈服而犧牲者,獎勵其後子爵位,但後又發現此人未死,將收回後子所受之爵位,并懲處其同伍之人。其中“除”即懲處、懲辦之意。又如《周禮·冬官考工記》:“琰圭九寸,判規,以除慝,以易行。”鄭注:“除慝,誅惡逆也”[⑤]除即有懲處、懲治之意。又如《張家山漢墓竹簡·奏讞書》:“十年七月辛卯朔甲寅,江陵餘、丞鶩敢讞之。乃五月庚戌,校長池曰:士伍軍告池曰:大奴武亡,見池亭西,西行。池以告,與求盗視追捕武。武格鬥,以劍傷視,視亦以劍傷武……疑武、

---

① 又如《舊唐書》卷一五三《劉迺傳》:(劉伯芻)“以過從友人飲噱,爲韋執誼密奏,貶虔州掾曹,復爲考功員外郎。”(《舊唐書》,北京:中華書局,1975,4085 頁。)《説文解字注》卷三〇,載許冲《上説文表》“臣父故太尉南閣祭酒慎”句,段注云:“謂太尉府掾曹出入南閣之首領也……”(第 785 頁)

② 此點承劉敏先生點撥賜教,附記於此,謹致謝意。

③ 整理者原注釋:“豎”下原有鉤識。湖北省荆州市周梁玉橋遺址博物館編:《關沮秦漢墓簡牘》,97 頁,注 6。

④ 睡虎地秦墓竹簡整理小組編:《睡虎地秦墓竹簡》,88-89 頁,并参注釋③。

⑤ 《周禮注疏》卷四一《冬官考工記下》,阮元校刻《十三經注疏》,北京:中華書局,1980,922 頁。

視罪,敢讞之……吏當:黥武爲城旦舂,除視。廷以聞,武當黥爲城旦,除視。”[①]對逃亡的大奴武,求盜視以劍與武互相擊傷,處置不當,負責此案件的官吏認爲,應懲處求盜視,郡守等認可此種處置。可知,其中的除視之除亦當解爲懲處。

《秦始皇三十四年曆譜》中之“史除”之除當亦爲懲處之意,即史被懲處。史受懲處的緣由《曆譜》簡文中恰有記載,十二月“乙丑,史但毄”,毄通繫,整理者解爲拘禁[②],可從。《里耶秦簡》:“☑□□史,有逻耐辠以上,毄(繫)遷陵未夬(决),毋遣殹……(8-136+8-144)”[③];《漢書·刑法志》:“高皇帝七年,制詔御史:‘獄之疑者,吏或不敢决,有罪者久而不論,無罪者久繫不决’”,[④]决當爲决獄之意,《睡虎地秦墓竹簡·爲吏之道》有“夬(决)獄不正”[⑤]之語可證。據此知秦代對某些犯罪官吏,如《曆譜》中的“史某”,先拘禁、囚繫,一段時間後再决獄、懲處治罪。《曆譜》所記,史但被囚繫二十日後,正月“丁亥史除”,即於是日史但被懲處、治罪,“史除”中史之名當是承前省略[⑥]。前後聯繫起來似可解釋爲:十二月月末史但被拘繫,20日後史但被懲處、治罪,而墓主人生前此日并未因史但獄事受牽連,所以説“不坐”。故“不坐”之後應爲句讀、斷開。

4.關於“從公”

《關沮秦漢墓簡牘》整理者將“從公”疏解爲“處理公務”。[⑦] 以現代漢語理解“從公”,似可解爲從事公務,但秦及漢初當非如此。“從公”之“從”含義當爲跟從、隨從,這在秦及以前古書中多見,如《左傳》僖公二十八年,“或訴元咺於衛侯曰:‘立叔武矣。’其子角從公。公使殺之”。《左傳》昭公二十年“析朱鉏宵從竇出,徒行從公”。《左傳》哀公十七年“戎州人攻之,大子疾、公子青,逾從公”[⑧]。又如,《張家山漢墓竹簡·奏讞書》:“·人婢清助趙邯鄲城,已即亡,從兄趙地,以亡之諸侯論。”[⑨]“從兄趙地”意爲跟隨兄到趙地。“·淮陽守行縣掾新郪獄,七月乙酉新郪信爰書:求盜甲告曰:從獄史武備盜賊,武以六月壬午出行公粱亭,至今

① 張家山二四七號漢墓竹簡整理小組:《張家山漢墓竹簡〔二四七號墓〕》(釋文修訂本),北京:文物出版社,2006,94-95頁。整理者注云“十年”爲漢高祖十年。

② 湖北省荆州市周梁玉橋遺址博物館編:《關沮秦漢墓簡牘》,94、97頁。又關於“繫”字考察,參游逸飛《説“繫城旦舂”——秦漢刑期制度新論》,簡帛網,2009年12月18日;高恒《秦漢簡牘中法制文書輯考》,417-420頁;宋傑《漢代監獄制度研究》,北京:中華書局,2013,328-358頁。

③ 陳偉主編:《里耶秦簡牘校釋》,76頁。

④ 《漢書》卷二三《刑法志》,1106頁。

⑤ 睡虎地秦墓竹簡整理小組編:《睡虎地秦墓竹簡》,170頁。

⑥ 史但被繫之日爲十二月最後一日,之下正月記事中,在史除之前,僅有首日“丁卯嘉平視事”一事,未記其他人之名。爲更直接理解案件的來龍去脈,筆者對《秦始皇三十四年曆譜》按月、干支重新梳理,將相關曆譜附於文末,請參看。

⑦ 湖北省荆州市周梁玉橋遺址博物館編:《關沮秦漢墓簡牘》,注12,97頁。

⑧ 分見《春秋左傳正義》卷一六,阮元校刻《十三經注疏》,1826頁;《春秋左傳正義》卷四九,阮元校刻《十三經注疏》,2091頁;《春秋左傳正義》卷六〇,阮元校刻《十三經注疏》,2179頁。

⑨ 張家山二四七號漢墓竹簡整理小組:《張家山漢墓竹簡〔二四七號墓〕》(釋文修訂本),93頁。

不來,不智(知)在所"[①],"從獄史武備盜賊"即求盜甲跟着獄史武外出巡查盜賊。

而"從公"之"公"含義當爲官長,可能爲墓主人所任職郡之負責人[②]。秦及漢初公已不復爲周制内爵公卿大夫爵制中最高等級專稱,縣令,甚至一般編户民稱公者甚多。秦及漢初縣令稱公者,如《史記・秦始皇本紀》"沛公起沛"[③]。編户民亦稱公,如《史記・高祖本紀》中的(漢高祖)"父曰太公";"單父人吕公";"三老董公遮説漢王"[④];《史記・項羽本紀》項梁云:"前時某喪使公主某事,不能辦,以此不任用公。"[⑤]等等。郡監亦有稱公者,如《史記・曹相國世家》:"高祖爲沛公而初起也,參以中涓從。將擊胡陵、方與,攻秦監公軍……"《索隱》認爲"公爲相尊之稱"[⑥]。故郡守、郡尉等似亦可稱公。

《秦始皇三十四年曆譜》所載"從公",與《關沮秦漢墓簡牘》整理者援引的《漢書・薛宣傳》所記不盡相同。《薛宣傳》:"及日至休吏,賊曹掾張扶獨不肯休,坐曹治事。"[⑦]意即張扶在曹這一處所治事。"治事"解爲"處理公務"説得通,但將"從公"解爲"處理公務",認爲秦及漢初"從公"亦具備此種含義,似缺乏確證。

總之,簡文中之"從公"應即跟隨公至某地,所以後接"宿長道"[⑧]。

綜合以上幾方面分析,簡文原句讀"丁亥,史除,不坐椽曹從公,宿長道",似應句讀爲"丁亥,史除,不坐。椽(掾)曹從公,宿長道。"可解爲:正月丁亥史但(在囚繫十余日後)被懲處治罪,墓主人生前在此日未因史但之事坐罪;同一天,曹中的掾(掾曹)或掾吏、曹吏(墓主生前此日當亦在此群體中)隨從官長外出(辦事),住宿在稱爲長道的某地。

"掾曹"一詞,掾與曹并稱,似在動詞掾含義之外,揭示"掾"仍有行政機構(曹)中掾的含義,即掾具有後世稱之爲屬吏的含義。此即周家臺30號秦墓竹簡《秦始皇三十四年曆譜》對掾史制度研究的意義所在。同時我們亦應注意到,由於當時掾史制度似仍處於形成階段,掾曹與某曹之掾用法并存。

---

① 張家山二四七號漢墓竹簡整理小組:《張家山漢墓竹簡〔二四七號墓〕》(釋文修訂本),98頁。

② 《關沮秦漢墓簡牘》認爲墓主人生前當在南郡官署供職,爲佐史一類小吏。參湖北省荆州市周梁玉橋遺址博物館編《關沮秦漢墓簡牘》,157-158頁。按,整理者之分析,似存在一些問題,認定墓主生前爲郡吏的證據不盡可靠。筆者疑其身份當爲縣小吏。故在推斷掾曹性質及相關問題時,從郡、縣兩層面論述,而不囿於郡。特此説明。

③ 《史記》卷六《秦始皇本紀》,269頁。楚縣令稱縣公,《淮南子・覽冥訓》高誘注:"楚僭号稱王,其守縣大夫皆稱公。"(何寧:《淮南子集釋》卷六《覽冥訓》,北京:中華書局,1998,447頁)相關研究參陳劍《先秦時期縣制的起源與轉變》,吉林大學博士學位論文,2009,224頁。周家臺30號秦墓簡牘出土地江陵,原爲古楚國核心地帶,墓主人生前在曆譜中將所隨從之官長(可能爲縣令)簡要記爲"從公",似應有此可能。

④ 《史記》卷八《高祖本紀》,341、344、370頁。

⑤ 《史記》卷七《項羽本紀》,297頁。

⑥ 《史記》卷五四《曹相國世家》,2021-2022頁;又《集解》引《漢書音義》認爲:"监,御史监郡者。公,名。"(2022頁)

⑦ 《漢書》卷八三《薛宣傳》,3390頁。

⑧ "長道",地名。見湖北省荆州市周梁玉橋遺址博物館編《關沮秦漢墓簡牘》,97頁,注11。

二 “三年大將吏弩機”銘文中的“彖長烝”

2003年9月陝西省歷史博物館收藏一件刻有銘文的弩機，暫定名爲“三年大將吏弩機”，《文物》2006年第4期在封三附有該弩機之外觀、銘文及銘文摹本（分見下文附圖）。陝西省考古研究院吴鎮烽等考察后認爲：“從銘文字體以及還没有出現郭來判斷，當屬戰國晚期之物。”[①]弩機望山正面銘文爲第一次刻記，望山背面和懸刀上的銘文爲第二次刻記。弩機望山正面的銘文爲晋系文字，共19字（其中包括1處合文），銘文爲：

三年，大牐（將）吏敉、邦大夫王平、彖長烝（掾張承）所爲，緌（緩、受）事伐。

望山背面和懸刀上的銘文係秦國文字，各刻“瀍丘”2字[②]。

圖一：三年大將吏弩機原件　圖二：三年大將吏弩機銘文　圖三：三年大將吏弩機銘文摹本

吴鎮烽等認爲弩機銘文中的“三年”爲趙王遷三年（前233）；“大牐吏敉”即大將軍的屬吏名敉；彖字銘文作□，其構型與趙國的行氣玉銘（《三代吉金文存》20.49.1）、中山王圓壺中的“墜”字（《殷周金文集成》09734）所從基本相同，□此處應讀爲“掾”[③]，即掾屬、掾吏之“掾”；“長”即張，是承的氏稱，此處的“掾”應爲邦大夫的屬吏。[④] 張振謙認可□字釋爲“彖”，并在吴鎮烽等研究基礎上，進一步隸定“吏敉”二字爲“吏牧”，讀爲“李牧”，“三年大將吏弩機”應名爲“三年大將吏牧（李牧）弩機”[⑤]。可從。

① 吴鎮烽、師小群：《三年大將吏弩機考》，《文物》2006年第4期。

② 吴鎮烽、師小群：《三年大將吏弩機考》，《文物》2006年第4期。

③ 陳劍：《金文“彖”字考釋》（復旦大學出土文獻與古文字研究中心網站，2008年3月12日；3月13日），認爲弩機銘文中□“釋爲‘彖’恐於形不合，此字當存疑”。按陳氏雖存疑，然未找出確證，姑從吴鎮烽原釋文。

④ 吴鎮烽、師小群：《三年大將吏弩機考》，《文物》2006年第4期。

⑤ 張振謙：《三年大將吏弩機補釋》，《文物》2006年第11期。

筆者贊同弩機銘文𧰼字釋作“彖”。據銘文前後辭例,職官+姓、名,“彖長⽿”亦應爲“彖”+“長⽿”,而不當爲“彖長”+⽿,亦不應是“彖長⽿”即彖長之丞。“彖”應爲職官名稱,位次在大將及邦大夫之下,可能爲邦大夫所屬之吏職,爲具體負責鑄造弩機者[①]。又,上古音中,彖字聲母爲透,韻部爲元部;掾字聲母爲餘,韻部爲元部[②]。彖與掾韻部相同。《説文解字》:“掾,緣也。從手彖聲。”[③]掾字當由彖字增加形旁“扌”構成。彖與掾當可相通假[④]。

所以筆者以爲“三年大將吏弩機”銘文中“彖長⽿”應如吴鎮烽等解爲掾張承[⑤],此掾蓋爲戰國趙晚期(前 233)邦大夫所屬之職官名稱。戰國秦晚期大概亦應存在類似掾的職官。

三 《漢舊注》所載“漢初掾史辟”

《續漢書・百官志一》本注所引《漢舊注》“漢初掾史辟”,似指明漢初存在掾史這一事實,亦即漢初存在可稱爲屬吏之掾。不過要説明這一問題,還要對此條之性質及年代等略作辨析。

《續漢書・百官志一》太尉掾史屬條本注載:“《漢舊注》東西曹掾比四百石,餘掾比三百石,屬比二百石……或曰:漢初掾史辟,皆上言之,故有秩比命士;其所不言,則爲百石屬。其後皆自辟除,故通爲百石云。”[⑥]

(一)“或曰”句亦從屬於《漢舊注》

《太平御覽》:“《漢舊注》曰:或曰:漢初掾史辟,皆上言,故有秩皆比命士;其所不言則爲百石屬,其後皆自辟,故通爲百石云。”[⑦]《太平御覽》所載内容與《續漢志》或曰句關鍵部分無大的不同。可證或曰句,以及之前叙述当同屬於《漢舊注》。

---

① 戰國銘文中“所爲”前之職官多爲具體負責鑄造之人,如“六年,相邦司空馬鈹”正面銘文:“六年,相邦司工(空)馬,左庫工帀(師)申𢈫,冶君(尹)明所爲,𦀗(綏)事𢡛鬲,執齊。”(NA1632)鍾柏生、陳昭容等編:《新收殷周青銅器銘文暨器影彙編》,臺北:藝文印書館,2006,1121 頁。

② 郭錫良:《漢字古音手册》(增訂本),351,355 頁。《漢字古音手册》(增訂本)“例言”:“第一行列舉上古的聲母和韻部,後注擬音。”(2 頁)

③ 《説文解字注》卷二三第十二篇注上,手部,598 頁。

④ 王輝認爲:掾(元喻 yuan)可讀爲遯(文定 dun);掾,豚(遯),彖等字可相通假(王輝:《古文字通假字典》,北京:中華書局,2008,663 頁)。

⑤ 此弩機銘文書寫格式與同期戰國趙一般兵器銘文略有不同。趙國兵器,省(監)者、主者、造者一般由相邦(守相、大攻尹、令)、工師(冶尹、左右校)、冶分任鑄造。參黄盛璋《試論三晋兵器的國别和年代及其相關問題》,其著《歷史地理與考古論叢》,濟南:齊魯書社,1982,89-147 頁。又參董珊《戰國題銘與工官制度》,北京大學博士學位論文,2002,17-46 頁。然我們似不能以不完全歸納所得結論,輕易否定實有之器物銘文。

⑥ 《續漢書・百官志一》,《後漢書》,北京:中華書局,1965,3558-3559 頁。

⑦ 《太平御覽》卷二四九《職官部四十七》,北京:中華書局,1960,1175 頁。《漢舊儀補遺》卷上收録此條,出處即爲《太平御覽》,見孫星衍等輯,周天游點校《漢官六種》,北京:中華書局,1990,87 頁。

(二)《漢舊注》性質及成書時代

《西漢會要·職官一》“丞相·掾史”條引:“《翟方進傳》,丞相宣帝戒掾史謹事。臣天麟按:掾史者,屬官之總稱也。《漢儀注》,東西曹掾比四百石,餘掾比三百石,屬比二百石。正曰掾,副曰屬……”[①]《西漢會要》所引東西曹掾、屬等職官名稱及秩級,與前引《續漢書·百官志》皆同,然所標出處爲《漢儀注》。這表明《漢舊注》與《漢儀注》當爲同一書之异名。《漢舊注》爲《漢舊儀注》的省稱。[②] 衛宏《漢舊儀》一書最初之名可能即《漢儀》[③],因此《漢儀注》又具有了《漢舊儀注》一名。又,《漢舊儀注》作者爲衛宏[④]。所以《續漢志》所引《漢舊注》當爲兩漢之際人衛宏[⑤]所作《漢舊儀注》之省稱,係《漢舊儀》之自注,是記載西漢一代之史事爲主的文獻。[⑥]

《續漢志》本注所引《漢舊注》條,某些論斷可能不盡符合事實,然其論斷所依據之基本事實要素應較可靠。其中“漢初掾史”這一記述當較信實。若漢初本無可稱爲屬吏之“掾”,則其對漢初掾史之認定及掾史辟除等論述就成了無源之水。據此,似可證明漢初當存在後世稱爲屬吏之掾。

---

① 《西漢會要》卷三一《職官一》,上海人民出版社,1977,331-332 頁。是書以江蘇書局翻刻武英殿本爲底本,参校了中華書局《漢書》1975 年標點本。又參《西漢會要》,北京:中華書局,1955,289 頁。是書據商務印書館“國學基本叢書”原版重印,内容與上海人民版全同,出處亦爲《漢儀注》。又,早稻田大學圖書館藏《西漢會要》,係光緒五年(1879)學海堂叢書本,王國瑞、黎永椿校,内容與上海人民版全同,出處亦同。

② 王國維《太史公行年考》云:“《續漢志》引《漢舊注》(王國維自注:‘即《漢舊注儀》也。’)三公東西曹掾比四百石,餘掾比三百石,屬比二百石,故曰‘公府掾比古元士三命者’也。”(王國維:《觀堂集林》卷一一《史林三》,北京:中華書局,1959,496-497 頁。)按,王氏自注《漢舊注儀》當爲《漢舊儀注》之訛。參謝維揚等主編《王國維全集》第八卷《觀堂集林》,杭州:浙江教育出版社,2009,332 頁。

③ 《文選》卷四一《書上·報任少卿書》李善注:“衛宏《漢儀》以爲置蠶宫,令承諸法云,詣蠶室,與罪人從事,主天下室者,屬少府。”《文選考异》:“注‘以爲置蠶宫令承’:陳云‘令承’當作‘令丞’,是也。各本皆誤。”(《文選》,上海古籍出版社,1986、1589、1867 頁);《通典》卷四三《禮三》:“按得衛宏《漢儀》稱‘魯人爲雩壇在城東南。’……衛宏所説魯城東南,舊迹猶在焉。”(《通典》,1203 頁。)

④ 王應麟:《漢藝文志考證》卷三:“太史公百三十篇(自注:十篇有録無書)衛宏《漢舊儀注》曰:司馬遷作本紀,極言景帝之短及武帝之過,武帝怒而削去之。”(王應麟著,張三夕、楊毅點校:《漢制考·漢藝文志考證》,北京:中華書局,2011,176 頁。)

⑤ 衛宏事迹略見《後漢書》卷七九下《儒林傳下》:“衛宏字敬仲,東海人也……光武以爲議郎……宏作《漢舊儀》四篇,以載西京雜事;又著賦、頌、誄七首,皆傳於世。”(《後漢書》,2575-2576 頁。)《東觀漢記校注》卷一五《陳元傳》:“光武興立左氏,而桓譚、衛宏并共毁訾,故中道而廢。”(吴樹平校注云:“故中道而廢”,此條聚珍本輯録,不知摘自何書。吴樹平:《東觀漢記校注》,北京:中華書局,2008,627 頁。)楊翼驤繫衛宏作《漢舊儀》時間於建武二十二年之後(楊翼驤編《中國史學史資料編年》第 1 册,天津:南開大學出版社,1987,41-42 頁)。

⑥ 詳見筆者《〈漢舊儀注〉及其省稱》一文,待刊稿。

四　結語

秦及漢初"掾"具有動詞含義,其含義可能還不止動詞佐助一義。周家臺30號秦墓簡牘中的《秦始皇三十四年曆譜》,是證明掾在秦及漢初具有屬吏含義的較爲直接證據,其中的"掾曹"一詞,掾與曹并用,似在掾作爲非"佐助"動詞性含義之外,揭示"掾"仍存在行政機構(曹)中掾的含義,即掾具有屬吏的含義。除此直接證據之外,通過對"三年大將吏弩機"中"彖長丞"的分析,可證在戰國末葉趙國當已存在作爲職官名稱的掾,秦王國或亦存在類似情况。通過對《漢舊注》"漢初掾史辟"相關記載的分析,可知掾史是《漢舊注》中論述漢初辟除制度的基礎,是兩漢之際人衛宏有關論斷的前提之一,亦即衛宏當認爲漢初即存在掾史一稱。

如何認識秦及漢初非"佐助"之義動詞性掾與後世稱之爲屬吏之掾的關係?筆者認爲,二者之間當存在同源异流(甚至源流俱异)之可能,掾字含義産生之後當發生多種分化,一部分演變爲具有非佐助之意動詞性掾,這可能即爲《睡虎地秦墓竹簡》《張家山漢墓竹簡》中掾的含義,而其含義究竟爲何,爲史料闕如所囿,似難遽下結論。在掾字分化演變的諸流中,其中一部分在秦漢之際已具有後世稱之爲屬吏的含義,此當即周家臺秦簡《秦始皇三十四年曆譜》中掾的含義。我們似不能僅據前一種情况就否認後一種的存在。《睡虎地秦墓竹簡》《里耶秦簡[壹]》《張家山漢墓竹簡》等秦及漢初簡牘中未出現作屬吏含義之掾,似表明當時掾史制度尚處於形成階段,相當於後世屬吏的掾還不甚普遍。

附:秦始皇三十四年(前213)曆譜相關部分[①]

[▬十月戊戌](1壹)

……

[▬十二月丁酉](1貳)

戊戌　己亥 庚子 辛丑 壬寅　癸卯　甲辰 乙巳 丙午 丁未　戊申　己酉 庚戌　辛亥[壬]子　[癸丑]　甲寅 乙卯 丙辰 守丞登、史豎[②],除。到。丁巳 守丞登、□史□□之□□。戊午　己未庚申 辛酉 嘉平。壬戌　癸亥 甲子 乙丑 史但毄(繫)[③]。

▬正月丁卯嘉平視事。[④]

① 原簡文爲豎排,为节省篇幅改爲横排。

② 原注釋:"豎"下原有鈎識。湖北省荆州市周梁玉橋遺址博物館編:《關沮秦漢墓簡牘》,97頁,注6。

③ 原注釋:"毄",拘禁。

④ 按:正月共29日。

戊辰 己巳 庚午 辛未 壬申 癸酉 甲戌 乙亥 丙子 丁丑 戊寅 己卯 庚辰 辛巳 壬午 癸未 甲申 乙酉 丙戌 丁亥 史除,不坐。椽(掾)曹從公,宿長道[①]。戊子 宿迣羸邑,北上渧。己丑 宿迣離涌西。 庚寅 宿迣□□□北。辛卯 宿迣羅涌西。壬辰 宿迣离涌東。 癸巳 宿區邑。甲午 宿竞(竟)陵。乙未 宿尋平。

……

① 原注釋:宿長道倒書在丁亥日之上,表示此三字當屬於正月丁亥日這一欄。全句當讀作:"史除,不坐椽曹從公,宿長道。"長道,地名。見湖北省荆州市周梁玉橋遺址博物館編《關沮秦漢墓簡牘》,97 頁,注 11。

出土文獻所見秦漢“多筆數字”

中國社會科學院歷史研究所
出土文獻與中國古代文明研究協同創新中心
曾磊

内容提要 古人爲了防止數字的訛誤或作僞,發明了多筆數字。先秦秦漢出土文獻中,保留了大量多筆數字的實例。通過對相關例證的分析可知,多筆數字在先秦時代即已萌芽;秦漢時代的使用範圍逐漸擴大,但尚未建立一套普遍認同且行之有效的多筆數字系統;這一數字系統大約在兩晋南北朝時期逐漸完備,唐代時已廣泛應用。隨着文字書寫載體的改變,原來依附於簡牘的刻齒制度不能繼續使用,這也客觀上促進了多筆數字的普及。

關鍵詞 秦漢 出土文獻 數字

秦漢出土文獻中有大量簿籍、符券類文書。這些文書中,數字的使用非常普遍。由於數字筆劃簡單,極易錯亂,爲了防止數字的訛誤或造假,古人對文書内容加以特殊標注、文字形態進行特殊改造、簡牘形制進行特殊處理。① 另外,漢代還建立了一套行之有效的“會計”制

① 特殊標注如各種鈎校符號的使用;特殊改造如使用不同書體書寫文書,書手的書寫風格也可以防止僞造;特殊處理如封检和帶有刻齒的簡牘。

度。[1] 除此之外,後世被廣泛使用的多筆數字在秦漢時代也已初現端倪。[2]

今天我們所見到的秦漢傳世文獻材料,在歷代傳抄刻印過程中,可能出現種種疏誤,未必是秦漢文字的本來面貌,而簡帛金石材料則能够反映秦漢文字的原始風貌,爲我們研究當時的數字使用情況提供了珍貴的資料。本文以出土文獻和傳世文獻相比照,試圖探尋多筆數字在秦漢時期的使用情況,不當之處,請方家批評。[3]

一

楊聯陞先生較早注意到中國經濟史上數字的使用。[4] 李均明先生的《簡牘所見數碼的演變》系統討論了簡牘所見數字字形及其演變規律,不過該文并未涉及多筆數字的問題。[5] 關於多筆數字的源起,宋代學者洪邁、程大昌、陸遊,明代學者陸容、顧炎武,清代學者周亮工、

---

① 相關研究參見李均明《漢簡"會計"考(上)》,中國文物研究所編《出土文獻研究》第3輯,北京:中華書局,1998,119-128頁;李均明《漢簡"會計"考(下)》,中國文物研究所編《出土文獻研究》第4輯,北京:中華書局,1998,31-51頁;朱德貴《漢簡與財税管理若干問題考述》,《九江師專學報》2001年第4期;王春淑《居延簡候燧會計文書考論》,《四川師範大學學報》2003年第6期;朱德貴《漢代財政監督研究》,《中國社會經濟研究》2006年第4期;朱德貴《漢代郡縣鄉財政管理論考》,《内蒙古大學學報》2007年第1期;朱德貴《漢代會計憑證研究》,《會計之友》2008年第10期。

② "大寫數字"是今人區分簡筆數目字與多筆數目字的術語,古人并無"大寫""小寫"之分。本文借鑒趙翼《陔余叢考》卷三〇《數目用多筆字》的説法,徑稱作"多筆數字"。

③ 本文所引出土文獻材料,均出自中國科學院考古研究所、甘肅省博物館編著《武威漢簡》,北京:文物出版社,1964;國家文物局古文獻研究室編《馬王堆漢墓帛書[壹]》,北京:文物出版社,1980;馬王堆漢墓帛書整理小組編《馬王堆漢墓帛書[叁]》,北京:文物出版社,1983;馬王堆漢墓帛書整理小組編《馬王堆漢墓帛書[肆]》,北京:文物出版社,1985;銀雀山漢墓竹簡整理小組編《銀雀山漢墓竹簡[壹]》,北京:文物出版社,1985;陳公柔、徐元邦、曹延尊、格桑本《青海大通馬良墓出土漢簡的整理與研究》,《考古》編輯部編《考古學集刊》第5集,北京:中國社會科學出版社,1987,293-315頁;謝桂華、李均明、朱國炤《居延漢簡釋文合校》,北京:文物出版社,1987;羅福頤主編《秦漢南北朝官印徵存》,北京:文物出版社,1987;睡虎地秦墓竹簡整理小組編《睡虎地秦墓竹簡》,北京:文物出版社,1990;甘肅省文物考古研究所編《敦煌漢簡》,北京:中華書局,1991;陳松長、廖名春《帛書〈二三子問〉、〈易之義〉、〈要〉釋文》,陳鼓應主編《道家文化研究》第3輯,上海古籍出版社,1993,424-435頁;甘肅省文物考古研究所、甘肅省博物館、中國文物研究所、中國社會科學院歷史研究所編《居延新簡——甲渠候官》,北京:中華書局,1994;[日]永田英正編《漢代石刻集成》,京都:同朋舍,1994;陳松長《馬王堆帛書〈繆和〉、〈昭力〉釋文》,陳鼓應主編《道家文化研究》第6輯,上海古籍出版社,1995,367-380頁;河北省文物研究所定州漢墓竹簡整理小組《定州漢墓竹簡〈論語〉》,北京:文物出版社,1997;周曉陸、路東之編《秦封泥集》,西安:三秦出版社,2000;馬承源主編《上海博物館藏戰國楚竹書[三]》,上海古籍出版社,2003;張家山二四七號漢墓竹簡整理小組編著《張家山漢墓竹簡[二四七號墓]》(釋文修訂本),北京:文物出版社,2006;孫家洲主編《額濟納漢簡釋文校本》,北京:文物出版社,2007;銀雀山漢墓竹簡整理小組編《銀雀山漢墓竹簡[貳]》,北京:文物出版社,2010;朱漢民、陳松長主編《岳麓書院藏秦簡[貳]》,上海辭書出版社,2011;陳偉主編《里耶秦簡牘校釋》(第1卷),武漢大學出版社,2012;北京大學出土文獻研究所編《北京大學藏西漢竹書[貳]》,上海古籍出版社,2012;清華大學出土文獻研究與保護中心編《清華大學藏戰國竹簡[肆]》,上海:中西書局,2013。以下不再注出。

④ 楊聯陞:《中國經濟史上的數詞與量詞》,其著《國史探微》,北京:新星出版社,2005,110-118頁。

⑤ 李均明:《簡牘所見數碼的演變》,中國秦漢史研究會編《秦漢史論叢》第12輯,鄭州:河南大學出版社,2011,390-401頁。本文所引李均明先生觀點皆出自該文,以下不再注出。

趙翼、俞樾、陳其元、饒登秩、葉名澧等人早已有所關注。[①] 當代學者對此又有進一步探討,大致有如下幾種觀點:一,始自先秦;[②]二,始自漢代;[③]三,始自4世紀前後;[④]四,始自唐代;[⑤]五,始自武則天;[⑥]六,始自明代。[⑦]

前賢已經指出若干先秦秦漢傳世文獻中使用多筆數字的文例,但對出土文獻中的多筆數字的使用并未太多留意,下面分別論之:

一(壹)

"壹",《説文》:"專壹也。從壺,吉聲。"可見"壹"的原意是强調"專壹"。睡虎地秦簡《秦律十八種·倉律》:"駕縣馬勞,有(又)益壺〈壹〉禾之。"(47,圖1)又《工律》:"縣及工室聽官爲正衡石贏(纍)、斗用(桶)、升,毋過歲壺〈壹〉。"(100)其中的"壹"即寫作"壺"。

李均明先生指出,"一"字秦以後簡牘皆寫作"一",僅見《額濟納漢簡》"一切"寫作"壹切",又秦始皇二十六年銅詔版見"壹"的寫法。其實,秦漢出土文獻中"一"寫作"壹"的情況已經十分常見。上舉秦廿六年詔版銘文中的"壹",是取專壹之意(圖2)。類似的文例又如銀雀山漢簡《守法守令等十三篇·十》:"兵以專壹勝,以離散敗。"(壹962)整理者注:"宋本此句作'專一則勝,離散則敗'。"[⑧]《孫子兵法·九地》:"散地,吾將壹其志"(壹125)。整理者注:"十一家本作'是故散地,吾將一其志'。"[⑨]馬王堆帛書《經法·君正》也有"壹道同心"之語(壹17上)。

"壹"作爲數字在先秦時期就已經出現。《詩·召南·騶虞》:"彼茁者葭,壹发五豝。"鄭

---

① 參見[宋]洪邁《容齋五筆》卷九《一二三與壹貳叁同》,北京:中華書局,2005,936-937頁;[宋]程大昌《演繁露》卷三《十數改用多畫字》,文淵閣四庫全書本;[宋]陸遊《老學庵筆記》卷七,北京:中華書局,1979,94頁;[明]陸容《菽園雜記》卷三,北京:中華書局,1985,29頁;[明]顧炎武《金石文字記》卷三《岱岳觀造像記》,新文豐出版公司編輯部編輯《石刻史料新編》,第1輯第12册,臺北:新文豐出版公司,1982,9235-9237頁;[清]周亮工《書影》卷二,上海古籍出版社,1981,58-59頁;[清]趙翼《陔余叢考》卷三〇《數目用多筆字》,北京:中華書局,1963,617-618頁;[清]俞樾《茶香室續鈔》卷一五《壹貳叁肆等字隋唐已然》,北京:中華書局,1995,762頁;[清]陳其元《庸閒齋筆記》卷九《官文書數目字》,北京:中華書局,1989,211頁;[清]饒登秩《古歡齋泉説》,丁福保編《古錢大辭典·總論》上册,北京:中華書局,1982,124頁;[清]葉名澧《橋西雜記》,北京:中華書局,1985,33頁。

② 施安昌:《關於武則天造字的誤識與結構》,《故宫博物院院刊》1984年第4期;王維坤:《武則天造字的分期》,《文博》1998年第4期。

③ 楊宗義:《"大寫數字皆武后時所改"辨》,《辭書研究》1988年第2期。

④ 張涌泉:《漢語俗字研究》(增訂本),北京:商務印書館,2010,367-373頁;王宗祥:《大寫數字"起源於武則天"嗎?》,《咬文嚼字》2007年第10期。

⑤ 張玉蘭:《漢字金額大寫溯源》,《審計理論與實踐》1999年第5期;婁可樹:《帳目正式使用大寫數字當始於唐代》,《文史雜誌》2008年第5期。

⑥ 莊巨川:《大寫數字説由來》,《文史雜誌》1993年第3期;黄今許:《大寫數字起源於何時?》,《咬文嚼字》2006年第12期。

⑦ 侯嘉亮:《大寫數字的來歷》,《咬文嚼字》2004年第12期。

⑧ 銀雀山漢墓竹簡整理小組編:《銀雀山漢墓竹簡[壹]》,151頁。

⑨ 銀雀山漢墓竹簡整理小組編:《銀雀山漢墓竹簡[壹]》,24頁。

玄箋:"君射一發而翼五豬者,戰禽獸之命。"[①]鄭箋將"壹"釋作"一"。[②] 秦詛楚文中有"繆力同心,兩邦若壹"之句,[③]戰國"秦駰玉版"又有"三人壹(一)家"、"壹(一)璧先之"(乙背,圖3)等文句。[④] 戰國秦封宗邑瓦書中"十一月"也寫作"十壹月辛酉"(圖4)。[⑤]

秦簡中也見有數字"壹"的文例。如睡虎地秦簡《日書》甲種《詰》篇:"不出壹歲,家必有恙。"(59背叁)又如里耶秦簡:"官相付受毋過壹稷。"(壹8—875)校釋者注:"稷,同'稷'。《字彙·禾部》:'稷,亦作稷。'《廣韻·厚韻》:'稷,耕畦。'"[⑥]"壹稷",即"一畦"。

"壹"作爲數字在漢代已經廣泛使用。李均明先生所説額濟納漢簡"壹切",原簡作"壹功(切)蒙恩,勿治其罪人"(2000ES9SF4:1),[⑦]整理者注:"'功'爲'切'的誤寫,'壹切'又作'一切',如《史記·酷吏列傳》'禁奸止邪,一切亦皆彬彬質有其文武焉',《漢書·酷吏傳》作'壹切禁奸,亦質有文武焉'。"[⑧]又如馬王堆帛書《十六經·前道》:"壹言而利之者,士也。壹言而利國者,國士也。"(壹131上)《戰國縱橫家書·蘇秦自齊獻書於燕王章》:"齊勺(趙)之交,壹美壹惡,壹合壹離。"(叁30—31,圖5)定州漢簡《論語》中"一"也有作"壹"者。如《雍也》:"齊壹變,至於魯;魯壹變,至於道。"(130)《子路》:"壹言而興國"(338)。[⑨] 漢碑中也有數字"壹"的文例,如《西岳華山廟碑》:"是以唐虞疇咨四岳,五歲壹巡狩"。《白石神君碑》:"白石神君,居九山之數,參三條之壹。"[⑩]

---

① [漢]毛亨傳,[漢]鄭玄箋,[唐]孔穎達疏:《毛詩正義》卷一《召南·騶虞》,[清]阮元校刻《十三經注疏》,北京:中華書局,1980,294頁。參見孫闢龍《〈詩經〉中的數字》,《太原師範學院學報》(社會科學版)2008年第2期。也有學者以爲,"壹发五豝"中的"壹",當作"專壹"之意,參見袁長江《浅谈"壹发五豝"之"壹"》,《貴州文史叢刊》1999年第4期。

② 又如《詩·小雅·小宛》:"彼昏不知,壹醉日富";《何人斯》:"壹者之來,云何其盱";"壹者之來,俾我祇也"。

③ 郭沫若:《詛楚文考釋》,郭沫若著作編輯出版委員會編《郭沫若全集·考古編》第9卷,北京:科學出版社,1982,316頁。

④ 李零:《秦駰禱病玉版的研究》,收入其著《中國方術續考》,北京:東方出版社,2000,455頁。

⑤ 郭子珍:《戰國秦封宗邑瓦書銘文新釋》,陝西省考古研究所、中國古文字研究會、中華書局編輯部合編《古文字研究》第14輯,北京:中華書局,1986,177-196頁。

⑥ 陳偉主編:《里耶秦簡牘校釋》(第1卷),240頁。

⑦ 又如"壹功(切)蒙恩,勿治其罪者"(2000ES9SF4:2,2000ES9SF4:3),"得蒙壹功(切),無治其罪"(2000ES9SF4:6),"壹功(切)治其罪"(2000ES9SF4:7)等。

⑧ 孫家洲主編:《額濟納漢簡釋文校本》,83頁。

⑨ 又如《憲問》:"壹□天下,到于今……"(382)《衛靈公》:"有壹言而可終身[行者乎]?"(437)《子張》:"壹言以爲知,壹言[以爲不知,言不可不慎也]。"(594)

⑩ 本碑文末有"燕元璽三年正月十日,主簿程疪家門,傳白石將軍教,吾祠今日爲火所燒"之句,因此關於本碑的刊刻時代,歷代爭論不休。洪适《隸釋》以爲:"漢人分隸固有不工者,或拙或怪,皆有古意。此碑雖布置整齊,略無纖毫漢字氣骨,全與晋、魏間碑相若,雖有光和紀年,或後人用舊文再刻者耳。"錢大昕《潛研堂金石文跋尾》以爲:"或疑此碑爲前燕重刻,予觀其字體方整,已開黄初之先。漢隸遒逸之格,至此小變。然慕容僭僞,詎能辦此。況字體亦絶不類,要爲漢刻無疑矣。"今從錢大昕説。以上詳見高文《漢碑集釋》,開封:河南大學出版社,1997,467頁。

圖 1 圖 2 圖 3

圖 4 圖 5 圖 6

二(貳)

"貳",《説文》:"貳,副益也。從貝,式聲。"[①]可見"貳"的原意是"副益"。如《周禮・天官・大宰》:"乃施灋於官府,而建其正,立其貳。"鄭玄注:"貳謂小宰、小司徒、小宗伯、小司馬、小司寇、小司空也。"[②]新莽印有"魏部牧貳印"(589,圖 7)、"水順副貳印"(601)。這裏的"貳",意與《周禮》同。與"專壹"相對,"貳"有不專一,有异心的意思。如《左傳》文公七年:"親之以德,皆股肱也,誰敢攜貳?"[③]由此引申,"貳"又有懷疑、不信任之意。如《爾雅・釋詁下》:"貳,疑也。"邢昺疏:"貳者,心疑不一也。"[④]又如睡虎地秦簡《爲吏之道》:"令數囚環,百姓搖貳乃難請。"(135,145,圖 8)

"貳"作爲數字在先秦秦漢時代也已經使用。《易・繫辭下》:"因貳以濟民行",孔穎達疏:"貳,二也。謂吉凶二理。"[⑤]《禮記・王制》:"喪不貳事",鄭玄注:"貳之言二也"。孔穎達疏:"喪不貳事者,謂不爲兩事,故讀從二三之二也。"[⑥]戰國"秦駰玉版"有"用牛羲(犧)貳(二)"、"用貳(二)羲(犧)"(乙背,圖 9)。馬王堆帛書《戰國縱横家書・朱己謂魏王章》:"今不存韓,貳(二)周、安陵必貤(弛)"(叁 169,圖 10)。均是將"貳"用作數字。

圖 7 圖 8 圖 9 圖 10

① [漢]許慎撰,[清]段玉裁注:《説文解字注》,上海古籍出版社,1988,281 頁。
② [漢]鄭玄注,[唐]賈公彦疏:《周禮注疏》卷二《天官・大宰》,《十三經注疏》,649 頁。
③ [晋]杜預注,[唐]孔穎達疏:《春秋左傳正義》卷一九上《文公七年》,《十三經注疏》,1845 頁。
④ [晋]郭璞注,[宋]邢昺疏:《爾雅》卷二《釋詁下》,《十三經注疏》,2575 頁。
⑤ [魏]王弼、[晋]韓康伯注,[唐]孔穎達疏:《周易正義》卷八《繫辭下》,《十三經注疏》,89 頁。
⑥ [漢]鄭玄注,[唐]孔穎達疏:《禮記正義》卷一二《王制》,《十三經注疏》,1334 頁。

三(參)

傳世文獻中有“參伍”一詞,常被釋作“三五”。《易·繫辭上》:“參伍以變,錯綜其數。”孔穎達疏:“參,三也。伍,五也。”①《國語·齊語》:“參其國而伍其鄙。”韋昭注:“參,三也。伍,五也。”②

李均明先生指出,戰國簡所見有許多字可假借爲“三”字,如上博簡“參”、“晶”、“厽”、“參”等。③ 秦代“參”之類大致在表示分數時使用,漢代以後的用法也如此。文獻中的“參”確有用作分數者。如《左傳》隱公元年:“先王之制,大都不過參國之一,中五之一,小九之一。”杜預注:“三分國城之一。”④《史記·淮陰侯列傳》:“足下與項王有故,何不反漢與楚連和,參分天下王之?”⑤又如居延漢簡:“☐追逐格鬥有功還,畜參分以其一,還歸本主☐”(E.P.F22:228)。“參”亦有用作倍數者。如張家山漢簡《算術書·負米》:“直(置)一關而參(三)倍爲法,有(又)直(置)米一斗而三之,有(又)三倍之而關數焉爲實。”(39)

不過,更多情況下,“參”可以作爲數字“三”使用。如清華簡《筮法》:“參(三)兇同”(7),“參(三)吉同”(9)。岳麓秦簡《算》:“☐乘三分∟,二參而六=,(六)分一也;半乘半,四分一也”(0410,圖 11)。張家山漢簡《传食律》:“車大夫粺米半斗,參食。”(233)馬王堆帛書《十六經·稱》:“天下有參(三)死”(壹 156,圖 12)。銀雀山漢簡《孫臏兵法·八陣》:“用陳(陣)參(三)分,誨陳(陣)有蜂(鋒),誨逢(鋒)有後,皆侍(待)令而動。”(壹 339,圖 13)三川郡之“三川”,馬王堆帛書《戰國縱横家書·蘇秦獻書趙王章》作“參(三)川”(叁 227)。秦封泥又有“參川尉印”(二·二·3,圖 14)。

簡牘契券有“參辨券”的形制,“參辨券”之名也出現在睡虎地秦簡《金布律》和張家山漢簡《户律》中。這裏的“參”亦與“三”通。居延漢簡又有“叁千九百一十七”(299.9B+299.32B)的内容。⑥ 此處的“叁”已作爲帳目文書數字使用。

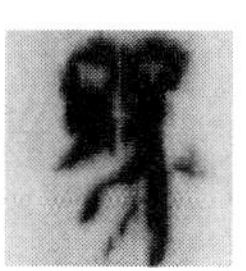
圖 11

圖 12

圖 13

圖 14

① [魏]王弼、[晉]韓康伯注,[唐]孔穎達疏:《周易正義》卷七《繫辭上》,《十三經注疏》,81 頁。

② 徐元誥撰,王樹民、沈長雲點校:《國語集解》卷六《齊語》,北京:中華書局,2002,219 頁。

③ 陳偉武亦持相同觀點,參見陳偉武《試論戰國簡帛文獻中的數量合稱(初稿)》,陳致主編《簡帛·經典·古史》,上海古籍出版社,2013,327 頁。

④ [晉]杜預注,[唐]孔穎達疏:《春秋左傳正義》卷二《隱公元年》,《十三經注疏》,1716 頁。

⑤ 《史記》卷九二《淮陰侯列傳》,北京:中華書局,1959,2622 頁。

⑥ 原釋文作:“叁千九百一七十”。根據文例,“一七十”當爲“一十七”。

四(駟)

"駟"原意爲四馬,如《説文》:"駟,一乘也。"①"駟"可與"四"通。《禮記·樂記》:"天子夾振之而駟伐,盛威於中國也。"鄭玄注:"駟當爲四,聲之誤也……每奏四伐,一擊一刺爲一伐。"②王弼本、河上公本、嚴遵本、傅奕本《老子·德經》:"雖有共之璧以先駟馬"。"駟馬",馬王堆帛書《老子》甲本(壹 52)、《老子》乙本(壹 198 下)、北大簡《老子》本(69)皆作"四馬"。③ 銀雀山漢簡《十問》:"駟鼓同舉,五遂俱傅。"(貳 1558,圖 15)整理者以爲"駟"即"四"。④

岳麓秦簡《算》有:"一人斗食,一人半食,一人參食,一人駟食,一人馱食"(1826),又有"駟食者一斗一升九分升一"(0898,圖 16)。整理者注:"駟,此處指四分之一。"⑤睡虎地秦簡中"四"亦有寫作"駟"者。如《傳食律》:"御史卒人使者,食粺米半斗,醬駟(四)分升一,采(菜)羹,給之韭蔥。"(179,圖 17)又如《秦律十八種·司空律》:"居官府公食者,男子參,女子駟(四)。"(133-134)整理者注:"四,即四食,早晚兩餐各四分之一斗,《墨子·雜守》:'四食,食二升半。'"釋作:"在官府服勞役而由官府給予飯食的,男子每餐三分之一斗,女子每餐四分之一斗。"⑥可見"女子駟"當是"女子駟分斗一"的略寫。這裏的"駟"已不是"駟"的原意,而是作爲數字使用了。

圖 15

圖 16

圖 17

五(伍)

"伍"原指軍事或户籍的編制單位。大通上孫家寨簡有"五人曰伍"(126)的説法。又銀雀山漢簡《守法守令等十三篇·九》:"五人爲伍,十人爲連。"(壹 939)整理者注:"《周禮·地官·族師》:'五家爲比,十家爲聯。五人爲伍,十人爲聯。'"⑦《釋名·釋州國》也説:"五家爲伍,以五爲名也。"⑧

---

① [漢]許慎撰,[清]段玉裁注:《説文解字注》,465 頁。

② [漢]鄭玄注,[唐]孔穎達疏:《禮記正義》卷三九《樂記》,《十三經注疏》,1542 頁。

③ 此據北京大學出土文獻研究所編《北京大學藏西漢竹書[貳]》,182-183 頁。

④ 有學者以爲"駟"亦可理解爲兵車,見張震澤《孫臏兵法校理》,北京:中華書局,1984,149 頁。

⑤ 朱漢民、陳松長主編:《岳麓書院藏秦簡[貳]》,107 頁。

⑥ 睡虎地秦墓竹簡整理小組編:《睡虎地秦墓竹簡》,釋文 51 頁,釋文 52 頁。

⑦ 銀雀山漢墓竹簡整理小組編:《銀雀山漢墓竹簡[壹]》,147 頁。

⑧ [漢]劉熙撰,[清]畢沅疏證,[清]王先謙補,祝敏徹、孫玉文點校:《釋名疏證補》卷二《釋州國》,北京:中華書局,2008,59 頁。

“伍”可通“五”。“伍”,《説文》:“相参伍也。”段注:“參,三也;伍,五也。”[①]上引《易·繫辭上》:“參伍以變”,《漢書·律曆志上》作:“參五以變”。[②]“伍子胥”,馬王堆帛書《繆和》作“五子胥”(46上)。出土文獻中常見“士伍”與“士五”通用的情形。如睡虎地秦簡《秦律十八種·内史雜》:“除佐必當壯以上,毋除士五(伍)新傅。”(190)張家山漢簡《户律》:“公卒、士五(伍)、庶人一宅”(316)。

銀雀山漢簡《孫子兵法·吴問》載:“笵、中行是(氏)制田,以八十步爲婉(畹),以百六十步爲畛,而伍税之……韓、巍(魏)制田,以百步爲婉(畹),以二百步爲畛,而伍税【之】。”(壹155—158,圖18,圖19)關於“伍税之”,學界有不同的看法。有將“伍”釋作户籍之“伍”者,“伍税之”即按伍徵税;有將“伍”釋作“賦”者,“伍税之”即“賦税之”;有將“伍”釋作分數者,“伍税之”即五分抽一或十分抽五。[③]其中第三種觀點得到更多學者支持,筆者亦以爲是。相關例證又如《漢書·王莽傳上》:“臣莽實無奇策异謀。奉承太后聖詔,宣之於下,不能得什一。受群賢之籌畫,而上以聞,不能得什伍。”[④]所謂“什伍”,即十分之五。不過,這裏的“伍”是作爲分數使用的。

圖18

圖19

六(陸、䧄)

在簡牘材料中尚未發現“陸”作爲數字使用的例證。不過,“六博”又作“陸博”,如《西京雜記》卷四:“許博昌,安陵人也,善陸博。”[⑤]“陸博”之“陸”,正是作爲數字使用。《後漢書·馬援傳》:“今更共陸陸”[⑥],清人饒登秩指出,“‘陸’,《樂府録要》通作‘六’。”[⑦]

《易·夬》:“九五:莧陸夬夬,中行無咎。”[⑧]上博簡作:“九五:莧芺(陸)夬=,中行亡(無)咎。”(三39,圖20)又《易·漸》:“九三:鴻漸于陸”。[⑨]上博簡作:“九晶(三):鳿(鴻)澌(漸)

① [漢]許慎撰,[清]段玉裁注:《説文解字注》,373頁。

② 《漢書》卷二一上《律曆志上》,北京:中華書局,1962,985頁。

③ 參見周自强主編《中國經濟通史·先秦經濟卷》,北京:經濟日報出版社,2000,下册,1115頁;馮小紅、劉書增《春秋末年晋國六卿田制和税制再研究——以臨沂銀雀山漢簡〈吴問〉篇爲中心》,《中國經濟史研究》2012年第1期。

④ 《漢書》卷九九上《王莽傳上》,4071頁。

⑤ [晋]葛洪撰,周天遊校注:《西京雜記》,西安:三秦出版社,2006,204頁。

⑥ 李賢注:“陸陸猶碌碌也。”見《後漢書》卷二四《馬援傳》,833頁。

⑦ 丁福保編:《古錢大辭典·總論》,上册,124頁。

⑧ [魏]王弼、[晋]韓康伯注,[唐]孔穎達疏:《周易正義》卷五《夬》,《十三經注疏》,57頁。

⑨ [魏]王弼、[晋]韓康伯注,[唐]孔穎達疏:《周易正義》卷五《漸》,《十三經注疏》,63頁。

于隆(陸)"(三 50,圖 21)。以上二例"陸"與"芣"、"隆"相通。

上引岳麓秦簡《算》:"一人斗食,一人半食,一人參食,一人駟食,一人馱食"(1826),又有"馱食者取一斗九分升一"(0979,圖 22)。整理者注:"'馱',讀爲'六',此處指六分之一。"①

圖 20

圖 21

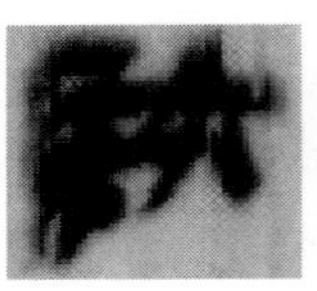
圖 22

七(桼)

"七"與"十"的早期寫法非常類似,極易混淆。"七"爲横長豎短的十字形,"十"爲横短豎長的十字形。有些情况下,從文意推理,七與十不會混淆,但當七、十單獨使用,或七十、十七單獨使用時,則極易造成錯亂。大約從東漢開始,"七"字的豎筆開始傾斜和拐彎,但仍容易與"十"相混。

《墨子・貴義》:"昔者周公旦,朝讀書百篇,夕見漆十士。"吴毓江《墨子校注》引畢沅云:"'漆','七'字假音,今俗作'柒'。《藝文類聚》引作'七'。"又引楊嘉云:"孔本《書鈔》九十八引'漆十士'作'士七十'。"吴毓江案:"明鈔本《書鈔》九十八引'漆十士'作'七十士',與孔本异。"②"漆十士"的寫法,正是爲防止訛爲"十七士"而進行的特别處理。不過,今日所見《墨子》并不是先秦時期的原始面貌,當時的原始鈔本是否已經使用"漆"替代"七",還存疑問。

據筆者所見,出土文獻中最早以"桼"替代"七"者,見於馬王堆帛書《十問》:"俗人芒生,乃持(恃)巫醫,行年桼十,刑(形)必夭貍(埋)"(肆 53,圖 23)。武威漢簡《儀禮》簡"簡尾記葉數字之七,簡文皆作桼,而經文皆作七(長横短直,近似十)。"③可見,《儀禮》簡的書手爲防止簡牘編號中"七""十"相混,而特意使用了"桼"字(圖 24)。漢鏡中有一類"桼言"鏡,④如洛陽西郊出土漢鏡:"桼言之紀從鏡始,長保二親和孫子,辟去不羊宜吉市,從金以往樂乃始。"⑤又如江蘇揚州出土漢鏡:"桼言之始自有紀,湅冶銅錫去無宰,辟除不祥宜賈市。"⑥其中的"桼言"即"七言"。

① 朱漢民、陳松長主編:《岳麓書院藏秦簡[貳]》,107 頁。
② 吴毓江:《墨子校注》卷一二《貴義》,北京:中華書局,2006,682 頁。
③ 中國科學院考古研究所、甘肅省博物館編著:《武威漢簡》,北京:文物出版社,1964,153 頁。
④ "桼",前人多釋作"來",誤。
⑤ 中國科學院考古研究所洛陽發掘隊:《洛陽西郊漢墓發掘報告》,《考古學報》1963 年第 2 期。
⑥ 王勤金、李久海、徐良玉:《揚州出土的漢代銘文銅鏡》,《文物》1985 年第 10 期。

王莽改制時,曾將“七”改爲“桼”字。新莽時期的馮君孺人墓,其主室中柱題記有“始建國天鳳五年十月十桼日”字樣。揚雄《太玄·玄攡》:“運諸桼政,繫之泰始。”范望注:“桼政,日、月、五星也。”[①]“桼政”,即“七政”。《方言》:“秦有㯃娥之臺”,“㯃”,華學誠匯證引顧炎武《金石文字記》以爲即“七”字。[②] 揚雄大約與王莽同時,“桼政”、“㯃娥之臺”的寫法可能正是受王莽改制的影響。

此外,簡牘材料中也有很多例證:

●甲溝候官新始建國地皇　上戊三年桼月盡九月折　傷兵出入簿	(E.P.F25:2)
第十三隧長黨召詣官桼月癸丑蚤食入	(26.12,圖 25)
第桼隧長孫級☐	(E.P.T59:531)
入戍卒桼人　　三月盡五月三日積二十一月	(E.P.T68:202)
三月簿餘盾六十桼　　校見六十桼應簿	(E.P.F22:314)

後世常用的多筆數字“柒”見於《山海經·西山經·西次四經》:“又西百二十里,曰剛山,多柒木。”汪紱云:“柒即漆字。”[③]“桼”或“漆”用作多筆數字,要早於“柒”。陸遊《老學庵筆記》卷七就説:“柒字,晋、唐人書或作漆,亦取其同音也。”[④]

圖 23

圖 24

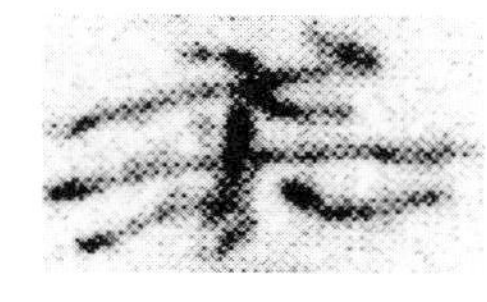
圖 25

圖 26

十(什、拾)

與“伍”類似,“什”也是户籍和軍隊編制的一種,十家或十人爲“什”。如《周禮·天官·宫正》:“會其什伍而教之道義。”鄭玄注:“五人爲伍,二伍爲什。”[⑤]馬王堆帛書《經法·君正》:“號令者,連爲什伍,巽(選)練賢不宵(肖)有别殹(也)。”(壹 16 下)大通上孫家寨簡:“什以肩章别,伍以肩左右别,士以肩章尾色别。”(374)“左什肩章青,前什肩章赤。”(362)

“什”常用作倍數或分數。如賈誼《過秦論》:“尝以什倍之地,百万之师,仰关而攻秦。”[⑥]上引《漢書·王莽傳上》有“不能得什一”之句。又如馬王堆帛書《經法·亡論》:“所伐當罪,

① [漢]揚雄撰,[宋]司馬光集注,劉昭軍點校:《太玄集注》卷七《玄攡》,北京:中華書局,1998,187 頁。

② 華學誠匯證,王智群、謝榮娥、王彩琴協編:《揚雄方言校釋匯證》卷二,北京:中華書局,2006,100、102 頁。

③ 袁珂校注:《山海經校注(增補修訂本)》卷二《西山經》,成都:巴蜀書社,1993,72 頁。

④ [宋]陸遊:《老學庵筆記》卷七,94 頁。

⑤ [漢]鄭玄注,[唐]賈公彦疏:《周禮注疏》卷三《天官·宫正》,《十三經注疏》,657 頁。

⑥ 《史記》卷四八《陳涉世家》,1962 頁。

其禍五之。所伐不當,其禍什之。”(壹 60 下)銀雀山漢簡《尉繚子·三》:“令客氣數什百倍”(壹 508,圖 27)又如《公羊傳》宣公十五年:“古者什一而藉。”何休注:“什一以借民力,以什與民,自取其一爲公田。”①銀雀山漢簡《守法守令等十三篇·九》:“什八人作者王,什七人作者朝(霸),什五人作者存,什四人作者亡。”(壹 932)敦煌漢簡亦有:“糧食孚盡,吏士飢餧,馬畜物故什五,人以食爲命”(135)。

“什”又直接用作數字“十”。如《史記·淮南衡山列傳》:“什事九成,公獨以爲有禍無福,何也?”②大通上孫家寨簡:“虜什二人以上,拜爵各一級”(150—151)。居延漢簡:“出軍行將,兩適相當,頗知其勝敗與有功。願得射覆,什中七以上……”(E.P.T65:318,圖 28)。

漢代也已經出現“拾”用作數字的例證。如張景碑:“作治五駕瓦屋二閒,周欄楯拾尺,於匠務令功堅”。王暉石棺題字:“故上計史王暉伯昭,以建安拾六歲在辛卯九月下旬卒,其拾七年六月甲戌葬,嗚呼哀哉。”(圖 29)

圖 27　　圖 28　　圖 29

綜上,秦漢時代已經出現的多筆數字有壹、貳、參、駟、伍、陸(或䭾)、桼、什(或拾)。後世通用的多筆數字中,肆、柒、捌、玖、佰、仟等字在秦漢時代均已出現,但尚未作爲數字使用。③

二

數目字的發明本是取其簡便,多筆數字却反其道而行之。多筆數字的使用,與書手的用字習慣有關。如馬王堆帛書、銀雀山漢簡、定州漢簡中,“壹”、“參”等多筆數字的使用較爲頻繁。而書手特意使用多筆數字的目的,一是防止訛誤,二是防止作僞。

先秦時代各國數字系統并不統一。以一、二、三爲例,戰國時代所見“一”字字形有“弌”(《説文》古文)、“弌”(上博簡)、“罷”(郭店簡)、“鼠”(上博簡)等。“二”字字形有“弍”(《説

① [漢]何休注,[唐]徐彦疏:《春秋公羊傳注疏》卷一六“宣公十五年”,《十三經注疏》,2287 頁。

② 《史記》卷一一八《淮南衡山列傳》,3090 頁。

③ 《漢書》卷二四上《食貨志上》説商人“亡農夫之苦,有仟伯之得。”顔師古注:“仟謂千錢,伯謂百錢也。伯音莫白反。今俗猶謂百錢爲一伯。”(1132 頁)不過,《漢書》中的“阡陌”常寫作“仟伯”(《食貨志上》中其餘三處“仟伯”皆通“阡陌”)。王先謙《漢書補注》引吴仁傑曰:“此亦田畝之仟佰耳。蓋百畝之收不過百石,千畝之收不過千石,而商賈操奇,贏取倍息,其所入豈止百石千石之得哉?《過秦論》‘起仟佰之中’,言其拔起於隴畝,正前所謂仟佰,而《史記索隱》乃以爲‘千人百人之長’,亦非也。”又引周壽昌曰:“吴説是也。言商賈無農夫之苦,有農夫之利,即下所云商人兼并農人也。”(北京:中華書局,1983,511 頁)“仟伯之得”中的“仟伯”,當解作“阡陌”爲是。

文》古文)、“弎”(上博簡)、“忢”(上博簡)、“戋”(郭店簡)等。“三”字字形有“弎”(《説文》古文)、“厽”(上博簡)、“晶”(上博簡)、“曑”(上博簡)、“參”等。這些數字的寫法客觀上也有防誤和防僞的功用,有的可以視作多筆數字的原始形態,有的甚至沿用至三國時期(如吴孫皓天璽元年(276)所立《禪國山碑》“一”仍作“弌”)。李均明先生認爲,爲避免數字的訛誤和篡改,一般有如下三種解决方法:一是改寫成不是横劃的同音字替代其中一字,如上博簡《弟子問》:“然則二厽(三)子者曰”,以“厽”代替“三”。① 二是在兩個數字之間加句讀符“∠”者,如居延漢簡:“後二∠三日當發”(E.P.F22:23),敦煌漢簡:“倉卒爲記,不及一∠二”(7)。三是首年與首月稱“元年”、“正月”。但更有效的方法無疑是使用多筆數字。

總結秦漢時代的多筆數字的使用方式,可以發現如下特點:

第一,在律令、簿籍、醫方、算術等文書内容中,特别强調數字的準確性,以防錯亂訛誤。因此,在與這些内容相關的簡帛文字中,多筆數字使用的頻率較高。

以數字“壹”爲例。用於律令者如張家山漢簡《置吏律》:“吏官去家二千里以上者,二歲壹歸,予告八十日。”(217)《史律》:“三歲壹并課,取㝡(最)一人以爲尚書卒史。”(476)用於簿籍文書者如居延漢簡:“☐北傳作餘壹枚以☐(87.17,圖 6)”,“☐一日受壹食　卩”(E.P.T59:709)。用於醫方者如里耶秦簡:“鋻(薤),日壹更,尉(熨)熱□☐”(壹 8—1620)“日壹更”,即每日更换一次。又如馬王堆帛書《五十二病方・穜(腫)》:“壹用,智(知);四五用,穜(腫)去。”(肆 194)用於算術者如張家山漢簡《算術書・里田》:“里而乘里,里也,壹三而三五之,即頃畝數也。”(189)

第二,有的多筆數字使用的初衷并不是防止訛誤,但客觀上起到了防誤和防僞的作用,後來也作爲多筆數字使用。

王莽改字涉及的數字有“亖”(四)、“桼”(七)、“二十”(廿)、“三十”(卅)、“三十”(卌)。從“亖”來看,“亖”字的使用較“四”更易訛誤和篡改,②可見王莽改字并没有防誤和防僞的用意,但“七”改作“桼”則客觀上更便於防誤和防僞。“桼”字在王莽之後仍繼續使用。如:

右□從吏孟倉　建武五年桼月丙申假濟南劍一　今倉徙補甲渠第七隧長

(E.P.T59:574、575、576)

建武桼年四月以來

府往來書卷　(E.P.F22:409)

---

① 李均明先生以爲此法常用於戰國簡,此法也一直沿用至漢代。馬王堆帛書《二三子問》、《要》中,“二三子”連用時,“三”亦作“厽”。

② 對於“三”“亖”之誤,清人王引之、段玉裁、俞樾等多有論及。參見辛德勇《〈漢書〉趙佗“處粵四十九年”説訂訛》,《文史》2009 年第 4 輯,收入其著《縱心所欲——徜徉於稀見與常見書之間》,北京大學出版社,2011,154-155 頁。

建武八年桼月丁亥朔癸卯甲渠鄣守□□□□□□□□□□　　(E.P.T14:14)

此外,吴孫皓天璽元年(276)所立《禪國山碑》和《天發神讖碑》中"七"亦皆作"桼"(圖26)。

第三,從字形來看,一、二、三、四、七、十等易混淆的數字,多使用多筆數字。五、六、八、九、百、千、萬則相對來説不太容易混寫,因此作爲其替代的多筆數字或者較少使用,或者出現較晚。

第四,從字義來看,多筆數字大多爲假借字。如"壹""貳""參""駟""伍""陸""馻""桼""漆""什""拾"等。有的多筆數字原用作分數,後又用作多筆數字。如"參""駟""伍""馻""什"等。[①]

李均明先生指出,簡牘所見每個數碼的演變軌迹都非常明顯,遵循一定的規律漸變;但亦能看到結構性突變的現象,這種突變是人爲造成的,最典型者發生在戰國與秦之間及新莽時期。前者是爲了實施標準化,而後者的主要出發點則是復古。我們注意到,秦始皇統一文字,王莽改字均是以國家强制行政力量改變人們的書寫習慣,借改字進行文化統一的意味十分强烈。而多筆數字的使用則是民衆在社會生活中長期摸索積累的自發行爲。

多筆數字在先秦時代即已萌芽;秦漢時代的使用範圍逐漸擴大,但尚未建立一套普遍認同且行之有效的多筆數字系統;這一數字系統大約在兩晋南北朝時期逐漸完備,唐代時已廣泛應用。多筆數字之所以在晋唐時期得以普及,一個重要原因是文字書寫載體發生了改變。在簡牘時代,符券文書的刻齒制度作爲一項重要而實用的防誤防僞輔助手段,曾得以廣泛應用。[②] 但隨着紙的逐步普及,依附於簡牘的刻齒制度不能繼續使用,這也客觀上促進了多筆數字的普及。

本文的寫作,得到中國社會科學院歷史研究所馬怡、北京大學歷史系熊長雲、四川省文物考古研究院趙寵亮、武漢大學國學院許穎的幫助。後在"出土資料與戰國秦漢社會轉型研究"國際學術研討會(2013年11月,杭州)上得到多位學者的指導。匿名审稿专家对本文亦提出了宝贵的修改意见。謹此致謝!

---

① 上引岳麓秦簡《算》中也有"四分一""六分一"(0410)的用法,可見1/4、1/6的表示形式并不僅有"駟""馻"一種。因此,不能僅將"駟""馻"視作1/4、1/6的專有表達形式。

② 相關研究參見[日]籾山明著,宫長爲譯《刻齒簡牘考略》,中國社會科學院簡帛研究中心編《簡帛研究譯叢》第1輯,長沙:湖南出版社,1996,206-216頁;[日]籾山明著,胡平生譯《刻齒簡牘初探——漢簡形態論》,中國社會科學院簡帛研究中心編《簡帛研究譯叢》第2輯,長沙:湖南人民出版社,1998,147-177頁;胡平生《木簡出入取予券書制度考》,《胡平生簡牘文物論集》,臺北:蘭臺出版社,2000,99-120頁;馬怡《里耶秦簡中幾組涉及校券的官文書》,武漢大學簡帛研究中心主辦《簡帛》第3輯,上海古籍出版社,2008,191-205頁;邢義田《一種前所未見的别券——讀〈額濟納漢簡〉札記之一》,簡帛網,2008年4月1日;胡平生《中日學者合作調研里耶秦簡刻齒獲突破性成果》,簡帛網,2012年10月12日;蕭燦《對里耶秦簡刻齒簡調研簡報的理解和補充》,簡帛網,2012年10月13日。

讀秦漢法律簡牘札記

浙江大學歷史系　李松

内容提要　睡虎地秦簡《秦律十八種》中,《田律》“不夏月”之“不”當改釋作“泉”;《金布律》“各嬰其賈(價)”之“各”,當作“至”“達到”解;《工律》“敝而糞者”之“糞”,應理解爲“污穢”。張家山漢簡《二年律令》中,《捕律》“毋有所與”之“與”當讀作“豫”;而《傳律》“若次其父所以”之“次”應爲“恣”的通假。

關鍵詞　睡虎地秦簡　《秦律十八種》　張家山漢簡　《二年律令》　校釋

一

春二月,毋敢伐材木山林及雍(壅)隄水。不夏月,毋敢夜草爲灰,取生荔、麛䴡(卵)鷇,毋□□□□□□毒魚鱉,置穽罔(網),到七月而縱之。唯不幸死而伐綰(棺)享(槨)者,是不用時。邑之紤(近)皂及它禁苑者,麛 J4、J5[①]

律文“不夏月,毋敢夜草爲灰”中的“不”字,整理小組認爲與“非”字用法同,并將此句譯爲:“不到夏季,不准燒草作爲肥料”。《漢書·司馬遷傳》云:“夫春生夏長,秋收冬臧,此天道之大經也,弗順則無以爲天下紀綱。”[②]《吕氏春秋·仲夏紀》云:“令民無刈藍以染,無燒

① 睡虎地秦墓竹簡整理小組:《睡虎地秦墓竹簡》,北京:文物出版社,1990,20 頁。

② 《漢書》卷六二《司馬遷傳》,北京:中華書局,1964,2711 頁。

炭”注引畢沅曰:“《月令》作‘毋燒灰’。”[1]整理小組的釋文與諸文獻文義相悖,釋文不確。

李學勤先生對照張家山漢簡中與此條類似的簡文,并結合傳世文獻,已指出:“我們甚至可以猜測,同簡‘不夏月’的‘不’字其實是‘泉’字的誤寫,因爲當時這兩個字非常形似,而‘夏’下又脱了‘三’字,不過,這一點還無法證明。”[2]

在睡虎地秦墓竹簡中,“泉”字的字形爲(《睡虎地秦簡文字編》日甲二三背),而“不夏月”中的“不”字在此條律文中的字形爲,正如李學勤先生所説,律文中“不夏月”的“不”字應爲“泉”字的誤筆。即律文應爲“毋敢伐材木山林及雍(壅)隄水不〈泉〉。夏月,毋敢夜草爲灰”。又“水泉”一詞,在傳世文獻中也被頻繁使用。如“故地封五岳,畫四瀆,規洿澤,通水泉”[3]。這也可以作爲上述觀點的一個旁證。

參照《二年律令·田律》第二四九號簡:“及進〈壅〉隄水泉,燔草爲灰,取産麛(麛)卵鷇(鷇);毋殺其繩重者,毋毒魚。”[4]文中缺字處或可補“殺其繩重者毋”,其中的句讀也可按《二年律令·田律》第二四九號簡,讀爲“殺其繩重者,毋”。

二

有買(賣)及買殹(也),各嬰其賈(價);小物不能各一錢者,勿嬰。J69[5]

整理小組的譯文中將“各”字解釋爲“每”。據此,每件小物的價格低於一錢的,就不必繫簽標明價格。那麽,反推句義,衹要是超過一錢的物品,每一件都要繫簽標明價格。歧義在於,如果超過一錢且屬於同一種物品,是否也要每一件都標價呢? 顯然,同一種物品一一標價不符實際,整理小組的這種解釋存在問題。

筆者認爲,“各”應釋作“至”,此處可理解爲“達到”,相當於“格”之義。《説文解字注》云:“木長皃者,格之本義。引伸之長必有所至。故《釋詁》曰:‘格,至也。’……凡《尚書》‘格於上下、格於藝祖、格於皇天、格於上帝’是也。”[6]謝培培指出:“‘各’的本義爲‘止、至’,典籍中多用‘格’來表示此義,而‘各’本身又轉而借聲以爲許慎所謂‘异辭也’,作爲指示代詞,指

① 許維遹撰:《吕氏春秋集釋》卷五《仲夏紀》,北京:中華書局,2010,106頁。

② 李學勤:《竹簡秦漢律與〈周禮〉》,《法律史研究》編委會編《中國法律史國際學術討論會論文集》,西安:陝西人民出版社,1990,148-149頁。

③ 王利器撰:《新語校注》卷上《道基第一》,北京:中華書局,2008,6頁。

④ 彭浩、陳偉、工藤元男主編:《二年律令與奏讞書—張家山二四七號漢墓出土法律文獻釋讀》,上海古籍出版社,2007,190頁。

⑤ 睡虎地秦墓竹簡整理小組:《睡虎地秦墓竹簡》,37頁。

⑥ [漢]許慎撰,[清]段玉裁注:《説文解字注》,鄭州:中州古籍出版社,2006,251頁。

代一定群體中的不同個體”。[①]

“各”爲“達到”之義明確。我們可將律文釋爲：小物不能達到一錢的，不用繫簽標明價格。反過來，達到一錢的小物要標明價格。這樣的解釋相對更爲合理。

三

公器官□久，久之。不可久者，以鬃久之。其或叚(假)公器，歸之，久必乃受之。敝而糞者，靡蚩其久。官輒告叚(假)器者曰：器敝久恐靡者，遝其未靡，謁更其久。其久靡不可智(知)者、令齎賞(償)。叚(假)器者，其事已及免，官輒收其叚(假)，弗亟收者有罪。·其叚(假)者死亡、有罪毋(無)責也，吏代賞(償)。毋擅叚(假)公器，者(諸)擅叚(假)公器者有罪，毀傷公器及□者令賞(償)。J104、J105、J106、J107[②]

整理小組將“敝而糞者，靡蚩其久”一句解釋爲“器物破舊而加處理的，應磨去上面的標記。”若按上述理解，則和下文“官輒告叚(假)器者曰……”之句的銜接在語義上顯得突兀，内容不似出自同一條律文。筆者認爲，其中的“糞”字不應理解爲“處理”，應釋爲“污穢”，取《論語·公冶長第五》中的“糞土之牆不可圬也”的“糞”字之義。據此，“敝而糞者，靡蚩其久。”可譯爲“器物的破舊髒汙，會磨去上面的標記。”因爲有了這種情況，所以才會有下文中“官府應告知借用器物的人”的注意事項。

律文中“其久靡不可智(知)者、令齎賞(償)”一句的句讀或可改爲“其久靡不可智(知)者，令齎賞(償)。”

“毀傷公器及□者令賞(償)”一句參照以上的句讀，或可改爲“毀傷公器及□者，令賞(償)。”

四

捕盜鑄錢及佐者死罪一人，予爵一級。其欲以免除罪人者，許之。捕一人，免除死罪一人，若城旦舂、鬼薪白粲二人，隸臣妾、收人、司空三人以爲庶人。其當刑未報者，勿刑。有(又)復告者一人身，毋有所與。詷告吏，吏捕得之，賞如律。J204 、 J205[③]

整理本没有對“與”字進行解釋。按《漢書·惠帝紀》：“家唯給軍賦，他無有所與。”注引

① 謝倍倍：《釋“各”》，《現代語文》(語言研究版)，2008年第1期，128頁。

② 睡虎地秦墓竹簡整理小組：《睡虎地秦墓竹簡》，45頁。

③ 彭浩、陳偉、工藤元男主編：《二年律令與奏讞書——張家山二四七號漢墓出土法律文獻釋讀》，171頁。

師古曰:“無有所與,與讀作豫。”[①]此處“與”字的用法及含義與律文中的“與”字同。因此,“毋有所與”中的“與”字應當讀作“豫”。與,《康熙字典》:“音豫,參與也。”[②]因此,律文中的“毋有所與”可以釋爲“不用承擔或預聞其他的徭賦”。

五

當士(仕)爲上造以上者,以適(嫡)子;毋適(嫡)子,以扁(偏)妻子、孽子,皆先以長者若次其父所以,所以未傅,須其傅,各以其傅時父定爵士(仕)之。父前死者,以死時爵。當爲父爵後而傅者,士(仕)之如不爲後者。J361、J362[③]

整理本在注釋中引用了尹在碩和張家山漢簡研讀班對律文中的“皆先以長者。若次其父所以,所以未傅”一句的解讀。尹在碩按《左傳·僖公九年》云:“里克殺奚齊於次。”注云:“次,喪寢。”故“次其父所”可以理解爲“如子男適逢父喪之中。”[④]若按尹在碩的釋讀,我們可以將律文釋爲:如果父親死了,而後子没有到傅籍的年齡,需要等到其傅籍的年齡,然後繼承其傅籍時其父所達到的爵位。這種理解跟下文“父前死者,以死時爵”無法在語義上銜接起來。張家山漢簡研讀班認爲此處應記作:“若次其父所以,所以未傅”[⑤],但是没有對此做出明確的解釋。

今按《新書》:“今以爲知子莫如父,故疾死置後者,恣父之所以。”[⑥]其中的“恣父之所以”,語義爲“任憑父親決定爲其後者”,其句式與律文中的“皆先以長者若次其父所以”的後半句類似,而其中的“恣”字與律文中“次”字的讀音相近。

又《墨子·天志》云:“是故庶人竭力從事,未得次已而爲政,有士政之。士竭力從事,未得次已而爲政,有將軍大夫政之。將軍大夫竭力從事,未得次已而爲政,有三公諸侯政之。三公諸侯竭力聽治,未得次已而爲政,有天子政之。天子未得次已而爲政,有天政之。”注引畢沅云:“次,‘恣’字省文,下同。一本作‘恣’,俗改。”[⑦]

故筆者認爲律文中“次”字當爲“恣”字之通假,可釋讀爲“任憑、聽從”之義。律文當爲:“毋(無)適(嫡)子,以扁(偏)妻子、孽子,皆先以長者若次(恣)其父所以,所以未傅,須其

① 《漢書》卷二《惠帝紀》,88頁。

② [清]張玉書編:《康熙字典》,上海書店出版社,1985,1118頁。

③ 《二年律令與奏讞書——張家山二四七號漢墓出土法律文獻釋讀》,233頁。

④ 《二年律令與奏讞書——張家山二四七號漢墓出土法律文獻釋讀》,233頁。

⑤ 《二年律令與奏讞書——張家山二四七號漢墓出土法律文獻釋讀》,234頁。

⑥ [漢]賈誼撰,[清]盧文弨校:《新書》卷一〇《立後義》,北京:中華書局,1985,109頁。

⑦ 吴毓江撰,孫啟治點校:《墨子校注》卷七《天志》,北京:中華書局,1993,299頁。

傅”。其語義爲:“没有嫡子的,由偏妻之子、孽子繼承,其繼承方法都要先由年長者繼承,或任憑其父親決定繼承人,所選定的繼承人没有達到傅籍年齡的,要等其達到傅籍年齡”。

附記:在本文寫作過程中,導師陶磊先生給予了很大的幫助,本系江略、張浩、陳洪發同學也提供了一些有價值的建議,同時也得到匿名評審專家的指正,在此謹致謝意!

張家山漢簡《二年律令·傅律》一處律文的釋讀*

中國石油大學(華東)文學院　伊　强

内容提要　張家山漢簡《二年律令·傅律》359-362號簡,其内容與爵位繼承有關。其中有些字詞、文句,學者尚有不同的意見。其中頗爲關鍵的"次其父所以"句,實可與《新書·立後義》中的"恣父之所以"句相對讀。在此基礎之上,這段律文也就能得到更爲清晰的解讀。

關鍵詞　《二年律令》　次　士　爵位　繼承

張家山漢簡《二年律令·傅律》359—362號簡:

不爲後而傅者,關内侯子二人爲不更,它子爲簪褭;卿子二人爲不更,它子爲上造;五大夫子二人爲簪褭,它子爲上造;公乘、公大夫子二人爲上造,它子爲公士;官大夫及大夫子爲公士;不更至上造子爲公卒。當士(仕)爲上造以上者,以適(嫡)子;毋適(嫡)子,以扁(偏)妻子、孽子,皆先以長者若次其父所以,所以未傅,須其傅,各以其傅時父定爵士(仕)之。父前死者,以死時爵。當爲父爵後而傅者,士(仕)之如不爲後者。①

* 本文寫作得到2013年度教育部人文社會科學研究青年基金項目"出土秦漢簡帛用字及書寫習慣研究"(編號:13YJCZH229)的資助。

① 張家山二四七號漢墓竹簡整理小組:《張家山漢墓竹簡〔二四七號墓〕》(釋文修訂本),北京:文物出版社,2006,58頁。

這段律文,從開頭至"不更至上造子爲公卒",意思比較清楚。其後部份,個別字詞及相關文句,學者們的理解則頗有分歧。主要分歧點在"次""所以""士"及末句"當爲父後而傅者,士(仕)之如不爲後者"。

首先來看頗爲關鍵的"所以"及所在的"次其父所以""所以未傅"句。張家山二四七號漢墓竹簡整理小組所作原釋文作"次其父所,所以以未傅",并説"'以'字下原有重文號,衍。"[①]張家山漢簡研讀班改釋爲"若次其父所以,所以未傅",[②]但并未做進一步解釋。後來出版的《張家山漢墓竹簡〔二四七號墓〕》(釋文修訂本)吸收了相關研究成果,對原釋文做了修訂,即本文開頭所引部分。關於這句話的意思,有不少學者是在原釋文的基礎上立論的,因此本文不再做無必要的稱引。[③]

其實在傳世文獻裏有文句正可與簡文"次其父所以"相對讀。《新書·立後義》:

> 今以爲知子莫若父,故疾死置後者,恣父之所以。此使親戚不相親,兄弟不相愛,亂天下之紀,使天下之俗失所尊敬而不讓,其道莫經於此。疾死致後復以嫡長子,如此則親戚相愛也,兄弟不爭,此天下之至義也。[④]

傳世古書及出土文獻皆有"次""恣"相通的例子。如《墨子·天志下》"庶人不得次己而爲政",同書《節用上》"于民次也",孫詒讓閒詁説二者皆"讀爲恣";《戰國策·趙策四》"恣君之所使之",帛書本"恣"作"次";張家山漢簡《引書》簡6"秋日,數浴沐,歙(飲)食飢飽次身所欲","次"即讀作"恣"。[⑤] 因此,簡文中的"次"當讀作"恣","次(恣)其父所以"與上引《新書》"恣父之所以"意思正同。再者,上引《新書》文字,討論的是繼承中的"置後"問題,《二年律令·傅律》359—362號簡,是與爵位繼承相關的法律條文。二者的語境非常相似。另外,賈誼所處的時代與《二年律令》的抄寫時代也非常接近。[⑥] 綜上言之,將簡文"次(恣)其父所以"與《新書》"恣父之所以"相對讀也是很合適的。《新書》"恣父之所以"的"所以",

① 張家山二四七號漢墓竹簡整理小組:《張家山漢墓竹簡〔二四七號墓〕》,北京:文物出版社,2001,182頁。

② 張家山漢簡研讀班:《張家山漢簡〈二年律令〉校讀記》,李學勤、謝桂華主編《簡帛研究二〇〇二、二〇〇三》,桂林:廣西師範大學出版社,2005,190頁。

③ 如尹在碩《睡虎地秦簡和張家山漢簡反映的秦漢時期後子制和家系繼承》,《中國歷史文物》2003年第1期;朱紹侯《從〈二年律令〉看與軍功爵制有關的三個問題——〈二年律令〉與軍功爵制研究之三》,《河南大學學報》(社會科學版)2003年第1期;臧知非《秦漢"傅籍"制度與社會結構的變遷——以張家山漢簡〈二年律令〉爲中心》,《人文雜誌》2005年第1期;張榮強《〈二年律令〉與漢代課役身分》,《中國史研究》2005年第2期;王彦輝《試論〈二年律令〉中爵位繼承制度的問題》,《江蘇行政學院學報》2009年第2期。

④ [漢]賈誼撰,閻振益、鍾夏校注:《新書校注》,北京:中華書局,2000,408-409頁。

⑤ 詳參白於藍《戰國秦漢簡帛古書通假字彙纂》,福州:福建人民出版社,2012,335-336頁。

⑥ 出土《二年律令》的張家山二四七號漢墓,發掘者推斷其年代爲西漢早期(詳見《張家山三座漢墓出土大批竹簡》,《文物》1985年第1期)。至於《二年律令》的性質及時代問題,學者們尚有不同意見,可參見魯家亮《張家山漢簡〈二年律令〉釋文補遺與相關問題研究》(武漢大學博士學位論文,2005,3-5頁)。但其編纂及抄寫時代在西漢早期當無疑問。因此,與賈誼(前200-前168)所生活的年代非常接近。

閻振益、鍾夏二位先生解釋説:“所以,猶言所爲。《論語·爲政》‘視其所以。’《集注》:‘以,爲也。’”[①]不過在古書裏“以”有訓爲“用”的例子,如:

《尚書·立政》“立政其勿以憸人”,孔穎達疏:“無有立政用憸利小人者。”

《詩經·小雅·大東》“不以服箱”,鄭玄箋:“以,用也。”

《國語·魯語下》“魯人以莒人先濟”,韋昭注:“以,用也。”

《論語·爲政》“視其所以”,何晏集解:“以,用也。”

《楚辭·九章·涉江》“忠不必用兮賢不必以”,王逸注:“以,用也。”

《禮記·表記》“式穀以女”,孔穎達疏:“以,用也。”

結合“恣父之所以”前後文意來看,“以”解釋爲“用”當更確切一些。《傅律》359—362 號簡中的“所以”之“以”亦當如此解釋。

“次(恣)其父所以”,及上引《戰國策》“恣君之所使之”,[②]《引書》“次(恣)身所欲”,似皆可歸爲“恣……所……”的句式,這種句例古書裏面還可舉出一些,如:

《史記·刺客列傳》:“恣荆軻所欲,以順適其意。”

《史記·貨殖列傳》:“衣食之欲,恣所好美矣。”

《史記·楚世家》:“恣爾所欲。”

《後漢書·孝明帝紀》:“恣其所樂。”

“恣”皆可理解爲“聽憑、聽任”之義,“次(恣)其父所以”即聽憑其父所用的意思。“皆先以長者若次(恣)其父所以”,“若”字當理解爲表選擇關係的連詞“或”。“皆先以長者若次(恣)其父所以”則是承上“以適(嫡)子;毋適(嫡)子,以扁(偏)妻子、孽子”兩種情況而言的。需要説明的是,上引《新書·立後義》中的“故疾死置後者,恣父之所以”,作者賈誼是持明確的反對態度的。而此處簡文中的“次(恣)其父所以”,衹是對“後子”之外的“它子”傅籍時獲得爵位而言的,并且獲得的爵位與其父的爵位相比則相當低(詳下文),此外也與“後子”依法繼承爵位并不衝突。

“所以未傅”,則是承上“其父所以”而言,也就是“(其父)所以(用)未傅”的意思。

簡文中的“士”字,高敏先生云:“這條法律條文十分寶貴……説明高爵者之子在繼承其

① [漢]賈誼撰,閻振益、鍾夏校注:《新書校注》,411 頁。

② 此處的“所”字,徐復先生認爲:“恣君之所,恣君之意也。《漢書·曹參傳》:‘窋既洗沐歸,時閒,自從其所諫參。’顔師古注:‘自從其所,猶言自出其意也。’又《佞幸傳》:‘上有酒所。’王先謙補注釋酒所爲酒意,皆是。楊樹達先生《古書疑義舉例續補》有‘所’字例,可參。”(《後讀書雜誌》,上海古籍出版社,1996,21 頁)我們覺得還是理解爲“恣……所……”的句式較好。

父爵位以後，有爲官的權利，即秦時爵與官的合一的狀况還在繼續。”[①]可見，高敏先生是將“士”字理解爲“爲官”之義的。而朱紹侯先生則把“士”字作“繼承”解。[②] 張榮强先生則説：“‘仕’、‘士’古多通用，《説文・人部》‘仕，學也。从人，从士。’古人職業世襲，成年傅籍試習家業……”[③]閻步克先生似傾向於朱紹侯的意見。[④] 臧知非先生則語譯爲“凡是授予上造以上爵位者”。[⑤] 王彦輝先生則解釋這部份律文爲：“仕官至上造以上者，除‘爵後’繼承爵位外，可以從已經傅籍的諸子中確定一人爲吏，確定的順序是嫡子、偏妻子、孽子。無論是嫡子、偏妻子、孽子，都要‘先以长者’。”[⑥]從簡文看，這句明顯是承上面的“不爲後而傅者……”而言的，因此，王彦輝先生的説法，除“士”字的解釋尚可討論外，對前後律文邏輯關係的理解大致是可信的。“士”在古書裹常訓爲“事”，[⑦]而“事”又有擔任、從事、繼承一類的意思。需要注意的是下面一條秦律簡文，即睡虎地秦簡《秦律十八種》簡 24—25：

入禾未盈萬石而欲增積焉，其前入者是增積，可毆(也)。其它人是增積，積者必先度故積，當堤(題)，乃入焉。後節(即)不備，後入者獨負之；而書入禾增積者之名事邑里於廥籍。

睡虎地秦墓竹簡整理小組注釋説：“名事邑里，秦簡《封診式》作名事里，意爲姓名、身份、籍貫，與《漢書・宣帝紀》‘名縣爵里’意近。”[⑧]律文中的“事”與“爵”相當。因此，朱紹侯先生和臧知非先生的説法似乎更符合律文的原意。

最後來看末句“當爲父後而傅者，士(仕)之如不當後者”該如何解釋。爲了更好地解釋這句話，先來看一下《二年律令》中關於爵位繼承的規定。根據《二年律令》中的有關律文，朱紹侯先生將爵位繼承分爲“嫡子繼承制”和“衆子繼承制”兩類。與嫡子繼承相關的律文，主要有《置後律》簡 367—368：

疾死置後者，徹侯後子爲徹侯，其毋適(嫡)子，以孺子□□□子。關内侯後子爲關内侯，卿[侯]〈後〉[子]爲公乘，【五大夫】後子爲公大夫，公乘後子爲官大夫，公大夫後子爲大夫，官大夫後子爲不更，大夫後子爲簪褭，不更後子爲上造，簪褭後子爲公士，其毋適(嫡)子，以下妻子、偏妻子。

---

① 高敏：《從〈二年律令〉看西漢前期的賜爵制度》，《文物》2002 年第 9 期。
② 朱紹侯：《從〈二年律令〉看與軍功爵制有關的三個問題——〈二年律令〉與軍功爵制研究之三》。
③ 張榮强：《漢唐籍帳制度研究》，北京：商務印書館，2010，45 頁。
④ 閻步克：《從爵本位到官本位——秦漢官僚品位結構研究》，北京：生活・讀書・新知三聯書店，2009，78 頁。
⑤ 臧知非：《秦漢“傅籍”制度與社會結構的變遷——以張家山漢簡〈二年律令〉爲中心》。
⑥ 王彦輝：《試論〈二年律令〉中爵位繼承制度的問題》。
⑦ 詳見宗福邦等《故訓匯纂》，北京：商務印書館，2004，453-455 頁。
⑧ 睡虎地秦墓竹簡整理小組：《睡虎地秦墓竹簡》，北京：文物出版社，1990，26 頁。

朱紹侯先生將其分爲四個檔次:(一)徹侯、關内侯的嫡長子可以繼承原爵位;(二)卿級爵(右左庶長至大庶長)可以繼承公乘的爵位,屬於降級繼承,大庶長降九級繼承,左庶長則降兩級繼承;(三)大夫級(從大夫至五大夫)嫡長子的繼承,是各降兩級繼承;(四)小爵級的繼承,不更、簪裹的嫡長子也是降兩級繼承,上造和公士如按降兩級的原則則無級可降。與"衆子繼承制"相關的律文,主要有《傅律》簡359—362,也就是我們要討論的部份。從這部份律文可以看出,對於衆子,允許"之二子"繼承高一級爵位,它子繼承低一級的爵位。并且衆子繼承的爵位相當低,如關内侯(十九級)"之二子"僅爲不更(四級),它子爲簪裹(三級)。[①] 其實與這兩種繼承相對應的,即"後子"和"不爲後"的繼承問題。尹在碩先生指出:"後子享受的權益當中,除繼承祖統及祖宗祭祀以外,實際上最大的權益是爵位繼承。""後子"的順序,則是嫡子爲先,無嫡子則庶子遞補的順序,庶子則以長者爲先的原則。[②] "不爲後",則是指被繼承人除"後子"之外的諸子,并且又可以再依親疏分爲兩個等級,即簡文中的"子二人"和"它子",臧知非先生稱之爲"準後子"和"次後子"。[③] "不爲後"所繼承的衹是爵位,且遠低於被繼承人的爵位。由此,可以看出這兩種繼承方式之間的巨大差异。"當爲父後而傅者,士(仕)之如不當後者"與上述這兩種繼承制皆有關聯。對此句的解釋,或者解釋比較籠統,如李均明先生在論述相關爵位繼承時就未對這句話作具體解釋,衹是概括説繼承人達到申報户籍的年齡,就可以按規定繼承一定的爵位。[④] 比較詳細的解釋,大致有以下兩種觀點:

其一,朱紹侯先生在解釋這兩句話時説:"但當他傅籍時他父親已死,就按他父親死時的爵位計算。如果原來是他父親爵位繼承人(父後、嫡長子),也不能按後子對待(意爲按衆子對待)。"[⑤]張榮强先生則説得更明確:"傅籍時父親已死,'當爲父爵後而傅者,士(仕)之如不爲後者',即使是後子也不能按其原來的身份繼承。"有意思的是,張先生緊接着却説:"這難免會造成傅籍標準的混亂。據上引《傅律》,官府在制定傅籍標準時,實際採取了一種簡單而易於操作的方式……從傅籍標準看,自身獲爵與承繼爵位者的差别不大,似乎對後者有什麽特别限制。"[⑥]可以看出,張先生大概發現了他對"當爲父後而傅者,士(仕)之如不當後者"的解釋與有關律文存在矛盾之處,但却没有做出比較明確的解釋。

---

① 詳見朱紹侯《從〈二年律令〉看漢初二十級軍功爵的價值——〈二年律令〉與軍功爵制研究之四》,《河南大學學報》(社會科學版)2003年第2期。

② 詳見尹在碩《睡虎地秦簡和張家山漢簡反映的秦漢時期後子制和家系繼承》。

③ 臧知非:《秦漢"傅籍"制度與社會結構的變遷——以張家山漢簡〈二年律令〉爲中心》;臧知非《張家山漢簡所見繼承制度初論》,《文史哲》2003年第2期。

④ 李均明:《張家山漢簡所見規範繼承關係的法律》,《中國歷史文物》2002年第2期;《張家山漢簡所反映的二十等爵制》,《中國史研究》2002年第2期。

⑤ 朱紹侯:《從〈二年律令〉看與軍功爵制有關的三個問題——〈二年律令〉與軍功爵制研究之三》。

⑥ 張榮强:《漢唐籍帳制度研究》,45-46頁。

其二,臧知非先生則認爲,父親健在時,"後子"即使到了傅籍年齡也不能繼承爵位,所以才規定"當爲父爵後而傅者,士(仕)之如不爲後者",即"'後'在繼承期待期間,傅籍之後也可以得到爵位,其爵級如'不爲後者';待其父親死亡之後再按規定繼承應當繼承的爵位。"①王彦輝先生的觀點與臧知非先生基本相同,衹是對"士"字的解釋有所差异,認爲"後子"只有在被繼承人死亡後才能繼承爵位,而其餘諸子衹要達到法定傅籍年齡,不論被繼承人是否死亡,都可以依法獲得相應的爵位。如此的話,被繼承人在世時,其餘諸子可以傅籍獲得爵位,而"後子"却得不到爵位。爲了解决這一矛盾,纔規定"當爲父後而傅者,士(仕)之如不當後者",即"被確定爲父親'爵後'者,到了傅籍年齡,如果要出仕爲吏,要按照其餘諸子爲吏的原則辦理。"②可以看出王先生是把"士"理解爲"出仕爲吏"的,這與上文中的"繼承爵位"是有差异的。

以上説法雖都是建立在未清晰解讀"若次其父所以"之上,不過比較而言,臧知非先生的説法似乎更合理一些。"當爲父後而傅者,士(仕)之如不为後者",即指"當爲後者"(後子)在傅籍時,如果其父還在世,可以按照"不爲後者"(餘子)的標準獲得爵位。這樣就可以較爲合理地解决父親在世時,到了傅籍年齡,"餘子"可以得到一定的爵位而後子尚不能繼承爵位的矛盾。

附記:匿名審稿人指出了本文的一些疏漏與不足之處并提出了中肯的修改意見,謹致謝忱。文中如有錯誤及不當之處皆爲作者之責。

① 臧知非:《秦漢傅籍制度與社會結構的變遷——以張家山漢簡〈二年律令〉爲中心》。
② 王彦輝:《試論〈二年律令〉中爵位繼承制度的問題》。

西漢"都吏"考略

江西師範大學中國經濟史研究所　黄今言

内容提要　西漢"都吏"之稱,沿用了先前的舊名;它是郡府掾、史等屬吏的泛指或統稱。當時郡府在行政運作過程中,太守屬下不同職别的都吏,其使命與職責不同。其中有的負責文牘公文的起草、簽署等日常事務;有的則被派遣巡行處置一些其他重大政務,包括巡行廉察、考核屬縣長吏,案獄覆治、逐捕逃犯,催督租賦、拘校財物,行塞邊郡、檢查戍務,迎送賓客和上級官員等,涉及範圍較廣。西漢的"都吏"與"督郵"雖然皆爲郡府屬吏,但不可等同,二者不僅起、止時間有异,百餘年中長期并存,而且其身份及執事部門、治所和職責也有區别。

關鍵詞　西漢　郡府屬吏　都吏　督郵

"都吏"在西漢地方行政運作中起着重要作用。但由於文獻記載簡缺,以往,學術界對此未曾引起足够的重視,很少有人問津。隨着漢簡資料的先後出土和整理,近年來,有關都吏問題漸漸得到關注,其主要表現是,有學者在研究兩漢"督郵"時,"都吏"也會有所涉及。然而,對西漢都吏的整體研究仍較爲薄弱,且存在諸多疑點和認識上的歧議,需集中做些必要的具體考察和深入探討,使之恢復歷史原貌。這裏擬根據現有的簡牘、文獻資料,就西漢"都吏"的本義、身份、使命及其與"督郵"的區别等問題做些論略和考説。這對漢代的地方史制研究將會有所幫助。

一　都吏的本義與身份

“都吏”之謂，在西漢的文獻、金石、碑刻中記載疏落，爲數衹有幾例。但在出土的漢簡中却習爲常見，如張家山漢簡、居延漢簡、居延新簡、額濟納漢簡、敦煌懸泉漢簡等，有關都吏的行迹史事多見記載。可以説，西漢一代，都吏的理政及出巡行事活動頗爲頻繁，是歷史舞臺上一支不可或缺的重要政治力量。

“都吏”的原本意義是什麽？目前，學者衆説不一。看來，這首先要從“都”字説起。考之史籍，先秦時期，凡冠以“都”字的官府名稱，皆指“國都”。如《説文解字》曰：“有先君之舊宗廟曰都。”[①]《釋名》曰：“國城曰都，都者國君所居，人所都會也。”[②]但到漢代，“都”字的使用範圍乃不衹指京師“國都”了，它已擴展到了封地或郡國治所之稱，如《史記・高祖本紀》高帝六年詔曰：“以太原郡三十一縣爲韓國，徙韓王信都晋陽。”[③]《漢書・晁錯傳》載文帝“憂勞百姓，列侯就都”。師古注“列侯就都”句曰：“各就其國也。”[④]《漢書・地理志》亦曰：“漢興，淮南王安亦都壽春，招賓客著書。”[⑤]這些是以封國治所爲“都”之證。又《後漢書・安帝紀》永初四年三月，“先零羌寇褒中，漢中太守鄭勤戰殁。徙金城都襄武”。李賢注曰：“襄武，縣名，屬隴西郡。”[⑥]此乃將郡的治所所在稱“都”之例。可見，漢代的“都”，并非專指京師“國都”，亦可指郡國的治所所在。漢時在郡府任職的僚佐、屬吏，既可稱“郡吏”，也有叫“都吏”者，二者性質一致，内涵相同。衹不過當時對郡府的吏員，在《漢書》中多稱“郡吏”，如：嚴助“因懷故土，出爲郡吏”，孫寶“以明經爲郡吏”，尹賞“以郡吏察廉爲樓煩長”，“（龔）勝爲郡吏，舍不仕”[⑦]等；而在漢簡中則多稱“都吏”，如：“且遣都吏循行廉察”（10・40），“都吏壯卿槳戒塞上”（115・15），“都吏鄭卿”（194・17）等等。[⑧] “都吏”之稱，或淵源較早，相傳先秦之時就已出現。[⑨] 至秦統一六國後，在更改制度的過程中，對部分官吏名稱進行了重新命定，從此，都吏和郡尉、郡司馬一樣，便成爲全國通稱之名。如據《里耶秦簡》的第八層第461號

---

① 許慎：《説文解字・邑部》，北京：中華書局，1963，131頁。

② 王先謙：《釋名疏證補》，上海古籍出版社，1984，98頁。

③ 《史記》卷八《高祖本紀下》，北京：中華書局，1959，61頁。

④ 《漢書》卷四九《晁錯傳》及注，北京：中華書局，1962，2297-2298頁。

⑤ 《漢書》卷二八《地理志》，1668頁。

⑥ 《後漢書》卷五《安帝紀》，北京：中華書局，1965，215頁。

⑦ 分見《漢書》卷六四《嚴助傳》，2789頁；《漢書》卷七七《孫寶傳》，3257頁；《漢書》卷九〇《尹賞傳》，3673頁；《漢書》卷七二《龔勝傳》，3080頁。

⑧ 中國社會科學院考古研究所編：《居延漢簡甲乙編》，北京：中華書局，1980，7、108、131頁。

⑨ 劉向：《列女傳》卷三《晋羊叔姬傳》曰：“攘羊之事發，都吏至，羊舌子曰：‘吾受之，不敢食也。’發而視之，則其骨存焉。都吏曰：‘君子哉。’”鄭曉霞、林佳鬱編：《列女傳彙編》，北京圖書館出版社，2007，242-243頁。

木牘載,當時明確規定:“郡邦尉爲郡尉,邦司馬爲郡司馬,乘傳客爲都吏”。第532號木牘也記有“☐下書都吏治從☐”的簡文。[①] 由此説明,都吏之名非始於漢,而是沿襲了此前的傳統稱謂。還要指出的是,無論“郡吏”還是“都吏”,在《漢書・百官公卿表》及《漢官儀》等職官典籍中,都没有記載,它們皆非職官名稱。其本義當是指郡府的屬吏。

至於郡府屬吏的等級身份,比較複雜。秦至西漢前期,主要有“卒史”及“掾”等吏員。如據記載:“周昌者,沛人也。其從兄苛,秦時皆爲泗水卒史。及高祖起沛,擊破泗水守監,於是苛、昌以卒史從沛公。”[②]漢初的張家山漢簡《興律》有“二千石官丞謹掾當論”,這裏的“掾”當是郡掾。[③] 又載:魏相,“少學《易》,爲郡卒史”[④],此爲郡“卒史”之例。

自西漢中期以後,隨着行政分工的細化,郡府組織機構擴大,屬吏逐漸增多,主要有“守屬”“書佐”“主簿”及諸曹“掾、史”等。如:“(王尊)涿郡高陽人也……太守奇之,除補書佐、署守屬監獄。久之,尊稱病去……復召署守屬治獄,爲郡决曹史。”[⑤]“(朱博)遷琅玡太守,齊郡舒緩養名,博新視事,右曹掾史皆移病卧。”[⑥]“及日至休吏,賊曹掾張扶獨不肯休,坐曹治事。”[⑦]當時郡府的掾、史衆多,有功曹掾,五官掾,决曹史,賊曹掾,兵曹掾,法曹掾,門下掾、史等等。據《東海郡屬吏設置簿》載:

> ☐人,今掾史見九十三人,其廿五人員,十五人君卿門下,十三人以故事置,廿九人請治所置吏,贏員廿一人[⑧]

西漢後期,東海郡的屬吏,就有“掾史九十三人”,實有人數遠遠超過定員數目。至於比東海郡更大的郡,其掾、史屬吏當會更多。漢代郡府這些不同職别的守屬及諸曹掾、史等屬吏,皆可統稱之爲“都吏”。有學者説:除去一些高級官員尊稱其官名外,“一切主管各級各類職能或承擔某項使命的掾、史、守屬、令史、士史等屬吏,均可泛稱都吏”。[⑨] 這也是對都吏的身份做了較爲廣泛的理解。不過,都吏不能泛指郡府所有屬吏,衹有在郡府中行使主要職責的屬吏,如守屬、掾、史等,方可稱之爲都吏。

有關吏員的選拔條件,早在先秦時期就已提出了明確的要求。《墨子・號令》説:“守之

---

① 湖南文物考古研究所:《里耶秦簡[壹]》,北京:文物出版社,2012,33、36頁。

② 《漢書》卷四二《周昌傳》,2090頁。

③ 張家山二四七號漢墓竹簡整理小組:《張家山漢墓竹簡[二四七號墓]》,北京:文物出版社,2001,186頁。

④ 《漢書》卷七四《魏相傳》,3133頁。

⑤ 《漢書》卷七六《王尊傳》,3226-3227頁。

⑥ 《漢書》卷八三《朱博傳》,3400頁。

⑦ 《漢書》卷八三《薛宣傳》,3390頁。

⑧ 連雲港市博物館、中國社會科學院簡帛研究中心、東海縣博物館、中國文物研究所:《尹灣漢墓簡牘》,北京:中華書局,1997,100頁。

⑨ 吴礽驤:《説都吏》,甘肅省文物考古研究所、西北師範大學文學院歷史系編《簡牘學研究》第4輯,蘭州:甘肅人民出版社,2004,179頁。

所親:舉吏、貞廉、忠信、無害、任事者。”又云:“謹擇吏之忠信者,無害可任事者。”[①]漢代又進一步發展,以“四科”取士,要求被選吏員對象必須是:“德行高妙,志節清白”;“學通行修,經中博士”;“明曉法令,足以決疑,能案章覆問”;“剛毅多略,遭事不惑”等。[②] 所以,當時以德行高尚、明經、習法而入選爲郡吏者不乏其人,前述的龔勝、孫寶、尹賞等人就是實例。蕭何在秦時能以文無害爲沛主吏掾,説明他也是明習法令的。《論衡·程材》説:“一縣佐史之材,任郡掾史,一郡修行之能,堪州從事。”“選舉取常故,案吏取無害。”[③]强調要以“文無害”選拔、銓叙律吏。上面引文中的所謂“無害”,是“文無害”的省稱,其中的“文”指法律條文,“害”有遏止之義。[④] “文無害”是對文吏而言的,其含義是知曉簿書,精通法律條文。史稱:“律有無害都吏,如今言公平吏。”[⑤]“閑惠曉事,即爲文無害都吏。”[⑥]可見,懂法是都吏的必備條件之一。綜觀諸多史實説明,漢時選擇都吏的途徑有多種:包括孝道德行、明經、明法、習武、閑惠曉事、懂得政事、條品、文牘等,凡是有一技之長者皆可入官府爲吏。當然,也有年齡、籍貫方面的限制,凡罪人、贅婿及“貧無行”者,不得爲吏。

要之,都吏之名,淵源較早。西漢都吏是郡府掾、史等屬吏的統稱。由太守自行署置,多用本郡人,通常的秩級爲百石。但由於其對地方政務的推行關係甚大,故當時對都吏的選擇有一定的條件和要求。

二 都吏的使命與職責

漢代郡級政權是中央與地縣的中樞,上要奉行中央指令,下要監管所屬各縣。《漢官》云:“太守專郡,信理庶績,勸農賑貧,决訟斷辟,興利除害,檢察郡奸,舉善黜惡,誅討暴殘。”[⑦]作爲一郡最高長官的太守,舉凡勸農、民生、財政、軍事、司法、治安等部門皆得統領,無所不管,職任重大。面對這許多政務,在實際的行政運作過程中,太守屬下有的都吏,不僅要處理文牘,簽署、起草公文,根據律令條品辦理日常事務;而且太守還通常派遣不同職别的都吏巡行處置一些其他重大政務。這方面有人對相關簡牘資料做過一些論列,這裏從簡牘與文獻相結合的角度,對都吏的一些重要使命與職責問題,再做如下的補充和歸納,以兹參證。

---

① 岑仲勉:《墨子城守各篇簡注》,北京:中華書局,1958,124-125頁。

② 衛宏:《漢官舊儀》。見清人孫星衍等輯,周天游點校《漢官六種》,北京:中華書局,1990,37頁。

③ 王充:《論衡》卷一二《程材》,上海人民出版社,1974,188、190頁。

④ 參見王繼如《釋文無害》,《中華文史論叢》1985年第4期。

⑤ 《後漢書》志第二八《百官五》,3622頁。

⑥ 《漢書》卷四《文帝紀》元年詔如淳注,114頁。

⑦ [清]孫星衍等輯,周天游點校:《漢官六種》,北京:中華書局,1990,20頁。

(一)巡行廉察,考核屬縣長吏

漢制,郡太守"常以春行所主縣,勸民農桑,振救乏絶",而秋冬則遣"無害吏",即都吏行縣,"論課殿最",[①]考核屬縣長吏治迹的優劣。如據漢簡記載:

襍予閣謹以文理遇士卒,毋令寃失職,務稱令意,且遣都吏循行廉察不如護太守府書案,毋忽如律令/掾喜、屬壽、給事佐明(10·40)[②]

甚毋狀。今移民所疾苦各如牒。書到,光等長丞宿夜思維改過,厲經更始,務稱府及有成功校事。其解隨廢不以爲意者,致案。且遣都吏循行廉察,願毋忽,如律令(A)

掾□□□□□(B)　(ⅡTD115②18)[③]

元鳳二年八月辛□朔□□,敦煌郡守騎千人禹,獄守□□兼行丞事,敢言之。監領縣(懸)泉置都吏李卿治所:謹案□一□□前□□臧直百萬以上,論□□輸府發,屬縣宋置(ⅡT0114③525)

前引第1、2例簡文,是太守派遣都吏"廉察",考察屬縣長吏是否依法執事,是否稱職。第3例簡文是指處理"臧案"、懲治貪污之事。這説明都吏有考察長吏治迹之職。《百官志》載:"功曹史,主選署功勞",[④]主管人事,負責郡内簡賢、選能、任免、賞罰之事,同樣有考察長吏治迹之職。簡文中的"都吏"與文獻中的"功曹掾、史",性質相同,實職無异。

(二)案獄覆治,逐捕逃犯

漢時郡府凡遇有司法問題,太守派相關都吏進行案驗、復審,并逐捕逃犯。如漢簡載:

縣道官所治死罪及過失,戲而殺人,獄已具,勿庸論,上獄屬所二千石官。二千石官令毋害都吏復案,問(聞)二千石官,二千石官丞謹掾當論,乃告縣道官以從事。徹侯邑上所在郡守(《興律》397)[⑤]

罪人獄已决,自以罪不當欲氣(乞)鞫者,許之……二千石官令都吏覆之。都吏所覆治,廷及郡各移旁近郡,御史、丞相所覆治移廷(《具律》117)[⑥]

匿界中,書到,遣都吏與縣令以下,逐捕搜索部界中,驗亡人所隱匿處,以必得爲故。詔所名捕重事,事當奏聞,毋留,如詔書、律令(179·9)[⑦]

---

① 《後漢書》志第二八《百官五》,3621頁。

② 謝桂華、李均明、朱國炤:《居延漢簡釋文合校》,北京:文物出版社,1987,18頁。

③ 懸泉漢簡,轉引自吴礽驤:《説都吏》,見甘肅省文物考古研究所、西北師範大學文學院歷史系編《簡牘學研究》第4輯,蘭州:甘肅人民出版社,2004,174-179頁。下同,不詳注衹記簡文編號。

④ 《後漢書》志第二八《百官五》,3621頁。

⑤ 張家山二四七號漢墓竹簡整理小組:《張家山漢墓竹簡[二四七號墓]》,北京:文物出版社,2001,186頁。

⑥ 《張家山漢墓竹簡》,149頁。

⑦ 《居延漢簡釋文合校》,286頁。

前面列具的1、2例簡文,説的是二千石即太守派遣都吏對縣道所審理過的死罪及過失、戲而殺人罪進行"復案",即重審;而對罪人不服判決的重大案件,二千石也令都吏給予"覆治"。第3例説的是都吏與縣以下配合,逐捕境内"所隱匿"的逃犯。這説明都吏有審核案件,執法斷獄,參與司法,搜索逃犯等職責。又《百官志》載:"决曹,主罪法事","賊曹,主盗賊事"。[①] 漢時,郡府有"决曹掾",職主治獄,行縣録囚徒,以曉習文法者任之。又有"賊曹掾史""捕賊掾",負責搜捕盗賊。上引簡文中的"都吏",與文獻中的"决曹掾史"、"賊捕掾",就其職能來説,近乎一致。這裏的都吏之職,有如此類掾、史之職。

(三)催督租賦,拘校財物

漢時郡府很重視對租賦的徵課及相關財物的稽查、管理,而且每當屬縣長吏出現免、徙情况時,太守往往派分管財經方面的都吏去該縣核實、查對財物,以便向新任長吏交接。這方面漢簡多有記載:

各遣都吏督賦,課蓄積,少不☐

七月丙申,張掖肩水司馬章,以☐(213·43)[②]

毋得貰賣衣財物,太守不遣都吏循行☐

嚴教受卒長吏,各封藏☐(213·15)[③]

第二隧長景褒不在署,謹驗問,褒辭:却適隧卒周賢,伐大司農茭郭東,病不任作,官記遣褒迎取,十月廿六日,褒之居延郭東,取卒周賢。廿九日還到隧,後都吏鄭卿(194·17)[④]

會壬申旦,府對狀,毋得以它爲解。各署記到起時,令可課。告肩水候官,候官所移卒責,不與都吏□卿所舉籍不相應,解何?記到,遣吏抵校。及將軍未知,不將白之(183·15B)[⑤]

縣道官令長及官(?)比(?)長而有丞者□免、徙,二千石遣都吏效代者。雖不免、送(徙),居官盈三歲,亦輒遣都吏案效之。效案官而不備,其故吏不效新吏,新吏罪之;不盈歲,新吏弗坐(《效律》348)[⑥]

前引1、2、3例簡文,雖然殘缺,但其中講到"督賦,課蓄積","毋得貰賣衣財物"、"收大司農茭"等,這些皆涉及賦税徵課及財物管理方面的情况。第4例簡文中的所謂"不相應",

① 《後漢書》志第二四《百官一》,3559頁,下同,不另注。
② 《居延漢簡甲乙編》,142頁。
③ 《居延漢簡甲乙編》,141頁。
④ 《居延漢簡釋文合校》,308頁。
⑤ 《居延漢簡甲乙編》,125頁。
⑥ 《張家山漢墓竹簡》,180頁。

“遣吏抵校”,説的是檢查中發現有的財産、實物與簿記不相符,所以派吏進行“抵校”,即拘校、稽查。第5例簡文説的是,縣道令、長新舊交替時,太守派都吏對該屬縣進行拘校、核實財物,向新任長吏交接。另據《金石録》卷十三:“漢廪丘宫鐙銘,得於澶洲,云廪宫銅鐙重二十斤八兩,甘露三年工郭從都吏李定造,蓋宣帝時物也。”①這些事例説明,都吏不僅催督租賦,稽查、審核財物,而且承擔手工業製造、管理職責。據前引《百官志》曰:“金曹,主貨幣、鹽鐵事”,“倉曹,主倉穀事”。當時郡府有“金曹掾”,職主貨幣、鹽鐵、市租等,也有“倉曹掾史”,職主倉穀,糧草,收民租等。這些簡文中的“都吏”與文獻中的“金曹掾、史”“倉曹掾、史”,其實際功能一樣,皆承擔着經濟、財政管理方面的職責。

(四)出使近塞,督察戍務

“行塞”是漢代屯戍行政的重要内容之一。當時由於邊犯不斷,爲加强對邊郡要塞的防務,太守也常派分管邊郡戍務的都吏“行塞”,如漢簡載:

●萬歲部,四月,都吏□卿行塞舉(E.P.T50:44)②

☑都吏當行塞,言候長建國(E.P.T52:384)③

☑史忠[都]吏載卿行塞(E.P.T59:410)④

入粟　給都吏壯卿築戒塞上,綏和元年六月庚戌,新沙置卒馬,受次東候長章(155·15)⑤

☑官并,司馬君都吏鄭卿、督蓬史周卿行塞,即日宿吞遠,具吏卒(2000ES7SF1:6A)⑥。

候史廣德坐不循行部,塗亭趣具諸所具者,各如府都吏舉。部糒不畢,又省官檄書不會會日,督五十(E.P.T57:108)⑦

書到,各明白大扁書市里、官所、寺舍、門亭、燧堠中,令吏卒民盡訟(誦)知之。且遣都吏循行,問吏卒不知令者,案論尉丞、令丞以下,毋忽,如律令(178)⑧

☑城君幸付鄭偉君·問隧長孫詡三月中病苦寒炅

☑下不隨事書中

① 趙明誠:《金石録》,《宋本金石銘》,北京:中華書局,1991,312頁。

② 甘肅文物考古研究所、甘肅省博物館、文化部文獻研究室、中國社會科學院歷史研究所編:《居延新簡》,文物出版社,1990,155頁。下同不詳注,衹記簡文編號和頁碼。

③ 《居延新簡》,386頁。

④ 《居延新簡》,254頁。

⑤ 《居延漢簡甲乙編》,108頁。

⑥ 孫家洲主編:《額濟納漢簡釋文校本》,北京:文物出版社,2007,31頁。

⑦ 《居延新簡》,345頁。

⑧ 李均明、何雙全編:《散見簡牘合輯》,北京:文物出版社,1990,20頁。

謹以用君□□□□

問郭次都錢墨城毋不取叩頭

問符子阿叩頭叩病少病愈

☐已算在内又迫都吏□心

☐民曰諸小物請遣人持來

☐君掾(E.P.T4:51AB)[①]

前面援引的1、2、3、4例簡文,是都吏“行塞”的簡要記録。第5例簡是都吏鄭卿與都尉府督蓬史周卿“行塞”的情況。第6、7、8例簡,分别講了都吏行塞的督察範圍包括:邊塞糧草、守禦器備的完損情況;吏卒對戍務律令及烽火品約的掌握情況;對患病吏卒的慰問及安撫等。在檢查中如發現問題或弊端,便進行糾舉,制“舉書”,對不合格者,“督之”。據前引《百官志》載:“尉曹,主卒徒轉運事”,“兵曹,主兵事”。當時郡府有“尉曹掾”“兵馬掾”“監軍掾”等,職主卒徒轉運事及軍事,邊郡還有“塞曹掾史”“督烽掾”,掌邊塞之職。這些簡文中的“都吏”,當與此類掾史相關,皆承擔着軍事及邊郡戍務之職責。

(五)迎送賓客和上級官吏

漢代是泱泱大國,不僅中央與地方官員的聯繫頻繁,而且各個民族和國家之間的使節交往也日益增多。面對當時各路人員的迎來送往,郡府也派遣相關都吏進行接待,這在《懸泉漢簡》中多有記載:

出粟十八石烏孫客　都吏王卿所送,元延四年六月戊寅,縣(懸)泉嗇夫訢,付敦煌尉史褒馬(ⅡT0114③454)

出粟三石,馬十匹,送大昆彌使者,都吏張掾,陽朔四年二月戊申,縣(懸)泉嗇夫定,付遮要厩佐常(T1812②58)

出米一石四斗四升,傳　正月乙丑,以食都吏孔卿,從者一人,盡丙子十二日,積廿四人,迎客初到日(ⅡT0213②82)

☐□給都吏董卿所,罽賓使者二□(ⅡT0213②37)

都吏嚴尚,送御史從者行詒書☐(T01121B37)[②]

前引1、2、3、4例簡文,是反映都吏爲迎送“烏孫”“昆彌”等賓客、使者所用的粟、米、馬匹數量,且記録了具體時間。第5例簡文則是都吏送行“御史”即上級官員的情況。漢時,郡府的屬吏“主簿”,是太守的親近吏員,類似後世的秘書長,“録省衆事”,也承擔賓客使節及來往長官的接待。這些簡文中的“都吏”所行使的職責,當屬文獻中的“主簿”之職。

---

① 《居延新簡》,11頁。

② 以上均見《簡牘學研究》第4輯,蘭州:甘肅人民出版社,2004,117頁。

總之,西漢都吏的使命與職責範圍相當廣泛,他們有的負責對郡府文牘公文的處理,有的負責督察屬縣長吏的治迹;有的審理獄案,搜捕逃犯;有的催督租賦,核校財物;有的還巡行邊塞,檢查戍務,迎送賓客等。這裏要强調的是,都吏并非祇指某一個掾、史或守屬,更非祇指某一個人,而是郡府掾、史等屬吏的整個群體。當時,不同職别的都吏,各自主持或承擔某一方面的使命和實際操控權,對郡府政令的推行與貫徹起着重要作用。

三　西漢都吏不等同於督郵

《漢書·文帝紀》元年詔:"二千石遣都吏循行,不稱者督之。"曹魏時的如淳注曰:"律説,都吏今督郵是也。"[①]長期以來,不少論者未注意其中"今"字的時間概念,在考察西漢的史事時,也皆認爲"都吏即督郵",或謂"都吏是督郵的别稱"。[②] 直到近期,有論者仍未認識到前、後漢不同時期的變化,認爲:"都吏與督郵兩職,無論從形式上還是實際職能上,或者職責性質上都有驚人的一致。"[③]

"都吏"是否等同於"督郵"? 這是值得研究的一個問題。從現有的漢簡及文獻記載來看,"都吏即督郵"之説,若單就西漢而言,這似非確論。雖然當時的都吏、督郵皆爲郡府屬吏,執法方面也許有某些重叠。但實際上,西漢的都吏與督郵并非等同關係,"督郵"可統稱"都吏",然"都吏"并非專指"督郵",它們不存在所謂"驚人的一致"。二者既有聯繫,又有區别。其區别主要表現在以下方面:

首先,都吏與督郵的起、止時間有别;且二者長期并存,雙軌運作。從可靠的記載來看,都吏最遲在秦代已有其名,迄至西漢末年皆存,至東漢則很少出現。而督郵乃西漢前期未見出現,自中期以後一直延續到東漢末季。除了這個時間差异之外,都吏與督郵在西漢中、後期的一百多年中長期并存,二者皆有頻繁的活動,承擔着不同的使命。爲證實這一問題,讓我們先看此時有紀年的都吏簡文:

> 永光元年六月丙申朔,甲渠候喜敢言之,府移太守府都吏書曰:如縣解俯仰失亡士。吏疆令史□宣(36AB)[④]

---

① 《漢書》卷四《文帝紀》,114 頁。

② 見陳夢家《漢簡綴述》,北京:中華書局,1980,120 頁;陳直《居延漢簡研究》,天津古籍出版社,1986,201、385 頁;薛英群《居延漢簡通論》,蘭州:甘肅教育出版社,1991,238 頁;胡平生、張德芳《敦煌懸泉漢簡釋粹》,上海古籍出版社,2001,70、31 頁;辭海編輯委員會《辭海》(增補本),上海辭書出版社,1983,141 頁。

③ 曹驥:《兩漢"都吏"、"督郵"考》,《魯東大學學報》2012 年第 2 期。

④ 《居延漢簡甲乙編》附編,288 頁。

第廿三部,建始二年□月,都吏載卿☐(E.P.T65:80)[①]

出粟一石,送都吏程卿捕案官徒四人,馬五匹,建平三年☐(91C:14)[②]

以上三例是元、成、哀諸帝時有明確紀年的都吏簡文。至於没有紀年的都吏簡文更多,如據《懸泉漢簡》有:"察事都吏王卿"(TO112②89)、"……五官都吏肅"(ⅡTO216③9)、"……護羌都吏章卿,從吏□"(ⅡTO215②192)、"都吏孔卿,從者一人"(ⅡTO213②82)、"都吏嚴尚……"(TO112:1137)。《額濟納漢簡》:"都吏薛卿☐"(2000ES9SF4:33)、"記到,輒持羊詣官,會今,毋後都吏"(2000ES7SF1:16)、"☐省卒趙宣伐財用,檄到,召□□詣官,毋後司馬都吏"(2000ES7SF1:6B)。[③]《青海大通縣上孫家寨115號漢墓木簡》"各六月都吏三"(285)。[④]

西漢中、後期,不僅常見"都吏"的活動,"督郵"的記載亦多,現將《懸泉漢簡》中有紀年的簡文列舉數例如下:

建昭二年二月甲子朔辛卯,敦煌太守疆、守部候脩仁行事,督郵史衆√欣……(ⅡT0216③246)

陽朔元年六月乙未,督郵史章,移置縣:刺史行部,録田徒,宜居廷上,廷上不□□恩澤詔書☐(A)(ⅡT0114①117)

陽朔二年二月癸酉,督郵驛忠,移效☐(ⅡT0112②74)

鴻嘉二年十二月壬申,懸泉嗇夫良敢言之。督郵尹縣治所☐(ⅡT0210①28)

建平二年六月辛酉,懸泉置嗇夫敞敢言之。督郵凉掾治所檄曰:懸泉置後所受☐(ⅡT0214①29)

至於期間没有紀年或紀年不明確的督郵簡也有,如《尹灣漢墓簡牘》第101頁載:"督郵四人,都水一人請治所。"《懸泉漢簡》:"☐年十二月乙巳,懸泉置嗇夫良,敢言之。督郵李掾治所記曰……☐"(ⅡT0210①79)、"☐□部大尉,告督郵史元,守部司馬道,案南"(ⅡT0115②176)等,皆爲例證。

這諸多史實説明,在西漢中、後期的很長時間内,都吏與督郵是并存的。當時既有都吏出巡,也有督郵的活動,二者同時存在,雙軌運作,各有其職。這種情況,難道能説"都吏"就是"督郵"嗎?恐怕該説難於成立,這是一。

其二,都吏與督郵的性質及執事部門有别,各有治所。漢代郡府屬吏的組織結構,雖然

① 《居延新簡》,425頁。

② 《懸泉漢簡》,《簡牘學研究》第4輯,176頁。

③ 《額濟納漢簡釋文校本》,91、33、31頁。

④ 李均明、何雙全編:《散見漢簡合輯》,北京:文物出版社,1990,33頁。

缺乏完整記録,難以了解當時的法定建置情況,但從史實來看,其組織系統大致上似有四個方面:一是設有功曹及五官掾、史,總領綱紀;二是門下設有主簿、主記掾史、書佐等,負責協調各部門的關係;三是分設列曹,包括户曹、倉曹、金曹、辭曹、法曹、尉曹、兵曹、賊曹、決曹等,各曹皆有掾、史,負責日常行政事務;四是設置督郵,專門行使監察事務。[①] 當時分曹辦事,作爲郡府掾史屬吏統稱的"都吏"和專設的"督郵",執事部門顯然是各有不同的,因而也就各有治所,即辦公場所。如《懸泉漢簡》載:

☒ □都吏馮卿治所
□督郵孫卿治所 六月乙未夜半时,受不知□□(ⅡT0210①99)

該簡很典型,不僅反映了都吏、督郵同時存在,也説明它們之間是有區别的,二者各有治所,并非同職异名。若"都吏是督郵的别稱",或"都吏即督郵",則無需各設治所,多此一舉。在郡府屬吏中,若同一等級職别的吏員,於同一地點、同時設兩個治所,在當時的條件下,既無必要,也無可能,更無它例。衹有因吏員的身份、性質及執事部門不同,才會有這種情況出現。

其三,都吏與督郵,各司其職,二者的任務、功能不盡相同。前面講到,西漢時期,"都吏"的使命與職責,涉及對屬縣長吏的政績考核、税收財政、司法、行塞及迎送使節等,職責範圍相當廣泛。

但當時的"督郵"則不然,它是"督郵掾"的省稱,西漢中期設立專職後,其主要使命是負責對屬縣的監察,糾舉失職,彈劾非法。如據《懸泉漢簡》記載:

正月辛酉,督郵寫移敦煌、效穀,書到,令□□□□劾處,對察不以爲意者,案致,如律令(T0116②89)

建昭元年六月戊戌朔□□,敦煌太守儓、長史章、丞敞,告督郵史欣常,謂縣:前刺史從事温掾、書佐、置吏卒無禮,不事前……死,盗馬□□□□□□□□□□□□□□千,丙寅使今祠地動使者□史君行,故令丞□(A)(ⅡT0115③92)

這兩例簡文,儘管文字有脱漏,但大致意思可測,説的是督郵對屬縣長吏執法"不爲意者,致案",或"吏卒無禮",有"盗馬"行爲者進行彈劾。

西漢督郵負責對屬縣監察,彈劾長吏,糾察失職的情況,文獻也有記載,例如:尹翁歸"徙署督郵……部汾南。所舉應法,得期罪辜,屬縣長吏雖中傷,莫有怨者。"[②]馮野王"爲左馮翊,歲余,而池陽令并素行貪污,輕野王外戚年少,治行不改。野王部督郵掾祋祤、趙都案驗,得

① 參見嚴耕望《中國地方行政制度》甲部,《秦漢地方行政制度史》第二章"郡府組織",臺北:三民書局,1974,73-146頁。廖伯源《簡牘與制度——尹灣漢墓簡牘官文書考證》,臺北:文津出版社有限公司,1998,60-64頁。

② 《漢書》卷七六《尹翁歸傳》,3207頁。

其主守盗十金罪,收捕。并不首吏,都格殺”[①]。黄霸爲潁川太守時,“力行教化而後誅罰,務在成就全安長吏。許丞老,病聾,督郵白欲逐之。”[②]都是例證。

西漢督郵除了監領督察屬縣長吏之外,對郡内的豪右不法者也在監察之列,如據《漢書·孫寶傳》説:“(孫寶)以立秋日署文東部督郵。入見,敕曰:‘今日鷹隼始擊,當順天氣取奸惡,以成嚴霜之誅,掾部渠有其人乎’? 文卬曰:‘無其人不敢空受職’。寶曰:‘誰也?’……文曰:‘豺狼横道,不宜復問狐狸。’寶默然。稚季者大俠,與衛尉淳于長、大鴻臚蕭育等皆厚善……稚季耳目長,聞知之,杜門不通水火……遂不敢犯法。”[③]豪强稱王霸道,是地方上不穩定的因素之一。因此監督打擊豪右也是督郵的職任。

綜觀大量史實説明,西漢時期,都吏與督郵,不僅持續時間有异,在百餘年中長期并存,身份及執事部門不同,各有治所;而且它們的使命與職責也有區别。西漢之督郵雖然也是郡府屬吏,但它是專設的吏員,使命與職責專一,屬監察系統,其功能主要是負責監察,考其善惡,糾察失職,打擊不法。

但要强調指出者,迄至東漢就不同了。隨着郡府機構的調整、改革,儘管掾、史仍存,然都吏之名乃罕見出現,都吏所承擔的職責也基本上被督郵所代替了。此時,督郵擔負着監領屬縣長吏、考核地方官員,催租督賦、懲治非法,追捕盗賊、録送囚徒、傳遞郵亭文書等等職能了,督郵的掌控權明顯擴大和提升,成爲“郡之極位”。故如淳在對《漢書·文帝紀》作注時説:“都吏今督郵是也”,意爲西漢的都吏如同漢魏時的督郵也。就其職能而言,這也是有根據的。

---

① 《漢書》卷七九《馮野王傳》,3302 頁。

② 《漢書》卷八九《黄霸傳》,3631 頁。

③ 《漢書》卷七七《孫寶傳》,3259-3260 頁。

漢初衛尉屬官考*

西北師範大學歷史文化學院　萬堯緒

内容提要　衛尉爲秦漢時期負責皇宫守衛的職官,其地位非常重要。長期以來,學者研究漢代衛尉主要依據《漢書·百官公卿表》等傳世文獻的記載,《二年律令·秩律》的出土爲研究漢初衛尉提供了珍貴的資料。從其記載來看,漢初衛尉與中大夫令爲兩官,漢初衛尉屬官還有衛官、衛尉士吏、衛尉五百將等。其中衛官地位高於衛尉司馬、候,其屬下的校長秩百六十石。

關鍵詞　《二年律令·秩律》　漢初　衛尉　屬官

衛尉爲秦漢時期負責皇宫守衛的職官。《漢書·百官公卿表》(以下簡稱《百官表》)、《續漢書·百官志》(以下簡稱《續百官志》)、《通典》等皆有對衛尉的簡單記載或零星考證。20世紀以來,雖然學界對秦漢衛尉的研究已經取得了很大成績,①但也并非題無剩義。

研究漢初職官制度,對於正確把握"漢承秦制"具有關鍵性作用。但是,由於《百官表》記載簡略且主要反映的是西漢中後期職官設置的狀況,故難以據此證明漢初職官設置的實際。可喜的是,張家山漢簡《二年律令·秩律》(以下簡稱《秩律》)的出土與公布,爲研究漢

---

*　本文受國家社會科學基金項目"漢唐時期河西走廊墓葬壁畫整理研究"(14XZS014)、"西北師範大學博士國内訪學項目"資助。

①　安作璋、熊鐵基:《秦漢官制史稿》,濟南:齊魯書社,2007,129-135頁;勞榦:《秦漢九卿考》,《勞榦學術論文集甲編》上册,臺北:藝文印書館,1976,861-866頁;楊鴻年:《漢魏制度叢考》,武漢大學出版社,2005,22-26頁;朱紹侯:《漢"衛尉八屯"小考》,《南都學壇》1991年第3期;孫福喜:《秦漢衛尉六百石以下屬官吏考論》,《商丘師專學報》1999年第5期;等。

初的職官制度提供了珍貴的資料。[①]

筆者擬主要依據《秩律》并結合其他相關文獻,對漢初的衛尉屬官做一考證,以就教於方家。

據《百官表》記載,衛尉於景帝初更名中大夫令,後元年又復爲衛尉。[②] 而《秩律》的律文内中大夫令與衛尉同時出現,可證漢初即有中大夫令的設置。[③] 至於景帝時中大夫令與衛尉的設置情況,廖伯源曰:"(衛尉於)景帝初更名中大夫令,蓋省衛尉官,使中大夫令兼領衛尉之職事。後以諸大夫改隸於郎中令,中大夫令僅領衛尉之舊職,乃復改中大夫令爲衛尉。"[④] 閻步克曰:"景帝初更名中大夫令,似是把衛尉和中大夫令兩官合并爲一;在復爲衛尉即恢復衛尉之名後,中大夫令一官就不見了,大概在這時候中大夫才統屬於郎中令——後來是光禄勳的。"[⑤]廖、閻的説法,都照顧了《秩律》將中大夫令與衛尉并載的情況。筆者認爲,從漢初中大夫令與衛尉并置到景帝時的合并,可能與當時的背景有關。

景帝初年,七國之亂爆發,對當時的政治産生了很大影響。平定七國之亂後,景帝進行了一場規模宏大且持續時間較長的官制改革。這次官制改革不僅涉及到諸侯王國,也涉及漢朝的中央政府。不過,這場改革的時間以景帝中五年至中六年最爲集中。《百官表》記載:"景帝中五年令諸侯王不得復治國,天子爲置吏,改丞相曰相,省御史大夫、廷尉、少府、宗正、博士官,大夫、謁者、郎諸官長丞皆損其員。"[⑥]《史記・孝景本紀》:"(景帝中六年)更命廷尉爲大理,將作少府爲將作大匠,主爵中尉爲都尉,長信詹事爲長信少府,將行爲大長秋,大行爲行人,奉常爲太常,典客爲大行,治粟内史爲大農。以大内爲二千石,置左右内官,屬大内。"[⑦]然而,這場改革在景帝中二年更郡守爲太守、郡尉爲都尉時就已經萌芽。因此,後元年的中大夫令復爲衛尉,似也可看作這次官制改革的一部分。《史記・孝景本紀》記載了更命中大夫令爲衛尉的時間是景帝後元年冬。因武帝之前漢朝的曆法因襲於秦,以十月爲歲首,後元年的冬天緊接於中六年。因此將中大夫令復爲衛尉歸入這一次大的官制改革,應該是講得通的。

《百官表》所記衛尉屬官有公車司馬、衛士、旅賁三令丞,及諸屯衛候、司馬二十二官皆

---

① 準確來説,本文所述之漢初指的是西漢建國至文帝即位之前的這段時期。

② 《漢書》卷一九上《百官公卿表上》,北京:中華書局,1962,728 頁。《百官表下》記載中大夫令直不疑在景帝中六年更爲衛尉,與《百官表》序相矛盾。但鑒於《史記・孝景本紀》的記載也爲景帝後元年,故本文依從《百官表》序之記載。

③ 詳情可見拙文《漢初中大夫令考辨》,《魯東大學學報》2012 年第 1 期。

④ 廖伯源:《漢初之二千石官》,《簡帛》第 1 輯,上海古籍出版社,2006,369-378 頁。

⑤ 閻步克:《論張家山漢簡〈二年律令〉中的"宦皇帝"》,《中國史研究》2003 年第 3 期。

⑥ 《漢書》卷一九上《百官公卿表上》,741 頁。

⑦ 《史記》卷一一《孝景本紀》,北京:中華書局,1982,446 頁。

屬。[1]《秩律》僅記載了部分衛尉屬官,同時記載有傳世文獻未見之職官,對認識漢初衛尉屬官有極大幫助。現結合其他材料,將《秩律》所見衛尉屬官考述於下:

一　衛尉司馬、丞

衛尉司馬或簡稱爲"衛司馬"。《百官表》記載"又諸屯衛候、司馬二十二官皆屬焉"。《百官表》將衛尉司馬與衛候等官職記於一處,僅記一名稱,秩級、職守等皆無載,甚爲簡略。《漢書·元帝紀》:"令從官給事宫司馬中者,得爲大父母父母兄弟通籍。"顔師古注曰:"司馬門者,宫之外門也。衛尉有八屯,衛候司馬主衛士徼巡宿衛。每面各二司馬,故謂宫之外門爲司馬門。"[2]《漢書·元帝紀》:"衛司馬谷吉使匈奴,不還。"顔師古注曰:"即衛尉八屯之衛司馬。"[3]王先謙《漢書補注》曰:"屯司馬,若後漢南宫、南屯司馬之比也。屯衛司馬一官,省文則稱屯司馬,或衛司馬。衛司馬見元紀、陳湯、段會宗、谷永、鄭吉、傅介子、蓋寬饒、西域傳。"[4]由上述材料可知,衛司馬是衛尉諸屯(或曰八屯)衛士的長官,"主衛士徼巡宿衛"。其秩,《漢書》無載,《續百官志》則曰"比千石"。此爲東漢之情況。由《秩律》簡443-444記載,"……郎中司馬,衛尉司馬,秩各千石,丞四百石。"[5]可知漢初衛尉司馬秩千石,丞四百石。

通過比較《秩律》和《續百官志》的記載,可以看到東漢時衛尉司馬的秩級有所下降,而秩級的改變發生於何時,由於材料缺乏,我們無法斷定。《秩律》中并無比秩官的出現,閻步克認爲比秩的形成在景帝、武帝時期,[6]楊振紅則認爲比秩出現於文帝時期的官制改革中。[7]筆者認爲楊文之觀點更爲貼切。如此,則衛尉司馬之秩級的下降或發生在文帝時。

二　衛尉候、丞

衛尉候或稱爲衛候。衛尉候在《百官表》中與衛尉司馬記載於一起。據上引《漢書·元帝紀》顔師古注可知,衛候也是衛尉諸屯的軍官,"主衛士徼巡宿衛"。《續百官志》載衛尉屬

---

① 《漢書》卷一九上《百官公卿表上》,728頁。

② 《漢書》卷九《元帝紀》,285-286頁。

③ 《漢書》卷九《元帝紀》,287頁。

④ [清]王先謙:《漢書補注》,北京:書目文獻出版社,1995,278頁。

⑤ 彭浩、陳偉、[日]工藤元男主編:《二年律令與奏讞書》,上海古籍出版社,2007,260頁。以下所用《二年律令》的簡文材料如無特别注明,皆引自此書,不另出注。

⑥ 閻步克:《論張家山漢簡〈二年律令〉中的"宦皇帝"》。

⑦ 楊振紅:《秦漢官僚體系中的公卿大夫士爵位系統及其意義》,《文史哲》2008年第5期。

官有“左右都候”,秩各六百石,“主劍戟士,徼循宫,及天子有所收考”。[①]《兩漢官印匯考》收入的西漢前期及中期的“都候之印”“都候丞印”“衛都候丞”等封泥,[②]説明“都候”在漢初就已經設置。如此,則衛尉候與都候當并非同一官職。衛尉候之秩,《百官表》没有明確記載,却記載有戊己校尉屬下之候秩比六百石,《續百官志》記載東漢候秩也爲比六百石,據《秩律》簡 446 記載,“衛將軍候,衛尉候,秩各六百石,有丞者二百石”。則漢初衛尉候,秩六百石。候之秩級的下降當與司馬相似。據《敦煌懸泉漢簡釋粹》第一條和第三十五條記載,[③]漢代衛尉候有丞,則漢初衛尉候丞秩二百石。

三　公車司馬令、丞

《百官表》記載衛尉屬官有公車司馬令、丞。據《漢書・張釋之傳》,公車司馬令還可簡稱爲公車令。[④]《百官表》顔師古注引《漢官儀》:“公車司馬掌殿司馬門,夜徼宫中,天下上事及闕下凡所徵召皆總領之,令秩六百石。”[⑤]《漢書・東方朔傳》顔師古注曰:“公車令屬衛尉,上書者所詣也。”[⑥]《續百官志》曰:“公車司馬令一人,六百石。本注曰:掌宫南闕門,凡吏民上章,四方貢獻,及征詣公車者。丞、尉各一人。本注曰:丞選曉諱,掌知非法。尉主闕門兵禁,戒非常。”[⑦]由上述材料可知,公車司馬在漢代掌管公車司馬門吏民上章、四方貢獻、征詣公車者等事,漢初公車司馬的執掌也應該是如此。據《漢書・儒林傳》記載,任宣之子任章擔任過公車丞。[⑧] 由此可知,西漢公車司馬令有丞。據《秩律》簡 449-450:“……公車司馬、太倉治粟、太倉、中廄、未央廄、外樂、池陽、長陵、濮陽,秩各八百石,有丞、尉者半之,司空、田鄉部二百石。”可知漢初公車司馬令,秩八百石;公車司馬丞,秩四百石。可見,漢初公車司馬令、丞的秩級較東漢爲高。其秩級的改變應該在漢成帝廢除八百石、五百石兩等秩級之時。據《續百官志》,公車司馬令之佐官除有丞外,還有尉,尉“主闕門兵禁,戒非常”。《秩律》并未明言公車司馬令下是否設尉,如果設尉,則漢初其秩級與丞一樣爲四百石。

---

① 《後漢書・百官志二》,北京:中華書局,1965,3579 頁。
② 孫慰祖:《兩漢官印匯考》,上海書畫出版社,1993,9 頁。
③ 胡平生、張德芳:《敦煌懸泉漢簡釋粹》,上海古籍出版社,2001,1、40 頁。
④ 《漢書》卷五〇《張釋之傳》,2309 頁。
⑤ 《漢書》卷一九上《百官公卿表上》,729 頁。
⑥ 《漢書》卷六五《東方朔傳》,2842 頁。
⑦ 《後漢書・百官志二》,3579 頁。
⑧ 《漢書》卷八八《儒林傳》,3600 頁。

四　衛官校長

《秩律》簡 464 記載有衛官,"司空及□〈衛〉官、校長百六十石"。整理者在衛官與校長之間斷開,意爲司空、衛官及校長秩皆爲百六十石。筆者認爲此種斷法不妥,衛官與校長之間不可斷開,此處校長爲衛官的屬官,即司空和衛官校長秩各百六十石。

雖然《百官表》中并無衛官的記載,但是《漢書·蓋寬饒傳》有載曰:"先是時,衛司馬在部,見衛尉拜謁,常爲衛官繇使市買。寬饒視事,案舊令,遂揖官屬以下行衛者。衛尉私使寬饒出,寬饒以令詣官府門上謁辭。尚書責問衛尉,由是衛官不復私使候、司馬。候、司馬不拜,出先置衛,輒上奏辭,自此正焉。"[①]文中衛官可以役使衛候和衛司馬,可知衛官地位肯定要高於衛尉候、衛尉司馬。另外,《秦漢南北朝官印徵存》收入西漢官印"衛官候之印",[②]由此官印可知候爲衛官的屬官。而前所考述,衛尉候與衛尉司馬的秩級都遠遠高於百六十石,故《秩律》中記載的衛官秩級絶不可能是百六十石。如果衛官的秩級不是百六十石,唯一的解釋就是此校長是衛官的屬官。錢大昭《漢書辨疑》據《漢書·蓋寬饒傳》認爲,衛官即衛尉。[③] 此爲一種解釋,也有可能衛官是衛尉官署的代稱,而不是衛尉職官的名稱。現在的證據并不能確定衛官的含義究竟是哪一種,但無論哪種解釋,都并不影響"衛官校長"的結論。

校長,《續百官志》"太常"條下曰:"先帝陵,每陵園令各一人,六百石。本注曰:掌守陵園,案行掃除。丞及校長各一人。"又云:"校長,主兵戎盗賊事。"[④]廖伯源認爲校長即亭長,并認爲由於有大小縣之分,所以《秩律》中才有百六十石和百廿石兩等秩級。[⑤] 現在看來,此種觀點值得商榷。據前文考證,校長這一職位并非縣之獨有,在衛尉的屬官中也存在。除《秩律》中有衛官校長的記載,孫慰祖在《封泥發現與研究》一書中提到了"衛士校長"封泥。[⑥]"衛士校長"即隸屬於衛尉屬官衛士令的校長,這爲衛尉屬官中有校長的設置提供了另一明證。可見衛尉屬下廣泛設置有校長,則其所屬校長就不能簡單等同於亭長。而縣下所屬的校長則可能如廖伯源所言——校長即爲亭長。不過,無論是中央機構的校長還是縣下之校長,其職責應該基本相同,即均主兵戎盗賊事。據《秩律》記載,漢初衛官校長秩百六十石。可見,百六十石是中央機構所屬校長的秩級,百廿石則是縣下所屬校長(或曰亭長)的秩級。

---

① 《漢書》卷七七《蓋寬饒傳》,3243–3244 頁。
② 羅福頤:《秦漢南北朝官印徵存》,北京:文物出版社,1987,31 頁。
③ [清]錢大昭:《漢書辨疑》,上海古籍出版社,2006,394 頁。
④ 《後漢書·百官志二》,3574 頁。
⑤ 廖伯源:《漢初縣吏之秩階及其任命——張家山漢簡研究之一》,《社會科學戰綫》2003 年第 3 期。
⑥ 孫慰祖:《封泥發現與研究》,上海書店出版社,2002,71 頁。

五　衛尉士吏

士吏,《百官表》無載,《史記》《漢書》的記載也很少。史籍中的“士吏”的含義有廣狹之別:一是泛指官吏。《漢書·儒林傳》中提到的“公卿大夫士吏彬彬多文學之士矣”中的“士吏”當屬此義。[①] 二是指軍事系統中的低級武官。《史記·李將軍列傳》:“程不識正部曲行伍營陳,擊刀鬥,士吏治軍簿至明,軍不得休息,然亦未嘗遇害。”[②]其中的“士吏”當爲狹義之類。以此對照,衛尉士吏應該屬於第二種,即衛尉屬下的低級武官。

西北漢簡中士吏比較常見,其普遍設置於邊郡的候望系統中。據劉向《列女傳》,珠崖有“關候士吏”。[③] 説明不僅西北邊郡,南方邊郡也有士吏的設置。睡虎地秦簡《秦律雜抄》記載曰:“縣嗇夫、尉及士吏行戍不以律,貲二甲”,[④]説明士吏在秦時已有,漢代沿襲而設,也説明秦時士吏普遍設置於縣内。而漢初情況也是如此。《二年律令·具律》簡101:“廷士吏亦得聽告。”廷即縣廷,説明漢初沿襲於秦,縣内也設置有士吏。大通上孫家寨漢簡中也記載了士吏,“其士吏以上拜爵者,皆禪(單)行,得至(372)”,“色别,五百以旃上齒色别,士吏以下旃下齒色别,什以肩章别,伍以肩左右别,士以肩章尾色别(374)”。[⑤]《秩律》簡471記載有衛尉士吏和衛將軍士吏,結合上引《史記》記載,説明士吏不僅設置於邊郡,同時也設置於中央。綜合來看,漢初的中央和地方皆有士吏的設置,而且在軍事系統中普遍存在。

陳夢家曾推斷士吏的秩級初爲比二百石,王莽時減爲百石。[⑥] 但是,西北漢簡中記載的官吏月奉錢十分凌亂,且多有殘破,其真實含義不能確定,以此來確定某一時期的月奉用錢數量是不穩妥的。筆者結合其他簡文認爲士吏在漢初的秩級爲百廿石,後來在廢除這一秩級的時候變爲百石,此後一直如此。[⑦] 原因有三:首先,西北漢簡中記載的士吏、候長月奉用錢大部分都是1200錢,而作爲斗食之秩的令史爲900錢,二百石塞尉爲2000錢,從錢數對比來看,士吏秩百石更爲合理。其次,西北漢簡中多次記載了“有秩士吏”“有秩候長”,“有秩”指的就是百石的意思。再次,居延新簡破城子探方68-4記載有“甲渠塞百石士吏”,[⑧]明確

---

① 《漢書》卷八八《儒林傳》,3596頁。

② 《史記》卷一〇九《李將軍列傳》,2870頁。

③ 張濤:《列女傳譯注》,濟南:山東大學出版社,1990,195-196頁。

④ 睡虎地秦墓竹簡整理小組編:《睡虎地秦墓竹簡》,北京:文物出版社,1978,147頁。

⑤ 國家文物局古文獻研究室、大通上孫家寨漢簡整理小組:《大通上孫家寨漢簡釋文》,《文物》1981年第2期。

⑥ 陳夢家:《漢簡綴述》,北京:中華書局,1980,54頁。

⑦ 由於《史記》《漢書》等傳世文獻皆未見有百廿石的記載,可知此等秩級存在的時間非常短暫,以致史書并未留下記載。故推測廢除百廿石這一秩級的時間大約在文景之時。

⑧ 甘肅省文物考古研究所等編:《居延新簡》,北京:中華書局,1994,201頁。

説明士吏秩百石。綜合來看,没有明顯證據證明士吏的秩級先升後降,其秩級在漢代應該是比較穩定的。不過,漢初士吏的秩級并不都是百廿石,《秩律》簡 471-472 僅記載衛將軍士吏和衛尉士吏的秩級爲百廿石,而縣屬吏中的士吏并没有記載,這説明縣士吏爲斗食吏,并非有秩吏。而且,在記載衛將軍士吏和衛士吏之時,曰"有秩者秩百廿石",也就是説衛將軍士吏和衛尉士吏也有秩級在百廿石以下者。綜合來看,漢初縣道行政系統的士吏在漢代可能一直是斗食吏;軍事系統的士吏一部分爲百廿石,另一部分爲斗食吏,後來百廿石士吏之秩級變爲百石。

至於士吏的職責,陳夢家云:"士吏應爲塞尉派駐於部的武吏,督烽火、候望、盜賊之事。"[①]《二年律令·捕律》簡 144 記載:"盜賊發,士吏、求盜部者,及令、丞、尉弗覺知,士吏、求盜皆以卒戍邊二歲,令、丞、尉罰金各四兩。"簡 147 又載:"□□□□發及鬭殺人而不得,官嗇夫、士吏、吏部主者,罰金各二兩,尉、尉史各一兩……"這兩條律文證明,縣屬下的士吏確實負責追捕盜賊的事務。邢義田據睡虎地秦簡、懸泉漢簡、《二年律令·具律》等材料,認爲士吏不僅僅是武吏,也是文吏,兼掌理訟聽告。[②] 此觀點頗有道理。《里耶秦簡(壹)》中記載的士吏情況可爲之佐證。[③] 馬衡《居延漢簡考釋兩種》認爲:"士吏者,主士卒之吏。"[④]黎明釗也對士吏的職責進行過詳細考述。[⑤] 衛尉士吏的職責應該與地方上的士吏有所區别。根據大通上孫家寨漢簡的記載,士吏應該爲軍隊編制"隊"一級的軍官,掌管士兵大約五十人。筆者認爲,地方上基層士吏的職責是緝捕盜賊,兼理訟告,而軍隊中的士吏應該是負責掌管少量軍隊的低級軍官。就衛尉系統而言,士吏當是掌管少量衛士的低級軍官。

六　衛尉五百將

《二年律令與奏讞書》利用紅外照等技術,辨識出了《二年律令》中一些原先未釋出的字。其中簡Ｘ四"▨□縣衛尉五百將秩各減(?)□□",簡文"縣"之前缺失多字。釋讀人員認爲此條應歸入《秩律》,其説可從。簡文雖殘缺不全,但從剩下的文字推斷,五百將當爲衛尉屬官。

---

① 陳夢家:《漢簡綴述》,53 頁。

② 邢義田:《地不愛寶——漢代簡牘》,北京:中華書局,2011,173 頁。

③ 湖南省文物考古研究所編:《里耶秦簡(壹)》,北京:文物出版社,2012,3 頁。"元年七月庚子朔丁未,倉守陽敢言之:獄佐辨、平、士吏賀具獄……"。

④ 馬衡:《居延漢簡考釋兩種》,《考古通訊》1957 年第 1 期。

⑤ 黎明釗:《士吏的職責與工作:額濟納漢簡讀記》,《中國文化研究所學報》第 48 期,2008,15-34 頁。

衛尉五百將,史籍未載,《後漢書·宦者列傳》記載越騎校尉屬下有“五百”,[①]《後漢書·文苑列傳下》記載黄祖軍中有“五百將”。[②]據注引韋昭《辯釋名》等解釋,此“五百”并不是掌兵之官,身份低微,與五百將當非一職。韋昭是三國時人,對東漢制度應該比較了解,他的觀點應該是可信的。不過,青海大通縣上孫家寨漢簡中有幾處五百將的記載。

1.犯令者一人,拜爵一級。其官吏卒長五百將當百以下及同(014、173、053)

2.色別,五百以旃上齒色別,士吏以下旃下齒色別,什以肩章別,伍以肩左右別,士以肩章尾色別。(374)

3.□幹行,五百將斬;以曲幹行,候斬;以部幹行,司馬斬;以校幹行,軍尉斬。(044、056、027、232、218、354)[③]

其中第2條的“五百”當是缺漏了“將”字。李零曾在《青海大通縣上孫家寨漢簡性質小議》一文中討論了大通上孫家寨漢簡所反映的軍隊編制問題,認爲其編制由高到低依次爲“軍—校—部—曲—官—隊—什—伍”,五百將是“官”這一層級的長官,卒長是名襲古制,同五百將是一官兩名,“官”這一級的規模大致是一百人。[④] 其大部分觀點,筆者十分認同,但是筆者認爲卒長同五百將是兩個官職。《秩律》簡445明確記載了“卒長五百石”,[⑤]很顯然與五百將并非一官。此外,里耶秦簡中也有相關記載。游逸飛在《張家山漢簡〈二年律令·秩律〉所見郡吏補考》一文中公布了一條里耶秦簡的材料“洞庭卒長□在□遷陵”。[⑥] 此材料説明卒長這一軍官在秦時就已經存在,這也間接印證了李零“卒長名襲古制”的觀點。里耶秦簡的這條簡文中洞庭爲郡,所以卒長是同時存在於中央和地方軍隊中的。

然而,上孫家寨漢簡記載的内容又確實能證明五百將與卒長都是“官”一級的長官。唯一的解釋就是兩者都是“官”的主管軍官,一主一次,一高一低。上引大通上孫家寨漢簡的第一條似乎説明了卒長爲主,五百將爲次。從秩級上講,卒長爲五百石,僅次於候六百石。五百將雖然没有記載,但應該是低於卒長的,李零推測爲五百石,筆者并不贊同。五百將高於士吏的秩級百卄石,則最有可能的秩級是四百石至二百石之間。據《續百官志》記載,曲候之

① 《後漢書》卷七八《曹節傳》,2525頁。書中在五百之後有“將”字,據文意,此“將”字爲動詞,當後讀,與五百將不同。

② 《後漢書》卷八〇下《禰衡傳》,2658頁。此段記載爲“祖大怒,令五百將出,欲加棰,衡方大罵,祖恚,遂令殺之”。

③ 國家文物局古文獻研究室、大通上孫家寨漢簡整理小組:《大通上孫家寨漢簡釋文》。

④ 李零:《青海大通縣上孫家寨漢簡性質小議》,《考古》1983年第6期。

⑤ 王昕指出卒長爲“發弩”“輕車”“司空”各兵種屬下部隊之部隊長,可惜并未展開討論。王昕:《張家山漢簡軍制釋名三則》,《出土文獻研究》第6輯,2004,142-143頁。

⑥ 游逸飛:《張家山漢簡〈二年律令·秩律〉所見郡吏補考》,《出土文獻研究》第12輯,上海:中西書局,2014,261-271頁。

下的屯長秩二百石,[①]《二年律令·均輸律》簡 225 記載有"敦長","敦長"即"屯長",説明屯長在西漢初就存在。如果屯長的秩級爲二百石,五百將的秩級應該高於它,所以五百將的秩級最有可能是四百石或三百石。

綜上所述,五百將應該是廣泛存在於軍事系統中的中下級軍官,衛尉五百將則是衛尉屬下的五百將。《秩律》記載的是漢初的情況,而大通上孫家寨漢簡則是出土於西漢晚期的墓葬,因此,五百將的設置貫穿了西漢始終。筆者推測五百將設置之初,或許確實掌管了五百人,不過那是在戰爭頻發的時期。在戰爭過後,其掌管的軍隊數量由五百人降到了一百人,變得"名不副實"了。

《兩漢官印匯考》收録有西漢中晚期的兩枚官印,印文爲"騎五百將"和"募五百將"。[②]"騎五百將"當與"騎千人"類似,顧名思義,當爲掌管騎兵之軍官。"募五百將"之"募",羅福頤認爲是招募之意,且應該是招募的罪人從軍。[③] 孫慰祖也認爲募是招募之意,但未指是否爲招募罪人。[④] 具體含義爲何,還需要繼續研究。官印上的兩種五百將本質上與衛尉五百將没有什麽區别,都是軍隊中的掌兵之官。

通過以上考證可以發現,漢初衛尉的屬官與傳世文獻所記載的情況有所不同。首先,一些屬官的秩級有所變化,如:衛尉司馬在漢初秩千石,東漢比千石;公車司馬漢初八百石,東漢六百石。其次,發現一些新的官職,如:衛官、衛尉士吏、五百將等。同時,《秩律》所提供的材料也廓清了中大夫令與衛尉的關係諸問題。

附記:本文得到了匿名審稿專家和編輯老師提出的寶貴修改意見,令作者受益匪淺,特此致謝。

① 《後漢書·百官志一》,3564 頁。
② 孫慰祖:《兩漢官印匯考》,45 頁。
③ 羅福頤:《秦漢南北朝官印徵存》,25 頁。
④ 孫慰祖:《兩漢官印匯考》,45 頁。

《漢書・景帝紀》"訾算十""訾算四"新詮
——關於西漢前期一條經濟史料的辯證

中國政法大學法律古籍整理研究所　石　洋

内容提要　關於《漢書・景帝紀》"訾算十""訾算四",服虔注認爲"算"是訾税(財産税)徵收單位,應劭注則未提及訾税,僅言"十算,十萬也"。近年一些學者將"十算,十萬也"理解作:應劭主張"算"指代一萬錢,與訾税無關;并據此認爲漢景帝時尚無恒常性財産税。本文通過史料辨析,認爲一算即一萬錢之説不妥當,又利用新公布的《岳麓書院藏秦簡(叁)》案例七證明"算"應是訾税計徵單位。此外,推測以"算"爲訾税單位之制可能與漢四年(前203)"初爲算賦"有關。

關鍵詞　訾算　服虔　應劭　訾税(財産税)　算

一　舊説概觀

《漢書・景帝紀》記載,漢景帝後元二年(前142)五月頒詔曰:

> 今訾算十以上乃得宦,廉士算不必衆。有市籍不得宦,無訾又不得宦,朕甚愍之。訾算四得宦,亡令廉士久失職,貪夫長利。[①]

① 《漢書》卷五,北京:中華書局,1957,152頁。下劃綫爲筆者所加,下同。另,下文服虔、應劭的解釋皆出同頁"今訾算十以上乃得宦"條顏師古注。

命令將"得宦"的財產標準由"算十"下調到"算四"。關於此處的"訾算十""訾算四",東漢後期服虔認爲:

訾萬錢,算百二十七也。[①]

漢末應劭則説:

古者疾吏之貪,衣食足知榮辱,限訾十算乃得爲吏。十算,十萬也。賈人有財不得爲吏,廉士無訾又不得宦,故減訾四算得宦矣。

兩家最主要异同在於:服虔以"算"爲訾稅(財産稅)的徵收單位;而應劭注則稍顯模棱,存在兩種理解可能——(A)應氏亦將"算"視爲訾稅單位,所謂"十算,十萬也"乃是强調"十算"訾稅所對應的財產數。[②] (B)應氏徑將"算"視作"訾"(財産)的計算單位,不涉及訾稅問題。[③]

雖則應劭注的理解有歧,長期以來學界多認同服虔注,將《景帝紀》"訾算"視作西漢前期存在稅率爲萬分之百二十之財産稅的主要證據。平中苓次還分析道:詔書倘欲表示資産總額,"訾算若干"不及换用"訾(或産)若干金"更恰當,故"算"爲財産計算單位之説難以成立。[④]

與上述意見相反,也有學者對服虔説提出异議,特别是自上世紀70年代末以降,論述漸趨豐滿而成爲頗具影響力的觀點。[⑤] 諸家舉證有重複,本文以最晚出的王彦輝先生文爲基礎,[⑥]歸納并補充於下:

① "算百二十七也",馬非百先生認爲"七"是"錢"字之誤,見《秦漢經濟史資料(七)租稅制度》,《食貨半月刊》第3卷第9期,1936,16頁;平中苓次先生認爲"七"是"也"字之訛,後又衍"也"字,見《居延漢簡と漢代の財産稅》,原載《立命館大學人文科學研究所紀要》第1號,此據其著《中國古代の田制と稅法——秦漢經濟史研究》,京都:東洋史研究會,1967,221頁。總之,兩説皆以"算百二十"爲正,該意見獲得多數學者認同,不備引。

② 此項理解承陳偉教授提示,謹謝。如黄今言先生説"服虔、應劭二説,皆以有訾一萬,徵稅一算",見《漢代的訾算》,原載《中國社會經濟史研究》1984年第1期,此據其著《秦漢經濟史論考》,北京:中國社會科學出版社,2000,279頁。又,高敏、馬大英兩先生也認爲二者皆圍繞財産稅而言,分别見高敏《秦漢賦稅制度考釋》,收入其著《秦漢史論集》,鄭州:中州書畫社,1982,96-97頁;馬大英《漢代財政史》,北京:中國財政經濟出版社,1983,75-76頁。

③ 持該主張者可以平中苓次爲代表,見《居延漢簡と漢代の財産稅》,219-221頁;另需指出,不少學者雖未直接討論應劭的本意,但行文中專引服注,或也意識到應劭注存在歧解。如吉田虎雄《両漢租稅の研究》,東京:大安,1966,48-49頁;馬怡《漢代的諸賦與軍費》,《中國史研究》2001年第3期,35-36頁。

④ 平中苓次:《居延漢簡と漢代の財産稅》,219-220頁。

⑤ 山田勝芳:《漢代の算と役》,《東北大学教養部紀要》第28號,1978;又,其著《秦漢財政收入の研究》,第三章"算賦及び算緡・告緡",東京:汲古書院,1993;好並隆司:《四川郫県犀浦出土の東漢残碑をめぐって——漢代財産稅の検討》,《史學研究》第142號,1978;重近啓樹:《秦漢稅役体系の研究》,第三章"算賦制の起源と展開",東京:汲古書院,1999。田澤濱:《漢代的"更賦"、"貲算"與"户賦"》,《東北師大學報》(哲學社會科學版)1984年第6期;王彦輝:《論漢代的"訾算"與"以訾徵賦"》,《中國史研究》2012年第1期。

⑥ 參見王彦輝《論漢代的"訾算"與"以訾徵賦"》,58-63頁。補充之説另注明。

(1)傳世及出土文獻所示秦及漢初諸税種中不存在財産税。

(2)已知秦及漢初的法律文獻和國家優免政策中未見財産税之名。

(3)江陵鳳凰山10號漢墓簡牘、居延漢簡顯示,"算"不僅是賦税的計徵單位,還被用作吏員考核的計量單位,依此推知,"訾算若干"之"算"應爲名詞而非動詞。鳳凰山簡顯示市陽里二至六月所徵税賦合每"算"227錢,[①]也與服虔説"百二十"錢不符。

(4)以財産税多寡表示財産數量很不自然。[②]

結論認爲,應劭注B理解妥當,即景帝後元二年詔中"算"與財産税無關,一算等同一萬錢。

二　關於"算"的辯證

王彦輝等先生的批判大抵就服虔注展開,而對"一算=一萬錢"之理解的可信性則缺乏系統辨析,本文擬從該點入手討論。

在漢代史料中,"算"可以表示高下不同的税額,但尚未見直接等於若干財産之例,而且所示税額皆未逾500錢,若以"一算"爲一萬錢就不能不感到突兀。另外,比照《漢儀注》"訾五百萬得爲常侍郎"的表述方式,[③]倘景帝詔書果真以"算十"、"算四"指代十萬、四萬錢,則不如徑寫錢額更爲簡明,也難以理解用"算"字代替一萬錢的意義。總之,"十算=十萬錢"一説頗覺牽强。

新近公布的岳麓秦簡《爲獄等狀四種》案例七"識劫娓案"爲解讀"訾算若干"提供了重要信息:

> 十八年八月丙戌,大女子娓自告曰:七月爲子小走馬羛(義)占家訾。羛(義)當□大夫建、公卒昌、士五(伍)積、喜、遺錢六萬八千三百,有券,娓匿不占吏爲訾。娓有市布肆一、舍客室一。公士識劫娓曰:[④]以肆、室鼠(予)識。不鼠(予)識,識且告娓匿訾。娓恐,即以肆、室鼠(予)識;爲建等折棄券,弗責。先自告,告識劫娓……●建、昌、積、喜、遺曰:故爲沛舍人。【沛】織(貸)建等錢,以市販,共分赢。市折,建負七百,昌三萬三

---

① "二至六月",王彦輝文原作"一至六月",見59頁,誤,今依裘錫圭《湖北江陵鳳凰山十號漢墓出土簡牘考釋》徑改,原載《文物》1974年第7期,此據其著《古文字論集》,北京:中華書局,1993,542頁。

② 重近啓樹:《秦漢税役体系の研究》,109頁。

③ 《史記》卷一〇二《張釋之列傳》"以訾爲騎郎"條《集解》引如淳曰,北京:中華書局,1982,2751頁。案,"常侍郎"始設於漢武帝中葉,見嚴耕望《秦漢郎吏制度考》,原載《中研院歷史語言研究所集刊》第23本上册,1951,此據《嚴耕望史學論文選集》,北京:中華書局,2006,287頁。故"訾五百萬得爲常侍郎"制度之出現不得在此前,但確切時間不詳。

④ 識曾爲娓之夫沛的家隸,與同居,後沛爲識娶妻,又爲買室、分予財産,令其從沛家分出。不久,識從軍,其間沛去世。識歸來後即以娓匿藏訾産向其要挾財物。

千,積六千六百,喜二萬二千,遺六千。券責建等,建等未賞(償)……●問:匿訾税及室、肆,臧(贓)直(值)各過六百六十錢……●鞫之:……娺匿訾,税直(值)過六百六十錢。(108-132)[①]

案例言秦王政十八年(前229)七月,大女子娺在申報家訾時隱瞞了大夫建等欠下的68300錢借款,這部分財産應繳"訾税"超過660錢,故爲舊日的家隸識所要挾。説明戰國末期秦國已存在按財産多寡徵收的賦税。[②] 由此推考,秦帝國及主要制度繼承於秦的漢王朝前期也應有類似"訾税"。

視綫返回《景帝紀》"訾算若干"。學者業已指出,漢初《二年律令》中"算"能表示"計徵徭、賦的方式和單位",[③]文帝末、景帝初的鳳凰山記算錢木牘中"算"還專作徵税單位;[④]其外,史籍中將"算"用爲動詞者也不鮮其例;[⑤]至於"以財産税多寡表示財産量不自然"的主張,雖未見直接反證,但漢人常以"算"代表能負擔税役的人口,[⑥]準此類比,官方用所繳財産税數額指代資産量也不甚捍格。綜合考慮,把"訾算若干"的"算"解作財産税徵收單位,"算"後面數字視爲該單位的計量額度更合理。

儘管如此,目前尚無法信從服虔注中的財産税率(萬分之百二十或百二十七)屬景帝末年情形。雖然岳麓秦簡《識劫娺案》説68300錢應納訾税超過660錢,税率在萬分之九十六以上,接近服虔注,可惜案例未明示確數,况復秦漢間幣制數度改易,税率能否維持恒定很難判斷,用以佐證服注恐有危險。另外學者已指出,至鳳凰山漢簡時代尚無一算代表120錢税額的定制,[⑦]也加深了我們對景帝時"訾萬錢,算百二十(七)"的疑慮。既有研究中存在兩種

① 編號及釋文據朱漢民、陳松長主編《岳麓書院藏秦簡(叁)》,上海辭書出版社,2013。岳麓秦簡非由正規考古發掘所得,其真僞頗受質疑,但從簡背劃綫、所見制度可與入藏後公布的考古發掘秦簡相參證來看,僞造可能性很低,見游逸飛《戰國至漢初的郡制變革》(電子版),臺灣大學文學院歷史學系博士學位論文,2014,6頁。

② 需要指出,案例中"訾税"究竟指針對所有資産的徵税,抑或專門就錢款等某種財物抽税尚不明朗。《管子・八觀》説:"六畜有征,閉貨之門",見黎翔鳳撰,梁運華整理《管子校注》卷五,北京:中華書局,2004,259頁,也許是針對"六畜有征"的主張或現象所作的批評。但如所周知,東漢人追述漢武帝裒克民財時常説他"筭至舟車,貲及六畜",見《後漢書》卷八八《西域傳》載安帝延光二年(123)尚書陳忠上疏,北京:中華書局,1965,2912頁,《漢書》卷九六下《西域傳下》贊語,3929頁略同;另,成帝時翟方進秉政,曾一度"算馬牛羊",後被"議者"及皇帝看作非正常税斂,見《漢書》卷八四《翟方進傳》,3422-3423頁。從這些材料觀察,漢武帝以前似又未對六畜等資産恒常性徵税。

③ 詳楊振紅《從出土"算"、"事"簡看兩漢三國吴時期的賦役結構——"算賦"非單一税目辨》,《中華文史論叢》2011年第1期,48-49頁。

④ 裘錫圭先生認爲,這批簡的年代大多屬於景帝初年,至早當不過文帝晚年,見《湖北江陵鳳凰山十號漢墓出土簡牘考釋》,549-550頁;木牘釋文見同文542-543頁。

⑤ 除本頁注②所舉"筭至舟車""算馬牛羊"外,尚有"初算緡錢",見《漢書》卷六《武帝紀》,178頁,"八月筭人",見《後漢書》卷一〇上《皇后紀上》,400頁等。

⑥ 如《九章筭術》卷三《衰分》:"今有北鄉筭八千七百五十八,西鄉筭七千二百三十六,南鄉筭八千三百五十六,凡三鄉發徭三百七十八人。欲以筭數多少衰出之,問:各幾何?"據郭書春譯注《九章筭術譯注》,上海古籍出版社,2009,100頁。

⑦ 裘錫圭:《湖北江陵鳳凰山十號漢墓出土簡牘考釋》,556頁。

推測,一是山田勝芳先生,認爲服虔注可能受到他所生活時代的影響,淵源於120錢之人頭税額;[①]另一是賈麗英先生,認爲服注税率是東漢末年的情況。[②] 困於目下無史料可資求證,暫不申論。

三　從"訾税若干錢"到"訾算若干"

不難發現,秦簡和《漢書·景帝紀》對財産税的表述有差异——前者徑言"訾税若干錢",而後者則用"訾算若干",關鍵區别在於是否以"算"爲單位。[③]

"算"在漢代傳世文獻中頻見,出土史料裹例證亦多,僅漢初即有《二年律令·具律》"毋筭(算)事其身"(124)、[④]《徭律》"勿筭(算)繇(徭)賦"(278),虎溪山1號墓"黄簿"之"復算"(M1T:43-98),[⑤]荆州高臺文帝前元七年(前173)木牘之"不算不願(繇)"(M18:35-丙),[⑥]以及鳳凰山記算錢木牘、B類竹簡等。[⑦] 這些"算"皆與賦役制度有關,其中多數偏指賦税。相形之下,已公開的秦簡可稱豐富,却很難見到同類的"算"。

緣此,有必要重新審視《漢書·高帝紀上》的一條記載:

> (漢四年,前203)八月,初爲算賦。[⑧]

時值楚漢戰争末季,劉氏行將御宇。因《漢書·晁錯傳》《後漢書·南蠻列傳》都提及秦時存

---

① 山田勝芳:《秦漢財政収入の研究》,210-211頁。

② 賈麗英:《吴簡中的"訾"與"户品出錢"——兼論秦漢至三國吴的貲産税》,《第十四届秦漢史年會論文彙編》(電子版),成都,2014年8月,604-609頁。關於賈文,有兩點需要辨明:(一)賈先生根據服虔注,認爲自漢初開始編户民財産即以萬錢爲單位計數徵税。今案,除服虔、應劭注外,未見其他證據顯示漢景帝時有此制度,類比而言,如武帝時算緡錢"二千而一算""四千一算"(見《史記》卷三〇《平準書》,1430頁),皆非以萬錢計。故"以萬錢爲單位計數"之制是否適用於西漢前期似應存疑。(二)賈先生主張東牌樓東漢簡、走馬樓吴簡中的"訾五十"即"訾算五十",又以服虔注爲東漢末年税率,遂推算"訾五十"的家産爲50萬錢。今案,如賈文所言,"訾五十"的家庭占走馬樓吴簡壹至肆所見庶民總數的89.1%(記有"訾五十"簡共544枚),之上還有"訾一百"(35枚)、"訾二百"(17枚)、"訾三百"(1枚)、"訾一千"(3枚)、"訾一千一百"(1枚)、"訾一千二百"(1枚)、"訾五千"(2枚)諸等級,若類推其家産,最高可達5000萬錢。該結論很難與既知的編户民經濟水平相協調,恐難成立。筆者認爲,服虔所謂"訾萬錢,算百二十(七)"即便反映了東漢末年的財産税率,也不宜直接同簡牘中"訾五十"等記録加以關聯。

③ 賈麗英先生也注意到了該异同,認爲財産税"至漢以後以'算'爲徵收單位",但未作解釋,見賈麗英《吴簡中的"訾"與"户品出錢"——兼論秦漢至三國吴的貲産税》,604、609頁。

④ 釋文及編號據彭浩、陳偉、工藤元男主編《二年律令與奏讞書:張家山二四七號漢墓出土法律文獻釋讀》,上海古籍出版社,2007。

⑤ 墓主吴陽爲長沙王吴臣之子,第一代沅陵侯,吕后元年(前187)受封,文帝後元二年(前162)卒,見湖南省文物考古研究所、懷化市文物處、沅陵縣博物館《沅陵虎溪山一號漢墓發掘簡報》,《文物》2003年第1期,50、55頁。

⑥ 湖北省荆州博物館編著:《荆州高臺秦漢墓:宜黄公路荆州段田野考古報告之一》,北京:科學出版社,2000,223-224頁。"願",原釋文作"顛",據胡平生《新出漢簡户口簿籍研究》改,《出土文獻研究》第10輯,北京:中華書局,2011,278頁。

⑦ 鳳凰山B類竹簡釋文見裘錫圭《湖北江陵鳳凰山十號漢墓出土簡牘考釋》,545-546頁。

⑧ 《漢書》卷一上《高帝紀上》,46頁。

在以算爲徵收單位的人頭税,[1]故學界常將《高帝紀上》該條理解作:滅秦後漢廷重徵人頭税之始。[2] 可是,《漢書》對繼承自秦的漢家制度往往不特書初行時間,[3]且《漢書》記制度時使用的"初"多含"初創""初設"之意,[4]若視該條爲漢廷重徵人頭税的開端於例有乖。楊振紅先生認爲,漢代的"算賦"并非人頭税等具體税目之名,而是指以"算"爲單位徵税,[5]將此主張結合秦、漢兩代出土文獻中"算"字出現頻率的差异觀察,則"初爲算賦"或意味着首次以"算"爲單位徵行税役。那麽,典籍中關於秦時期"算"的記録就是漢人依漢制所作的類比,從"訾税若干錢"到"訾算若干"之演變也很可能是以"初爲算賦"爲契機發生的了。

二〇一四年元月初稿

二〇一四年十二月改訂

二〇一五年元月再訂

附記:拙文初稿曾呈請陳偉教授撥冗審閲并教示修訂意見,又蒙匿名審稿專家指出不足,謹致上誠摯的謝意。

① 文帝時晁錯説:"(秦卒)死事之後不得一算之復",見《漢書》卷四九《晁錯傳》,2284頁;傳説秦昭王也曾復夷人"十妻不筭",見《後漢書》卷八六《南蠻列傳·板楯蠻夷》,2842頁。

② 如加藤繁《算賦に就いての小研究》,原載《史林》第4卷第4期,1919年10月,此據其著《支那經濟史考證》上册,東京:東洋文庫,1952,164頁。

③ 今舉一例,據《史記》卷六《秦始皇本紀》"(秦王政十六年九月,前231)初令男子書年",見232頁,我們知道漢代籍册也多書年齡,如漢初《二年律令·户律》規定:"諸(?)民皆自占年。小未能自占,而毋(無)父母、同産爲占者,吏以□比定其年。自占、占子、同産年,不以實三歲以上,皆耐"(325-326),《户律》中還有可能是編户民年齡紀録的"年細籍"(331);又,《史記》卷一三〇《太史公自序》"卒三歲而遷爲太史令"條《索隱》引《博物志》:"太史令茂陵顯武里大夫司馬遷,年二十八,三年六月乙卯除,六百石",3296頁,也記年齡,但《史記》《漢書》中却不見漢王朝"初令書年"的記録。

④ 楊振紅:《漢代算車、船、緡錢制度新考——以〈史記·平準書〉爲中心》,《文史》2007年第4輯,45-46頁。

⑤ 楊振紅:《從出土"算"、"事"簡看兩漢三國吴時期的賦役結構——"算賦"非單一税目辨》,46-52頁。

有關西漢淵泉縣的幾個問題*

甘肅省文物考古研究所　張俊民

内容提要　史書對西漢淵泉縣的記載甚略，已有研究多集中在縣城地理位置的討論上。依據《大清一統志》産生的"四道溝"説，在懸泉漢簡出土之後，將會爲"旱湖腦古城"説所取代。地處交通路綫上的淵泉縣因爲設有一個類似懸泉置功能的驛站，使其地理位置比較獨特。作爲敦煌郡迎接東來西往使者的第一站，淵泉縣（置）的很多情況在懸泉漢簡中也有記録。我們可以據此對西漢淵泉縣的行政管理、鄉里狀況及其在絲綢之路上的作用進行探討，推進我們對漢代淵泉縣乃至敦煌郡社會生活的認識。

關鍵詞　懸泉漢簡　西北史地　西漢　淵泉縣

淵泉縣，漢代敦煌郡屬六縣之一，據《漢書・地理志》顔師古注引闞駰語，其縣得名是因爲"地多泉水，故以爲名"。[①] 西漢的淵泉縣史書記載僅此而已。《續漢書・郡國志》作"拼泉"，《晋志》仍作"淵泉"。或認爲"拼"乃"淵"字之訛，言是因唐代避諱所致。估計唐人影響的可能性比較大。在西北史地的研究領域中，對淵泉縣注重最多的是淵泉縣城的地理位置。一般認爲是在甘肅玉門四道溝古城，或認爲在瓜州旱湖腦古城。除此而外，有關淵泉縣的信息自當借助簡牘文書去找尋了。懸泉漢簡之前的簡牘文書中尚未見與淵泉縣有關的資

* 本文爲甘肅文物局文物保護科學與技術研究課題"懸泉漢簡：社會與制度研究"（GEJ2014009）的階段性成果。

① 《漢書》卷二八《地理志下》，北京：中華書局，1964，1615頁。

料。因爲淵泉縣有一個類似懸泉置功能的驛站,懸泉漢簡之中有比較多的文書記録反映了淵泉縣的狀况,爲我們認識西漢的淵泉縣提供了很多資料。本文試以懸泉漢簡所反映的幾個問題略作檢討。

一　淵泉縣城的地理位置

對淵泉縣城的地理位置的探討,首見於唐人顔師古注所稱引北魏地理學家闞駰對淵泉縣得名的解釋:"地多泉水,故以爲名。"而現今的研究以甘肅的專家居多,大體可以概括爲兩説:一説以叙述比較詳盡的李并成爲代表,沿襲清代以來四道溝古城的觀點;一説以寧瑞棟爲代表的旱湖腦古城説,屬於新説。

前者大體以《大清一統志》爲據,所論作:

> 乾隆《大清一統志》卷213安西州:"淵泉故城,在今州東,舊柳溝衛東,漢置。"柳溝衛,清雍正五年(1727)由柳溝所升置,位於今安西縣四道溝。《甘肅通志》(乾隆元年刊)、《新斠注地理志集釋》、《甘寧青史略》、《安西衛志》、《西域水道記》、《辛卯侍行記》等亦持同樣看法。王先謙《漢書補注》亦云……全城南北350m,東西240m,周長1180m,具有縣城的規模,四道溝屯莊即位於城之東南部。再根據其位置、形制、城周自然環境特點等可以判定該城即漢淵泉縣城……該縣城西南距漢冥安縣城(鎖陽城)121km(鳥道),東南距漢玉門縣(今玉門市赤金堡)70km(鳥道)。[①]

後者是在漢玉門縣位於今赤金堡的基礎上,借助懸泉漢簡的驛置道里簿研判沙頭、乾齊二縣的位置,發現四道溝有可能是乾齊縣城,再借助航片和實地調查發現并提出的。認爲旱湖腦古城應該是西漢的淵泉縣所在。該城邊長330m,西南去南岔大坑(漢冥安縣城)30km,東距四道溝古城26km,與"乾齊去淵泉五十八里"基本吻合。[②] 這一觀點的産生與懸泉漢簡的驛置道里簿有關。

懸泉漢簡驛置道里簿原簡文作:

> 简1、…………玉門去沙頭九十九里　　沙頭去乾齊八十五里　　乾齊去淵泉五十八里　　・右酒泉郡縣置十一・六百九十四里☑　　ⅡT0214①:130A

本簡左、下殘,玉門之前或者説玉門以東的酒泉郡驛站殘缺不明,衹剩下酒泉郡十一個中最西端的三個,且按照驛站方向從東向西依次是玉門、沙頭、乾齊。而正是這三個驛站却

---

① 李并成:《河西走廊歷史地理》,蘭州:甘肅人民出版社,1995,118-120頁。持此説的甘肅學者還有吴礽驤、初世賓。

② 寧瑞棟:《漢敦煌郡淵泉縣城新考》,《絲綢之路》2011年第18期。持此説的甘肅學者還有李正宇。

對傳統的觀點産生了顛覆性的影響。其影響首先表現在《漢書》的“池頭”是“沙頭”之誤造成的,前後漢時并没有名稱的改動,而是誤字造成的。其次是玉門、沙頭和乾齊三縣的位置,傳統的觀點三縣由東向西依次是玉門、乾齊和沙頭,沙頭與乾齊的位置顯然是顛倒了。這一新資料的出現對傳統史地的認識無疑具有很大的挑戰。因爲以前的研判都是按照玉門、乾齊、(池)沙頭的順序排定的。這一點,在受傳統觀點影響比較大的《中國歷史地圖集》有直觀反映。地圖上雖然缺少淵泉縣的具體地點,而池頭則標注在酒泉郡的最西端。[①]

驛置道里簿中的淵泉是敦煌郡最東的驛站,認爲它距離酒泉郡最西端的驛站乾齊 58 漢里約合 26km 的計算方法是 1 漢里合今 448m,此方法有不妥之處。一般是 1 漢里按照 415.8m,有的也會按照 410m 計算,按照 410m 計算,58 漢里約合今 24km(按照 415.8m 計算,也是約合 24km)。58 漢里合今 26km 之説,使得今天的距離變長了。

懸泉漢簡還有一條關於淵泉縣里程的記録,這一資料與驛置道里簿基本吻合。簡文稱:

簡 2、十月戊戌驛賀乾齊到淵泉六十☐　　Ⅱ T0215S:18

這是一條殘簡,從編號來看又缺少具體的層位。“S”是 1991 年上半年篩出來的簡牘編號。“驛”或作“譯”、或稱“驛騎”,是一種身份,指傳遞郵書的人,“賀”是人名。賀從乾齊到淵泉“六十☐”,可以理解爲賀從乾齊到淵泉走了 60 漢里路。即乾齊到淵泉的距離是 60 漢里。這一數字與驛置道里簿略微有出入,可能與時間先後和具體的路綫有關。58 漢里也好,60 漢里也罷,都説明乾齊在酒泉郡的最西端,且乾齊距離淵泉縣城約合今 24km。

我們對淵泉縣城地理位置的思考首先是根據《河西漢塞調查與研究》所作的敦煌郡候官分布狀況。其中的宜禾都尉候官從西向東依次是宜禾候官漢塞長 22 km,魚澤候官漢塞長 23.8 km,昆侖候官漢塞長 22 km,美稷候官漢塞長 31 km,最東的廣漢候官漢塞長 60 km。[②]

從幾個候官的管轄距離來看,最後一個候官即廣漢候官全長是 60km,而前面的幾個候官不過是 22、23.8、22 和 31km,廣漢候官管轄的漢塞距離之長足以容下兩個候官。西漢時這種情況是不可能出現的。因此《河西漢塞調查與研究》所持淵泉縣在四道溝的觀點很可能有問題,即把淵泉縣的位置東移了。

再來看前面的四道溝説的兩個距離數字。四道溝古城“西南距漢冥安縣城(鎖陽城)121km(鳥道),東南距漢玉門縣(今玉門市赤金堡)70km(鳥道)”。[③] 即西漢的淵泉縣到冥安縣的直綫距離是 121km。按照漢代敦煌郡驛站的分布位置,兩者之間并没有一個類似懸泉置的機構,距離 121km 約合 295 漢里。前面的驛置道里簿距離一般是 60—70 漢里,最遠的

① 中國歷史地圖集編輯組:《中國歷史地圖集》第 2 册,上海:中華地圖學社,1975,22-23 頁。

② 吴礽驤:《河西漢塞調查與研究》,第四章第二節,北京:文物出版社,2005,95-108 頁。

③ 李并成:《河西走廊歷史地理》,第 120 頁。

是玉門到乾齊的距離 99 漢里。近 300 漢里的距離對於當時來説有點太遠。

淵泉縣到玉門縣 70km,中間還有兩個縣或驛站即沙頭和乾齊,其間的距離似太近,以至於無法合理分布,致使漢代的交通路綫出現了很大的彎道。這一點正是寧瑞棟等重新探尋淵泉縣城具體位置的原因。

如果將四道溝古城考慮爲漢代的乾齊縣,淵泉縣城的位置就會向西移動一個驛站的距離,淵泉縣到冥安縣的距離達到合理的程度,而不是近 300 漢里,同樣,伴隨着淵泉縣城的西移,淵泉縣到玉門之間的另外兩個縣也就有一個比較合理的安排,宜禾都尉廣漢候官管轄近 60km 漢塞的問題也會得到解決。出於這樣的考慮,我們贊同淵泉縣城位於旱湖腦古城的説法。而淵泉縣城在四道溝古城的説法應該主要是受乾隆《大清一統志》的影響,其後的多部地志文獻均持四道溝古城説,亦當本於此。

二 淵泉縣的行政管理狀況

懸泉漢簡中有關淵泉縣的不多記録,爲我們認識漢代的淵泉縣提供了難得的材料,由之可見淵泉縣的片鱗隻甲。而這些資料,在正史中却是絶無反映的。

淵泉縣最高行政長官稱“長”,而不是稱“令”。簡文如:

簡 3、五鳳五年二月丁酉朔戊午淵泉長弘丞賀移縣泉置遣

嗇夫忠送使者段君所將客到淵泉廩茭今□□案　　Ⅱ T0214②:545

簡 4、甘露四年閏月己卯朔甲辰淵泉長弘移縣泉置書曰淵泉廄嗇夫尊詣府

受傳馬七匹過廩糜小石一斗茭一石三鈞今寫券墨移書到受　　Ⅱ T0115③:102A

簡 5、初元二年十月戊子朔戊申淵泉長金守丞廣宗移縣泉置府調淵泉穬麥四千五百石輸縣泉今遣假佐賀將

就人金少里趙利等家卌九牛車五十七兩載穬麥小石二千一百卌七石五斗書到亟受穀少輒責畢乃　　Ⅴ T1311③: 126A

簡 6、建昭三年六月丙戌朔丁未淵泉守長長守丞舜移縣泉置遣吏御持傳馬送迎使者諸國客廩各如

牒今寫券墨移書到願令史受簿入七月報毋令繆如律令　A

/掾延年嗇夫竟　　B　　Ⅱ T0214②:553AB

以上四簡是懸泉漢簡中所記淵泉縣設長且有明確紀年的簡文,時間最早的是簡 3 五鳳五年(即甘露元年、前 53),淵泉縣長名“弘”,簡 4 甘露四年淵泉縣長仍名“弘”。最晚者是簡 6 建昭三年(前 36),淵泉縣長名“長”,其具體身份是以“守”的形式出現的。中間還有一個

名“金”的淵泉縣長,任職時間是初元二年(前47)。即在有明確紀年的懸泉漢簡中,從公元前53年到公元前36年前後18年間,我們知道有三位淵泉縣長,分别名“弘”“金”和“長”。

此外,懸泉漢簡中還有兩條缺少紀年的簡與擔任淵泉縣長的人名有關。即:

简7、☐□□年五月癸卯朔　淵泉長合宗守丞　尉安敢言之謹移☐

☐敢言之　ⅡT0216②:182A

简8、五月癸卯淵泉長定宗丞馴移縣泉置寫重　/掾猛嗇夫竟

五月庚申淵泉丞馴移縣泉置寫重　/嗇夫竟　ⅡT0115③:94

前7上下殘,殘留文字爲官文書,在懸泉置出土,可能是淵泉縣發給懸泉置的文書。其中淵泉縣長名“合宗”,“□□年五月癸卯朔”,在懸泉漢簡相對集中的時間段内衹有永始四年(前13)的五月是癸卯朔。由之可定,本簡的具體時間是永始四年。

簡8的兩行文字,右行記淵泉縣長名“定宗”,左行無長名,兩行文字中均有名“馴”的淵泉丞與嗇夫竟,由是可以旁證淵泉長“定宗”的大致任職時間。淵泉丞“馴”又見於與“永光五年失亡傳信册”編聯在一起的文書,其中一簡記:

简9、淵泉守長長　丞馴　ⅡT0216②:872

由之可見,丞“馴”的任職時間應在永光五年(前39)前後。從中又牽出一個名字叫“長”的淵泉守長,即淵泉縣在永光五年前後還存在一個以“守長”形式的人名“長”。

“嗇夫竟”從别的文書可知,是淵泉縣的倉嗇夫,由其署名的文書還出現在前面的建昭三年簡文中。即由“嗇夫竟”也可以旁證淵泉縣長“定宗”的任職時間。

這樣就出現三個官名及其任職的人名。一個是長,一個是丞,一個是嗇夫。縣長一職由永光五年到建昭三年,前後出現有守長“長”和長“定宗”;丞由“馴”爲“舜”。從中我們就會發現一個比較奇怪的現象:淵泉守長“長”任職的時間最早爲永光五年,晚者竟能到建昭三年。“長”守淵泉縣長一職的時間有大約四年之久。作爲漢代的守官制度無疑是一奇怪現象。一般而言,漢代的守官有兩種,一種是初試爲守,守官期限一年,滿歲爲真;另一種是以别的身份兼行官職。“長”的身份并没有特别標注是什麽,即不是由别的官職兼行長事,而是直接守長事“守”了近四年時間。

懸泉漢簡中出現的幾個在淵泉任縣長或縣“守長”的人名,最早名“弘”,其後分别是“金”“定宗”和“長”,最晚的是永始四年的“合宗”。任職時間從宣帝到漢成帝。

淵泉縣的長官稱“長”,官秩五百至三百石。之外“有丞、尉,秩四百石至二百石,是爲長吏”。[①] 淵泉丞前文已有涉及,與縣長一并出現的丞有“賀”(前53)、“馴”(前39)和守丞“廣

① 《漢書》卷一九《百官公卿表上》,742頁。

宗”(前47)、“舜”(前36)。此外,在簡牘文書中還有單獨出現的丞。如:

簡10、五鳳四年九月己巳朔戊子淵泉丞賀敢言之大司農卒史張卿所乘傳車一乘

皁留黄蓋杆衣各一皁繒并塗一具駕一被具張卿乘西付冥安皆完今張卿還至

ⅡT0114③:461

簡11、甘露元年七月甲午朔戊戌淵泉丞賀移縣泉書□

出茭三石付廄佐欣書到簿入…… ⅡT0115④:211

簡12、甘露三年十月辛亥朔淵泉丞賀移廣至魚離縣泉遮要龍勒厩嗇夫昌持傳馬送公主以下過廩

穬麥各如牒今寫券墨移書到受簿入十一月報毋令繆如律令 ⅡT0114③:522

簡13、永光三年正月丁亥朔丁未淵泉丞光移縣泉置遣廄佐賀持傳車馬迎使者董君

趙君所將客柱淵泉留廩茭今寫券墨移書到受簿入二月報毋令繆如律令

ⅠT0111②:3

簡14、建昭二年四月癸亥朔丙戌淵泉丞馴移縣泉置遣吏御持傳馬迎使者王君杜君所將客廩

如牒今寫券墨移書到簿入五月報毋令繆如律令 ⅡT0115②:18A

簡15、淵泉丞索盧育　　詣門下 ⅠT0309③:178

簡16、十二月乙卯淵泉守丞敞重　　掾霸嗇夫竟 ⅡT0111①:221

以上七簡,凡出現淵泉縣丞5人,除“賀”“馴”外,另3人“光”“敞”和“育”新見。前三簡與“賀”相關,可以補充前面“賀”的任職時間是五鳳四年(前54)到甘露三年(前51)。永光三年丞光,任在永光五年“馴”前。而按照前引簡6建昭三年淵泉守丞“舜”和簡14建昭二年淵泉丞“馴”,可知二人的變化就在建昭二三年之間。同時因爲倉嗇夫竟任職的時間在建昭二、三年之時,與嗇夫竟一并出現的簡16守丞“敞”約與“舜”可互爲先後。簡15質地爲松木,長22.7、寬1.4、厚0.4厘米。按照文字内容與格式屬於“名刺簡”。其中出現一位完整的淵泉丞人名,即複姓“索盧”單名“育”。

淵泉縣的長吏,長、丞之外還有尉。淵泉縣有尉,前引簡7尉“安”曾與長合宗一同出現,時間是永始四年。淵泉縣有時或存在兩個尉,自稱“左尉”或“右尉”。如:

簡17、淵泉尉周生元勞三歲廿八日　　算卌　〼　　(竹簡) ⅡT0114③:148

簡18、〼□以食淵泉尉張定從者一人人一食東〼 ⅤT1311③:293

簡19、〼七月癸丑效穀守長淵泉尉閎謂縣泉置寫

〼令 ⅡT0211②:1

簡20、·淵泉左尉移茭簿籍　　〼 ⅡT0113⑤:7

簡 21、☐□二檄冥安令印　　元鳳四年六月癸酉夜人定時山上亭
☐□封淵泉右尉印　　　　長奉世受萬年亭卒宗　　I T0207④:2

以上五簡均殘,其中前三簡有淵泉縣"尉",人名分别是周生元、張定和閎;後二簡則僅有左尉和右尉,不見人名。

簡 17 所記文字爲"功勞簿"文書,[①]竹簡質地,可能是中央政府對周生元功勞政績的定簿,而不是周生元的"自占簿"。"周生"複姓,名"元"。按照漢代官吏功勞的計算方法,積日爲勞,勞四歲爲一功;常見的"功勞簿"文書爲"自占簿",少數屬於定簿;"算"爲政績評定用語之一,政績優异方能"得算",不合格則爲"負算"。[②] 這裏的"算"衹是一個計量單位,并不是算賦的百廿錢。簡 17 記録的文字,不僅反映了淵泉尉周生元勞是三歲廿八日,而且還得算卌。將得"算"的多少作爲政績記入定簿尚屬首見,在已有的居延漢簡中没有發現這種情況。類似的"定簿"文書如:

1)☐都尉丞何望功一勞三歲一月十日　　北地北部障候杜旦功一勞三歲□則年卅五長七尺三寸黑色　　336·13

2)張掖屬國司馬趙□功一勞三歲十月廿六日　　漁陽守□司馬宗室劉護☐　53·8

3)☐十一月五日　　長信少府丞王涉勞一歲九月七日　　41·22

類似的"自占簿"文書如:

4)☐候官窮虜隧長簪褭單立中功五勞　　三月能書會計治官民頗知律令文年卅歲長七尺五寸應令居延中宿里家去官七十五里　屬居延部　　89·24

5)肩水候官始安隧長公乘許宗　中功一勞一歲十五日 能書會計治官民頗知律令文年卅六長七尺二寸觻得千秋里家去官六百里　　37·57

"得算""負算"文書如:

6)……　　九月都試騎士馳射最率人得五算半算　　E.P.T52:783

7)……　　卒杜蓋衆射埻二□二算定得五算□　　E.P.T52:431

8)驚糒多康負算十　●凡卅七　　E.P.T53:226

簡 18 屬於稟食簿,記録淵泉縣尉張定與從者一人在懸泉置吃了幾頓飯,一頓是多少。一般人員的一頓飯標凖是三升,一食即一頓飯。完整的記録文書如:

---

① 胡平生:《居延漢簡中的"功"與"勞"》,《文物》1995 年第 4 期;張俊民:《懸泉漢簡所見文書格式簡》,《簡帛研究二〇〇九》,桂林:廣西師範大學出版社,2011。

② 于振波:《漢簡得算、負算考》,《簡帛研究》第 2 輯,北京:法律出版社,1996,324-331 頁。

9)出米六升　　九月甲子以食安定襄陵亭長杜宣從者一人凡二人人一食東
ⅡT0214③:193

10)出米六升　　四月乙酉以食郡庫掾葛充從者一人凡二人人一食西
ⅡT0215③:96

簡19淵泉尉閎兼行效穀縣長事,是不多見的漢代守官制度例文書。簡20爲簿籍類文書名,自稱"淵泉左尉移茭簿籍",是淵泉左尉移送給懸泉置飼料乾草"茭"事的記録文書。簡21屬於過書刺,記録元鳳四年(前77)六月從東邊廣至縣的萬年亭傳遞給西邊效穀縣山上亭長的文書中有一封是用淵泉右尉印緘封的。

目前,有淵泉尉人名的文書除了簡7永始四年的"安"之外,都没有具體的紀年時間。簡21出現的右尉之外,左尉存在的時間也不明確。據僅有的資料,大約淵泉設左、右尉的時間比較早,而設尉的時間可能相對晚一些。

除了長吏之外,有關淵泉縣的少吏資料并不多,我們可以看到有倉嗇夫、令史、亭長和掾等,而類似懸泉置的"淵泉置"在懸泉漢簡中則衹有一條簡文是完整再現的。即:

簡22、入錢五百廿三錢以給卒作席入　　神爵二年六月乙丑縣泉奴御方户李譚安世受淵泉置嗇夫□
ⅡXT0314③:83

這是一條唯一能與淵泉置内部官員有聯係的簡文,可惜還缺少必要的人名。淵泉置類似於懸泉置,其内部的機構、功能應該都是一樣的,我們可以由懸泉置的人員設置去推想淵泉置的狀況。

三　淵泉縣的獨特地位

淵泉縣地處敦煌郡的最東端,是敦煌郡境内由東向西的第一個驛站。作爲敦煌郡迎接官員、使者的第一站,可以説淵泉縣(置)所在是進入敦煌郡的門户,所有敦煌郡重視的接待任務皆可從淵泉縣(置)得以體現,淵泉縣的重要性也就凸顯了出來。换句話説,敦煌郡接待工作的好與壞,給過往人員的第一印象是由淵泉縣(置)表現的。爲此,凡有重要的接待任務時,敦煌郡太守府就要發文,抽調人員到淵泉縣(置)集結做接待準備。如:

简23、各有數今使者王君將于闐王以下千七十四人五月丙戌發禄福度用庚寅到淵泉
ⅠT0309③:134

這是一條懸泉漢簡中比較有名的簡文,記録了使者王君護送西域于闐王一行的使者1074人從長安西歸,五月丙戌從張掖郡府所在地禄福縣出發,估計在庚寅這一天到達淵泉縣

(置),前後是五天時間。“各有數”前的主體不明,約指接待規格使用的物品、種類。此條簡文在懸泉置出土,可以看作是敦煌郡太守府下發的公文,將使者王君率領西域諸國使者一行的大致時間通報所屬驛站,要求每個驛站做好準備工作,敦煌郡發文,要求各置做好準備的同時,還要抽調人員(包括車、馬)到淵泉縣(置)集結,因爲如此多的人員一起到來,單單一個淵泉縣(置)是很難接待周全的。其中既可以看出敦煌郡的準備工作狀況,又表現出整個漢代接待工作的預期通報狀況。所謂車馬未動,糧草先行,使者王君一行還没有出發,就要將其大致行程狀況沿途通報,事先做好準備工作。關於具體的準備工作,也有類似的簡文,如前引簡 13:

簡 13、永光三年正月丁亥朔丁未淵泉丞光移縣泉置遣廄佐賀持傳車馬迎使者董君趙君所將客柱淵泉留廩茭今寫券墨移書到受簿入二月報毋令繆如律令

Ⅰ T0111②:3

這是淵泉縣發給懸泉置文書的“轉移公文用語簡”,淵泉將懸泉置厩佐賀等人在淵泉縣的“廩茭”狀况告知懸泉置,讓懸泉置記入來往帳目中備案。具體的文書内容如:

簡 24、出穬麥小石十六石　　建昭三年四月辛亥倉嗇夫竟付縣泉厩佐延年

Ⅱ T0216②:43

簡 25、出穬麥小石十六石　　建昭三年四月癸丑倉嗇夫竟付縣泉厩佐延年

Ⅱ T0216②:44

簡 26、出穬麥小石廿四石　　建昭三年五月甲子倉嗇夫竟付縣泉佐延年

Ⅱ T0216②:45

簡 27、出穬麥小石七石　　建昭三年五月丙寅倉嗇夫竟付縣泉厩佐延年

Ⅱ T0216②:46

簡 28、·凡穬麥小石六十三石　　Ⅱ T0216②:47

簡 29、建昭三年六月丙戌朔丁未淵泉守長長守丞舜移縣泉置遣吏御持傳馬送迎使者諸國客廩

如牒今寫券墨移書到願令史受簿入七月報毋令繆如律令　　Ⅱ T0216②:48A

/掾延年嗇夫竟　　Ⅱ T0216②:48B

簡 13 的性質與簡 29、簡 6 類似。簡 29 和簡 24—簡 28 是“轉移公文用語簡” 文書,六簡出土時編繩完整。簡 29 所言“券墨”就是指簡 24—簡 27,簡 28 衹是小結合計簡而已。而簡 13“券墨”形成的原因就是懸泉置厩佐賀等爲了迎接使者董君、趙君及其護送的客人在淵泉縣(置)的花銷。厩佐賀等人在淵泉縣等待迎接董君、趙君的情況,應屬於敦煌郡太守府的安排。衹是現在我們并不知道董君、趙君所護送使者、客人的數量。

"券墨"的形成還有一個原因,這與當時管理制度有關。厩佐賀等人及其所率車馬在淵泉縣的花銷,應該記在懸泉置的開支中。按照規定厩佐賀的口糧、飼料已經在懸泉置領取,而他們在淵泉食用的則是淵泉的,事後應該歸還或者如果有淵泉置食用懸泉置的情況兩者相抵。

簡13與簡29的最大差异還表現在兩者用詞涉及的狀況,簡13僅僅是"迎",可以看作是一次事件後的"券墨",簡29則是"送迎",時間跨度比較長,四月到六月。其中的"迎"好理解,這是因爲淵泉縣的地理位置比較獨特所致。而"送"的出現,同樣又體現了淵泉縣(置)的重要性。淵泉縣(置)是敦煌郡的最後一個驛站,敦煌郡的接待任務送到淵泉縣即告結束,所以我們可以看到很多懸泉置送使者、官員到淵泉的狀況。

簡30、甘露元年九月癸巳朔壬子淵泉長弘丞賀移縣泉遣厩佐開持傳馬爲使者周君樂君柱㢝糜

小石十六石二斗爲大石九石七斗二升今寫券墨移書到受簿入十月報毋令繆如律令 A

縣泉 掾禹嗇夫光佐捐文 B Ⅱ T0216③:3AB

簡31、建昭三年六月丙戌朔丁未淵泉守長長守丞舜移縣泉置遣吏御持傳馬送迎使者諸國客㢝各如

牒今寫券墨移書到願令史受簿入七月報毋令繆如律令 A

/掾延年嗇夫竟 B Ⅱ T0214②:553AB

簡32、五鳳五年二月丁酉朔戊午淵泉長弘丞賀移縣泉置遣

嗇夫忠送使者段君所將客到淵泉㢝茭今□□案 Ⅱ T0214②:545

簡33、甘露三年十月辛亥朔淵泉丞賀移廣至魚離縣泉遮要龍勒厩嗇夫昌持傳馬送公主以下過㢝

穬麥各如牒今寫券墨移書到受簿入十一月報毋令繆如律令 Ⅱ T0114③:522

以上四簡都是淵泉縣發給懸泉置的文書用簡,簡30與簡13性質類似,厩佐開帶的傳馬在淵泉等着接待使者周君、樂君,食用了糜小石十六石二斗,傳馬食用的這些飼料事後由懸泉置歸還淵泉縣(置)。簡31內容與簡13一致。簡32是懸泉置嗇夫忠送使者段君所帶的客人到淵泉,在淵泉時傳馬食茭的相關文書,性質與前相類。簡33作爲淵泉縣所發的文書,收文單位如此之多,包括淵泉縣以西的幾個驛站,冥安、敦煌除外的敦煌郡已知驛站有廣至、魚離、懸泉、遮要、龍勒等。這些驛站的人員及其車馬均送公主等到淵泉縣,并在此停留,食用了穬麥。這樣一來就出現一個迎接與護送使者都是以淵泉縣(置)爲基準的狀況,此等狀况的存在當與淵泉縣的獨特位置有關。因爲淵泉的這一位置,也就使得淵泉縣在敦煌郡的

接待任務中顯得有點特别。

懸泉漢簡中還有一條核實此等過廩數字的簡文,其産生的原因就是因爲兩地之間産生的兑付關係,其他地方的人馬在淵泉食用了多少,淵泉會讓他們償還;同樣,淵泉的人馬在别的驛站食用,淵泉也需要償還。如:

簡 34、建昭二年二月甲子朔　　淵泉丞馴移縣泉置書曰出穬麥小石卌九石五斗
付厩嗇夫成等以食傳馬簿入報敬以令史書枸校中實卌八石　　A
/嗇夫竟　　B　ⅡT0216②:245AB

這是淵泉縣對懸泉置發文的回復,就數字的多少進行申訴核定。懸泉置的文書説淵泉厩嗇夫成等的傳馬在懸泉置食用穬麥小石卌九石五斗,而按照令史書核實的數字僅僅是卌八石。前後兩個數字不相符,這大約是淵泉縣發文要求懸泉置核實數字的原因。

淵泉縣與懸泉置之間間隔了兩個縣、三個驛站(置),竟然還會有淵泉縣爲懸泉置提供飼料的文書。此一情况的産生,可能與淵泉縣當時的儲備有關,要麽就是淵泉縣盛産如此多的飼料。如:

簡 35、當迎淵泉轉麋麥各千石願得遣致　　ⅠT0114①:12

簡 36、初元三年三月乙卯朔己未淵泉守丞僑移縣泉置府調淵泉穬麥四千五百石輸驛置遣
□□安漢載穬麥如牒書到亟受毋留簿入四月報毋令繆如律令　　ⅤT1310③:168

簡 37、·淵泉左尉移茭簿籍　　〼　　ⅡT0113⑤:7

如果説簡 35 因爲文字太少,還不是十分清楚"麋麥各千石"是否從淵泉調出,那麽簡 36 就很清楚了,太守府從淵泉縣調出穬麥四千五百石給其他驛站。與此"穬麥四千五百石"相關的簡文還有:

簡 38、初元二年十月戊子朔戊申淵泉長金守丞廣宗移縣泉置府調淵泉穬麥四千五百石輸縣泉今遣假佐賀將
就人金少里趙利等家卌九牛車五十七兩載穬麥小石二千一百卌七石五斗書到亟受穀少輙責畢乃　　A
掾段佐光　　B　　ⅤT1311③:126AB

上簡與簡 36 同樣出現了一個數字,都是"穬麥四千五百石"。從中可見,簡 36 中出現的輸"驛置"衹是針對懸泉置而言,這些穬麥衹給懸泉置。從淵泉一次調撥給懸泉置穬麥四千五百石。此次穬麥的調撥從二年十月就開始了,第一次淵泉縣動用了金少里僦人趙利等四十九家、牛車五十七輛,運送穬麥二千一百卌七石五斗。穬麥調出後,還將具體數字通過文

書形式告知懸泉置,讓懸泉置驗收,數量不足可以馬上追究責任。簡 36 應該是淵泉縣將穬麥調撥結束以後的文書:這一事件已經結束,讓懸泉置登記備案,在四月份的賬目上要顯示。

簡 38 的數字之多,還可以爲研究漢代牛車的運輸量提供參考。穬麥小石二千一百卌七石五斗,牛車五十七輛,平均每車運輸量是 37.5 石。這一數字恰與懸泉漢簡中的許多運輸穬麥的數字相符。如:

簡 39、入穬麥小石卌七石五斗　　永光五年十一月壬子縣泉置佐建受廣至樂世里龍明　　(右齒)　　Ⅰ T0116②:61

簡 40、入穬麥小石卌七石五斗　　永光五年二月……(右齒)　　Ⅱ T0216②:678

簡 41、入穬麥卌七石五斗　　永光五年十一月戊午縣泉嗇夫遂成受廣至富里任恭(右齒)　　Ⅱ T0216②:680

簡 42、入穬麥卌七石五斗　　永光五年二月癸未縣泉……(右齒)　　Ⅱ T0216②:687

簡 37 作爲淵泉左尉移茭簿籍在懸泉置出現,自當是淵泉給懸泉置茭草的證明。下面的簡文有可能就是簿籍的散簡。如:

簡 43、淵泉始昌里馬福　　車一兩　　四石　　Ⅰ T0309③:153

簡 44、淵泉宗賢里王建德　　牛車一　　四石　　Ⅰ T0309③:101

簡 45、淵泉長富里鞠寬三兩☐　　Ⅱ T0313S:39

簡 46、……☐☐☐☐　　☐一兩　　四石　　Ⅰ T0309③:157

簡 47、■右已校車八十五兩載茭三百七十一石　　其六十三兩兩四石　　十三兩兩五石九兩兩六石　　Ⅰ T0309③:206

以上五簡均與牛車載茭有關,前三簡車主均是淵泉縣人,可能與簡 37 的關係比較密切,後二簡相對而言關係可能不大。此外,根據五簡還可知道,當時的牛車載茭量平均數應該是四石。牛車一車運茭五、六石爲少數情況。一石茭一般是十九束,而束之大小并不清楚。傳馬一食茭是十五斤,一天一匹馬食一鈞。具體簡文如:

簡 48、定作八百七十五人得茭十萬五百六十五束爲五千八百七十四石率十九束爲一石　　Ⅴ T1309④:3

簡 49、出茭八十七石　　以食譯馬百一十六匹送迎諸國客使者積六百九十六食食十五斤　　Ⅰ T0111②:35

簡 50、出茭廿一石三鈞　　以食譯馬三匹積八十七匹匹一鈞　　Ⅰ T0309③:73

簡 51、出茭三百一十五石　　以食傳馬卌二匹十一月己卯盡戊申卅日積千二百六十四匹匹一鈞　　Ⅱ T0113③:69

傳馬食茭的"石"顯然不是一般糧食的石、斗、升的容積單位,而是重量單位。一石四鈞,一鈞三十斤。

從淵泉縣給懸泉置的茭,到牛車一輛所運茭的數字,再到一匹馬一天的食用量是一鈞,還有茭的計量單位石是重量單位,十九束茭一石,一石是四鈞等等。如此多的信息聯係起來,對於我們認識當時的社會生活則是非常難得的資料。

四 淵泉縣的里名

作爲基層組織的鄉里理當是我們認識漢代敦煌郡淵泉縣的一部分。淵泉縣的鄉里名稱在懸泉漢簡之前没有出現,懸泉漢簡中由於資料限制,我們仍看不到淵泉縣的鄉名,里名雖有出現,但是數量并不多。在前面的簡文中曾經出現過淵泉縣的里名,都與淵泉縣爲懸泉置運輸物品相關。已出現的里名有四個,分别是簡 38 的金少里、簡 43 的始昌里、簡 44 的宗賢里和簡 45 的長富里。此外,與淵泉縣里名相關的資料還有一些。如:

简 52、步進里簪裹李繫年十六户人褒　　淵泉　　ⅡT0113①:36

简 53、大穰里不更王羌年十五户人富昌　　淵泉　　ⅡT0113①:37

此二簡應是户籍簡,"户人"即户主。一般而言前後的人名應該是同姓,即户人褒也姓李。"淵泉"應是淵泉縣。由之,淵泉縣當有步進里和大穰里。

简 54、淵泉斗食令史宜王里公乘公佰慶年廿五　　病右手□☑　　ⅠT0109②:45

简 55、淵泉斗食嗇夫宜王里公乘聊義年卅　　上計府　　ⅡT0215②:424

此二簡可能與官吏的考核有關,記録文書包括官吏的屬縣、官名、籍貫、爵位、姓名和年齡,考核時官吏的狀況。考核時斗食令史公佰慶右手有傷,而斗食嗇夫聊義不在崗,因公去太守府報送淵泉縣的"上計"文書。"斗食"爲漢代的一級官秩,秩百石以下的佐史之吏稱"斗食",亦即"斗食者,歲奉不滿百石,計日而食一斗二升,故云斗食也"。[①]

简 56、騎士淵泉金中里趙與乘馬一匹騩牡左剽齒五歲高五尺六寸河平四年八月癸巳養　下 △ 丿　　ⅡT0214②:150

這是一條關於馬匹的文書,馬的主人身份是騎士,籍貫是淵泉縣金中里。重點記録馬匹的特徵、口齒年齡、身高及其評定等級。簡牘下面的幾個符號,應是核定、評審馬匹狀況的記録符號。"下"是馬匹的等級用語。

① 《漢書》卷一九《百官公卿表上》,743 頁。

簡 57、建昭二年七月辛卯朔戊午敦煌守長衆獄守丞忠移效穀復作故淵泉定里張禹始昌里□□有鞠繫屬縣泉置

茭迺六月廿六日去作亡滿一日書到案有告謚毋有有當移繫獄并論者或覆問毋有有論言何罪□司寇以上 ⅡT0215③:49

簡 58、司寇大男張充國　△　坐死亡　故淵泉委粟里　ⅡT0215④:16

此二簡爲案獄文書,前簡涉及的二人籍貫均屬淵泉縣,一個是定里,一個是始昌里;二人同在懸泉置勞作伐茭并逃亡,大概是又被逮捕後,發文調查二人在懸泉置的表現情況,二人還有没有其他犯罪行爲,以備重新定罪。後簡所屬爲囚徒名籍,其中出現囚徒的籍貫是淵泉縣的委粟里。

簡 59、☑□縣泉嗇夫弘受淵泉鄭利里湯赦之　同　ⅤT1412③:102

本簡屬於券剌,懸泉嗇夫弘與淵泉鄭利里的湯赦之有某種物品的交付行爲。"同"可能是漢代合同之"同"的半個字。

簡 60、淵泉郵適里簪裹魏武年卌一　ⅡT0215②:37

簡 61、☑淵泉宜王里張不望來年　ⅡT0314②:166

簡 62、淵泉城成里公士鄭廣宗年廿三☑　ⅤT1611③:323

以上三簡,文書性質不明。本文僅提取其中出現的淵泉縣三個里名,分别是郵適里、宜王里和城成里。

以上是懸泉漢簡可見的淵泉縣里名,其中"宜王里"3 見,"始昌里"2 見,1 見的有宗賢里、長富里、步進里、大穰里、金少里、金中里、委粟里、定里、鄭利里、郵適里和城成里。即目前可知的淵泉縣里名有 13 個,與實際存在里的狀况當還有很大的差距。

小結

以上是我們借助懸泉漢簡資料對淵泉縣的幾個問題所作的探討,對於認識漢代的淵泉縣有很大的幫助。首先是從驛置道里簿所記淵泉縣到酒泉郡最西端乾齊縣的距離,再加上淵泉到冥安所在鎖陽城的距離,對於根據《大清一統志》,認爲淵泉縣城在四道溝鎮的説法提出了質疑,因爲四道溝鎮到冥安的距離過遠,而到酒泉玉門的距離又過近,因之而産生的宜禾都尉最東部的一個候官轄域竟然是西邊候官管轄地域的兩倍多,候官管轄地域如此不一的狀況在漢代應該是不存在的。而如果將淵泉縣城的位置西移一個縣置的距離,上述矛盾就會解决。這就是我們贊同淵泉縣城在旱湖腦古城説的原因。

西漢時的淵泉縣，在當時最高的行政長官稱“長”而不是稱“令”，且在懸泉漢簡中并没有發現淵泉縣有“長”改稱“令”的資料。除了其下有丞外，淵泉縣中還在一段時間内設有左、右兩個尉。

因爲淵泉縣有一個類似懸泉置的縣置設施，使其作爲敦煌郡最東的一個驛站，在當時的東西交通路綫上具有非同一般的重要性，由之凸顯出淵泉縣的獨特地位。淵泉縣既是敦煌郡迎來送往的開始站，也是敦煌郡此等任務的最終一站。作爲敦煌郡此等任務的開始，較大或較爲重要的迎接任務就會有很多其他驛站的人員、車馬事先集中到淵泉縣做準備，當時稱“柱”，結束時也會在淵泉縣有一個短暫停留過程，由之産生懸泉置人員在淵泉飲食、車馬消費的情况。此等消費因管理的需要，懸泉置應給淵泉一定的補償。這些材料所體現出漢代官方接待過程中的各種場面和細節，爲我們考察漢代的東西交通提供了生動的畫面。也正是因爲有了此等事情的發生，淵泉縣需要發文給懸泉置，我們從而了解到淵泉縣長吏的設置狀况。

至於淵泉縣的鄉里資料，因爲其距離懸泉置比較遠，淵泉縣的鄉名在懸泉漢簡中并没有出現，我們僅能考得淵泉縣的 13 個里名。這些里名除出現在人名籍貫文書中外，還有一些與淵泉縣爲懸泉置提供飼料有關。淵泉縣曾一次給懸泉置調撥穬麥 4500 石，其中還涉及茭束、石的計算問題、傳馬食茭量、牛車運茭數等資料信息，無疑也爲我們認識漢代敦煌郡的社會生活提供了絶佳素材。

漢代軍隊編制、軍陣及二者之關係

國家圖書館研究院　汪桂海

内容提要　本文綜合史書和簡牘資料,認爲漢代部曲編制基本上以五五制爲主,在個别地方輔以二二制。《續漢書・百官志》記載的東漢四級軍事編制單位應是五五制。上孫家寨漢簡反映的西漢軍事編制也大致如此。《通典》卷一四八《兵一》反映的軍隊編制除了"五人爲列""五火爲隊"外,基本是以二二制爲主,這與西漢和東漢的編制原則都不相符,過去一直把它當作先秦時期的材料,是正確的。古代部伍編制與軍陣之間存在密切的關係。軍陣的操練和實戰運用中,士卒和由單個士卒組織起來的部伍之間必須在金鼓旗幟的指揮之下協同行動,注意其前、其左、其右的同一隊列或不同隊列的士卒,彼此配合,使得行列整齊。以前、後、左、右、中的五五制來組織部伍是符合當時作戰需要的一種軍隊編制。

關鍵詞　漢代　軍隊編制　軍陣　大通縣上孫家寨　漢簡

關於漢代軍隊的編制,史書中的系統資料很少,目前所見衹有一條確切記載可供討論。《續漢書・百官志》"將軍"條下:

> 其領軍皆有部曲。大將軍營五部,部校尉一人,比二千石;軍司馬一人,比千石。部下有曲,曲有軍候一人,比六百石。曲下有屯,屯長一人,比二百石。其不置校尉部,但軍司馬一人。又有軍假司馬、假候,皆爲副貳。其别營領屬爲别部司馬。其兵多少各隨時宜。門有門候。

這條材料所記載的軍隊編制應該是東漢的情況,從文字記載看,東漢軍隊至少分軍、部、曲、屯四級,屯之下應該還有更小的編制單位,比如什、伍等。該材料衹在開頭説"大將軍營五部",下文没有明確交待每部之下有多少曲,每曲之下有多少屯,這應是承"大將軍營五部"一句而有所省略,即東漢大將軍統領五部,每部五曲,每曲五屯。這是按照五五制的規則確定軍隊各級編制的。西漢軍隊編制是否與此相同,則無從得知。

引起大家對漢代軍事編制重新審視的是發現於青海大通縣上孫家寨的一批西漢木簡。這批漢簡的内容屬於軍事律令文書,其中保存了許多有關軍隊編制單位的名稱。例如:

(1)右部前曲右官相會於前,左右　　《散見簡牘合輯》簡 342[①]

(2)相隨,左右官□前後□　　(同上)簡 343

(3)部後曲各以官隨□其前曲□　　(同上)簡 344

(4)相隨校尉　　(同上)簡 346

(5)[校]尉居中　　(同上)簡 348

(6)相□,各以其後隊右　　(同上)簡 357

(7)曲前與右官前隊　　(同上)簡 360

(8)曲千人各正其曲,成左右部　　(同上)簡 385

(9)□,一人曰[獨],二人曰[比]　　(同上)簡 498

(10)五人曰伍　　(同上)簡 405

(11)[以官]干行,五百將斬;以曲干行,候斬;以部干行,司馬斬;以校干行,軍尉斬。　　(同上)簡 443

(12)[伍]干行,伍長斬;什[干行,什長斬]　　(同上)簡 444

(13)左部司馬旂胡青,前部司馬旂胡赤,中部司馬旂胡黄,右部司馬旂胡白,後部司馬旂[胡]黑。　　(同上)簡 413

(14)●左什肩章青,前什肩章赤,中什肩[章黄,右什肩章白,後什肩章黑]。　　(同上)簡 414

以上各簡都與軍隊編制有關。在此之前,居延漢簡和黄文弼在羅布淖爾采集到的漢簡中也有這方面的資料:

(15)☑□始元二年九月己亥朔以食楗爲前部士二人盡丁卯廿九日積五十八人人□□　　《居延漢簡釋文合校》簡 275・5[②]

(16)入狗一枚　　元康四年二月己未朔己巳佐建受右前部禁奸卒充輸子元受致書

① 李均明、何雙全:《散見簡牘合輯》,北京:文物出版社,1990,35-43 頁。方括號内的文字是筆者參照前後文與相關簡文所補。

② 謝桂華、李均明、朱國炤:《居延漢簡釋文合校》,北京:文物出版社,1987。

在子元所　　　(同上)簡 5・12

(17)□□錢二千　三月千　□五月千　正月　□吋　食左部　(同上)簡 284・35

(18)四月乙未左部司馬☑

肩水都尉府敢言☑　(同上)簡 491・10A

(19)觻得騎士敬老里成功彭祖　屬左部司馬宣後曲千人尊　(同上)簡 564・6

(20)永光五年七月癸卯朔壬子左部左曲候　《羅布淖爾漢簡考釋》簡 2[①]

(21)右部右曲候丞陳殷十月壬辰爲烏孫寇所殺　(同上)簡 3

(22)二月庚辰朔丙午後曲候□☑　(同上)簡 4

(23)☑者馬君,左部後曲候尊、丞商、令史利☑　(同上)簡 5

(24)☑部右曲候□□、令史□□□　(同上)簡 6

(25)☑□□部軍守司馬　(同上)簡 7

(26)君使宣告左右部司馬衍□□□　(同上)簡 8

朱國炤、李零兩位學者先後都曾利用這批簡文資料探討過漢代軍事編制問題。朱國炤認爲上孫家寨木簡所提到的軍隊編制名稱與《續漢書・百官志》的名稱不一致,木簡是而《百官志》非。而簡文所記與《通典》卷一四八引過的一條不明出處的文字相合。[②] 李零在對上孫家寨木簡釋文重新排比的基礎上,對朱文未論及的地方作了一些補充,認爲漢代五人爲伍,二伍爲什,五什(左前中右後)爲隊,二隊(前後)爲官,二官(左右)爲曲,二曲(前後)爲部,五部(左前中右後)爲校,二校爲軍。同時指出漢代軍制與歷代軍制一樣,有常制也有變通,又有异名問題。《百官志》中的"營(五部)"與簡文的"校"相當。[③]

通常來説,史料記載的差异并不都意味着是非之分,這需要區别對待,有的情况下其實是史料所記載内容屬於不同的空間或時間,其間并無此是彼非,或彼是此非。《續漢書・百官志》記載的是東漢軍制,上孫家寨木簡所記載的是西漢的軍制,所載軍制在時間上不屬於同一時代,彼此略有差异應該屬於制度演變的結果,很正常。因此不能因爲上孫家寨木簡與《續漢書・百官志》的軍隊編制名稱有一些不同,而認爲木簡正確,《百官志》有誤。在這一點上,李零的意見無疑更妥當。當然,李零參考《通典》引文而排比出來的漢代軍隊編制也還有可以完善的地方,比如二曲(前後)爲部可能不一定符合事實。漢代軍隊中的部轄有五曲,不僅有前曲、後曲,還有左曲、右曲、中曲。上面的簡(21)的"左曲",簡(22)、簡(25)的"右曲",皆可爲證。類似的新出漢簡資料還可以補充幾條:

---

① 黄文弼:《羅布淖爾漢簡考釋》,收入《黄文弼歷史考古論集》,北京:文物出版社,1989,375-410 頁。

② 朱國炤:《上孫家寨木簡初探》,《文物》1981 年第 2 期。

③ 李零:《青海大通縣上孫家寨漢簡性質小議》,《考古》1983 年第 6 期,後收入《〈孫子〉古本研究》,北京大學出版社,1995,256-258 頁。

(27)建始五年☑□田車師左部中曲候令史禮調罷將☑候行丞☑□□爲駕詣北軍,爲駕一封軺傳,有請。當☑□史。 (A) 《敦煌懸泉漢簡釋粹》一六九,Ⅱ0214②:137[①]

(28)戊校右部中曲士督護□☑ (A)

故私從者孫忠字通□☑ (B) 《敦煌懸泉漢簡釋粹》一八一,Ⅱ0216②:547

(29)己校左部中曲候令史黄賞,以私財買馬一匹,騩駮(駁),牡☑ (A)

己校尉以□□□□□□□□□。 (B) 《敦煌懸泉漢簡釋粹》一八二,Ⅱ0215①:16

(30)中部中曲騎士效谷常利里崔常☑ ⅡT0114②:160[②]

(31)中部中曲騎士效谷執適里解福☑ ⅡT0214①:50[③]

(32)☑□□隧士吏前部右曲後官□☑ 《肩水金關漢簡(壹)》73EJT2:37[④]

這幾條簡文都應屬於西漢時期,裏面分别可以見到"中曲""右曲"的字樣,説明當時的軍隊編制確實是五曲(左右前後中)爲部。

《説文·金部》"鐸"字引《軍法》:"五人爲伍,五伍爲兩。"《後漢書·宣秉傳》注引《軍法》:"五人爲伍,二伍爲什。"既有五伍爲兩,又有二伍爲什。李零敏鋭地注意到在上孫家寨木簡中"卒、伍兩級編制都有,但没有兩",認爲這種現象是漢代軍制的變通,兩和什在漢代軍隊中都存在,"漢《軍法》決不能虚記"。[⑤] 其實,"五伍爲兩"説的是車兵的編制,"二伍爲什"則應是步兵或騎兵的編制。"兩"即"輛",五伍共計二十五人,是一輛戰車所配備的人數,按照先秦的車戰編制,一輛戰車配備的二十五人包括甲士十人(三名在車上,七名在車下),徒卒十五人。[⑥] 上孫家寨木簡中見不到"兩"的編制記載,恐怕不是木簡殘缺的緣故,應該是因爲在此附近屯駐的漢軍没有車兵。上孫家寨漢墓墓主應該是西漢宣帝時期趙充國平羌亂之後屯駐當地的一位軍事官員。[⑦] 漢朝與匈奴、羌人的作戰,或是在草原、荒漠長途奔襲,或是在崎嶇山地圍堵設伏,在此類地形條件和作戰方式下,車兵不具備優勢,故而漢朝在此類地區很少用車兵,基本以騎兵、步兵爲主。

從各方面的材料來看,漢代部曲編制基本上以五五制爲主,在個别地方輔以二二制。

---

① 胡平生、張德芳:《敦煌懸泉漢簡釋粹》,上海古籍出版社,2001。

② 見張俊民《懸泉漢簡所見西漢效穀縣的"里"名》,《敦煌研究》2012年第6期。

③ 見張俊民《懸泉漢簡所見西漢效穀縣的"里"名》。

④ 甘肅簡牘保護研究中心等:《肩水金關漢簡(壹)》,上海:中西書局,2011。

⑤ 李零:《青海大通縣上孫家寨漢簡性質小議》。該文後來收入《〈孫子〉古本研究》(258、259頁)時,作者補注説:"現在考慮,這可能是追述古制。"按,既然曰《軍法》,應是當時實際施行的軍事法令,在裏面不應出現追述不行於當時的古制。

⑥ 《周禮·地官·小司徒》:"乃會萬民之卒伍而用之,五人爲伍,五伍爲兩,四兩爲卒,五卒爲旅,五旅爲師,五師爲軍。"當然,兵車一乘所配備的士卒人數,不同材料也有不同説法。《周禮·地官·小司徒》鄭玄注引《司馬法》曰:"革車一乘,士十人,徒二十人。"《左傳·隱公元年》杜預注:"古者兵車一乘,甲士三人,步卒七十二人。"現在通常認爲,二十五人是西周編制,七十五人是春秋編制。參藍永蔚《春秋時期的步兵》,北京:中華書局,1979,89-100頁。

⑦ 青海省文物考古工作隊:《青海大通縣上孫家寨一一五號漢墓》,《文物》1981年第2期。

《續漢書・百官志》記載的東漢四級軍事編制單位應是五五制。上孫家寨漢簡反映的西漢軍事編制也大致如此,例如簡文中的伍是軍隊最基層編制單位,五人爲伍;簡文中另有五什爲隊,五曲爲部,五部爲校。這個序列中,目前衹有多少隊爲官、多少官爲曲還不是很清楚。不過,我們可以見到簡文中的官有左官、右官,隊有前隊、後隊。古代軍隊同一級單位的編制數量爲二或三時,通常按照左右或左中右命名區分,很少見到僅按照前後或前中後命名區分的。因爲無論進攻還是防禦,排列爲左右兩路或左中右三路的陣形最爲合理。因此,至少可以推定上孫家寨漢簡中的隊不應衹有前隊、後隊,還應該有左隊、右隊、中隊。也就是説,五隊爲官,隊與官這兩級編制單位之間可能是五五制。而鑒於簡文的殘缺,不能排除官與曲之間也同樣遵循五五制(即五官爲曲)的可能。這樣看來,上孫家寨簡中的漢代軍隊編制以五五制爲主的特徵就比較明顯了。

至於《通典》卷一四八《兵一》的記載:

> 立軍之法,一人曰獨,二人曰比,三人曰參,比參爲伍,五人爲列,列有頭。二列爲火,十人有長,立火子。五火爲隊,隊五十人,有頭。二隊爲官,官百人立長。二官爲曲,曲二百人立候。二曲爲部,部四百人,立司馬。二部爲校,校八百人,立尉。二校爲裨,將千六百人,立將軍。二裨軍三千二百人,有將軍、副將軍。

這條材料反映的軍隊編制除了"五人爲列""五火爲隊"外,基本是以二二制爲主,這與西漢和東漢的編制原則都不相符。過去一直把它當作先秦時期的材料,是正確的。雖然該條材料中的軍隊編制單位名稱(校、部、曲、官、隊,以及一人曰獨,二人曰比)往往與漢代簡牘中的記載相符,在研究漢代軍隊編制時,該材料有一定的參照意義,可以證明漢代軍隊編制單位的名稱受戰國時期的影響,①但不可套用該材料來推斷漢代的軍隊編制規律。

古代部伍編制與軍陣之間存在密切的關係。戚繼光《紀效新書》卷一説:"古人各色陣法皆在於編伍時已定,一加旌旗、立表,則雖畎畝之夫,十萬之衆,一鼓而就列者,人見其教成之易,而知其功出於編伍者,鮮矣。"可見,古代軍隊是根據各個時代軍陣的需要確定合理的編制規則的。先秦時期的軍隊往往分爲左中右或左右,比如甲骨文載殷代的軍隊編制是:"王作三師:右、中、左。"②《左傳・桓公五年》載春秋時鄭國軍隊出征,"曼伯爲右拒(通矩),祭仲爲左拒,高梁彌以中軍奉公"。這是適應作戰時的横列式方陣隊形而自然形成的軍隊編制,在作戰進攻時,可以用中路從正面突擊,左右兩路則從兩翼包抄,對敵軍形成合圍。

---

① "隊"亦見於《六韜・均兵》:"易戰之法:五騎爲列,前後相去二十步,左右四步,隊間五十步。"《續漢書・百官志》中的"屯"亦見於《六韜・均兵》:"三十騎爲一屯,六十騎爲一輩。"《六韜》裏的"隊""屯"都是騎兵的編制單位,這也可以説明漢代騎兵在軍隊中的比重很大,這在北方邊塞屯戍部隊中可能更爲顯著,比如本文徵引的簡(30)、簡(31)都是出土於敦煌懸泉置漢簡,從簡文看,無疑屬於騎士簡。

② 郭沫若:《殷契粹編》,第597片,北京:科學出版社,1965,509-510頁。

早期的軍陣比較簡單,基本是這種橫列式方陣隊形,軍隊的編制也遵循二二制或三三制的原則。隨着戰爭規模的擴大和戰爭指揮藝術的發展,軍陣的排列越來越複雜,軍陣的類型越來越多,軍隊的編制也在原來二二制或三三制基礎上發展爲以"五人爲伍"爲基礎的五五制。五五制較早見於《周禮·地官·小司徒》,應該是戰國時期形成的一種軍隊編制,我們在上孫家寨以及居延、敦煌等地出土簡牘中看到漢代軍隊的五五制無疑是沿用了這種編制原則,衹是編制單位的名稱有所不同而已。

在五五制之下,軍隊中的各個作戰單位下面基本都包含前、後、左、右、中五部分,這五部分在列方陣時也是按照名稱所反映的實際方位來確定自己的位置,小到每個士卒,大到部曲,無不如此。這是因爲古代戰陣操練指揮的手段主要通過金、鼓、旗號以及士卒服裝上的徽章,無論單個的士卒還是部曲,在陣形變換時基本依隨金鼓旗幟和前後左右的士卒或隊列的移動變化而作相應進退、聚散。上孫家寨漢簡中有許多關於陣法操練的殘簡,可以爲我們提供這方面的佐證:

(33)●以横爲兑武之法,左部前曲步而前□□　　《散見簡牘合輯》簡 336
(34)從爲兑武　　(同上)簡 337
(35)□爲浮苴之法校　　(同上)簡 338
(36)從爲圓之法,左部　　(同上)簡 339
(37)●以從爲圓之法　　(同上)簡 340
(38)令成圓而止　　(同上)簡 341
(39)方陳(陣)爲將車　　(同上)簡 462
(40)●牡陳(陣)冲方之□　　(同上)簡 465

以上各簡分别提到"兑武之法""浮苴之法""圓之法""方陣""牡陣"等,皆應爲陣法之名。在陣法演練中,各部曲行伍依照金鼓等指揮信號有規則地進退、聚散:

(41)聞鼓音左部前曲左右官後遂皆左間客□　　(同上)簡 329
(42)[聞]鼓音左部前曲左　　(同上)簡 330
(43)前,復聞鼓音　　(同上)簡 332
(44)□應鼓,萩應金□　　(同上)簡 333
(45)右部前曲右官相會於左右。　　(同上)簡 342
(46)相隨左右官□前後□　　(同上)簡 344
(47)□□并隨行　　(同上)簡 345
(48)部後曲後鄉(向)爲後□　　(同上)簡 351
(49)角相□正而各入後隊　　(同上)簡 361

(50)部司馬塞前曲毋動爲前當 (同上)簡363

(51)左部前曲并右部司馬,乃與前曲而前,與校尉并,與後曲右投足,前曲 (同上)簡364

(52)右投足塞孔 (同上)簡367

(53)當前行,去校尉六十步而止,右部 (同上)簡370

(54)曲左投足爲左,當前 (同上)簡373

《漢書·晁錯傳》説"金鼓之指"。顔師古注:"金,金鉦也。鼓所以進衆,金所以止衆也。"即用金鼓來指揮士卒進退。《漢書·李陵傳》也説"聞鼓聲則縱,聞金聲而止。"《尉繚子·勒卒令》可以見到更詳細的規定:

金、鼓、鈴、旗四者各有法。鼓之則進,重鼓則擊。金之則止,重金則退。鈴,傳令也。

一鼓一擊而左,一鼓一擊而右。一步一鼓,步鼓也。十步一鼓,趨鼓也,音不絶,騖鼓也。商,將鼓也。角,帥鼓也,小鼓,伯鼓也。三鼓同,則將、帥、伯其心一也。奇兵則反是。

可見,金、鼓、旌旗是古代指揮軍隊作戰的主要號令工具。古代之所以選擇擊金、槌鼓、揮動旌旗作爲指揮手段,《孫子兵法·軍争篇》説的很清楚:"《軍政》曰:'言不相聞,故爲金鼓;視不相見,故爲旌旗。'夫金鼓、旌旗者,所以一人之耳目也。人既專一,則勇者不得獨進,怯者不得獨退,此用衆之法也。"這是在古代通訊條件下爲適應大規模軍陣作戰方式而采取的最有效指揮方式,可以通過聽覺和視覺實現統一號令的目的。上孫家寨漢簡同樣表明這一點,根據簡文,將領用金鼓等不同號令指揮調動軍陣,軍陣中的各個行伍分别根據號令采取相應的行動,聞鼓則進,鼓止則停,聞金則退,士卒或前進,或後退,或左進,或右進,或并隊,或分離,皆隨號令而動、止。這部分簡文中的"隨行"、"相隨"、"并"、"入"、"相會"、"前"、"前行"、"後鄉(嚮)"、"右投足"、"左投足"、"右投足塞孔"等,都是各部曲什伍的士卒在不同號令指揮下的相應行動。

金鼓之外,旌旗也是軍陣調度的重要信號。《尉繚子·勒卒令》:"旗麾之左則左,麾之右則右。"同書《經卒令》説左、右、中三軍分别用蒼旗、白旗、黄旗作爲號令。上孫家寨漢簡也清楚的記載了軍陣指揮時的旌旗使用:

(55)[將異]其旗,卒異其徽 《散見簡牘合輯》簡410

(56)色别,五百以旃上齒色别,士吏以下旃下齒色别,什以肩章别,伍以肩左右别,士以肩章尾色别。 (同上)簡411

(57)左騎都尉翼青,右騎都尉翼白,[中騎都尉翼黄,前騎都尉翼赤,後騎都尉翼

黑。] （同上）簡 412

簡(55)所缺文字根據《尉繚子・兵教》所補。① 它説明不同軍將所督率的隊伍以旗幟來區分。這與史書的記載相符。《漢書・李陵傳》"陵軍候管敢爲校尉所辱,亡降匈奴,具言陵軍無後救,射矢且盡,獨將軍麾下及成安侯校各八百人爲前行,以黄、白爲幟。"隨李陵出征的軍隊總共爲五校,約五千人。李陵直接指揮的一校與成安侯指揮的一校共同作爲前鋒,相互之間即通過黄與白兩種顔色的旗幟來區分。

校之下爲部,據前文引簡(13),一校之内的左、前、中、右、後五部分别以青、赤、黄、白、黑五種顔色的旃胡來作爲標識。《周禮・春官・司常》:"通帛爲旜。"旜即旃。鄭玄注:"通帛謂大赤,從周正色,無飾。"《爾雅・釋天》:"因章曰旃。"郝懿行《義疏》:"因章者,謂因帛之色以爲章,不加文飾,故《司常》謂之'通帛',《爾雅》謂之'因章'。《左氏・僖廿八年》《正義》引孫炎曰'因其繒色以爲旗章,不畫之',是也。"《説文》:"旃,旗,曲柄也。所以旃表士衆。"可見,旃爲不施加紋飾的赤色的旗子,曲柄。旃旗的三邊附綴鋸齒狀的邊飾,名重牙或燕尾。旃胡應是旃下邊的鋸齒狀邊飾。

部之下爲曲,曲與曲之間以何種旌旗爲各自信號標誌,簡文没有保留下來。

曲之下爲官,官由五百將統領。簡(56)云"五百以旃上齒色别",表明一曲的左、右二官以旃上齒的顔色區分。簡文所説的"旃上齒"即旃的上側一邊齒狀邊飾。

官之下爲隊,簡(56)云"士吏以下旃下齒色别",當指隊的旌旗特點。

隊與部都采用旃下邊鋸齒邊飾的顔色差异來作爲與其他部伍區分的標誌,隊與部之間有無進一步的區别呢?上孫家寨漢簡的零星記載給了我們提示:

(58)●士曲旃幹長五尺,胡、緣廣各 （同上）簡 427

(59)□曲旃長二丈三尺□□ （同上）簡 428

兩條簡文分别記載了兩種不同規格的旃,兩種旃在旃幹、旃的幅面、旃胡、旃緣等的尺寸大小長短上,各不相同,應該是適用於不同級别的編制。也就是説,隊與部雖然都采用旃下齒色爲標識,可是它們各自所持的旃旗,規格有大小之别,是不同的。

簡(57)則記載了左、右騎都尉以幡翼的顔色區分。上孫家寨殘簡有個别文字應與幡翼的規格尺寸有關:

(60)□尺,幡□廣長半幅,幡廣□□長三尺,翼廣長□ （同上）簡 419

(61)翼乳 （同上）簡 420

(62)廣半幅,長二尺二寸;翼 （同上）簡 422

① 參見朱國炤《上孫家寨木簡初探》,《文物》1981 年第 2 期。

(63)廣長與幡廣等,兑本　　(同上)簡423

(64)其廣長與幡廣等兑　　(同上)簡424

(65)廣等兑本　　(同上)簡425

幡也是旗的一種。與横展且不書文字的旗不同,幡豎垂,且如崔豹《古今注》所説,“題表官號,以爲符信,故謂之信幡”。[①] 幡的下邊有鋸齒狀邊飾,即“幡胡鋸齒”。連雲港尹灣漢墓出土《武庫永始四年兵車器集簿》記録有“幡胡鋸齒”,即是。這裏列舉的簡文中有三條提到幡的翼,説明幡的組成部分還有翼,其形狀當如甘肅嘉峪關三號魏晋墓壁畫“出行圖”裏面所出現的幡旗,此幡下邊有鋸齒狀邊飾,兩側的上部各綴有如翼狀的飾物,當即幡翼。左、右騎都尉應該是以幡的左、右兩翼的顔色來區分的。

不同部伍的士卒之間又如何識别、區分呢？古人早就認識到對士卒“飾以徽章”是使軍隊戰無不勝的必要條件之一。[②]《尉繚子・經卒令》中特别强調在對士卒進行編隊時,不同部伍使用不同顔色的徽章,同一部伍的士卒在身上特定位置佩戴鮮明的徽章:

經卒者……卒有五章:前一行蒼章,次二行赤章,次三行黄章,次四行白章,次五行黑章。

前一五行,置章於首;次二五行,置章於項;次三五行,置章於胸;次四五行,置章於腹;次五五行,置章於腰。

如此,卒無非其吏,吏無非其卒,見非而不詰,見亂而不禁,其罪如之。

簡(55)在强調“將異其旗”時也説“卒異其徽”,就是講不同隊列的士兵佩戴不同的徽章,這也是爲了部伍之間的區别以及軍陣隊列的整齊。這一類的資料在上孫家寨簡中還有一些:

(66)[肩章]尾青,從騎肩章　　《散見簡牘合輯》簡415

(67)[左士肩章尾青,前士肩章尾赤,中士肩章尾黄,右士]肩章尾白,[後士]肩章尾黑。　　(同上)簡416

前文引簡(14)記載了五個什的肩章分别爲青、赤、黄、白、黑五種顔色。同一什的兩個伍之間以“肩左右”即徽章在左肩還是在右肩來區别。簡(67)則表明一伍下面的五位士卒以肩章尾色相區别。簡文稱“肩章”,説明漢代士卒的章是佩戴在肩部的,這和《尉繚子》中不同行列的士卒將章分别置於首、項、胸、腹、腰是有區别的。章尾的顔色分青、赤、黄、白、黑五

① 孫機《漢代軍服上的徽識》(《文物》1988年第8期)認爲,幡大約是軍官佩帶於肩部的徽識,有時徑直稱爲徽。所説未妥。

② 《尉繚子・兵令上》。

色，這與《尉繚子》中的章色則基本一致。徽章的使用可以使軍吏與自己的士卒之間比較容易識别、辨認，也避免與其他編制單位或行列的士卒在操練或實戰時相互錯亂，便於管理、指揮和調度，保證部伍整齊有力。

古代軍卒佩帶的徽章可以置於左右肩，也可以置於胸部或背部。[①] 上孫家寨漢簡反映的應該衹是其中的一種。陝西咸陽楊家灣西漢大墓陪葬坑出土的陶士卒俑背後佩帶有長方形的徽識，孫機先生認爲或即佩帶於背部的徽章。[②]當然也不是所有的軍隊都采用佩戴徽章的方式區分士卒，有專家對秦始皇兵馬俑研究之後認爲："兵馬俑没有徽章，但軍服和裝束却顯示着不同。前鋒或前鋒的補充隊——第 1 行戰車前的兵俑，第 4、6、8 過洞的獨立步兵俑前部——左右翼部的東端，都是些免胄的戰袍俑；T2、T20 外側三過洞中有 9 列戴武幘、背負雙環的鎧甲俑——'長鈹隊'（部分）；T22（含 T4）則是梳瓣髻的隨車鎧甲俑……其本身就構成了秦陣中士卒識别的特點。"[③]

陣法演練以及實際作戰的軍紀十分嚴明，軍卒必須嚴格聽從號令行動，令行禁止，部伍之間不得錯亂，否則就要將該部伍的軍吏斬首。前面引過的簡（11）、簡（12）就是嚴禁不同編制單位在軍陣進退、聚散等轉换時破壞隊列現象而制定的軍令條文，凡是發生此類問題，皆斬殺該部曲的軍事長官。此外又如：

（68）莫詩。鼓止，行者不當行而行，斬，將□　　《散見簡牘合輯》簡 331

（69）[擅進者，前]行殺之；擅退者，後行殺之。　　（同上）簡 450

擅進、擅退和鼓止而仍舊行進，都屬於違背號令，可以就地處置。這樣的規定在《尉繚子·勒卒令》已經有明確記載："鼓失次者有誅，喧嘩者有誅，不聽金、鼓、鈴、旗者有誅。"衹有經過這樣嚴格的操練，使士卒熟悉各種信號和口令，嚴守進退的規矩、聚散的法度，才能够訓練出符合征戰要求的"教士"，在戰鬥時做到令行禁止，協調一致，充分發揮軍隊的整體戰鬥力。

總之，軍陣的操練和實戰運用中，士卒和由單個士卒組織起來的部伍之間必須協同行動。具體來説，任何一名士卒在聽從金鼓旗幟的指揮而行動的同時，也要注意其前、其左、其右的同一隊列或不同隊列的士卒，彼此配合，協調一致，使得行列整齊。各隊列、部伍之間的進退、聚散也是如此。因此，以前、後、左、右、中的五五制來組織部伍是符合當時作戰需要的一種軍隊編制。

---

① 見《墨子·旗幟篇》。

② 孫機：《漢代軍服上的徽識》，《文物》1988 年第 8 期。

③ 王學理：《輕車鋭騎帶甲兵——秦始皇陵兵馬俑發現與研究》，天津：百花文藝出版社，2002，172 頁。

河西漢塞軍人的生活時間表

中國人民大學國學院
出土文獻與中國古代文明研究協同創新中心　孫聞博

内容提要　漢代河西邊塞的辦公時間,從平旦延續至下餔,甚至日入。候官事務在上下午多形成兩次波峰。屬吏不但辦公時間辛勞,還需日夜更直。與迹卒刻符類似,更直的交接多在平旦。隧卒則晝夜舉表、舉火,時刻待命傳送郵書。戍吏隨時記録軍務,每月"月旦""晦日"前後最爲忙碌。月簿、四時簿的上報日期存在一定浮動,錢糧的領取時間更不嚴格,而年度簿籍還存在"九月制"與"十二月制"。吏卒日常從事各種勞務,勞作定額相對明確,工作的效率與强度也較高。休沐節假構成吏卒工作節奏的另一方面。邊塞軍人在張弛之間,實現着個人義務與帝國安全。

關鍵詞　河西漢塞　時間表　作息時間　工作節奏　軍務效率　勞作定額

西漢武帝末年迄東漢前葉,漢帝國爲抵禦匈奴、溝通西域曾在河西邊塞開展百餘年的屯戍活動,對漢帝國的巩固、发展及當時東方的國際形勢産生了深遠影響。得幸二十世紀以來敦煌、居延漢簡的陸續發現,這一軍事防禦組織設立與展開之圖景終得以呈現若干。關於這些簡牘的整理利用,日本學者偏重從文書學角度着眼,對簡牘進行集成式研究。此以藤枝晃倡導、永田英正的實際推動爲代表。[①] 相對而言,中國學者以歷史專題爲導向的討論更多一些。數十年來,兩者對歷史認知的推進皆有貢獻,實際正可互補共進。需要提到的是,中國

① 參見永田英正《居延漢簡研究》及書前藤枝晃序,張學鋒譯,桂林:廣西師範大學出版社,2007。

學者從着手伊始,其實同樣注意相關考古信息的利用。[①] 如今,居延、敦煌漢簡的研究無論是集成式的文書學探討,[②]還是語詞考釋,簡牘所反映政治、軍事、經濟、文化藝術等方面的研究,均得到了較全面展開。在此基礎上,我們對兩漢河西邊塞軍務運作與軍人生活的日常情態之了解,有了進一步期待。

日常生活作爲社會生活史的重要組成,在近年"眼光向下"的史學研究中受到學界日益重視。在"社會結構"之下,它更關注個體的"人"之存在,關注普通群體日常行爲與平凡生活中所呈現的歷史意義。這一興起於 20 世紀 70 年代中期的西方史學觀察,[③]在中國史學研究中愈益獲得體認,得到實踐。[④]

本文選擇兩漢時期河西邊塞的屯戍軍人爲對象,以時間爲基本綫索,利用上述河西漢簡,在以往研究梳理軍人日常"生活"之外,從另一個角度,措意於他們生活的"日常"。半世紀前,楊聯陞作《帝制中國的作息時間表》,[⑤]分兩部分對中國兩千年來皇帝、官員的辦公時間與假日,農人、商人等普通社會群體的營業與勞動時間,做了通貫而簡要的考察,於漢代有所涉及。本文將嘗試開展更細緻的工作,思考在邊塞守衛的常態情形下,軍人的作息時間與工作節奏呈現怎樣的面貌?平時各級防禦組織間的軍務處理與文書傳遞,表現出怎樣的時間樣態,又體現出何種效率?日常勞作從事哪些工作,工作定額的具體情況又是怎樣的?

一　作息時間:辦公與當直

邊地軍人的作息涉及辦公時間與日常輪直等問題,而他們的工作節奏在依據不同時段

---

① 王國維在當時有限條件下,雖權且按簡牘内容分組,但對每支敦煌漢簡的出土地點與簡牘尺寸均詳加記録,予以充分重視。又,馬衡曾考慮用坑位來編次居延漢簡。而陳夢家研究居延漢簡,每項專題討論更是建立在出土地點與年曆編排基礎之上,他還明確指出整理漢簡需注意:第一,出土地問題;第二,關於年曆的問題;第三,關於編綴成册和簡牘的尺度、製作的問題;第四,關於分年代、分地區、分事類研究與綜合研究相互結合的問題。另則附記亦提到,"關於漢簡如何分期,除出土地外,還應從整個年曆譜的排定、編册的復原等等,始能作好"。羅振玉、王國維:《流沙墜簡》,北京:中華書局,1993;陳夢家:《漢簡考述》(原刊《考古學報》1963 年第 1 期),《漢簡所見居延邊塞與防禦組織》(原刊《考古學報》1964 年第 1 期),均收入《漢簡綴述》,北京:中華書局,1980,2、70 頁。

② 此方面的最新工作參看李天虹《居延漢簡簿籍分類研究》,北京:科學出版社,2003。

③ [美]格奥爾格·伊格爾斯(Georg G. Iggers):《二十世紀的歷史學:從科學的客觀性到後現代的挑戰》,第九章"從宏觀的到微觀的歷史學:日常生活史",何兆武譯,瀋陽:遼寧教育出版社,2003,116-135 頁;劉新成:《日常生活史:一個新的研究領域》,《光明日報》2006 年 3 月 20 日。

④ 胡悦晗、謝永棟:《中國日常生活史研究述評》,《史林》2010 年第 5 期。

⑤ Lien-sheng Yang, Schedules of Work and Rest in Imperial China, *Harvard Journal of Asiatic Studies*, Vol. 18, No. 3/4 (Dec. 1955), pp. 301-325;收入所著《中國制度史研究》,彭剛、程鋼譯,南京:江蘇人民出版社,2007,17-38 頁;又收入所著《國史探微》,瀋陽:遼寧教育出版社,1998,44-65 頁。相關評述及推進參見葛兆光《嚴昏曉之節——古代中國關於白天與夜晚觀念的思想史分析》,《台大歷史學報》32,2003,33-55 頁,又見所著《思想史研究課堂講録:視野、角度與方法》,第十講"在法律史、社會史與思想史之間——以傳統社會中白天與黑夜的時間分配爲例",北京:三聯書店,2005,242-265 頁。

而製作、使用、呈送的簿籍中則多有呈現。先看第一個問題。

關於漢代官吏的辦公時間,以往關注很少。[①]《説文·申部》:"申:……吏以餔時聽事,申旦政也。"段注:"餔者,日加申時食也。申旦政者,子産所謂'朝以聽政,夕以修令';公父文伯之母所謂'卿大夫朝考其職,夕序其業。士朝而受業,夕而習復也'。"[②]上述所記餔時對應申時,屬東漢十二時系統。按十二時制在西漢雖已出現,但衹爲曆法家等少數人所使用。[③]大體至東漢章帝頒行四分曆,十二時制才在官方系統得到普遍推行。[④]而所謂"旦政"多對應"朝以聽政",指在清晨厘務。許慎解字揭示了東漢官吏分别在早間與下午正式辦公的情形。而段注聯繫先秦卿大夫處理政務的時間,在體現相關制度承續性同時,於清早時段稱"朝"也值得注意。勾稽史料,東漢時期例證其實尚有一些。《潛夫論·愛日》云"萬官撓民,令長自炫,百姓廢農桑而趨府庭者,非朝晡不得通,非意氣不得見"。[⑤]王符批評了地方官員擾民自恃,百姓赴縣衙署辦事時,非"朝晡"時段、饋贈禮物而不能獲取接待的情况。而平日"得通"的"朝晡",應當是官員辦理公務的常規時間。高誘《淮南子叙》自云"除東郡濮陽令","於是以朝餔事畢之閑,乃深思先師之訓,參以經傳道家之言,比方其事,爲之注解"。[⑥]可知這部《淮南子注》是高誘在任東郡濮陽縣令時,於"朝餔"理事之外的空閑時間完成的。又,《太平御覽》卷二六四《職官部六二》引《鐘離意别傳》云"太守竇翔召意署功曹吏,意乃爲府立條式,威儀嚴肅,莫不靖恭。後日,竇君與意相見曰:'功曹須立嚴科,太守觀察朝晡'",[⑦]及《禕别傳》言蜀漢費禕"常以朝晡聽事,其間接納賓客,飲食嬉戲,加之博弈,每盡人之歡,事亦不廢"。[⑧]所謂"太守觀察朝晡","常以朝晡聽事",亦與前舉含義相同。[⑨]至南朝蕭梁,官府置鼓尚有"朝晡鼓"的稱謂,蕭繹《纂要》即云"施於府寺曰朝晡鼓"。[⑩]聯繫前論,這裏"朝餔""朝晡"應分指朝時、餔時。

---

① 學者提到"平常他(今按:指漢代官員)衹在清早和傍晚正式辦公",極具啓發,但未展開論證。楊聯陞:《帝制中國的作息時間表》,《國史探微》,46頁。

② 許慎撰,段玉裁注《説文解字注》,上海古籍出版社影印本,1988,746頁下欄。

③ 于豪亮:《秦簡〈日書〉記時記月諸問題》,《于豪亮學術文存》,北京:中華書局,1985,159-160頁。

④ 任傑:《秦漢時制探研》,《自然科學史研究》2009年第4期,459-461頁。

⑤ 王符著,汪繼培箋,彭鐸校正《潛夫論箋校正》卷四,北京:中華書局,1985,214頁。

⑥ 何寧:《淮南子集釋》"序目",北京:中華書局,1998,6頁。

⑦ 李昉等:《太平御覽》,北京:中華書局影印本,1960,1237頁下欄。

⑧ 《三國志》卷四四《蜀志·費禕傳》裴注引,北京:中華書局,1959,1061頁。

⑨ 《後漢書》卷二六《趙熹傳》言寓京藩王面見皇帝,亦有"朝晡入臨"語,北京:中華書局,1965,915頁。

⑩ 徐堅等:《初學記》卷一六《樂部下鼓七》,北京:中华书局,1962,399頁。

秦至東漢初年普遍使用的時制與上述階段有异，而主要爲十六時。[①] 不過，此時制具體時段的劃分與命名，可能采取了夏至日晝十一、夜五各自均分的方式，不同季節隨時調整，[②] 目前完全揭示尚有難度。不過，新近公布懸泉漢簡Ⅵ92DXT1222②：19 木牘，記録了某年"十月十二月"一日夜時稱 32 個。[③] 據出土層位，大體屬王莽至東漢初期。[④] 這是依季節變化而在冬季使用的時制，符合太初曆系統且時稱銜接完整，可以初步建立起當時冬季時制同今時的對應關係：

表 1 懸泉木牘三十二時(冬季)與今時對應表

平旦	日出	二幹	早食	食時	食坐	日未中	日中
6:00-6:45	6:45-7:30	7:30-8:15	8:15-9:00	9:00-9:45	9:45-10:30	10:30-11:15	11:15-12:00
日失	早餔	餔時	餔坐	下餔	夕時	日未入	日入
12:00-12:45	12:45-13:30	13:30-14:15	14:15-15:00	15:00-15:45	15:45-16:30	16:30-17:15	17:15-18:00
昏時	定昏	夜食	人定	幾少半	夜少半	夜過少半	夜幾半
18:00-18:45	18:45-19:30	19:30-20:15	20:15-21:00	21:00-21:45	21:45-22:30	22:30-23:15	23:15-0:00
夜半	過半	夜大半	大晨	雞前鳴	中鳴	後鳴	幾旦
0:00-0:45	0:45-1:30	1:30-2:15	2:15-3:00	3:00-3:45	3:45-4:30	4:30-5:15	5:15-6:00

資料來源：任傑：《秦漢時制探研》，456 頁。

關於邊地軍事機構的辦公情況，可以獲得的直接材料有限，這裏通過居延漢簡"詣官"簿做些嘗試。永田英正早前曾通過"詣官"簿的集成，探討候官一級組織的軍務運作。[⑤] 這類簿書實際屬候官所轄部、隧戍吏被召或因事，而赴候官會辦事務的報到登記簿。格式爲：職務-姓名-事宜-"詣官"-某月-某日-某時入。它初步按月編册，然後進一步匯總。部隧吏卒詣

① 于豪亮：《秦簡〈日書〉記時記月諸問題》，《于豪亮學術文存》，157-162 頁；陳久金：《中國古代時制研究及其换算》，《自然科學史研究》1983 年第 2 期；宋會群、李振宏：《秦漢時制研究》（原刊《歷史研究》1993 年第 6 期），收入李著《居延漢簡與漢代社會》，北京：中華書局，2003，181-200 頁；李解民：《秦漢時期的一日十六時制》，李學勤主編《簡帛研究》第 2 輯，北京：法律出版社，1996，80-88 頁；尚民傑：《從〈日書〉看十六時制》，《文博》1996 年第 4 期；尚民傑：《居延漢簡時制問題探討》，《文物》1999 年第 11 期；張德芳：《懸泉漢簡中若干"時稱"問題考察》，《出土文獻研究》第 6 輯，上海古籍出版社，2004，190-216 頁；張德芳：《簡論漢唐時期河西及敦煌地區的十二時制和十六時制》，《考古與文物》2005 年第 2 期；李天虹：《秦漢時分紀時制綜論》，《考古學報》2012 年第 3 期。

② 任傑：《秦漢時制探研》，456-459 頁；吕世浩：《漢代時制初探——以懸泉置出土時稱木牘爲中心的考察》，張德芳主編《甘肅省第二届簡牘學國際學術研討會論文集》，上海古籍出版社，2012，111-118 頁。

③ 圖版及釋文參見張德芳《懸泉漢簡中若干"時稱"問題考察》，190-191 頁；張德芳《簡論漢唐時期河西及敦煌地區的十二時制和十六時制》，69 頁。

④ 胡平生、張德芳：《敦煌懸泉漢簡釋粹》"前言"及"凡例"，上海古籍出版社，2001，1-2 頁。又承張俊民先生告知，此木牘時代或可早至西漢宣元時期。

⑤ 永田英正：《試論居延漢簡所見的候官——以破城子出土的"詣官"簿爲中心》（原刊《史林》56-5，1973），收入《簡牘研究譯叢》第 1 輯，孫言誠譯，北京：中國社會科學出版社，1983，197-222 頁。

官時間固然源自啓程時刻,但因距離并不十分遥遠,所以應是在充分估計抵達大致時間下進行的,一定程度可以反映候官一級的辦公狀況。現以甲渠候官爲對象,居延漢簡部分從永田英正已集成者選取;永田英正未及利用的居延新簡,已公布者出於甲渠候官與第四隧者,亦符合要求。具體情况如下表所示,因時制隨季節變化,這裏對詣官月份做明確標注。

表 2　居延甲渠候官部吏詣官月時表

	平旦	日出	蚤食	食時	食坐	日中	餔時	餔坐	下餔	日入	合計
正月			B(將卒廩);23S(行塞還)			呑北S(召);B;5S(詣門下白言事)			22S(調)	B	7
二月	B			B				B			3
三月	23H(受奉)		2S(將卒);木中S+居延T(還)	B	B		17HS(府記尉檄)		B		7
四月			36S(取急)		10守H(謁)	收虜S(將卒廩)	10H(召)	B			5
五月			17H(送省卒)	21S(取寧);箕山S(願見)				B(還);B	4H+HS(迹還);臨桐S(迹);兼7S、4S(召)		8
六月	1S(將卒廩);14S同;萬歲S同;HS(召)		B;4H;B(尉功算);8S(召)	鉼庭H	B(召)	B;B	B	武成S(受布)	三塠S(召);8S(召);9S(召)		17
七月			13S(召);呑遠H(上功射);H同;鉼庭H(將吏)	6S(自言)							5
八月	城北S(自繫);臨之S(買藥封符);驚虜S(召);4HS(召)		28S(將省卒)	B(習字簡)	17H(射)	呑遠士吏(召)		士吏(召吏還)	B		10

续表

	平旦	日出	蚤食	食時	食坐	日中	餔時	餔坐	下餔	日入	合計
九月		當曲S(府辟火)①	4H(爲社市)						B;B		4
十月			7S;當曲S(郵書);B						萬歲士吏(對府還);37S(封符載食)		5
十一月	察微S(省卒);B(吏奉);B		H(上功);B(還負錢)		13S卒(自繫);臨桐S(初除謁)				B		8
十二月			B;17H(召)	吞遠S(召)					B(受奉);B		5
閏月									B		1
不明	萬歲HS(召);B;B;B		B;B;B;B;B;B	B	B	B;B;B;		B;B;B	B;B;B;B;B;B;B;B		26
計	17	1	29	9	7	10	3	9	25	1	111

注:H=候長;HS=候史;S=隧長;T=亭長;B=不明;數字=序數隧;()中=事由。

資料來源:永田英正:《試論居延漢簡所見的候官——以破城子出土的"詣官"簿爲中心》,201-206頁;甘肅省文物考古研究所等編:《居延新簡——甲渠候官》,北京:中華書局,1994。

上述共搜集到111例。其中,六月、八月的登記記録稍多,而具體詣官時間則涉及10個時稱:平旦、日出、蚤食(早食)、食時、食坐、日中、餔時、餔坐、下餔、日入。以往多將食坐視作食時,餔坐視作餔時。而據此,二者在更細緻劃分時可分別較食坐、餔坐偏後一個時段。詣官而入的最早時間爲平旦,可以確定月份者分别出現在二、三、六、八、十一月。夏季等時節的平旦,應較前表中所示冬季時更早一些。西漢武帝太初元年(前104)頒太初曆,夏正建寅,正月歲首,正以"平旦爲朔"。[②] 班固撰《食貨志》,追叙先秦曾言"春,將出民,里胥平旦坐

---

① 簡文作"當曲隧長武持府所辟火報詣官九月丁未日出入"(59·36)。"辟火"指對有關烽火事的調查。李均明:《漢簡"辟火"解》(原刊《文史》第20輯,北京:中華書局,1983),收入所著《初學録》,臺北:蘭台出版社,1999,378-380頁。

② 《後漢書》卷三《章帝紀》注引《尚書大傳》,同書卷二五《魯恭傳》注引《三禮義宗》,152、881頁。

於右塾,鄰長坐於左塾,畢出然後歸”。[①] 而漢代“郊泰時,皇帝平旦出竹宫,東向揖日”,[②]亦以此時。候官一天的辦公從平旦開始,或是淵源有自。甲渠候官方面的最晚詣官記録爲“日入”,簡文作“☐正月戊寅日入入”(482·20)。[③] 時間在正月。此外,居延漢簡還有一枚作“☐☐昏時入”(454·28),出土地點在 P9 博羅松治,[④]可能爲卅井候官的“詣官”簿。

進一步來看,早食、下餔詣官的最多,分别爲 29 與 25 例。其次爲平旦,有 17 例。這與前論東漢地方長官正式辦公的時間,有可對應的地方。不過,日中、食時、餔坐詣官者有 10、9、9 例,而其他時段也多有詣官,則邊地候官是否如内地僅在朝餔時段正式辦公尚難斷定。但長官甲渠候在躬親之外,某些時段却不排除事務由當直屬吏代爲處理的可能。而觀察詣官事由的記録還可看到,候官對詣官者於當天何時段報到似較少作嚴格規定。如召詣官者,在平旦、早食、食時、食坐、日中、餔時、下餔抵達者均有。詣官取廩、受奉者也是在平旦、早食、日中、下餔等多個時段報到登記。

匯聚起來的文書主要由候官屬吏處理。他們的事務更爲繁忙。僅僅日常辦公時間的協理恐怕是不够的,西漢“程不識正部曲行伍營陳,擊刀斗,士吏治軍簿至明”,[⑤]從一個側面顯示了軍務規程嚴格操作下軍吏工作的辛勞。而除了埋首策牘之外,候官屬吏往往還需“直符”。

“直符”,猶後世值班。[⑥] 需補充的是,“直符”者,除“由尉史任之”外,[⑦]主要還有令史:

(1)建始二年十月乙卯朔丙子令史弘敢言之迺乙亥直符倉庫户封皆完毋盗賊發者敢言之(E.P.T52:100)[⑧]

令史、尉史是居延邊塞僅存於候官一級的吏員,且爲候屬吏中之常駐候官者。他們持符巡視,主要是檢查候官内的物資設施。“直符”人員一日一更,當直的工作時間是一日一夜:

(2)建平三年七月己酉朔甲戌尉史宗敢言之迺癸酉直符一日一夜謹行視錢財物臧内户封皆完毋盗賊發者即日平旦付令史宗敢言之(E.P.T65:398)

---

① 《漢書》卷二四《食貨志上》,北京:中華書局,1962,1121 頁。

② 《漢書》卷六《武帝紀》臣瓚注引《漢儀注》,185 頁。

③ 謝桂華、李均明、朱國炤:《居延漢簡釋文合校》,北京:文物出版社,1987,下册,579 頁。按:以下所引簡牘,均初引注明出處、版本,之後僅隨文注明簡號。

④ 中國社會科學院考古研究所編:《居延漢簡甲乙編》附表一“居延漢簡出土地點表”,北京:中華書局,1980,下册,323 頁。

⑤ 《史記》卷一〇九《李將軍列傳》,北京:中華書局,1982,2870 頁。

⑥ 參見沈剛《居延漢簡語詞匯釋》“直符”條引諸家説,北京:科學出版社,2008,155-156 頁。

⑦ 陳夢家:《漢簡所見太守、都尉二府屬吏》,《漢簡綴述》,103 頁。

⑧ 甘肅省文物考古研究所等編:《居延新簡——甲渠候官》,北京:中華書局,1994,上册,100 頁。

簡(2)同時顯示“直符”者與下一更直者的具體交接時間在次日“平旦”。[①] 這也正是候官一天中開始辦公的時間。在將所持符交付接任者後,“直符”者還需及時上交值班報告,寫明昨日巡視的狀況。上述直符簡即是相應報告的實物。

候官之下的部隧吏卒,主要負責“驚烽火明天田謹迹候候望”(278・7A),即按時傳遞烽火信號,平治天田,巡查往來人員蹤迹,候望敵虜。先説日迹。[②] 漢代邊塞的日迹巡視大體分兩個群體,工作範圍有别。一是部的候長、候史及士吏。正常情况下,候長、候史每日按計劃巡視,要在一個月中將部界内全部隧所巡視一遍。[③] 近年發現四面書寫的“■第十候史日迹檮”(99ES16SF2:4),即是候史日迹所使用的日迹籌。居延新簡有:

(3)將軍令月生民皆布在田野以塞候望爲耳目檄到恭等令隧長旦蚤迹士吏候長常以日中迹(E.P.F22:167)

明確提到士吏、候長日迹通常在一天的日中,值得注意。按此簡出土於甲渠候官 F22 房址内,與編號相鄰簡 E.P.F22:166、168 構成一組册書,時代爲“建武桼年六月”。而在 F22 西側,與其緊鄰的 T49、T48,[④]還見有:

(4)第六日中檮(E.P.T48:131、E.P.T49:1、E.P.T49:2)

(5)第六日中迹檮(E.P.T49:24、E.P.T49:25、E.P.T49:26)

據兩探方所出其他簡牘,[⑤]上述時代在西漢元帝至東漢和帝初年。釋文提到簡 E.P.T49:1、E.P.T49:2、E.P.T49:25 上端皆有穿孔。對照圖版,簡 E.P.T48:131 上端實際同樣存在穿孔,簡 E.P.T49:24、E.P.T49:26 雖無穿孔,但上端兩側修有契口,部分尚有繩束殘留。故它們形制及捆束方式大體一致。這類籌均明確提到“日中”的時稱,很可能即候長、候史所使用者。

另一群體是每隧的隧長、隧卒,衹負責烽隧周邊區域的天田巡查。新出四面書寫的“■甲渠第七隧長日迹檮”(2000ES7SH1:25)、“■第七隧卒日迹檮”(2000ES9SF1:1)、“騂北亭卒日迹檮”(73EJT23:286),爲他們所使用者。簡(3)中提到隧長的日迹時間與候長有异,是在“旦蚤”,即平旦至早食時段進行。敦煌、居延漢簡顯示,爲保證戍卒巡徼的工作質量,相鄰烽隧的每日當直者還需至界上另外刻符或刻券,以爲憑證:

---

① 這類書寫有“即日平旦”的“直符”簡尚有 E.P.T43:99、E.P.T51:413、E.P.T52:266、E.P.T65:451。

② 相關研究及推進參見張俊民《漢代邊境防禦制度初探——以出土漢簡日迹爲中心的考察》,卜憲群、楊振紅主編《簡帛研究二〇〇四》,桂林:廣西師範大學出版社,2006,279-294 頁。所論已涉及多個方面。

③ 汪桂海:《簡牘所見漢代邊塞徼巡制度》(原刊《中國邊疆史地研究》2006 年第 3 期),修訂稿收入所著《秦漢簡牘探研》,臺北:文津出版社,2009,154 頁。

④ 據《甲渠候官遺址發掘探方分布圖》,甘肅省文物考古研究所等編《居延新簡——甲渠候官》附録。

⑤ 兩探方紀年簡最早爲永光四年(E.P.T48:1、E.P.T48:2),最晚永元二年(E.P.T49:41A)。

(6)十二月戊戌朔博望隧卒旦徼迹西與青堆隧卒會界上刻券~≠

十二月戊戌朔青堆隧卒旦徼迹東與博望隧卒會界上刻券~　顯明(1392)

(7)四月威胡隧卒旦迹西與玄武隧迹卒會界上刻券(2296)

(8)☐平旦徼迹☐(2273A)

☐五□　　☐(2273B)

(9)第□□□□回旦符(截面爲半圓形)(E.P.T49:70A)

弛刑朝文山迹持出入(E.P.T49:70B)

(10)回第六平旦迹符(E.P.T49:69)

簡(6)即敦煌邊塞博望隧卒與青堆隧卒在界上所刻券書,正背皆書,内容記録角度相反。原當製作兩件,此爲其一。對照圖版,此簡下端有縱裂斷口。簡文尾端的"~",乃分界墨綫"—"。墨綫下文字書體有别,應是後填上的。"顯明"當爲青堆隧卒的名字,而"≠"作"",或是屯字,爲博望隧卒之名。簡(7)對照圖版,四邊似均有墨欄痕迹,簡之左側從上到下有20個刻齒。[①] 其中,第一刻齒較大,位於"月"字左側,有學者且指出"在大刻齒内有十三日小字",[②]正與"四月"銜接。此簡書寫格式基本同簡(6),均提及刻券是在"旦徼"之時。簡(8)殘文的書式與上相同,更具體作"平旦徼迹"。簡(10)對照圖版,大體存左下端部分。作爲封檢殘件,所封物稱"平旦迹符",也交代了同樣的時稱。[③] 簡(9)性質與簡(10)接近,存字作"旦符"。可以看到,日迹會界上刻券的時間選擇大體同前論"直符"吏的交接,一般也在平旦。

其次,烽隧日常還進行擊鼓與舉表。擊鼓如甲渠塞吞遠隧"有鼓一……尉卿使諸吏旦夕擊鼓"(E.P.F22:331),提到"旦夕"各進行一次。敦煌漢簡中則見到早間記録:

(11)己酉卒齊候大晨時鼓　　平旦☐(1386)

(12)☐□□□晨時鼓一通/日食時表一通/日中時表一通/☐(2262)[④]

舉表則如:

(13)陽朔三年十二月壬辰朔癸巳　第十七候長慶敢言之官移府舉書曰十一月丙寅☐

渠鉼庭隧以日出舉塢上　一表一□下餔五分通府府去鉼庭隧百五十二里二百☐(28·1)

---

① 有研究引張鳳《漢晋西陲木簡彙編》(二編)作"右側",引誤。李均明、劉軍:《簡牘文書學》,南寧:廣西教育出版社,1999,424頁。

② 張鳳:《漢晋西陲木簡彙編》(二編),上海:有正書局,1931,收入《漢簡文獻研究四種》,下册,北京圖書館出版社影印本,2007,647頁。

③ 居延新簡還見有"☐官平旦符"(E.P.T48:57),簡文殘缺,性質不明,暫不納入討論。

④ 甘肅省文物考古研究所編:《敦煌漢簡》,北京:中華書局,1991,272、308頁。

簡(13)提及鉼庭隧在“日出舉塢上一表”,經沿途信號傳遞終抵都尉府的情形。依永田英正破城子出土簡牘集成,可以歸入“Ⅱ勤務”類丙種“信號傳遞記録簿”。[①] 學者亦有將其視作“塢上表出入界課”,“是平時(不包括戰時)從邊境通向太守府呈報平安或信息的一種内保規定”。[②]

而更多的還是接旁隧信號後的應時舉表:

(14)☒東中時表六通,日西中時表四通,日下餔時表二通。(74.E.J.T23:931)

(15)十一月丁巳

平旦表四　　日食坐時表四☒　　日餔時表三

日出時四　　日東中時表三　　日下餔時☒

日蚤食時表七　　日中時表四

日食時表三(74.E.J.T23:972)[③]

(16)　食表一通　日未中表一通　　日蚤食時表一通

☒□時表一通　日餔時表一通　六月己亥十通　日食時表一通　☒

□中表一通　日下餔時表一通　　日未中表一通

□表一通　日夕表一通　　日中表一通(73EJT9:267A)[④]

簡(14)(15)(16)解放後出土於肩水金關,皆屬一日内舉表次數的匯總記録。所見時段從平旦延續至夕時。舉表的時段間隔在不同簡中的記録疏密有别,同一時段在不同情况下的舉表次數亦有差异,少則1通,多至7通。事務密集時,連續數個時段内舉表多次。這要求守望戍卒時刻關注左右鄰隧動静,不得有片刻懈怠。

而進入夜間,亭隧間的常規信息傳遞依舊,如:

(17)乙夜一火　　丙夜一火　　丁夜一火

和木辟　　和臨道　　和木辟

卒光　　卒章　　卒通　　(88・19)

簡(17)出土於居延地區A10瓦因托尼。此地早期乃通澤第二亭,後來發展爲殄北候官第二隧。[⑤] 按漢代已實行“五夜”,即五更之制,衛宏《漢舊儀》曰:“晝漏盡,夜漏起,省中用火,中

① 永田英正:《居延漢簡研究》,張學鋒譯,83-84頁。

② 薛英群、何雙全、李永良注:《居延新簡釋粹》,蘭州大學出版社,1988,78頁。

③ 薛英群、何雙全、李永良注:《居延新簡釋粹》,76、97-98頁。按:《釋粹》所標“☒”,除表示上下斷缺外,亦用於指“行文中因字迹漫漶未能確定字數者”。

④ 甘肅簡牘保護研究中心等編:《肩水金關漢簡(壹)》,上海:中西書局,2011,下册,119頁。按:第一列“未”字,上册、中册皆釋作“失”(均爲225頁)。對照紅外綫圖版,當作“失”字。

⑤ 陳夢家:《漢簡考述》,《漢簡綴述》,32頁。對照圖版,上端微殘,下端亦斷裂,且存殘字,但模糊難辨。

黄門持五夜:甲夜,乙夜,丙夜,丁夜,戊夜也。”[①]這枚簡記録了木辟、臨道之間某亭隧宿直候望的隧卒光、章、通三人,在當晚的乙夜、丙夜、丁夜接臨近亭隧信號後分别舉火的情形。亭隧戍卒在夜間似乎是依夜(更)輪直的,這不由使人想起《新書·解縣》“斥候者望烽燧而不敢卧,將吏戍者或介冑而睡”的描述。[②] 在邊塞的長夜裏,有的是烽火輝映的景象,是隧卒辛勞的身影。

此外,一些地區一月中每旬末的夜間,似需常規性舉火一通:

(18)☑界亭常月十日廿日晦日夜舉苣火各一通從☑(2000ES7SH1:4)[③]

而《漢舊儀》“宿衛郎官分五夜誰呵,呵夜行者誰也”形式的宿直巡查,[④]在邊塞烽隧似也有實行,如居延漢簡提到:

(19)戍卒三人以候望爲職戍卒濟陰郡定陶羊于里魏賢己卯夜直候誰夜半時紀不誰德使戍卒除(183·7)

一些勞務因需要,可能還需戍卒夜以繼日進行:

(20)☑四面日夜作治未成□□☑(E.P.T50:223)

(21)日夜繕爲□(1470)

至於郵路沿綫的亭隧,還要隨時承接往來郵書。在嚴格的考課下,這不能有絲毫鬆懈。無論晝夜何時,郵書送抵即需即刻啓程,以時行10里的速率傳遞。[⑤] 如果將這一習知史實納入視野,烽隧吏卒的工作顯得更爲緊張,節奏更爲急迫,而作息也更爲辛苦。

二　工作節奏:籍帳製作的周期性

在考察漢塞軍吏一天作息狀况之後,下面逐步將時段拉長,從文書行政最基本的簿籍製作周期着手,觀察吏卒們日、月、季、年的工作節奏與軍務效率。

---

① 蕭統編,李善注:《文選》卷五六《銘》“陸佐公《新刻漏銘》”“六日無辨,五夜不分”下李善注引,北京:中華書局影印本,1977,776頁下欄。對“五夜”的討論,還可參見陳夢家《漢簡年曆表叙》(原刊《考古學報》1965年第2期),收入《漢簡綴述》,256-257頁。

② 賈誼撰,閻振益、鐘夏校注:《新書校注》卷三,北京:中華書局,2000,128頁。《漢書》卷四八《賈誼傳》作“斥候望烽燧不得卧,將吏被介冑而睡”,240頁。

③ 孫家洲主編:《額濟納漢簡釋文校本》,北京:文物出版社,2007,68頁。

④ 《史記》卷六《秦始皇本紀》《索隱》引,281頁。

⑤ 郵書傳遞是戍卒重要而基本的工作之一。陳夢家、陳直、李振宏等前輩學者已論述很多,論著目録可參見甘肅省文物考古研究所、甘肅簡牘保護研究中心編《甘肅簡牘百年論著目録》(蘭州:甘肅文化出版社,2008)相關部分。

軍吏需對每日情形隨時記録,前論"直符"、日迹會符簡皆屬此類。有學者研究失亡、死亡與病卒名籍的編制時,已注意到"'昨日''即日'等時間概念,表明不是在月底的一綜彙編,而是隨時性的"。[①] 而除上舉之外,這類記録在病癒視事、初除視事、初除詣官報到及郵書發件時,也常使用:

(22)五鳳二年八月辛巳朔乙酉甲渠萬歲隧長成敢言之乃七月戊寅夜隨塢陡傷
要有瘳即日視事敢言之(6·8)

(23)始建國三年三月乙酉朔己丑第十候史褒敢
言之初除即日視事敢言之(99ES16ST1:10)

(24)隧長兒奴換補察虜隧長即日遣奴之官書到(E.P.T65:95)

類似後代的"到簿"與檢點在河西漢塞的軍務文書中也有一定體現:

(25)掾譚言新除第二十九隧長鄭慶月五日壬子昏時受遣癸丑當到(E.P.F22:357)

(26)中到課言謹案良等丙申日中受遣即日到官敢言之(E.P.F22:369)

簡(25)是甲渠候屬吏譚言事,提到新除任二十九隧隧長鄭慶於當月五日壬子昏時受遣詣官,應當在次日癸丑抵達。簡(26)是上報文書,指出名良者等人在丙申日的日中受遣,於當日抵達候官,符合相應規定。又:

(27)隧長常業代休隧長薛隆乃丁卯餔時到官不持府符●謹驗問隆(E.P.F22:170)

(28)辭今月四日食時受府符詣候官行到遮虜河水盛浴渡失亡符水中案隆丙寅(E.P.F22:171)

(29)受符丁卯到官敢言之(E.P.F22:172)

三枚簡同出甲渠候官F22,編號相連,而内容銜接,筆記又出自一手,當爲一組較完整簡册。[②] 隧長薛隆於丙寅食時在都尉府取得符後,即赴甲渠候官報到。路途中,他在遮虜隧渡水失符,并於次日丁卯餔時最終抵達候官。由於府符的丟失,他受到了候官的驗問。然而,從候官僅驗問爲何亡失府符來看,一路的奔波使得他在到官的時間上是符合要求的。

對於部隧吏卒在署與否的檢點也經常進行,如:

(30)第十五隧長王賞不在署廿八日出　一人高同車子未到
一人王朝廿八日從候長未還
一人見(206·27)

---

① 李振宏:《屯戍管理制度研究》,《居延漢簡與漢代社會》,45頁。

② 簡文分析參見汪桂海《有關漢代符制的幾個問題》(原刊《簡牘學研究》第3輯,蘭州:甘肅人民出版社,2002),收入所著《秦漢簡牘探研》,89頁。

上級巡查第十五隧時,隧長王賞及跟隨候長的隧卒王朝皆於本月二十八日外出未歸,應在隧上執務的新戍卒高同車子尚未按時到達,當時衹有一名隧卒在署戍守。

日常記録匯總形成月簿,秦漢簡牘文書學多稱"月言簿",[①]吴簡中相關賦稅收支文書也被稱作"月旦見簿",簡稱"旦簿"。[②] 考慮到自名月言簿者較少,而此類簿籍亦有月底呈送者,這裏暫稱月簿。月簿的製作與上呈是在當月、前月、還是後月?月俸、廩食的發放由何部門何種官吏負責?領取是有組織的,還是個人前往?是否可以代領?領取時間上是否有嚴格規定?進而,負責官吏在一月中哪個時段更爲忙碌?這些都是值得關心的問題。

與當日平旦交接昨日工作類似,在當月首日往往形成對上月物資存餘的總結,如:

(31)●甲渠候官建始四年十月旦見鐵器簿(E.P.T52:488)

(32)九月旦,見粟七千一百一十八石四斗六升少。(Ⅱ 0214(2):147)[③]

以及人員配備的基本清點:

(33)☑山臡得二人送囚昭武☑□四月旦見徒復作三百七十九人

☑卅八人署厨傳舍獄城郭官府☑六十人付肩水部部遣吏迎受(34·9,34·8A)

(34)建昭二年十二月戊子朔戊子呑遠候長湯敢言之主吏七人卒十八人其

十一人省作校更相伐　不離署塿上不乏人敢言之(127·27)

而於月初首日上交的簿籍,并不一定自命月旦簿:

(35)□候史尚以月旦封移迹簿候官遠者☑(E.P.T59:190)

(36)元延四年九月戊寅朔戊寅不侵候☑

謹移八月郵書課一編敢言之

□□命第七吏即日下餔時起(E.P.T40:147A、B)

雖然例以月旦移書,但這裏涉及到的簿籍衹稱迹簿與郵書課。

都尉府等上級機構還充分利用月旦期會,在匯總文書同時,接見部吏,處理軍務:

(37)☑免言缺劾皆以七月旦爲日全月禄食謹具封月旦行詣府●奏封(E.P.T59:128)

---

① 李均明、劉軍:《簡牘文書學》,297-301頁;李均明:《秦漢簡牘文書分類輯解》,北京:文物出版社,2009,277-280頁。

② 王素:《長沙吴簡中的"月旦簿"與"四時簿"》,《文物》2010年第2期,67-68頁;鄧瑋光:《對三州倉"月旦簿"的復原嘗試——兼論"縱向比較復原法"的可行性》,《文史》2014年第2輯;鄧瑋光:《對中倉黄龍三年十月旦簿的復原嘗試》,未刊稿。后文提到"筆者曾推測'某月旦簿實際統計的是某月前一月的情况,在前月的月底寫畢,於某月月旦提交'。但簡9既屬於'十月旦簿',又出現'右十月新入'的字樣,表明'十月旦簿'記載就是十月的情况"。這一認識值得注意。

③ 胡平生、張德芳:《敦煌懸泉漢簡釋粹》,76頁。

(38)遣尉史承禄使七月吏卒病九人飲藥有廖名籍詣府會八月旦●一事一封　　七月庚子尉史承禄封(311·6)

對邊塞軍吏而言,在月旦除文案工作緊張忙碌外,不少常規性軍務的交接、開展亦在此時。如戍卒的罷歸:

(39)晦日平旦須集移府迫卒罷日促毋失期如律(E.P.T56:115)

簡文提到因戍卒罷日非常臨近,下級應在月末最後一日的"平旦"將相關文書移送都尉府。關於戍卒的罷日交代,下枚簡有進一步揭示:

(40)憲等卒當以四月旦交代故事候長將當罷卒詣官(E.P.T65:37)

漢代"故事",每部當罷戍卒一般由候長帶領赴候官報到。這裏"憲等"就屬於這樣的罷卒,他們依程式的"交代"當於"四月旦"。

又如省卒的抽調。省作作爲邊塞普遍存在的一種臨時勞作形式,往往依需要而行,"徵調不以時"。[①] 但不少安排始自月旦,如:

(41)☐　　六月旦省伐茭赤岸☐(E.P.T40:53)

(42)　十一月癸亥盡辛卯積廿九日卒朱明迹

☐　☐

其三人梁充董安國孫地余省作佼不迹(E.P.T52:433)

簡(42)提到有"省作佼"。按邊塞多見伐茭記録,佼、茭聲旁一樣,例可相通,佼即茭。這枚簡記録了某年的整個十一月中,該隧由一名隧卒承擔了全部日迹工作,而另外三人的省作伐茭,則從月旦一直持續到了晦日。下列簡文記録更爲具體:

(43)　□月……當曲隧以南盡臨木道上行書不省

☐第十六隧卒二百□□　●右部隧十八所卒六十三人不省

列隧□□及承隧五十八所=三人今省所一人爲五十

八人齋衣裝作旦詣殄北發鄣除僵落沙會八月旦

(99ES17SH1:7)[②]

(44)☐史尉史分將詣殄北第七隧會八月晦日平旦廩廩已詣作所

☐卒常會晦日旦殄北第七隧廩以月旦交代罷(E.P.T5:18)

① 于豪亮:《居延漢簡中的"省卒"》,《于豪亮學術文存》,213-217頁;秦照芬:《省卒性質辨析》,《簡牘學報》14,1992;李振宏:《漢簡"省卒"考》,《史學月刊》1993年第4期,8-12頁。

② 對照圖版,"齋"字不清。按"齎""齋"形近,常互相借用,漢簡中"齎"常寫作"齋"。此爲"齎"義,指自身攜帶。

簡(43)出土於甲渠候官第十七隧,提到不抽調省卒的部隧18所,抽調者58所,合計共76所。據學者研究,"甲渠候官所屬烽隧的常規數量當在70座左右"。[①] 聯繫出土地點,并考慮到省作地在與甲渠臨近的殄北,這裏所記或是甲渠候官所屬部隧。簡文提到上級選擇從戍卒3人的58個隧,每隧抽調一人,集中前往另一候官地殄北除沙,則領導部門應爲候官之上的居延都尉府。[②] 而相應時間的交代也較爲明確,要在八月一日的平旦趨赴。簡(44)記戍卒到殄北第七隧領取廩食,獲得後即赴工作地點勞作,應也屬省作性質。他們由"▨史尉史分將",看來也是由候官具體組織的。這些戍卒在八月晦日平旦期會取廩,然後在長官率領下於次日"月旦交代",開始相應的工作。

如上所顯示,月旦之外,前月晦日往往也是戍吏忙碌的日子。爲了月旦工作的順利開展,"晦日平旦"也常期會完成一些準備工作。一些簿籍有時提前到晦日即製作上呈了:

(45)始建國五年九月丙午朔乙亥第二十三隧長宏敢言之謹移所自占書功勞墨將名籍一編敢言之(E.P.T5:1)

(46)元康元年八月癸卯朔壬申□□隧長則敢言之謹移卒病死爰書▨

□敢言之(甲附19)

更多情況下,籍帳呈送的時間前後可以有所浮動。如著名的《永元器物簿》是廣地南部候長先後製作的三份月言簿與兩份四時言簿的合編。其中,"永元五年六月言簿""永元七年正月盡三月四時言簿"分別在六月與三月的第一日製作,而永元五年七月、六年七月言簿、"永元七年四月盡六月四時言簿"則分別在七月與六月的第二日完成。[③] 又如月簿的重要類別廩名籍,一般由候長、隧長呈報候官。目前所見較完整簡例記録的呈報日期如下:

表3 廩名籍呈報日期表

廩名籍年月别	上報月朔	上報日期	簡號
元延三年(前10)五月	四月丙戌	甲寅(第29日)	75·9
建平三年(前4)七月	二月壬子	辛巳(第30日)	E.P.T65:410
建平三年(前4)七月	六月庚辰	戊申(第29日)	E.P.T43:6

資料來源:據李天虹《居延漢簡簿籍分類研究》,63頁,而有所調整。

上述多是在當月月底呈報的。不過,元年三年四月爲大月,甲寅爲當月的倒數第二日;建平

① 李均明:《漢代甲渠候官規模考(上)》,《文史》第34輯,北京:中華書局,1992,44頁。

② 額濟納漢簡99ES16SF3:1ABC提到"府調卒隧一人詣殄北除沙常會月▨",也證實這一點。孫家洲主編《額濟納漢簡釋文校本》,16頁。

③ 簡文參見謝桂華、李均明、朱國炤《居延漢簡釋文合校》,211-213頁。

三年二月爲大月,六月爲小月,辛巳、戊申則均爲當月晦日。[①] 則上報日期實際不嚴格遵循在晦日,而是稍有浮動。

再看日迹簿。李振宏指出,其"必須由各部候長候史親自到候官移交,移報日迹簿的具體時間必須在當月的月底或下月的月初"。[②] 李天虹進一步提到"迹簿大都由候史寫定,而由候長移報候官","除上報外,可能還要在部存檔"。[③] 後者對迹簿的具體呈報日期亦有排比,這裏稍作調整:

表4　日迹簿呈報日期表

迹簿月别	呈報月朔	呈報日期	簡號
十月	十月丙戌	癸丑(第28日)	E.P.T51:207
四月	五月乙亥	丁丑(第3日)	E.P.T57:87A、B
[五月][④]	[五月]壬子	壬子(第1天)	E.P.F22:705
無	二月丁酉	乙丑(第29日)	267·15 A、B
無	八月戊申	丁丑(第30日)	E.P.T48:1
殘	庚寅(月殘)	己未(第30日)	E.P.T51:200

資料來源:李天虹:《居延漢簡簿籍分類研究》,129頁。

可以看到,前月日迹簿的呈報既有在月初的1、3日,亦有在上月末的28、29與30日,同樣靈活。

至於俸禄的發放領取,情況就更多樣了。[⑤] 領取時間在月前、月中、月後者皆有,拖欠俸禄的記録亦較多見。[⑥] 有部、隧組織人員集中前往領取的,亦有個人領取的,且俸禄領取多有代領的情況。下面舉之前較少討論的刻齒券書爲例:

(47)　　候長□□三月千二百
　　候史□□三月九百
出二月三月奉錢八千□百　不侵隧長□□二月三月六百

① 張培瑜:《三千五百年曆日天象》,"天象·合朔滿月表",鄭州:大象出版社,1997,94-95頁。

② 李振宏:《屯戍管理制度研究》,《居延漢簡與漢代社會》,49頁。

③ 李天虹:《居延漢簡簿籍分類研究》,127頁。

④ 原注:"五月"原簡殘,據陳垣《二十史朔閏表》補。

⑤ 參見陳夢家《漢簡所見奉例》(原刊《文物》1963年第5期),收入其著《漢簡綴述》,北京:中華書局,1980,135-147頁;永田英正《居延漢簡集成之二——破城子出土的定期文書(二)》第四類"現錢出納"乙類"吏受奉名籍"(原刊《東方學報》47,1974,243-300頁),收入《簡牘研究譯叢》第2輯,謝桂華譯,北京:中國社會科學出版社,1987,111-118頁;李天虹《居延漢簡簿籍分類研究》,第二章第三節"受俸名籍",30-41頁。

⑥ 參見佐元康夫《居延漢簡月俸考》(原刊《古史春秋》5,1989),收入劉俊文主編《日本中青年學者論中國史》(上古秦漢卷),徐世虹譯,上海古籍出版社,1995,549-560頁。

當曲隧長□□二月三月千二百　(以上爲第一欄)

止害隧長赦之二月三月千

駟望隧長□二月三月千二百

止北隧長革二月三月千二百

察微隧長破奴二月三月千二百　(以上爲第二欄)

建昭三年五月丁亥朔己丑尉史弘付

不侵候長政/候君臨(以上爲第三欄,此簡中部左側有刻齒)(E.P.T51:234)

此爲甲渠候官向所轄不侵部給付該部戍吏二、三月俸錢的券書憑證。出土地點甲渠候官 T51 同出有另兩枚類似券書,格式接近,下亦簡要列舉:

(48)出六月奉錢四千二百　(略)

永光五年五月甲辰朔壬申候君付長霸候史延□

執胡隧長李敞　就錢廿一(簡上部右側有刻齒)(E.P.T51:239)

(49)出臨木部吏九月奉錢六千　(略)　(此簡上端右側有刻齒)

建昭五年十月丙寅甲渠尉史强付終古隧長昌守閣卒建知付狀(E.P.T51:409)

由上,部隧戍吏俸禄一般由部派官吏前往候官集中領取。簡(47)爲不侵候長親自前往,簡(48)執胡隧屬誠北部,爲候長、候史前往,而簡(49)派去領俸者則爲臨木部終古隧長。他們領回後,再通知部内戍吏赴部領取。月俸的發放有時由甲渠候親自辦理,如簡(46);更多則爲屬吏尉史交付,如簡(47)(49)。交付遵循一定程式,如簡(47)尉史交付時,有甲渠候在場監督執行情况;簡(49)尉史交付則有守閣卒建作爲知情人被記録在案。候官的出奉時間可以在月前,如簡(48)六月俸錢,在五月甲辰,即 5 月 29 日交付;可以在月後,如簡(49)九月俸錢,在十月月丙寅,即 10 月 25 日交付;甚至更爲延遲,如簡(47)二、三兩月俸錢,要到五月己丑,即 5 月 3 日才予給付。

邊塞在節慶會發放一些補貼,甲渠候官 F22 即出土有格式"不侵隧長石野　臘錢八十　十二月壬戌妻君寧取"的領臘錢部吏名籍殘册(E.P.F22:205-218)。據學者統計,臘錢領取時間"提前一日者三例,提前二日者一例,錯後二日者一例,錯後三日者一例,錯後七日者兩例,錯後八日者一例,臘日當天領取者四例,領取日期不明者一例"。[①] 可見補貼的領取同俸錢領取類似,時間上并無統一規定。從發放者角度而言,這意味他們在月初月末較集中忙碌外,一月中的很多時候需要隨時應對辦理。

在月簿基礎上,官吏每季度匯總,進一步製作四時簿。幾份四時簿可彙編在一起,如前

---

① 汪桂海:《漢代的臘節》,《秦漢簡牘探研》,247 頁。

舉《永元器物簿》後半部分即是,且可與月言簿合編。又:

(50) 神爵三年正月盡五年

⊠

三月吏四時名籍(E.P.T56:193)

居延所出這枚題作“吏四時名籍”的楬,記録時段爲“神爵三年正月盡五年三月”,計27個月9個季度,應是由9份四時名籍合編而成。神爵三年、四年整年的四時名籍在五年保存良好并被利用,對於理解漢代官文書的存檔制度也很有意義。[①]

至於年度簿籍,以往結合上計問題已討論很多。秦漢時期因黄河流域所産主穀—粟—成熟的時間因素,是“計斷九月”的。[②] 不過,如翻閲已出所有居延、敦煌簡則會注意到,年籍的年度起迄實際分爲兩種:十月至次年九月,正月至十二月。這裏暫依現代財政學習慣稱前者爲“九月制”,後者爲“十二月制”。明確屬九月制簿籍有:

戍吏日迹增賜勞名籍(145·37、159·14、E.P.T59:339、1859);
肩水候官“吏卒稟食名”(13·1);
“戍卒簿”(5·14);
“吏已得奉一歲集賦”(126·42A、B);
“大司農部丞簿録簿算及諸簿十月旦見”(82·18A、B);
“吞遠倉過□出入簿”(甲附9A、B);
“諸官往來書”(E.P.T51:628A、B);
“戍卒折傷牛車出入簿”(E.P.T52:394);
“詣官稟書”(E.P.T58:112A、B)。

屬十二月制簿籍則有:

“吏病及視事書卷”(8·1A、B,46·17A、B);
“檄算”(E.P.T52:378);
“吏除遣及調書□□”(E.P.T50:180A、B);
“府移大司農部掾條”(E.P.T52:470A、B);
“府移丞相御史刺史條”(E.P.T56:77A、B);
“郵書驛馬課”(E.P.F25:12A、B)。

---

① 漢代文書保管參見汪桂海《漢代官文書制度》,第五章第三節,南寧:廣西教育出版社,1999,216-232頁。

② 張榮强:《從計斷九月到歲終爲斷——漢唐間財政年度的演變》,收入所著《漢唐籍帳制度研究》,北京:商務印書館,2010,187-221頁。

“九月制”主要涉及大司農在邊塞機構的農糧簿,穀物出納的廩食簿籍,俸錢出納簿,戍吏增賜功勞簿及戍卒簿,等等。這些多涉及對吏卒、錢糧的管理,很多項目更是與上計關係密切。而“十二月制”主要涉及對戍吏病、視事、除遣、調補的人事文書管理;對檄書,郵書,都尉府轉發的丞相、御史、刺史、大司農部掾條教通告的政務文書管理。[①] 兩種年簿的製作,使得戍吏在一年中的忙碌時段不止一端。[②]

三　勞作定額:日常工作的種類與效率

在邊地漫長的守衛歲月裹,除外敵入侵等緊急戰備狀況外,吏卒在日常更多時候是在巡視偵查、維修設施與運儲物資。他們平日勞作涉及哪些工作?勞作定額如何?相應的强度與效率又有怎樣的體現?這些問題以往缺少整體性關注,下面分别進行分析。

(一)日迹。前面就每日内情況做了討論。而“九月制”簿籍還提到有“戍吏日迹增賜勞名籍”,多是記録各部候長、候史從十月旦至次年九月一個年度中的日迹情況,以用來向上級申請增加勞績的。其中,居延新簡一枚日迹簿更記録了一名候史每月的日迹詳情:

(51)甲渠候史公乘徐惠倩日迹簿　(以上爲第一欄)

神爵四年二月丙申視事初迹盡晦廿九日　七月廿九日

三月廿九日　八月卅日　𡊄

四月甲午迹盡丁未十四日　九月廿九日

四月戊申疾盡五月丙子廿九日不迹　凡迹積二百六日

五月丁丑有瘳視事迹盡晦十六日

六月卅日　(以上爲第二欄,末一字倒書)(E.P.T53:38)

按神爵四年(前58)二月乙未朔,公乘徐惠倩自是月第二日擔任甲渠候史一職,至九月年度匯總,除四五月間29天因病不迹外,每天均需完成日迹工作。邊塞戍吏一般有休假,重要節

① “條”“録”類簿籍的討論,參見李均明《簡牘文書“條”與“録”考述》(原刊大庭脩編集《漢簡研究の現狀と展望—漢簡研究國際シンポジウム』92報告書》,大阪:関西大學出版部,1993),收入所著《初學録》,128-137頁。

② 本文初稿2011年8月提交“甘肅省第二届簡牘學國際學術研討會”,并在會上宣讀。參見馬智全、蕭從禮《甘肅省第二届簡牘學國際學術研討會會議綜述》,張德芳主編《甘肅省第二届簡牘學國際學術研討會論文集》,上海古籍出版社,2012,683-692頁。楊際平《評〈漢唐籍帳制度研究〉》(《中國史研究》2011年第4期)一文,也注意到簿籍的“九月制”“十二月制”問題。不過,原因分析與筆者不同,請參看。

日也常有節假,[①]但他們的日迹工作却似未見耽擱,值得注意。考慮到部中事務較多,日常中他們又需及時與上級候官、下級烽隧聯絡,工作實際并不輕鬆。日迹如工作時間較長,"久視天田",還會發生"目玄":

(52)日迹行廿三里久視天田中目玄有亡人越塞出入☐
它部界中候長候史直日迹卒坐匿不言迹☐(E.P.T51:411)

至於另一群體的隧長、隧卒,工作開展則更爲靈活。三人負責的,一月均分,每人 10 日。二人負責的,每人 15 日。個别烽隧且有三人每日更迹,三日一輪,以至月終的。由於省作抽調的經常出現,如僅留守一人,則由該人完成一月日迹,如簡(42)。居延隧卒一般負責的天田距離,可參考下列記録:

(53)□北去第八隧北界
●南去其隧一里百五十步
●南去其隧一里百五十步
●北去第九隧一里百五十步
●葆天田四里百五十步
(下端左右兩角各有一孔,上下左設黑邊綫,行間設朱砂欄)(2000ES9SF4:47)
(54)☐十五步凡葆天田四里八十七步半步☐(E.P.T51:532)

簡(53)(54)所示距離接近,分别約爲 4.5 與 4.292 里。而天田寬度與距隧遠近,據新近考古調查也略可得知:"額濟納旗境内發現的天田有兩段,分别位於甲渠塞的西側和卅井塞的南側。天田一般寬約 9 米餘(約合漢尺四丈),距離烽隧 10 余米至 50 余米不等。"[②]敦煌地區日迹的巡視距離,下面記録提到:

(55)八人迹八月丁亥盡乙卯廿九日積六百卅三里百七十四步(1646)
(56)六人迹八月丁亥盡　廿九日四百五十五里八十步　其五人人行八十里
一人五十五里六十步迹還一反負馬矢六石(1706)

簡(55)每人每日日迹平均距離約爲 2.732 里。簡(56)中五人每日平均約行 2.759 里,另外一人約 1.903 里。

---

① 邢義田:《漢代邊塞軍隊的給假、休沐與功勞制——讀〈居延新簡〉札記之二》(原刊李學勤主編《簡帛研究》第 1 輯,北京:法律出版社,1993,192-205 頁),修訂稿收入所著《治國安邦:法制、行政與軍事》,北京:中華書局,2011,568-584 頁;趙沛、王寶萍:《西漢居延邊塞休吏制度》,《文博》1994 年第 1 期,58-63 頁;趙蘭香:《漢代西北邊塞吏卒與内郡官吏的休假制度异同考述》,《簡牘學研究》第 4 輯,蘭州:甘肅人民出版社,2004,168-173 頁;趙寵亮:《西北漢簡所見邊塞戍所的請銷假制度》,《文博》2010 年第 1 期,16-20 頁。

② 魏堅、昌碩:《居延漢代烽燧的調查發掘及其功能初探》,孫家洲主編《額濟納漢簡釋文校本》,117-118 頁。

(二)畫天田。又作"畫沙"(306·21)、"畫沙田"(E.P.T51:64)。河西邊塞多風沙,戍卒需經常"耕畫""鉏治"(1552),以使天田平整。敦煌漢簡記録畫天田工作:

(57)卌二人畫天田卌二里　率人畫三步　凡四編(1674)

(58)六人畫沙中天田六里　率人畫三百步(1714)

簡(57)32人畫32里天田,"率人畫三步"恐有脱字,似當作"率人畫三[百]步"。簡(58)記6人工作,每人畫天田也是300步,即1里。至少在居延甲渠候官一帶,當地天田尚立有"柃柱"(E.P.T40:132、E.P.T57:108、E.P.T59:23、E.P.W1:63),柃柱間繫有繩索,即"縣索"(52·20、264·40、E.P.T51:403)。布設這些設施也是他們的份内工作:

(59)☑葆塞天田延袤三里七十□☑

☑用柃柱五百一十七枚☑

☑用絞千七百五十二丈☑(99ES17SH1:12)

(三)伐茭。《説文·艸部》"茭,幹芻也"。《書·費誓》"魯人三郊三遂,峙乃芻茭,無敢不多,汝則有大刑",孔傳"郊遂多積芻茭,供軍牛馬"。茭,即晾乾後以作牛馬飼料植物的統稱,[①]"它與秦簡中的'芻稾'名异而實同"。[②] 邊塞勞作常見伐茭,涉及工作量信息的簡文有:

(60)安世隧卒　二十八日作|二十九日作|八月晦日作|九月旦伐茭|月二日□茭

尹鹹　三十五束|三十七束|三十五束|三十五束|三十□束

●□二十|(505·24)

(61)□●卒□□八日　八月廿九日　凡卌七日日七十束十三日日八十束(E.P.T65:309)

(62)其一人養

定作八人芀茭五百☑(403·16)

(63)定作廿人茭二千束(522·3)

(64)　其四人養　右解除八人

☑一人作長　定作廿七人伐茭千二百一十五束率人伐熫□(E.P.T40:154)

(65)甲戌日五人作　率人五十五束　日得二人百七十五束(1399)

(66)王賓茭千廿束　六人率人茭百七十束(1401)

簡(60)安世隧卒連續五日工作,每日工作量在45-47束。簡(62)平均每人爲45束。敦煌

① 王子今:《漢代河西的"茭"——漢代植被史考察札記》,《甘肅社會科學》2004年第5期,97-101頁;謝桂華:《茭錢試解》,《歷史研究》2006年第2期,171-173頁。

② 謝桂華:《茭錢試解》,172頁。

簡(65)爲55束。簡(62)提到"芀茭","芀"乃"艾"的變體,爲刈割之義。[①] 此簡記每人平均60餘束。簡(61)記37天每日70束,另有13天每天80束。人均工作量更高的如簡(63)100束,簡(66)170束。至於居延簡EPT40·6A提到終古隧長房"七月十日使晏伐茭七百束",更遠遠領先他人。不過,簡文言"七月十日使",可能未必是當天完成這一工作量。敦煌簡中有對所買茭尺寸的記録:

(67)爲買茭茭長二尺束大一韋馬毋穀氣以故多物故(164)

長度爲2尺,每束的規格爲1圍,對了解戍卒伐茭的工作量,可提供一些參考。[②]

對所伐茭進一步碼放貯存,有專門的"茭積别簿"(E.P.T5:9)、"伐茭積作簿"(E.P.T50:138)等。而對儲存規格亦有一定要求:

(68) 受步廣卒九人自因平望卒
平望伐茭千五百石 四韋以上－廿束爲一石率曰 ☑
千五百石奇九十六石－運積蒙(1151)

對照圖版,第二行"上"下符號"－",乃第一行"廣"字左側筆劃,可删去。"四韋以上 廿束爲一石"的標準,反映了敦煌地區的一些情況。

(四)伐慈其、蒲、葦。慈其,學者或疑爲"茈綦",屬可食的蕨類野菜。[③] 其實可能僅屬飼草範疇。[④] 此外,簡文"慈其索一大二韋半長四丈"(E.P.T51:310)顯示,當時還多用以編繩。獲取慈其的勞作有:

(69)一人□慈其七束
廿人艾慈其百 束率人八束(33·24)

(70) 其十二人養
☑第四部 ☑
凡見作七十二人得慈其九百□□(E.P.S4.T2:75)

簡(69)一次性參加者21人,其中1人伐取7束,其他20人人均伐取8束。簡(70)是甲渠第四部的勞作記録,84人中72人伐慈其,每人伐取約12.500-13.875束。

蒲作爲習見水草,邊地獲取主要用作編席。目前所見伐蒲簡文有:

(71)廿三日戊申卒三人 伐蒲廿四束大二韋 率人伐八束

① 裘錫圭:《漢簡零拾》"十五 守禦器雜考",《文史》第12輯,北京:中華書局,1981,28-29頁。
② 簡文分析還可參見王子今《漢代河西的"茭"——漢代植被史考察札記》,99頁。
③ 于豪亮:《居延漢簡釋叢》,"慈其"條,《于豪亮學術文存》,176頁。
④ 王子今:《漢代河西的"茭"——漢代植被史考察札記》,100頁。

與此三百五十一束(161・11)

(72)☑□□候長張惲　　伐蒲三十束(E.P.T59:95)

簡(71)戍卒三人一日的伐蒲,共得24束,人均8束。對於每束的大小,這裏也有記録,即2圍的規格。簡(72)提到候長張惲伐蒲的工作量則是30束。

葦,即蘆葦,在邊地多以製作"葦席"(E.P.T5:28)、"葦笥"(68・95、E.P.T2:38A)、掃帚、刷牆帚、[①]守禦器的苣、[②]積薪,[③]及塞牆的墊充物等,[④]用途十分廣泛。日作簿涉及伐葦工作量者有:

(73)
十一月丁巳卒廿四人　其一人作長　右解除七人　定作十七人伐葦五百□
三人養　率人伐卅
一人病　與此五千五百廿束
二人積葦(133・21)

(74)
丁酉卒六人　其一人養
一人病
四人伐葦百廿束(317・31)

簡(73)(74)日作簿所記當日的中心勞動是伐葦,17人伐葦510束與4人伐120束的人均工作量相同,均是每人每天30束。而簡(73)記獲葦總量至5520束之多。

(五)除沙。前引簡(44)(43)均記録了由都尉府領導、候官具體組織、抽調戍卒而往殄北除沙的活動。"除沙"一般理解爲清除淤沙。關於除沙的工作量亦有簡文提及:

(75)三月甲辰卒十四人(以上爲第一欄)
其一人養
定作十三人除沙三千七百七十石率人除二百九十石(以上爲第二欄)
與此七萬六千五百六十石　(以上爲第三欄)(E.P.T51:117)

三月甲辰這天,13人參與除沙,人均除沙290石,合計3770石,工作量是很大的。加上甲辰當日勞動,已完成的除沙量至76560石。如人員不變,工作定額相對穩定,他們在當地應當

① 甘肅省文物考古研究所編:《敦煌漢簡》附録《敦煌馬圈灣漢代烽燧遺址發掘報告》,"三　出土器物"之"四 草器",60頁。

② 李天虹:《居延漢簡簿籍分類研究》,115頁;上官緒智、黄今言:《漢代烽火中的信息器具與烽火品約置用考略》,《社會科學輯刊》2004年第5期。

③ 吴礽驤:《漢代烽火制度探索》,初師賓:《居延烽火考述——兼論古代烽號的演變》,均收入甘肅文物工作隊、甘肅博物館編《漢簡研究文集》,蘭州:甘肅人民出版社,1984,251、375頁。

④ 羅哲文:《臨洮秦長城、敦煌玉門關、酒泉嘉峪關勘察簡記》,《文物》1964年第6期,49-51頁。

已經工作了 20 天。

(六)治墼。由於修築及維護鄣塢亭隧的需要,士卒平日製作大量土墼。[①] 居延新簡有作:

(76)●右堠南隧南到常固隧廿里百六十四步(以上爲第一欄)
其百一十五步沙不可作垣松墼
十三里百七十步可作墧墼用積徒□千五百七十人去薪塞外三里
六里百八十九步可作墼用積徒千□百七十五人(以上爲第二欄)
堠南隧　千秋隧　河上隧
故北隧　益北隧　勝胡隧
故南隧　益地隧(以上为第三栏)(E.P.T57:77)

簡文提到堠南隧與南邊的常固隧相距 22 里 164 步,其中 115 步的"沙"質地不佳,不適宜做磚修牆,另外 13 里 170 步可以做"墧墼",剩餘 6 里 189 步則可以做墼。這裏"沙"應指沙土,多數是可以用來製作土墼的。當然,因沙土的質地差异,可製作墼的種類與用途并不唯一。墼的形制有簡文記録:

(77)墼廣八寸厚六寸長尺八寸一枚用土八斗水二斗二升(187・6,187・25)

這種墼需用土 8 斗,水 2.2 斗。依 1 漢尺折合今制 0.231 米計,所制墼尺寸爲 0.4158×0.1848×0.1386 米。目前所見土墼出土於敦煌馬圈灣者,有兩種尺寸:一種規格爲"0.40×0.19×0.14 米,土質較純淨";另一種爲"0.38×0.17×0.12 米,土墼内羼和葦筋"。[②] 出土於居延甲渠候官第十六隧者,則爲 0.37×0.17×0.12 米。[③] 簡(75)所記與馬圈灣第一種較爲接近。又,陳夢家早年曾排比貝格曼、斯坦因報告所記墼的尺寸。[④] 現在看來,A10、T194 所出尺寸與簡文及馬圈灣第一種更爲接近,而 A1、A2、A3、P9、T155、T158、A36、A43 所出與馬圈灣第二種、甲渠塞第十六隧者接近。

居延地區治墼的每日定額大致是 80 枚,這在與"日作簿"相對的"卒作簿"中,[⑤]常見記録,作"治墼八十"(27・8、27・12、(61・7,286・29)、89・22 等)、"八十"(188・28)。

而在敦煌地區,除"☑作墼日作八十墼"(1539)之外,尚見有:

---

① 陳槃:《漢晋遺簡識小七種》,《漢晋賸義再續》"墼"條,《歷史語言研究所專刊》63,1975,103 頁背、104 正;吴榮曾:《説瓴甓與墼》(原刊《考古》1959 年第 11 期),修訂稿收入所著《先秦兩漢史研究》,北京:中華書局,1995,342 頁。

② 甘肅省文物考古研究所編:《敦煌漢簡》,附録《敦煌馬圈灣漢代烽燧遺址發掘報告》"貳 遺址形制與分期",52 頁。

③ 魏堅、昌碩:《居延漢代烽燧的調查發掘及其功能初探》,孫家洲主編《額濟納漢簡釋文校本》,118 頁。

④ 陳夢家:《漢簡考述》,《漢簡綴述》,6-7 頁。

⑤ 關於"卒作簿"概念參見永田英正《居延漢簡研究》,張學鋒譯,87-88 頁。

(78)壬戌四人作墼二百六十　　率人六十五　　一人病

與此四千四百六十五(1732)

(79)丙辰四人作墼二百八十

率人七十□□□

積□□□六百二十(1622)

(80)丁未六人作墼四百廿　　率人七十　　初作(1731)

簡(78)當日每人製作65枚,簡(79)(80)每人則均製作70枚。敦煌漢簡還發現一組騎士簡册,騎士10人一組從事治墼,他們的效率明顯較高:“人作百五十”(2157–2160、2164、2166),[①]大體爲前面工作者的兩倍。大庭脩對此殘册有所討論,認爲是“駐守在平望候官的騎兵部隊,平時以單位從事上述工作”。[②]

此外,敦煌簡中還見有“積墼”記録:

(81)二人積墼五千五百六十率人積二千七百八十墼(1627)

以往認識多將“積墼”與“作墼”“治墼”“案墼”視作一事,疑義未安。居延簡中有“積葦”記録,乃與“伐葦”相對,如簡133·21分别提到“二人積葦”與“定作十七人伐葦五百□”。而“積茭”的記録更爲多見,如“☐山亭部二積茭千六百☐”(270·16)、“●右陷陳亭部一積茭千石☐”(E.P.T50:114)、“第四積茭四百一石廿五斤　　建昭二年□☐”(E.P.T50:162),同様亦與“伐茭”相别,如“第廿二積茭千石　永始二年伐”(4·35)。聯繫前面“茭積别簿”的討論,“積葦”“積茭”應指對已伐得葦、茭的堆放封存。而構詞方式與此類似的所謂“積墼”,應指對已製作出來土墼的碼放貯存。簡(81)提到2人從事“積墼”工作,共完成了5560枚,平均每人“積墼”2780枚。而使用土墼來修築或維護鄣隧,除“丈五尺厚四尺　用墼三千三百□☐”(EPT59·83A)等簡文有提及外,當時還見有所謂“壘亭簿”:

(82)長吏生壘亭簿

五月庚辰初壘亭盡甲辰廿☐

二百九十　/五月乙巳作☐(54·23A)

肩水成亭二所下廣二丈八尺☐

六月簿余谷百六十石☐(54·23B)

此可能涉及亭隧的壘築,工作時間從五月的庚辰至甲辰,持續達25天之久。

(七)作橿格。邊地塞牆修築除一般壘築土牆外,往往依所處地形環境靈活使用多種方

① 肩水金關漢簡新見“☐墼千六百卅率人百卌八奇☐”(73EJT21:150)。如屬“治墼”,人均工作量與之較爲接近。

② 大庭脩:《漢簡研究》,徐世虹譯,桂林:廣西師範大學出版社,2001,83頁。

案。西漢元帝時,中郎侯應就曾言"起塞以來百有餘年,非皆以土垣也,或因山岩石,木柴僵落,溪谷水門,稍稍平之,卒徒築治,功費久遠,不可勝計"。[①] "土垣"以外,以往研究者多留意"因山岩石"等形式,而較少關注所謂"木柴僵落"。唯陳夢家有較深入分析,稱此類爲"臨時修築的木柵",并認爲"僵落以木柴并舉,不盡竹連。所謂木柵實係代替土垣的建築",并舉《太白陰經》卷四、《通典》卷一五二《守拒法》記載以證。[②] 而居延漢簡後來出現有修做"橿格"的內容:

(83)二里五十步可作橿格下廣丈二尺上廣八尺高丈二尺積卌六萬八千尺人功百五十六尺用積徒三千人人受袤尺三寸(E.P.T58:36)

按僵、橿皆從畺得聲,例可相通,而落、格亦可通假。[③] "僵落"可寫作"橿格"。漢代長城城牆基寬"窄的衹有 2-3 米,寬的可達 6-7 米,甚至近 10 米",而"一般高度當在 2.5-3 米左右"。[④] 簡文所記橿格"下廣丈二尺",與基寬較窄者相合;而"高長丈八尺",正在 2.5 至 3 米之間;同時聯繫"二里五十步"的修築距離,所謂"橿格"應即文獻中的"僵落"。

據簡文,橿格截面爲上底 8 尺、下底 12 尺、高 12 尺的梯形,面積爲 120 平方尺。而長度爲 2 里 50 步,合 3900 尺。兩者相乘所得體積數正合"積卌六萬八千尺"。這種"橿格"應當并非完全使用木材,而可能是"以泥土、樹枝、木欄爲之"。[⑤] 斯坦因早年考察敦煌漢代邊塞遺址,曾提到"把一薄層流沙清除之後,就看見了用葦杆綑在一定的間隔,同泥層交互砌成的一道正規的城牆。全部經過鹽滷滲透之後,堅固异常。牆外面,同内部成綑的葦杆成直角形,還放有别的葦杆,綑紮得很仔細,形如束柴,砌成堤形,葦杆束一致長八尺,厚約八寸"。[⑥] 這段記載以往不爲人所重視,同樣值得注意。這裏"用積徒三千人"非指 3000 人實地參加勞作,應是 3000 個出工單位。[⑦] 計算可知,每個單位的平均工作量爲 156 立方尺,實際承擔塞牆長度爲 1 尺 3 寸。

還需提到的是,邊塞鄣城等軍事設施的周邊,還常周繞虎落以防衛。簡文多作"彊落"(239・22、E.P.T59:15)、"强落"(74.E.J.T:613)。用字與"橿格"接近,形制則有差别。居延

① 《漢書》卷九四《匈奴傳下》,3804 頁。

② 陳夢家:《漢武邊塞考略》,收入《漢簡綴述》,207 頁。

③ 高亨纂著,董治安整理:《古字通假會典》,濟南:齊魯書社,1989,883 頁。

④ 孫機:《漢代物質文化資料圖説》(增訂本),"塞防設施",上海古籍出版社,2008,183 頁。

⑤ 謝桂華、李均明、張俊民:《中國簡牘集成〔標注本〕》第十一册,蘭州:敦煌文藝出版社,2001,103 頁。

⑥ 斯坦因:《斯坦因西域考古記》,向達譯,北京:中華書局,1936,119-120 頁。又,敦煌中部都尉下轄烽隧及塞牆構築亦有"用湖沼中鹼化的泥土,間以柴木築成的"。林梅村、李均明編:《疏勒河流域出土漢簡》之《疏勒河流域漢代邊塞遺址概述》,北京:文物出版社,1984,20 頁。

⑦ 治塹、作橿格称"积徒",下文垦田则称"积卒"。秦汉时期,"徒"所指有宽泛一面,可为"徒隶"这类罪犯的省称,可指服役的自由民,也可指兵卒。参据相关简文,这里"积徒"之"徒"指戍卒,"积徒""积卒",涵义近似。

甲渠候官發掘中,曾發現在"塢四周3米以内的地面,埋設四排尖木樁,完整者高33、間距70厘米左右,三角形排列",報告執筆者認爲"即史書和漢簡所謂的'虎落'、'彊落'"。①

(八)取薪。《肩水金關漢簡(貳)》見有組織大量戍卒取薪的記録:

肩水卒卅七人　五人病·　定作九十五人

(84)十一月辛巳　槖他卒六十五人 一人作長·取薪增落廣六尺榑兩行馬善并高四尺五寸袤廿丈率人二尺一寸有奇

凡卒百一十二人　一人木工　六十九人取薪二百七石率人三石薪去□□□往來卌八里

其十人養·(73EJT24:297)②

來自兩個候官的69人參與了取薪,人均三石,往返路程48里。同簡還提到"取薪增落",人均負責長度合2尺1寸有餘。所"增"之"落",或亦與"櫑格""儡落"有關。

(九)治繩。繩在邊地多用枲麻等製成。作爲"書繩",在辦公財用中用以編簡成册、捆紮封檢。作爲"檠繩""檠弩繩",在守禦物資中或是用作校正弓弩。③ 更廣泛使用還在編席、束物。涉及治繩勞作量的簡文有:

(85)●凡積九十人

其十人養　與此三千二百丈

定作十六人得繩千六百丈率人廿丈(143·3,217·24)

(86)　一人養　六人伐兹其

己卯卒十人

定作九人　三人繩得繩百一十丈合百八十丈

(下部左行最後五字爲後書,淡墨)(E.P.T52:29)

簡(85)10人負責炊事,16人從事治繩,而所謂"凡積九十人",推測是治繩者連續5天工作單位的合計。"率人廿束",累計5日,治繩總量正好爲1600丈。簡(86)記己卯一日有9人勞作,其中3人治繩110丈,平均每人約36.667丈。

(一〇)負物、謫運。上述製作出的物資依需要會進一步輸送各處。對這類運輸有專門的簿籍進行記録,如居延即發現有"●第十一部建始二年五月負卒日作簿"(113·3),敦煌漢簡中又見有:

---

① 甘肅居延考古隊:《居延漢代遺址的發掘和新出土的簡册文物》,《文物》1978年第1期,2頁。最新探討又參見孫家洲《虎落遺物考釋》,收入張德芳、孫家洲主編《居延敦煌漢簡出土遺址實地考察論文集》,上海古籍出版社,2012,85-89頁。

② 甘肅簡牘保護研究中心等編:《肩水金關漢簡(貳)》,下册,上海:中西書局,2012,159頁。

③ 沈剛:《居延漢簡語詞匯釋》"檠弩繩"條,283頁。

(87)三人負麻人反十八束反復卅里人再反六十里(1650)

(88)三人負粟步昌人二反致六橐反復百八十八里百廿步率人行六十二里二百卌步(1693)

簡(87)三人運麻,大致每人往返運送1次,負麻6束。三人行程合計30里,每人平均運送距離10里。簡(88)三人往步昌運粟6橐,大致每人運送2次,每次1橐。三人行程合計188里120步,每人平均運送距離62里240步。此外,一些簡文還提到"茭""馬矢"等物資的相關負載量,如"☐茭二日日一反反儋八束凡"(142·18),及前引簡(56)中"一人五十五里六十步迹還一反負馬矢六石"。

除負卒的勞作外,更主要的是車載輸送,如:

(89)

		其一人作長		二人伐木
		三人卒養		六人積茭
八月甲辰卒廿九人	□□	□□□四人	□□	十四人運茭四千六十率人二百九十☐
		定作廿五人		二人綴絡具
				□□□功(30·19A)

(90)八月十二日癸卯鄣卒仲常載茭二百卅束 ☐(E.P.T52:182)

簡(89)"日作簿"中14人運茭4600,平均每人爲290。簡(90)鄣卒仲常所載茭爲230束,與前者數量接近。此外,邊塞内部的物資運輸不少屬於讁運。讁,簡文多作"適",[①]即戍吏因行政過失受到處分,以罰作形式運送相應物資:

(91)萬歲候長田宗 坐發省治大司農茭卒不以時遣吏將詣官失期適爲驛馬載三堠茭五石致止害(61·3,194·12)

(92)第十候長傅育 坐發省卒部五人會月十三日失期毋狀今適載三泉茭二十石致城北

隧給驛馬會月二十五日畢(E.P.T59·59)

(93)第十候史楊平 罷卒在正月四日到部私留一日適運茭五百束致候官會八月旦(285·10)

(94)教廿七日以候長素精進故財適五百束

以記過候長罰便詣部(E.P.F22·574A)

① 對邊塞地區"讁"的討論參見李均明《居延漢簡"適"解》(原刊《文史》第32輯,北京:中華書局,1990),《初學録》,388-389頁;徐世虹《額濟納漢簡法律用語零拾》,孫家洲主編《額濟納漢簡釋文校本》,237頁;張俊民《敦煌懸泉漢簡所見"適"與"適"令》,《蘭州學刊》2009年第11期,14-19、26頁。

(95)第十候長秦忠　　坐部十二月甲午留蕉適載純赤堇三百丈致▨(262·31)

(96)▨　　坐勞邊使者過郡飲適鹽卌石輸官(E.P.T51·323)

(97)▨蕉爲解毋狀當教以新除故請財適三百里以戒後(E.P.T5·6)

上述多記録戍吏身份,讁罰事由,運送物品名稱、數量,起迄地點等。簡(92)(93)提到完成期限,簡(97)言及讁罰距離。運送物品以茭居多,有以重量計算,如(91)(92)分別爲5石、20石;有以件數計,如(93)爲500束,(92)所載不明,但數量也是500束。運輸量較一般載運爲重。簡(95)所載"純赤堇"是烽表所用一種大紅色帛,[①]一次運送數量爲300丈。簡(96)則爲載鹽40石。按漢代有大、小石之制,小石等於大石的十分之六。漢代車輛載重量一般爲25大石,[②]這裏所載鹽40石接近每車可載小石的上限,疑指小石。這些運送既有運往候官的,亦有由隧及隧的直接物資調撥,體現着管理上的靈活。

(一一)塗屋、亭。戍卒有以白灰、草泥、馬矢塗刷屋、亭的勞作,[③]是邊塞維護軍事建築設施的重要内容:

(98)一人草塗關内屋上廣丈三尺五寸長三丈積四百五尺(1605)

(99)二人葦人一反還迎草塗内屋廣丈三尺五寸積四百五尺率人二百二尺五寸(1669)

(100)一人馬矢塗亭户前地二百七十尺(1747)

(101)三人馬矢塗塢上内地廣七尺長十丈四積七百廿八尺率二百卅尺□□(1760)

(102)四人馬矢塗□□長四丈九尺廣六尺積二百九十四尺(1767)

(103)□□□塗亭東□高四丈二尺廣丈六尺積六百七十二尺率人二百廿三尺□□(1777)

在居延新簡、敦煌馬圈灣漢簡、額濟納漢簡發掘時多次發現塢壁房屋反復塗草泥并粉刷的情况,[④]應即簡(98)(99)所謂"草塗"。至於簡(100)(101)(102)中的"馬矢塗",馬圈灣報告執筆者指出:"這種草泥使用的草屑,是以馬糞中的未消化物經晾乾後取得的,細碎短小,拌合的草泥粘結性强,泥皮平整、美觀。在漢簡資料中,有所謂'馬矢塗',即指此。"[⑤]而執筆者緊接所言"這種方法,不僅使用於牆壁,亦使用於室内地面",與簡(99)"草塗内屋"的勞作可以

---

① 沈剛:《居延漢簡語詞匯釋》"純赤堇"條,127頁。

② 裘錫圭:《漢簡零拾》,8-10頁。

③ 參見趙寵亮《行役戍備:河西漢塞吏卒的屯戍生活》第2章,91頁。

④ 甘肅居延考古隊:《居延漢代遺址的發掘和新出土的簡册文物》,2頁;甘肅省文物考古研究所編《敦煌漢簡》,附録《敦煌馬圈灣漢代烽燧遺址發掘報告》"貳 遺址形制與分期",52頁;魏堅:《額濟納旗漢代居延遺址調查與發掘述要》,魏堅主編《額濟納漢簡》,桂林:廣西師範大學出版社,2005,9頁。

⑤ 甘肅省文物考古研究所編:《敦煌漢簡》,附録《敦煌馬圈灣漢代烽燧遺址發掘報告》"貳 遺址形制與分期",52頁。

對照。不過,簡(100)(101)“馬矢塗亭户前地”“馬矢塗塢上内地”等操作顯示,所塗位置不止限於室内。[①] 簡(98)(99)均爲塗屋,面積均爲405平方尺,不過同等工作量後者是兩人承擔。簡(100)(103)均爲塗亭,前者具體爲“亭户前地”,一人工作,工作量270平方尺;後者人數不明,每人平均約223平方尺。簡(101)“長十丈四”,《釋文》作“長十四丈”;“二百卅尺”作“二百卌尺”。[②] 按此圖版無,以3人積728平方尺計算,《釋文》所釋或近之。

(一二)置井、積冰。居延烽隧沿額濟納河沿岸伸展,但用水仍主要依靠掘井。當地軍事組織的命名,候官如“卅井”,部如“井東”(435·16),隧如“渠井隧”(3·14)、“當井隧”(146·77、183·6、73EJT1:36等)、“井東隧”(459·2),應與用井有關。居延簡還見有:

(104)寘井用人百卌七人凡☐(283·55)

提到爲掘治新井所調用人數(或人次)有147人之多,值得注意。又,無井的亭隧,冬季往往還需儲冰應對:

(105)☐言之其毋井者各積冰亭十石(534·9)

簡文對各亭隧需儲冰額度有所提及:每亭各積冰10石。

(一三)墾田。居延、敦煌邊塞除戍卒守衛候望外,很多以田卒身份從事屯田:

(106)第四長安親,正月乙卯初作盡八月戊戌,積而二百〔廿〕四日,用積卒二萬七千一百卌三人,率日百廿一人,奇卅九人。墾田卌一頃卌四畝百廿四步,率人田卅四畝,奇卅畝百廿四步得。穀二千九百一十三石一斗一升,率人得廿四石,奇九石。(72.E.J.C:1)[③]

(107)☐□玉門屯田吏高年䄅田七頃給□弛刑十七人(2434)

簡(106)1972年考古調查時采集於大灣,爲肩水都尉府所轄屯田卒墾田的總結記録。介紹者據簡文指出“正月乙卯至八月戊戌計224天,共用勞動力27143人,平均每天121人多。共墾田41頃44畝24步,平均每人共墾田34畝。41頃44畝24步土地得谷2913石1斗一升,平均每人可得24石,當爲全年的成果”。[④] 這對於我們了解田卒墾種的工作定額及工作效率,很有幫助。簡(107)出土於敦煌,記録玉門都尉府治下的屯田情況。這裏屯田吏高年似將田地分撥弛刑者耕種。如推測不錯,17人墾種7頃土地,平均每人墾田約41.176畝。

---

① 相關討論還可參見陳夢家《漢代烽燧制度》,《漢簡綴述》,154-158頁。

② 吴礽驤、李永良、馬建華釋校:《敦煌漢簡釋文》,蘭州:甘肅人民出版社,1991,185頁。

③ 薛英群、何雙全、李永良注:《居延新簡釋粹》,87-88頁。

④ 薛英群、何雙全、李永良注:《居延新簡釋粹》,88頁。

四　餘論

邊塞軍人在繁忙辦公、勤苦戍守、緊張勞作之外,他們的日常生活亦有鬆弛一面。吏卒有較固定假日,漢簡中即出現有"當休"(E.P.T68:46、2239)、"更休"(E.P.T65:75、E.P.T65:305B)一類記録。兩漢時期的節日種類已較爲豐富,[①]其中不少在邊地也在使用。如《永光五年曆譜》等大量邊地所出曆譜中對八節(二至、二分、四立)、二祀(伏、臘)的記録,已引起學者注意。[②] 吏卒在這些節日時多有機會得到休整,如前面提到的臘節時,不但一般放假,而且還會向戍吏發放臘錢。吏卒在外出勞作中,一般每工作幾天,就可休息一日。在"卒作簿"中,"休"的記録是很常見的,[③]且已形成一定的制度規範,如"●詰尊省卒作十日輒休一日于獨不休尊何解□☑"(E.P.T59:357)。而戍吏因病、因事還可另外請假,探病理喪,[④]詣官就醫。[⑤]

河西漢塞軍事組織的日常辦公時間,大體從平旦延續至下餔,甚至日入。候官一級機構的接待工作在上下午各會形成一次高峰。屬吏協助長官釐務,承擔着每日辦公中絶大部分具體工作。除此以外,他們還需"直符"檢視府庫。更直一日一夜,次日平旦交接。烽燧吏卒每日巡查天田,候長候史的工作時間是在日中,而隧長、隧卒則在平旦、蚤食。後者還需臨界期會,刻符時間即在平旦。此外,他們晝夜需定時、應時擊鼓,舉表,舉火,報送信號,傳遞指令。郵路沿綫者,更需爲傳遞文書時刻待命。邊塞軍政多依文書實現,各類事務隨時記録書寫,類似後代的到簿與檢點則保證了各級組織的人員紀律與辦事效率。戍吏一般在每月的月旦、晦日及月交的其他幾日最爲忙碌。月簿、四時簿的上報多在此時,但實際上報時間常存一定浮動。錢糧的發放領取時間更不嚴格,相關辦理部門需隨時處理相應事務。或許與不同類别事務的需要差异有關,進而形成的年度簿籍存在"九月制"與"十二月制"。在吏卒日常戍守的更多歲月裏,他們主要進行巡視偵查,維修設施與運儲物資,涉及日迹,晝天田,伐茭、慈其、蒲、葦,除沙,治墼,作橿格,治繩,負物,取薪、謫運,塗屋、亭,置井,積冰,墾田等一系列勞務。勞作的時間、任務、定額相對明確。在較高勞動强度背後也體現着較高效率。辛勤工作之餘,他們獲得相應的休沐,各類節日也在一定時間、場合放鬆着他們的神經,舒緩

① 尚秉和:《歷代社會風俗事物考》卷三九《歲時伏臘》,母庚才、劉瑞玲點校,北京:中國書店,2001,413-427頁;彭衛、楊振紅:《中國風俗通史·秦漢卷》,第十章"節日風俗",上海文藝出版社,2002,620-651頁。

② 陳夢家:《漢簡年曆表叙》,《漢簡綴述》,234-237頁。

③ 如敦煌漢簡814、869、1027、1028、1029、1030、1031、1032等。

④ 邢義田:《漢代邊塞軍隊的給假、休沐與功勞制——讀〈居延新簡〉札記之二》;趙寵亮:《西北漢簡所見邊塞戍所的請銷假制度》,16-20頁。

⑤ 如敦煌漢簡"☑四月壬辰病持詣官就醫出入廿日不得卒"(2038)。

着他們的心緒。邊塞軍人有着自己的娛樂休閑,[①]有着自己的情感訴求,在這緊張與舒緩的張弛之間,實現着個人義務與帝國安全。

附記:本文初稿完成於2011年7月,2011年8月提交“甘肅省第二屆簡牘學國際學術研討會”,并曾在會上宣讀。後續修改又得到馬怡、莊小霞等先生幫助,兩位匿名評審專家復提出諸多寶貴意見,謹此一并致謝。

① 趙寵亮:《行役戍備:河西漢塞吏卒的屯戍生活》,第6章第2節“游藝生活”,319-327頁。

長沙五一廣場東漢簡牘所見若干經濟史料初探*

哈爾濱商業大學商業經濟研究院　朱德貴　齊丹丹

内容提要　長沙五一廣場東漢簡牘第一次揭示了東漢和帝時期仍然執行"度田"政策的歷史真相,它不僅使我們首次清晰地了解到東漢以"鄉别治掾"爲首的"力田""長爵"和"小史"的基層"度田"組織,而且還透露了和帝時期"鄉吏"解決"度田"糾紛的具體辦法。長沙五一廣場東漢簡牘還首次向世人展示了和帝永元十五年雇傭民力水路轉輸軍糧的嚴密管理體系,而且先秦兩漢時期的傳世文獻及出土簡牘未見記載之"船師"史料也得以披露,這些材料不但填補了東漢軍事史研究的史料空白,而且爲我們正確認識吴簡中"船師"的身份提供了强有力的證據。尤其值得一提的是,該批簡牘還出現了具有明確紀年的有關債務糾紛的材料,進一步加深了我們對東漢債務糾紛處理辦法的認識。

關鍵詞　長沙五一廣場東漢簡牘　度田　軍糧轉輸　債務糾紛

2013年長沙市文物考古研究所在《文物》第六期刊布了《湖南長沙五一廣場東漢簡牘發掘簡報》,該文首次披露了不少有關東漢早中期的歷史資料。由於傳世文獻和以往出土材料對東漢特别是東漢早中期的歷史記載奇缺,因此,"此次出土紀年明確、數量衆多的官府檔案

* 基金項目:黑龍江省哲學社會科學基金項目:"秦漢財政與社會控制研究"(14D070)階段性成果;國家社會科學基金項目:"碑刻文獻與東漢官制研究"(13BZS019)和"簡牘與戰國土地制度研究"(14AZS003)之階段性成果。

文書，對於彌補該時期簡牘缺環以及補證史料均具有極其重要的學術價值”。[①] 本文擬結合傳世文獻、居延漢簡以及東牌樓東漢簡牘等資料，僅就長沙五一廣場東漢簡牘中涉及“度田”、軍糧轉運和債務糾紛等問題的經濟史料作一初步探討。所論之處，如有不妥，敬請師友指正。

一

長期以來，由於史料記載不詳，學術界對東漢光武帝時期的“度田”問題存在兩種截然不同的觀點：一是以朱紹侯爲代表的“度田失敗”説。朱紹侯先生説，光武帝時期的“度田”，由於農民和豪强地主的反對，“給東漢王朝以極大的震動。劉秀面對這種局勢，在對豪强地主妥協讓步的前提下軟硬兼施，把反抗平息下去；同時不得不取消度田”。[②] 二是以高敏爲代表的“度田成功”説。[③] 根據長沙五一廣場東漢簡牘的記載，高敏等先生之説成立。但是，東漢“度田”政策持續了多久？具體執行“度田”的爲何人？産生糾紛又是如何解決的？由於傳世文獻和以往出土材料均無記載，故而，這些問題一直困擾着學術界。可喜的是，最新刊布的長沙五一廣場東漢簡牘填補了這方面的史料空白。請看如下記載：

1.元興元年六月癸未朔六日戊子，沮鄉别治掾倫叩頭死罪，敢言之。倫以令舉度民田。今月四日，倫將力田陳祖、長爵番仲、小史陳馮、黄慮及蔡力度男子鄭尤、越蕸、張昆等□田；力别度周本、伍設昭田。其日昏時，力與男子伍純争言鬥，力爲純所傷，凡創四所。輒將祖、仲詣發所，逐捕純，不得。蓋力與亭長李道并力逐捕純，必得爲故。倫職事無狀，惶恐叩頭死罪死罪，敢言之。

·檄即日起賊廷（J1③：264-294A）

① 長沙市文物考古研究所：《湖南長沙五一廣場東漢簡牘發掘簡報》，《文物》2013年第6期。

② 朱紹侯：《中國古代史》，福州：福建人民出版社，1985，348-349頁。朱紹侯先生的《中國古代史》作爲全國高校歷史學專業教材，影響比較大。當然，朱先生之説深受前輩名家的影響，如著名歷史學家郭沫若和范文瀾等皆持“度田”失敗説，具體參見郭沫若《中國史稿》（第2册），北京：人民出版社，1963，131頁；范文瀾《中國通史簡編》（第2編），北京：人民出版社，1958，139-140頁；林劍鳴：《秦漢史》，上海人民出版社，2003，765頁。

③ 高敏：《秦漢魏晋南北朝史論考》，北京：中國社會科學出版社，2004，49-65頁，也可參見高敏《“度田”鬥争與光武中興》，《南都學壇》1996年第1期。當然，還有學者們從不同角度探討了東漢的“度田”問題。如曹金華《劉秀“度田”史實考論》，《史學月刊》2001年第3期；臧知非《劉秀“度田”新探》，《蘇州大學學報》1997年第2期；孟素卿《談談東漢初年的度田騷動》，中國秦漢史研究會編《秦漢史論叢》第3輯，西安：陝西人民出版社，1986，246-253頁；袁延勝《東漢光武帝“度田”再論——兼論東漢户口統計的真實性問題》，《史學月刊》2010年第8期；小嶋茂稔《建武度田政策始末考（上）：後漢の建國期における國家と社會》，《山形大學紀要（社會科學）》第33卷1號，2002，1-21頁；小嶋茂稔《建武度田政策始末考（下）：後漢の建國期における國家と社會》，《山形大學紀要（社會科學）》第33卷2號，2003，1-37頁。以上學者皆贊同高先生之説。

郵行(J1③:264-294B)[①]

以上史料是我們迄今爲止所見惟一一條有關東漢和帝元興元年(105)“度田”的材料。這條史料至少反映了如下史實:

第一,東漢光武帝時期施行的“度田”政策至少延續至和帝時期。《後漢書·光武帝紀》:“(建武)十五年……六月……詔下州郡檢覈墾田頃畝及户口年紀,又考實二千石長吏阿枉不平者。”[②]這是光武帝於建武十五年(39)以制詔形式下令“度田”,其目的主要是“檢覈墾田頃畝”和登記“户口年紀”。《甘肅武威旱灘坡東漢墓》刊布的簡文説明,光武帝建武十九年(43)仍執行了“度田”政策,如:

鄉吏常以五月度田七月舉畜害匿田三畝以上坐。(簡 14)

□吏召無匿人□□□□□痛言☑。(簡 15)

建武十九年正月十四日己亥下。(簡 16)[③]

正因爲武威旱灘坡東漢墓出土簡牘中存在“建武十九年”之紀年,李均明和劉軍先生因而斷定這次出土的 16 枚簡文“爲東漢初年物”[④]。也就是説,光武帝建武十九年“度田”并未因“大姓及兵長”[⑤]的反對而終止。令人感興趣的是,旱灘坡東漢簡 14 還揭露了傳世文獻和以往出土材料未見記載的歷史真相:一是鄉吏執行“度田”,這一點得到了長沙五一廣場東漢簡牘的印證;二是“以五月度田”;三是“七月舉畜害”[⑥];四是“度田”後,發現“匿田三畝以上”就有罪。可見,這幾枚旱灘坡東漢簡牘不僅説明了光武帝建武十九年存在“度田”的情況,而且還爲我們探討東漢“度田”的執行人、時間以及“度田不實”等問題提供了第一手材料。

最重要的是,上引長沙五一廣場東漢簡牘表明,至東漢和帝元興元年官府依舊執行“以令舉度民田”的政策。至於和帝以後是否還存在“度田”,由於史文簡缺,不得而知。但筆者推測,這種制度關乎國家財政收入和政權穩定,故而有其連續性,東漢甚至東晉皆有“度田”。

---

① 侯旭東先生不僅對該木牘中個别文字進行了重新厘定,而且還對其中的“度田”問題進行了分析。請參見侯旭東《湖南長沙五一廣場東漢簡 J1③:264-294 考釋》,北京大學中國古代史研究中心編《田余慶先生九十華誕頌壽論文集》,北京:中華書局,2014,113-119 頁。

② 《後漢書》卷一,北京:中華書局,1965,66 頁。

③ 武威地區博物館:《甘肅武威旱灘坡東漢墓》,《文物》1993 年第 10 期。

④ 李均明、劉軍:《武威旱灘坡出土漢簡考述——兼論“挈令”》,《文物》1993 年第 10 期。

⑤ 《後漢書》卷一《光武帝紀》,67 頁。

⑥ 關於“畜害”,《二年律令·田律》有詳細之記載:“馬、牛、羊、㹠、彘食人稼穡,罰主金馬、牛各一兩,四㹠彘若十羊、彘當一牛,而令撟(?)稼償主。縣官馬、(簡 253)牛、羊,罰吏徒主者。(簡 254)”以上就是《二年律令·田律》中的畜牧立法。至於“㹠”,整理小組認爲:“㹠”,疑讀爲“豰”,《廣雅·釋獸》:“豰,豭也。”即“牡豬。”關於“撟”,整理小組釋作“撟”而存疑,彭浩等《二年律令與奏讞書》引《淮南子·要略》“覽取撟掇”高誘注曰:“撟,取也。”見彭浩、陳偉、[日]工藤元男主編《二年律令與奏讞書——張家山二四七號漢墓出土法律文獻釋讀》,上海古籍出版社,2007,192-193 頁。很顯然,“畜害”指的就是牲畜對農田或農作物造成的損害。

東晋孝武太元二年(377)曾下令“除度田收租之制,王公以下口税三斛,唯蠲在役之身”[①]。因此,東晋孝武太元二年之前一段時間曾貫徹過“度田收租之制”。

第二,鄉官執行“度田”的具體工作。長沙五一廣場東漢簡牘首次向世人展示了東漢鄉吏“度田”的情况。

東漢和帝時期的“度田”由“鄉别治掾”領導,其下有“力田”“長爵”和“小史”等小吏。

長沙五一廣場東漢簡牘中的“鄉别治掾”,《簡報》作者以爲:“或指縣廷派駐諸鄉的掾職。”[②]結合武威旱灘坡東漢簡牘簡 14 之記載,“鄉别治掾”應當爲“鄉吏”,是鄉一級“度田”的主管者。“力田”作爲一種職官,始於吕后時期,《漢書・高后紀》記載:“元年(前 187)春正月,詔曰:‘……初置孝弟力田二千石者一人。’”唐代顔師古注曰:“特置孝弟力田官而尊其秩,欲以勸厲天下,令各敦行務本。”[③]當然,例 1 中的“力田”非“二千石者”,它指的是鄉官,正如《後漢書・明帝紀》所載:“夏四月丙辰,詔曰:‘……懷柔百神,惠於鰥寡……三老、孝悌、力田人三級。’”李賢注曰:“三老、孝悌、力田,三者皆鄉官之名。”[④]“長爵”指的是高爵,如《漢書・賈誼傳》:“今西邊北邊之郡,雖有長爵不輕得復……”張晏注曰:“長爵,高爵也。雖受高爵之賞,猶將禦寇,不得復除逸豫也。”木牘中的“小史”指的是鄉中的小吏。在正史中,關於“小史”的記載頗多,如“永少爲長安小史”[⑤]、“青爲小史”[⑥]和“下至賤更小史”[⑦]等。這些低級小吏,一般主管文書事宜,如《史記・李斯列傳》:“(李斯)年少時,爲郡小史。”注引《索隱》曰:“鄉小史。劉氏云‘掌鄉文書’。”但是,卜憲群先生推測:“秦漢時代鄉一級已經不再設‘史’或其他專門掌管文書的人。”[⑧]恐誤,今證之以例 1 中的簡牘材料,東漢鄉一級機構明確設有“小史”。

例 1 中的“力田陳祖、長爵番仲、小史陳馮、黄慮及蔡力”等鄉官在“鄉别治掾”的領導下具體負責“度田”工作,上引旱灘坡東漢簡牘簡 14 也進一步證明了“鄉吏”負責“度田”的歷史真相。

第三,“度田”糾紛。例 1 中,小史“力”負責檢核男子“伍”的墾田頃畝,結果“純争言鬥,力爲純所傷,凡創四所”。那麽,産生糾紛的原因何在?筆者以爲,産生“度田”糾紛的原因主要有二:一是鄉吏如實檢核出了普通百姓或豪民大姓所匿之田,遭遇了田主反對;二是官吏

① 《晋書》卷二六《食貨志》,北京:中華書局,1974,792 頁。

② 長沙市文物考古研究所:《湖南長沙五一廣場東漢簡牘發掘簡報》,《文物》2013 年第 6 期。

③ 《漢書》卷三,北京:中華書局,1962,96 頁。

④ 《後漢書》卷二,96 頁。

⑤ 《漢書》卷八五《谷永傳》,3443 頁。

⑥ 《後漢書》卷四五《張酺傳》,1530 頁。

⑦ 《後漢書》卷一二〇《輿服志》,3665 頁。

⑧ 卜憲群:《從簡帛看秦漢鄉里的文書問題》,《文史哲》2007 年第 6 期。

欺詐,"度田不實"。一般百姓倘若隱匿田地,鄉中官吏與亭長就可以將之"并力逐捕"。如若官吏詐巧,"度田不實",又將如何處置呢?先讓我們看看如下幾則史料:

《後漢書·光武帝紀》:"(建武十六年)秋九月,河南尹張伋及諸郡守十餘人,坐度田不實,皆下獄死。"①

《後漢書·鮑永傳》:"(鮑永)坐度田事不實,被徵,諸郡守多下獄。"②

《後漢書·隗囂傳》:"(王元)初拜上蔡令,遷東平相,坐墾田不實,下獄死。"③

《後漢書·牟長傳》:"(牟長)少習《歐陽尚書》,不仕王莽世。建武二年,大司空弘特辟,拜博士,稍遷河内太守,坐墾田不實免。"④

《續漢書·五行志》:"(建武十六年)時諸郡太守坐度田不實,世祖怒,殺十餘人,然後深悔之。"⑤

可見,河南尹張伋及諸郡守、鮑永、王元以及牟長等皆因"度田不實",或"下獄死",或"坐墾田不實免",或被斬殺,足見官府打擊"度田不實"之嚴厲。那麽,光武帝是如何知道這些官吏在"度田"時"多爲詐巧,不務實核"的呢?這是因爲,東漢政府建立了一套從中央到地方較爲完備的行政監察制度。⑥

在中央,秦郡守隸屬於丞相,地方各郡皆由御史監察。西漢初期,"省監郡御史制度"⑦,後來"又以丞相東曹掾出督",最後演變成了中央監察地方之"刺史制度"⑧。武帝初置刺史

① 《後漢書》卷一,66頁。李賢注引《東觀記》曰:"刺史太守多爲詐巧,不務實核,苟以度田爲名,聚人田中,并度廬屋里落,聚人遮道啼呼。"

② 《後漢書》卷二九,1020頁。

③ 《後漢書》卷一三,531頁。

④ 《後漢書》卷七九,2557頁。

⑤ 《後漢書》卷一〇八,3358頁。

⑥ 衆多學者對漢代監察制度進行過仔細探討,此不贅述,請參看楊寬《戰國秦漢的監察和視察地方制度》,《社會科學戰綫》1982年第2期;賈玉英等《中國古代監察制度發展史》,北京:人民出版社,2004,223-231頁;王子今《漢代的行政監察形式》,《中國黨政幹部論壇》2002年第9期;閻步克《詩國:王莽庸部、曹部探源》,《中國社會科學》2004年第6期;南玉泉《兩漢御史中丞的設立及其與司直、司隸校尉的關係》,《中國政法大學學報》2011年第5期;朱紹侯《淺議司隸校尉在東漢的特殊地位——司隸校尉研究之三》,《南都學壇》1997年第1期;袁剛《漫談東漢的舉民謠糾察官吏職行監督》,《法學雜誌》1998年第1期;卜憲群《秦漢三公制度淵源論》,《安徽史學》1994年第4期。

⑦ 《漢書》卷一九《百官公卿表》:"御史大夫,秦官,位上卿,銀印青綬,掌副丞相。有兩丞,秩千石。一曰中丞,在殿中蘭臺,掌圖籍秘書,外督部刺史,内領侍御史員十五人,受公卿奏事,舉劾按章。成帝綏和元年更名大司空,金印紫綬,禄比丞相,置長史如中丞,官職如故。哀帝建平二年復爲御史大夫,元壽二年復爲大司空,御史中丞更名御史長史。侍御史有繡衣直指,出討姦猾,治大獄,武帝所制,不常置。"725頁。

⑧ 嚴耕望:《嚴耕望史學著作集·中國地方行政制度史——秦漢地方行政制度》,上海古籍出版社,2007,271頁。又,《續漢書·百官志》云:"外十二州,每州刺史一人,六百石。本注曰:秦有監御史,監諸郡,漢興省之,但遣丞相史分刺諸州,無常官。孝武帝初置刺史十三人,秩六百石。成帝更爲牧,秩二千石。建武十八年,復爲刺史,十二人各主一州,其一州屬司隸校尉。"

之時，刺史以“六條問事”[①]，“傳車州内，匪有定鎮，及於歲盡，詣都奏事”，“稍後，但歲終奏事如故”[②]。但是降至東漢中興之後，刺史職權發生了改變[③]。此時之刺史不但監察州郡，而且總攬軍政和民政之大權。毋庸置疑，刺史已逐漸地方行政官化了，故而漢靈帝時期，“改刺史，新置牧”[④]。

尤其值得一提的是，東漢司隸校尉、御史中丞和尚書令[⑤]是中央主典監察之重要機構，如應劭《漢官儀》曰：“司隸校尉糾皇太子，三公以下，及旁州郡國無不統。”[⑥]蔡質《漢儀》云：“（司隸校尉）職在典京師，外部諸郡，無所不糾。”[⑦]《隸釋 隸續》卷九《司隸校尉魯峻碑》載：“延熹七年二月丁卯，拜司隸校尉董督京輦，掌察群寮。”[⑧]《後漢書·宣秉傳》：“建武元年，拜（宣秉爲）御史中丞。光武特詔御史中丞與司隸校尉、尚書令會同并專席而坐，故京師號曰‘三獨坐’。”[⑨]可以説，“三獨坐”不僅擔負着協助皇帝統治國家之職責，而且還“掌察群寮”，“無所不糾”。

在地方，州郡負責監察縣鄉者主要爲督郵等。漢代“督郵主要負責基層社會的監察工作。在兩漢史籍中督郵又稱‘都吏’[⑩]，有關督郵之記載枚不勝舉，主要有‘郡督郵’[⑪]，有監察

① 刺史“六條問事”指的是：“一條，强宗豪右田宅逾制，以强凌弱，以衆暴寡。二條，二千石不奉詔書遵承典制，倍公向私，旁詔守利，侵漁百姓，聚斂爲奸。三條，二千石不恤疑獄，風厲殺人，怒則任刑，喜則淫賞，煩擾刻暴，剥截黎元，爲百姓所疾，山崩石裂，袄祥訛言。四條，二千石選署不平，苟阿所愛，蔽賢寵頑。五條，二千石子弟恃怙榮勢，請托所監。六條，二千石違公下比，阿附豪强，通行貨賂，割損正令也。”《漢書》卷一九《百官公卿表》，742頁。

② 嚴耕望：《嚴耕望史學著作集·中國地方行政制度史——秦漢地方行政制度》，284頁。

③ 嚴耕望先生詳細分析了東漢刺史的變化：一是刺史“終年在州，不親入京奏事”；二是“事逕奏行，三府不得撓其權”；三是“督查對象普及州郡境内任何高低級官員”；四是“推薦親賢，假攝守令”；五是“每年舉茂才似亦始於東漢”；六是“民刑諸政，無不綜攬”；七是“州境軍事，負責指揮”。以上所列東漢刺史之七點乃有异於西漢者，具體情況請參閲嚴耕望《嚴耕望史學著作集·中國地方行政制度史——秦漢地方行政制度》，290頁。

④ 《後漢書》卷八《靈帝紀》，357頁。

⑤ 《續漢書·百官志》：“御史中丞一人，千石。本注曰：御史大夫之丞也。舊别監御史在殿中，密舉非法。及御史大夫轉爲司空，因别留中，爲御史臺率，後又屬少府。治書侍御史二人，六百石。本注曰：掌選明法律者爲之。凡天下諸讞疑事，掌以法律當其是非。”

⑥ ［清］孫星衍等輯：《漢官六種·漢官儀》（周天游等點校），北京：中華書局，1990，148頁。

⑦ ［清］孫星衍等輯：《漢官六種·漢官典職儀式選用》（周天游等點校），208頁。

⑧ ［宋］洪适：《隸釋 隸續》，北京：中華書局，1986，101頁。

⑨ 《後漢書》卷二七，927頁。第二年，宣秉遷爲司隸校尉，“務舉大綱”，“百僚敬之”。

⑩ 《漢書》卷四《文帝紀》注引如淳曰：“律説，都吏今督郵是也。閑惠曉事，即爲文無害都吏。”114頁。

⑪ 《後漢書》卷二四《馬援傳》，828頁；《後漢書》卷四一《鐘離意傳》，1406頁。

王的‘督郵舍’①,有‘五部督郵’②,而且在三輔也設立督郵,如‘京兆督郵’③,由於督郵一職在基層檢舉、稽核工作中作用很大,因此受到政府重視,地位特别高,史稱‘督郵、功曹,郡之極位’④”⑤。有關東漢“督郵”等核實田畝的問題,《長沙東牌樓東漢簡牘》所記之“(靈帝)光和六年(183)監臨湘李永例督盜賊殷何上言李建與精張諍田自相和從書”給我們帶來了一些歷史信息。該份文書顯示,官府核查“李建與精張諍田”案有具體之步驟:一是“民大男李建”向中部督郵掾舉劾;二是中部督郵掾在聽取“李建”自言後,發出“檄”文;三是監臨湘“李永”收到“檄”後,指派“督盜賊殷何”前往調查和處理;四是督盜賊“殷何”最後形成“解”文,再送交給監臨湘“李永”⑥。那麽,“中部督郵”“監臨湘”和“督盜賊”在核查這起“諍田”案中存在何種關係?結合傳世文獻之記載可知,“中部督郵”和“監臨湘”皆屬於督郵系統⑦,如《續漢書·百官志》“郡”條載:“郡守其監屬縣,有五部督郵,曹掾一人。”由此可知,“中部督郵”下

① 《後漢書》卷二九《郅惲傳附子壽傳》:“乃使部從事專住王國,又徙督郵舍王宫外,動静失得,即時騎驛言上奏王罪及劾傅相,於是藩國畏懼,并爲遵節。”李賢注曰:“近王宫置督郵舍,以察王得失。”1033頁。

② 《續漢書·百官志》:“其監屬縣,有五部督郵,曹掾一人。”《後漢書》卷八二《高獲傳》載:“監屬縣有三部,每部督郵書掾一人。”2711頁。

③ 《後漢書》卷四〇,1332頁。《班彪傳附子固傳》:“京兆督郵郭基,孝行著於州里,經學稱於師門,政務之績,有絶异之效。如得及明時,秉事下僚,進有羽翮奮翔之用,退有杞梁一介之死。”筆者以爲,此處督郵當監察鄭縣、杜縣,因爲此兩縣歸屬京兆管轄,見《史記》卷五《秦本紀》,中華書局,1959,182頁。

④ 《後漢書》卷四五《張酺傳》注引《漢官儀》曰:“督郵、功曹,郡之極位。”1530頁。

⑤ 朱德貴:《漢簡與財政管理新證》,北京:中國財政經濟出版社,2006,287頁。有關漢代督郵制度研究的情況,還可參閱嚴耕望《嚴耕望史學著作集·中國地方行政制度史——秦漢地方行政制度》,2007,138-143頁;安作璋、熊鐵基《秦漢官制史稿》(下册),濟南:齊魯書社1985,105-111頁;楊鴻年《漢魏制度叢考》(重印本),武漢大學出版社,2005,375-380頁;貢紹海《略論漢代督郵》,《山東師大學報》1988年第4期;黎明釗、馬增榮《試論漢簡所見的都吏及其與督郵的關係》,《中國出土資料研究》2009年第13號,105-130頁;姜維公《漢代郡域監察體制研究》,《社會科學輯刊》2007年第6期。

⑥ 關於這份東漢“自相和從書”,學界已有豐碩之研究成果,請參看王素《長沙東牌樓東漢簡牘選釋》,《文物》2005年第12期;裘錫圭《讀〈長沙東牌樓七號古井(J7)發掘簡報〉等文小記》,《湖南省博物館館刊》第3輯,長沙:岳麓書社2006,340-344頁;侯旭東《長沙東牌樓東漢簡〈光和六年諍田自相和從書〉考釋》,247-275頁;黄今言《〈長沙東牌樓東漢簡牘〉釋讀的幾個問題》,《中國社會經濟史研究》2008年第2期;黎石生《長沙東牌樓東漢簡牘〈李建與精張諍田自相和從書〉初探》,《湖南省博物館館刊》第3輯,345-349頁;葉玉英《東漢簡牘〈和從書〉所見東漢若干制度探索》,《厦門大學學報》2009年第6期;小嶋茂稔《後漢孫吴交替期における臨湘縣の統治機構と在地社會—走馬樓簡牘と東牌樓簡牘の記述の比較を通して》,[日本]長沙吴簡研究會編《長沙吴簡研究報告》3,2007,18-19頁;鄔文玲《長沙東牌樓東漢簡牘〈光和六年自相和從書〉研究》,《南都學壇》2010年第3期。

⑦ 有關漢代督郵制度研究,請參閱嚴耕望《嚴耕望史學著作集·中國地方行政制度史——秦漢地方行政制度》,138-143頁;安作璋、熊鐵基《秦漢官制史稿》(下册),濟南:齊魯書社1985,105-111頁;楊鴻年《漢魏制度叢考》(重印本),375-380頁;貢紹海《略論漢代督郵》,《山東師大學報》1988年第4期;黎明釗、馬增榮《試論漢簡所見的都吏及其與督郵的關係》,《中國出土資料研究》2009年第13號,105-130頁;姜維公《漢代郡域監察體制研究》,《社會科學輯刊》2007年第6期。

轄"監臨湘"[①],"督郵掾"或"督郵"指的就是"督郵書掾"[②]。而督盜賊"不僅有'職主兵衛,防非常,故居則巡察,出則導從'的職能,此處還顯示其主導調查解決民事糾紛的職能"[③]。不難看出,此處之"中部督郵""監臨湘"和"督盜賊"等在"李建與精張諍田自相和從書"中主要起"實核"之作用。由此可見,東漢已形成了一整套中央至地方的較完善的監察體制,這爲中央監察者和皇帝了解下情提供了制度保障。正因爲有了這套制度,光武帝才能知曉"刺史太守"等各級官吏有無"度田不實"的情況[④],才能保障"度田"政策的順利執行。

光武帝"檢覈墾田頃畝"[⑤],執行了嚴格的"度田"政策,致使東漢早中期出現了一股吏治清明之風。如"斤斤謹質"的大將吴漢就曾責備其妻"何多買田宅乎",俟後"盡以分與昆弟外家"[⑥]。光武帝"以禹功高",封鄧禹爲"高密侯",但鄧禹經常"教養子孫","不修産利",結果光武帝"益重之"[⑦]。因此,"由於'度田'、'檢籍'與打擊不法地方官之後,出現了户口增加、生産發展、豪强收斂和清廉勤政成風的政治局面與社會經濟狀況,於是就彙集成了光武中興之世,也爲明、章、和諸帝統治時期的社會安定與經濟發展奠定了基礎"[⑧]。

總之,光武帝嚴懲了一批阻撓"度田"改革的"大老虎",震懾了隱匿田畝的貴族官僚和鄉里的豪民大姓,爲基層的"度田"工作打下了基礎,但是還是存在"純爭言鬥"、打傷"度田"小吏的情況。長沙五一廣場東漢簡牘第一次給我們展示了一幅東漢和帝時期處理"度田"糾紛案件的真實歷史場景,因此,這些史料就顯得彌足珍貴了。

二

軍糧的轉輸對軍隊來説極其重要,孫子説:"軍無輜重則亡,無糧食則亡,無委積則亡。"[⑨]

---

① 裘錫圭:《讀〈長沙東牌樓七號古井(J7)發掘簡報〉等文小記》,《湖南省博物館館刊》第3輯,長沙:岳麓書社,2006,342頁。

② 《後漢書》卷八二《高獲傳》"急罷三部督郵"下注引《續漢書》曰:"監屬縣有三部,每部督郵書掾一人。"《長沙東牌樓東漢簡牘》簡156正面也有"督郵書掾"之記載。當然,"督郵"也有自己的主文書檔案的小吏"督郵史",如懸泉置出土的漢簡云:"建昭二年二月(前37)甲子朔辛卯,敦煌太守彊,守部候脩仁行丞事,告督郵史衆欣、主羌史江曾、主水史衆遷,謂縣……(Ⅱ90DXT0216②:246)"整理者注:"督郵史:督郵屬下主文書之佐吏。"胡平生、張德芳:《敦煌懸泉漢簡釋粹》,上海古籍出版社,2001,161頁。尹灣漢簡也有主文書的督郵史,如《尹灣漢墓簡牘》:"督郵史四人都水一人請治所。"參見連雲港市博物館等《尹灣漢墓簡牘》,北京:中華書局,1997,101頁。

③ 莊小霞:《東牌樓東漢簡牘所見"督盜賊"補考》,《南都學壇》2010年第3期。

④ 《後漢書》卷一《光武帝紀》"度田不實"條下李賢注引《東觀記》曰,66頁。

⑤ 《後漢書》卷一《光武帝紀》,66頁。

⑥ 《後漢書》卷一八《吴漢傳》,683頁。

⑦ 《後漢書》卷一六《鄧禹傳》,605頁。

⑧ 高敏:《"度田"鬥爭與光武中興》,《南都學壇》1996年第1期。

⑨ 楊丙安:《十一家注孫子校理》,北京:中華書局,1999,140頁。

如東漢光武帝建武二十三年(47),武威將軍劉尚率領萬餘兵力“乘船溯沅水入武溪”鎮壓武陵蠻夷,但劉尚“糧少入遠”,導致“尚軍大敗,悉爲所没”。[①] 因而東漢雲台二十八將之一的耿弇感歎道:“吾深入敵地,後無轉輸,旬(月)〔日〕之間,不戰而困。”[②]可見軍糧轉輸之重要[③]。據長沙五一廣場東漢簡牘中出現的有關軍糧轉輸文書所載内容可知,東漢地方政府非常重視軍糧轉輸工作。尤其值得一提的是,這份法律文書第一次揭示了軍糧轉輸的嚴密組織結構和雇傭“船師”輸送軍糧的歷史事實,它填補了東漢軍事史研究的史料空白,請看如下記載:

2.永元十五年閏月丙寅朔八日癸酉,武陵大守伏波營軍守司馬郢叩頭死罪敢言之。前言船師王皮當償彭孝夫文錢。皮船載官米財。遣孝家從皮受錢。郢叩頭叩頭死罪死罪。皮船載米四千五百斛,已重,孝不來。今月六日遣屯長王于將皮詣縣,與孝、誼。誼未到。亭長姓薛不知名奪收捕皮,毄(繫)亭。案:軍糧重事,皮受僦米六百卅斛,當保米致屯營。今收毄(繫)皮,空船無攝護者。亭重船稽留有日,不得發,恐宿夜災异,無誰詭責。郢客吏被蒙府厚恩,發遣正營流汗。唯長沙府財吏馬,嚴臨湘晨夜遣當代皮攝船者詣郢,須進道。皮訟决,手械,部吏傳詣武陵臨沅保入官。朱郢誠惶誠恐,叩頭叩頭死罪,敢言之。

閏月十日乙亥,長沙大守行文書事大守丞虞謂臨湘:寫移縣,知皮受僦當保載,而盛卷(?)佝留皮,又不遣孝家受取直,更相推移,何? 書到,亟處,言,會急疾如律令。掾廣、卒史昆、書佐熹

今白 誰收皮者召之 閏月十一日開(J1③:325-1-140)

這是一份東漢和帝永元十五年(103)長沙太守下發給臨湘縣的下行文書,《簡報》作者認爲,它包括兩部分内容:一是“武陵大守伏波營軍守司馬(朱)郢”向長沙太守彙報情况的抄件;二是太守府命令臨湘縣執行抄件内容的正文。其大意是講,武陵大守伏波營軍守司馬朱郢向長沙太守彙報説,船師王皮受雇轉輸四千五百斛軍糧前往屯營,但是由於王皮欠了“孝”的錢,屯長王于就將王皮扭送到了官府,後亭長又“奪收捕皮”,導致軍糧的轉輸“稽留有日,不得發”,延誤了送糧日期,負責這次軍糧轉輸任務的司馬朱郢不知道如何處置,故向長沙太守請示具體的處置辦法。長沙太守府接到文書後,立即回復并要求急速處理,即“急疾如律令”,説明了當時軍糧轉輸的急迫性。此段木牘文字首次披露了東漢時期雇傭“船師”轉輸軍

① 《後漢書》卷八六《南蠻傳》,2831頁。

② 《後漢書》卷一九《耿弇傳》,710頁。王先謙謂《東觀記》作“旬日之間”,是也。今據改。

③ 目前,東漢軍事問題研究的代表性成果爲黄今言等先生的《東漢軍事史》,請參見黄今言等《中國軍事通史·東漢軍事史》第6卷,北京:軍事科學出版社,1998。

糧的歷史真相,其所反映的情況主要體現在如下幾個方面:

第一,東漢和帝時期水路轉輸的軍糧管理體系。據上引例2可知,郡太守是軍糧轉輸的最高行政機構。這是因爲,東漢郡太守除了掌管一郡的治民權外,還兼具軍事領導職能。史書中常見郡太守領兵征戰疆場的例子,如"代郡太守劉興擊盧芳將賈覽於高柳"[①]、"遼東太守祭肜使鮮卑擊赤山烏桓"[②]、"漁陽太守張顯追擊(鮮卑)"[③]和"武陵太守李進擊叛蠻"[④]等,這樣的例子不勝枚舉。由於東漢戰事頻發,這就凸顯出了太守在軍事領導方面的重要作用。當然,軍糧轉輸又是軍事領導中的重中之重,故而例2中的"武陵大守"親自過問此事。在郡太守之下設有郡丞等機構,具體負責軍糧轉輸的文書工作,如"長沙大守行文書事大守丞虞"。郡丞下又有專門負責軍糧轉輸文書起草工作的"掾""卒史"和"書佐",如例2中的"掾廣、卒史昆、書佐熹"。第二級領導者爲軍中的"司馬",在例2中,伏波營軍守司馬朱郢發現軍糧轉輸過程中出現了問題後就直接向郡太守府稟報情況。由於軍事管理系統與地方行政系統互不統轄,故而,司馬朱郢雖然負責軍糧轉輸,但無法阻止臨湘縣拘捕拖欠債務的船師"王皮"。最後一位責任者爲受雇傭的船主。"船師王皮"因爲接受官府"僦米六百卅斛",所以就有責任"攝護"運糧船隻到達"屯營"。可見,在東漢和帝時期,郡太守既治民又治軍,是軍糧轉輸工作的最高決策者,其下又有軍營中"司馬"和"船師"等責任者,由此形成了一個嚴密的軍糧轉輸的管理體系。

第二,雇傭"船師"水路轉輸軍糧。東漢時期,轉輸軍糧主要有三種形式:一是徵發徭役轉輸。如章帝建初元年(76),由於官府北征匈奴,故而"頻年服役,轉輸煩費"[⑤]。安帝永初四年(110),"比年羌寇特困隴右,供徭賦役爲損日滋……遂乃千里轉糧,遠給武都西郡。"[⑥]因此,終東漢,"轉輸疲弊,百姓苦役",造成了"農桑失業,兆民呼嗟於昊天,貧窮轉死於溝壑"[⑦]的悲慘局面。二是戍卒轉輸。《後漢書·岑彭傳》:"……發南陽、武陵、南郡兵,又發桂陽、零陵、長沙委輸棹卒,凡六萬餘人,騎五千匹,皆會荊門。"李賢注曰:"棹卒,持棹行船也。"[⑧]"委輸棹卒"指的就是戍卒組成的轉輸隊伍。當然,我們在居延漢簡中也可以看到大量戍卒轉輸的例子,如《居延新簡》E.P.T5:108:"☑……長修車父功孫□☑。"《居延新簡》E.P.T56:138B:"貝丘第三車父田赦第三車父田赦☑。"[⑨]《居延漢簡釋文合校》180.40A:"●右

① 《後漢書》卷一《光武帝紀》,49頁。
② 《後漢書》卷二《明帝紀》,99頁。
③ 《後漢書》卷四《殤帝紀》,196頁。
④ 《後漢書》卷六《順帝紀》,266頁。
⑤ 《後漢書》卷四八《楊終傳》,1597頁。
⑥ 《後漢書》卷五一《龐參傳》,1688頁。
⑦ 《後漢書》卷四九《仲長統傳》,1656頁。
⑧ 《後漢書》卷一七,661頁。
⑨ 甘肅省文物考古研究所等:《居延新簡——甲渠候官與第四燧》,北京:文物出版社,1990。

第八車父杜□□守父靳子衡　算身一人☐。"[①]有關"車父"的簡文還有很多,此不一一備舉。上引漢簡中的"車父"是指由漢代官府統一管理,負責轉輸軍需物資的戍卒[②]。三是雇傭百姓轉輸。《後漢書·虞詡傳》載:"後羌寇武都,鄧太后以詡有將帥之略,遷武都太守……先是運道艱險,舟車不通,驢馬負載,僦五致一。詡乃自將吏士,案行川谷,自沮至下辯數十里中,皆燒石翦木,開漕船道,以人僦直雇借傭者,於是水運通利,歲省四千餘萬。"[③]"驢馬負載,僦五致一"指的是陸路轉輸軍需物資,采用的方式爲雇傭民力。其中"僦"就是雇傭或租賃之意。如《疏勒河流域出土漢簡》425:"出麋二斛。元和四年八月五日,僦人張季元付平望西部候長憲。"漢簡中還有很多"就人""就直"等,此舉要例幾則,如《敦煌漢簡》531:"大煎都轉就人孟晏等車三兩☐。"[④]《居延漢簡釋文合校》350.12:"☐□月積一月廿七日運茭就直。"所謂"就人"就是受官府雇傭之人,"就直"就是受雇之傭金。長沙五一廣場東漢簡牘關於"船師"運送軍糧的材料,進一步説明了東漢雇傭民力轉輸軍需物資的歷史事實,豐富了東漢軍事史研究的史料。

那麽,"船師"是一種什麽身份?例2表明,"船師"王皮所帶領的船隊負責轉輸"米四千五百斛"至"屯營",就可以領取"僦米六百卅斛"。可見,"船師"王皮屬於編户齊民,是一位私人船隻或船隊的所有者,主要以受雇運輸爲營生。這批簡牘還爲我們正確認識長沙走馬樓吴簡中的"船師"提供了强有力的證據,請看如下簡文:

入吏所備船師梅朋建安廿五年折咸米六斛(壹·2263)

其一百卅九斛五斗一升備船師何春張蓋梅朋等折咸米(壹·2264)

入吏番觀所備船師何[春]建安廿七年折咸米四斛(壹·2277)

領船師張梅朋等折咸米二百廿斛八斗九升四合(壹·9566)

入船師張蓋折咸米□十斛(貳·263)

·其一百一十七斛九斗九升四合船師梅朋建安廿六年折咸米(貳·6882)

·其卅四斛一升船師梅朋傅忠建安廿六年折咸米(貳·7334)

右平鄉入船師張蓋折咸米八斛☐(叁·705)

[其][一][百][五][斛]九斗船師張蓋等折咸(叁·1370)

入運三州船師梅朋等備建安廿六年折咸米一百一十七斛九斗九(叁·1836)

---

① 謝桂華、李均明、朱國炤:《居延漢簡釋文合校》,北京:文物出版社,1987。

② 目前有關"車父"問題研究的代表性成果有:李均明《"車父"簡考辨》,《簡牘學研究》1998年第2輯;王子今《關於居延車父簡》,《簡帛研究》第2輯,北京:法律出版社,1996,279-299頁;陳直《車父的助邊》,其著《居延漢簡研究》,天津古籍出版社,1986,91-93頁。

③ 《後漢書》卷五八,1869頁。

④ 甘肅省文物考古研究所編:《敦煌漢簡》,北京:中華書局,1991。

入吏如騰備船師栂朋折咸米一斛(肆·34086)

其六斛三斗吏潘慮備船師黄廉□春折咸米(肆·34132)

其六十七斛九斗五升船師張蓋黄龍二年折咸米(肆·34235)[①]

以上就是三國吴簡中有關"船師"的部分簡文,這方面的簡文太多,故不一一備舉。由於先秦兩漢時期的傳世文獻及出土簡牘均未見"船師"之記載,因而有學者認爲:"在'船師'經管過程前後會發生'折咸'現象,而'吏'預先有所'備',是爲了保證米的總數額不致虧减。如果這一推想能够成立,那麽,也可以推知'船師'稱謂所指代的身份,可能并非造船的技術人員,而是駛船的技術人員。"[②]證之以例2中的材料可知,"船師"就是以運輸爲生計的船主。因此,長沙五一廣場東漢簡牘撥開了困擾學術界對吴簡"船師"身份認識上的迷霧,彌補了文獻記載之不足。

三

秦漢歷史文獻中常見債務契約文書,張傳璽、李均明、王彦輝、秦暉、于振波和劉秋根等先生就此撰文進行過詳細探討,其中以李均明先生之文最具代表性。李先生在《居延漢簡債務文書述略》中考察了漢代債務文書的各種形式,諸如"債名籍""負債名籍""債券""行道貰賣名籍""償債保證書""催收債書"以及與債務有關的"現錢出入帳"和司法文書等。李先生還分析了債務産生的原因,一是"因契約而發生的債";二是"因侵犯他人財産而發生的債";三是"因不當得利而發生的債"。因此,"漢代邊塞地區實行的債的關係的代理人制度,保證了債權、債務人雙方權利義務的履行,保護了雙方的利益"。[③] 愚以爲,李先生的分析和結論

---

① 此處所引簡文皆出於長沙文物考古研究所、長沙簡牘博物館、中國文物研究所和北京大學歷史系走馬樓簡牘整理組編《長沙走馬樓三國吴簡·竹簡》(壹、貳、叁、肆),北京:文物出版社,2003,2007,2008,2011。

② 王子今:《走馬樓簡"折咸米"釋義》,《國際簡牘學會會刊》第3號,臺北:蘭台出版社,2001,75-80頁。研究這一問題的學者還有侯旭東先生和熊曲先生等,具體情況請參見侯旭東《吴簡所見"折咸米"補釋——兼論倉米的轉運與吏的職務行爲過失補償》,《吴簡研究》第二輯,武漢:崇文書局,2006,176-191頁;熊曲《吴簡折咸米、漬米、没溺米及相關問題》,《吴簡研究》第三輯,北京:中華書局,2011,211-225頁。

③ 李均明:《居延漢簡債務文書述略》,《文物》1986年第11期。探討漢代債務問題的代表性成果還有張傳璽《契約問題》,其著《秦漢問題探討》,北京大學出版社,1995,140-227頁;王彦輝《漢代豪民私債考評》,《中國史研究》1994年第2期;秦暉《漢代的古典借貸關係》,《中國經濟史研究》1990年第3期;劉秋根《關於漢代高利貸的幾個問題——與秦暉同志商榷》,《中國經濟史研究》1991年第4期;于振波《秦漢法律與社會》,長沙:湖南人民出版社,2000,142-168頁;孫瑞、陳蘭蘭《漢代簡牘私文書所反映的幾種社會現象》,《社會科學戰綫》2007年第2期;李曉英《漢代契約研究》,《史學月刊》2003年第12期;王剛《從債務問題看西漢商品經濟狀况》,《安徽史學》2003年第3期。另外,朱紅林先生還撰寫了專題性文章探討秦的債務問題,朱先生認爲:"里耶秦簡債務簡中的欠債戍卒不是居貲贖債者,他們屯戍遷陵是正常的徭戍義務。陽陵司空向遷陵方面索要這些戍卒的服役時日記録,是爲了從戍卒的生活費用中扣除欠款,或者把握其服役返鄉的時間,以强迫其居貲抵債。"具體情況參見朱紅林《里耶秦簡債務文書研究》,《古代文明》2012年第3期。

是正確的,符合文獻記載之事實。筆者擬結合李先生研究的成果,僅就長沙五一廣場東漢簡牘中的東漢債務糾紛的史料做一分析,冀以比較該批簡牘與西北漢簡所反映的官府處理債務糾紛辦法之异同。

上引例2中的材料就反應了東漢和帝永元十五年發生的一起債務糾紛事件。由於"船師王皮當償彭孝夫文錢",臨湘縣"遣屯長王于將皮詣縣",隨後"亭長姓薛不知名奪收捕皮,毄(繫)亭",導致了"船稽留有日,不得發"的嚴重後果。除此以外,這批東漢簡牘還披露一則有關債務糾紛的法律文書,如:

3.謁舍,以錢四萬寄次元。柱暴病物故。少從次元來,柱錢不可得。書到,亟實核次元應當以柱錢付少不?處言。興叩頭死罪死罪。得書,輒考問。少及次元辭皆曰:次元,縣民,都(J1③:325-1-12A)

以上就是"一份有關經濟案件的司法文書","此簡僅爲檔案文書的中間部分,其左、右兩側當有兩枚以上同形式的木簡與之并編"。[①] 因此,對於這份殘缺的簡文,我們衹能了解其概略之含義。這裏的"謁舍",指的就是客舍。如《漢書·食貨志》載:"……工匠醫巫卜祝及它方技商販賈人坐肆列里區謁舍,皆各自占所爲於其在所之縣官,除其本,計其利,十一分之,而以其一爲貢。"三國時期的如淳注曰:"居處所在爲區。謁舍,今之客舍也。"[②]而木牘中的"寄"有托付之意,如《説文》曰:"寄,托也。"[③]因此,這段簡文的大意是説,"柱"將四萬錢托付給"次元"(疑該人客居"柱"的"謁舍"),結果"柱"暴病而亡了,"少"就要求"次元"歸還這筆錢。[④] 由於不知道如何處理,故而發文向上級行政機關尋求解決辦法。具體如何解決,由於簡文殘缺,不得而知。但是,我們可以結合傳世文獻和西北漢簡的相關材料,窺其一二。

秦漢時期,由於商品貨幣經濟較爲發達,借貸行爲盛行。如在史籍中常見"子貸金錢千貫"[⑤]、"貰貸行賈遍郡國"[⑥]、"齎貸子錢"[⑦]、"爲人起責"[⑧]和"多放錢貨"[⑨]等記載。那麽,如果出現"不償人責"或"取息過律"的情況,該如何處理?《史記·高祖功臣侯者年表》載:"四年,(河陽)侯信坐不償人責過六月,奪侯,國除。"[⑩]《漢書·王子侯表》:"十月癸酉封,十年,

---

① 長沙市文物考古研究所:《湖南長沙五一廣場東漢簡牘發掘簡報》,《文物》2013年第6期。

② 《漢書》卷二四,1181頁。

③ [漢]許慎:《説文解字》,北京:中華書局,1963,151頁。

④ 這裏的"少"和"柱"兩人之間應當有特殊之關係。

⑤ 《史記》卷一二九《貨殖列傳》,3274頁。

⑥ 《史記》卷一二九《貨殖列傳》,3279頁。

⑦ 《史記》卷一二九《貨殖列傳》,3280頁。

⑧ 《漢書》卷八五《谷永傳》,3460頁。

⑨ 《後漢書》卷二八《桓譚傳》,958頁。

⑩ 《史記》卷一八《高祖功臣侯者年表》,913頁。

元鼎元年(前116),(旁光侯殷)坐貸子錢不占租,取息過律,會赦,免。"[①]《漢書·王子侯表》:"正月封,七年,建始二年(前33),(陵鄉侯欣)坐使人傷家丞,又貸穀息過律,免。"[②]可見,當時制定了借貸法,杜絶"取息過律",在處理債務糾紛時,倘若"不償人責"超過一定期限,將依法嚴懲。甚至官府還對"子錢家"徵收税款,如某人"貸子錢不占租",必將受到法律的制裁。那麼,簡牘材料所揭示的有關民間債務糾紛的案例又是如何處理的?除了上引例1和例2以外,漢簡還有如下記載:

十二月己卯居延令　守丞勝移甲渠候官候所責男子寇恩事鄉置辭爰書自證寫移書到□□□□□辭爰書自證。[③]　　(E.P.F22:34)

月

☐　自言責士吏孫猛脂錢百廿·謹驗問士吏孫猛辭服負已收得猛錢百廿|

(E.P.T52:21)

責不可得書到驗問審負知君錢白報謹驗問當辭曰乃十一月中從知君。

(E.P.T59:13)

貸甲渠候史張廣德錢二千責不可得書到驗問審如猛言爲收責言謹驗問廣德對曰乃元康四年四月中廣德從西河虎猛都里趙武取穀錢千九百五十約至秋予。　(E.P.T59:8)

☐責不可得證所言　不服負爰書自證●步光見爲俱南隧長不爲執胡隧長。

(157·12)[④]

---

① 《漢書》卷一五,447頁。

② 《漢書》卷一五,503-504頁。

③ 這是西北漢簡中具有明確紀年的《建武三年十二月候粟君所責寇恩事》文書,由於簡文較長,不宜盡引。該份文書共分爲六部分,大致包括如下內容:1."廷移甲渠候書";2."第一次驗問爰書和鄉嗇夫的上報文書被退回";3.縣廷發給都鄉的第二份文書;4."十六日鄉嗇夫筆録的寇恩第二次自證證言";5."都鄉嗇夫的治决言";6."二十七日縣廷移甲渠候官文"。參見張建國《居延新漢簡"粟君債寇恩"民事訴訟個案研究》,《中外法學》1996年第5期。研究這份文書者還有俞偉超《略釋漢代獄辭文例——一份治獄材料初探》,《文物》1978年第1期;裘錫圭《新發現的居延漢簡的幾個問題》,《中國史研究》1979年第4期;甘肅居延考古隊簡册整理小組《建武三年候粟君所責寇恩事釋文》,《文物》1978年第1期;肖亢達《粟君所責寇恩事簡册略考》,《文物》1978年第1期;陳仲安《關於"粟君責寇恩簡"的一處釋文》,《文史》第7辑,北京:中華書局,1979,285-287頁;許倬雲《跋居延出土的寇恩爰書》,收入食貨月刊社主編《陶希聖先生八秩榮慶論文集》,臺北:食貨出版社,1979,174-186頁;[日]大庭脩《居延新出"候粟君所責寇恩事"册書——〔エン〕書考補:法制史上の諸問題》,《東洋史研究》40卷1號,1981,27-47頁;[日]鷹取祐司《漢代の債權回収請求訴訟——"候粟君所責寇恩事"册書の分析から》,《大阪産業大学論集(人文科学編)》第117號,2005,55~82頁;[日]鷹取祐司《自証爰書の運用——〈候粟君所責寇恩事〉册書の二通の自証爰書に対する疑問》,《古代文化》52卷12號,2000,719-731頁;初仕賓、肖亢達《居延漢簡〈責寇恩事〉的幾個問題》,《考古與文物》1981年第3期;陳祚龍《關於居延甲渠候粟君與"客民"寇恩之辯訟及其"具獄"文書》,《簡牘學報》1985年第11期;邢義田《漢代書佐、文書用語"它如某某"及"建武三年十二月候粟君所責寇恩事"簡册檔案的構成》,《中研院歷史語言研究所集刊》第七十本第三分,臺北:中研院史語所,1999,559-588頁;張建國《粟君債寇恩簡册新探》,《考古與文物》2000年第1期。

④ 謝桂華等:《居延漢簡釋文合校》,北京:文物出版社,1987。

以上幾枚典型簡文就是關於債務糾紛的司法文書,學術界一般將這些簡文歸爲“爰書”一類[①]。初師賓和蕭亢達先生認爲:“(爰書)具有司法性質,經官方認可,是進一步論罪治決(或執行賞罰)的基本材料。爰書本義除易、换以外,又有援、據等義,古爰書是進行論決(賞罰)的合法的司法憑據文書。”[②]筆者以爲,初師賓等先生的這一論斷是正確的。我們再來仔細分析一下上引幾則帶有“爰書”性質的簡文。簡 E.P.T59∶13 和簡 E.P.T59∶8 顯示,債權人貸出錢財後,出現了“責不可得”的情況,官府又該如何處理呢?

首先,官府要發出調查取證文書,以便進一步辨明債務真僞。如《合校》58.11:“不侵守候長成赦之,責廣地隧長豐錢八百,移廣地候官。●一事一封。八月壬子尉史并封。”該簡出自破城子(A8),是一份甲渠候官發給債務人所在地廣地候官的文書。又,《合校》214.34:“卅井移驩喜隧卒鄭柳等責木中隧長董忠等錢,謂候長建國等。●一事一封。三月辛丑令史護封。”這是從債務人所在的“木中隧”發往甲渠候“臨木候”的調查債務情況的信函。甲渠候官也會對各地有關債務糾紛的來函進行回復,如《合校》157.17:“☐等自言,責亭長董子遊等各如牒,移居延。●一事一封。五月戊子,尉史强封。”“各如牒”就是説債務情況屬實。再如《合校》72.10:“建昭元年九月丙申朔乙卯,觻☐居延都尉府令居延驗問收責,☐☐。”《合校》193.30:“☐官移甲渠候官,驗問收責,☐。”可見,當債務糾紛出現在地方和軍隊之間的時候,地方政府“觻☐(得)”縣可以委托居延都尉府調查債務糾紛的情況。《合校》193.30 還顯示,居延地區借貸出現糾紛時,一般由各“候官”負責調查和解决[③]。

其次,如果出現“不服負”的情況,官府就要采取一定的措施。上引簡 E.P.T52∶21 説

---

① [日]大庭脩:《秦漢法制史研究》(林劍鳴等譯),上海人民出版社,1991,502-541 頁;于振波:《秦漢法律與社會》,長沙:湖南人民出版社,2000,164-165 頁。

② 初師賓、蕭亢達:《居延新簡〈責寇恩事〉的幾個問題》,《考古與文物》1981 年第 3 期。當然,學界對漢簡中“爰書”的概念看法不一,如[日]大庭脩、俞偉超、高敏、[日]籾山明和張建國等先生都進行過分析和探討,但筆者還是贊同初師賓等先生的觀點。具體研究情況請參見[日]大庭脩《居延新出的〈候粟君所責寇恩事〉簡册——“爰書考”補》(姜鎮慶譯),中國社會科學院戰國秦漢史研究室編《簡牘研究譯叢》第 2 輯,北京:中國社會科學出版社,1987,387-408 頁;俞偉超《略釋漢代獄辭文例——一份治獄材料初探》,《文物》1978 年第 1 期;高敏《釋“爰書”——讀秦漢簡牘札記》,收入其著《秦漢史探討》,鄭州:中州古籍出版社,1998,241-252 頁;[日]籾山明《爰書新證——兼論漢代的訴訟》,中國社會科學院簡帛研究中心編《簡帛研究譯叢》第 1 輯,153 頁;張建國《粟君債寇恩簡册新探》,《考古與文物》2000 年第 1 期。由於傳世文獻記載很少,故而前輩時哲常引用《漢書》卷五九《張湯傳》之記載:“張湯,杜陵人也。父爲長安丞,出,湯爲兒守舍。還,鼠盗肉,父怒,笞湯。湯掘熏得鼠及餘肉,劾鼠掠治,傳爰書,訊鞫論報,并取鼠與肉,具獄磔堂下。父見之,視文辭如老獄吏,大驚,遂使書獄。”針對這句話,唐代顔師古和三國如淳都有注釋,如顔師古注曰:“傳謂傳逮,若今之追逮赴對也。爰,换也,以文書代换其口辭也。訊,考問也。鞫,窮也,謂窮覈之也。論報,謂上論之而獲報也。”顔師古注曰:“具爲治獄之文,處正其罪而磔鼠也。”又,三國時期的如淳注曰:“決獄之書,謂律令也。”(2637 頁)根據文獻和出土簡牘可知,漢代司法程序一般包括:一是抓捕,二是舉劾,三是勘查,四是爰書,五是審訊,六是論决。因此,“爰書”一般處在取證勘查之後,審訊之前,目的是提供“進一步論罪治決(或執行賞罰)的基本材料”。

③ 秦簡顯示,秦的債務糾紛也是由官府負責解決的,具體研究請參看朱紅林《里耶秦簡債務文書研究》,《古代文明》2012 年第 3 期。

明,“士吏孫猛”承認欠債(“服負”),歸還欠款就可以,但是還有很多如上引簡 157・12 所見的“不服負”的情況,亦即債務人不承認欠款,官府該如何處理?《居延新簡》E.P.C:39 載:“更始二年四月乙亥朔辛丑,甲渠鄣守候塞尉二人移坠池。律曰:□□□☑□□□史驗問收責,報。不服,移自證爰書。如律令。”《合校》285.12 記載:“☑官告第四候長徐卿;鄣卒周利自言,當責第七隧長季由☑百。記到,持由三月奉錢詣官,會月三日,有。”《合校》231.28:“武彊隧長并持延水卒責錢詣官,閏月辛酉,☑。”以上材料至少説明了兩點問題:一是債務人先提出“自證爰書”,驗問後,確認屬於“不服負”的情況,就要命令債務人限期“詣官”償還債務。二是債務還清以後,官府發文予以確認。

對比以上居延漢簡材料和長沙五一廣場東漢簡牘,我們可知兩者有如下之异同:一是債權人先要至“縣官”陳述案情,再由辦案官吏“舉劾”[①]。如例 2 中“前言船師王皮當償彭孝夫文錢”,這句話透露出債權人“孝”必定向臨湘縣反映了“船師王皮”欠債未還的事實,這一點與居延漢簡反映的債務“劾狀”[②]相同。同樣,從例 3“書到,亟實核次元應當以柱錢付少不?”一句可知,債權人“少”事先向縣官控告了“次元”。因此,衹有債權人通過辦案官吏向官府遞交了“劾狀”,官府才能知曉債務的情況。二是拘捕債務人以便核查債務情況。既然知道具體的債務人,官府就會要求債務人“詣官”説明債務真僞,這就是前引西北漢簡中的“自證爰書”。而長沙五一廣場東漢簡牘顯示,“船師王皮”因逃避債務,官府就緝捕王皮到縣官,結果審訊後確實存在欠債未還之事實。[③]例 3 中的“亟實核次元”一句表明,“舉劾”公函已經收到,命令即刻遣送“次元”到縣官陳述債務實情,以此作爲“次元”的“自證爰書”。三是“訟决”以後,“船師王皮”就要面臨“手械,部吏傳詣武陵臨沅保入官”的結局。這一點與居延漢簡所反映的債務處理辦法不同,債務人非限期“詣官”(《合校》285.12)償還債款,而是將債務人拘捕并扭送至“縣官”。

可見,這批東漢簡牘豐富了有關漢代債務糾紛處理辦法方面的史料,爲我們正確認識東漢債務問題增添了鮮活的第一手材料。

---

① 汪桂海先生認爲:“當官吏無權對有罪官員或平民懲處時,需要首先向上奏劾,撰劾狀,列其罪證,將劾狀隨奏文呈報上級主管部門,請求把此獄案移交處理。”參見汪桂海《漢代官文書制度》,南寧:廣西教育出版社,1999,84 頁。

② 《居延新簡》E.P.T68:2:“謹移劾狀一編,敢言之。”《居延漢簡釋文合校》45.12:“劾狀辭曰:公乘居延臨仁里,年卅一歲姓☑。”可知,當時官府對“舉劾”情況詳細記録在案,以備庭審之需。

③ 與《居延新簡》E.P.T56:343 所記載的“舉劾各如牒”有點類似。

四

長沙五一廣場東漢簡牘披露了大量具有明確紀年的東漢早中期的官方文書檔案,爲我們重新認識東漢早中期的"度田"、軍糧轉輸和債務糾紛等經濟問題提供了第一手原始材料。

第一,長沙五一廣場東漢簡牘第一次向世人展示了東漢和帝時期"以令舉度民田"的鮮活史料。它不僅有利於我們正確認識東漢"度田"的時間問題,還首次爲我們提供了東漢以"鄉别治掾"爲首的"力田""長爵"和"小史"等基層"度田"組織和"度田"糾紛的解決辦法。可以説,這些史料填補了秦漢經濟史研究的史料空白,具有極其重要的史料價值。

第二,該批東漢簡牘還首次披露了東漢和帝永元十五年雇傭民力水路轉輸軍糧的歷史真相。長沙五一廣場東漢簡牘顯示,東漢和帝時期水路轉輸軍糧的組織機構非常嚴密。郡太守是軍糧轉輸的最高決策者,而"長沙大守行文書事大守丞"又具體負責軍糧轉輸的各項工作,其下還有"掾""卒史"和"書佐"等擔負文書起草和發布的工作。尤其值得注意的是,該批簡牘第一次披露了先秦兩漢時期傳世文獻及出土材料未見記載的"船師",這不僅豐富了秦漢軍事史研究的史料基礎,而且還爲我們正確認識吴簡中的"船師"身份提供了强有力的證據,可以説,它彌補了史籍記載之不足。

第三,以往我們所見的有關債務糾紛的史料以秦及西漢時期爲主,有明確紀年的東漢史料較少。該批木牘反映了發生在東漢和帝永元十五年的一起債務糾紛案件,這爲我們進一步探明東漢債務糾紛的解決辦法增添了第一手材料。另外,長沙五一廣場東漢簡牘中還有一份有關錢財糾紛的殘簡,這也進一步加深了我們對東漢處理債務糾紛司法程序的正確認識。

走馬樓吴簡"出米簡"的復原與研究

江蘇第二師範學院社會發展學院　鄧瑋光

内容提要　文章利用"横向比較復原法"與"縱向比較復原法",對竹簡肆揭剥圖18-26中的材料進行復原,最終復原出一份由十二枚簡組成的完整出米記録,并在此基礎上討論了復原簡的格式、性質、州中倉的性質以及揭剥圖18、19、24、25之間可能存在的關係。

關鍵詞　走馬樓吴簡　出米簡　復原

筆者曾就吴簡的復原方法,提出過"横向比較復原法"與"縱向比較復原法",[①]不過作爲復原结果的三州倉出米簡與三州倉正月旦簿還存在一些瑕疵。在三州倉出米簡中,一組完整的出米記録僅包含兩枚簡,無法驗證"横向比較復原法"在進行長簿籍復原時的功效;而復原三州倉正月旦簿時,限於材料,僅復原了簿籍的一部分,所以無法對復原結果進行全面驗證,结果爲論證"縱向比較復原法"的可靠性留下了疑問。

爲了解决以上問題,本文嘗試利用竹簡肆中的相關材料,同時采用"横向比較復原法"與"縱向比較復原法",對較長的記録進行完整復原,以驗證兩種方法在復原較長記録時的可操作性。

在正式進入復原前,先簡述"横向比較復原法"與"縱向比較復原法"的理論及大致操作

① 參見拙作《走馬樓吴簡三州倉出米簡的復原與研究——兼論"横向比較復原法"的可行性》,《文史》2013年第1辑;《對三州倉"月旦簿"的復原嘗試——兼論"縱向比較復原法"的可行性》,《文史》2014年第2辑。

方法。

經過兩漢的發展,孫吴時期的"文書行政"已經完全成熟,嚴密的簿籍制度得以建立,與官方有關的政治經濟活動都必須留下記録。同時,由於一個事件往往牽涉多方,涉事各方又都必須如實記録,所以關於同一事件會留下多份簿籍。對同一事件進行多方記録應不是孫吴政府的專利,之所以在以往的秦漢文書中極少發現這一現象,很大程度上可能與文書的發現地點零散、保存狀况較差以及發現數量較少有關。吴簡由於數量巨大,發現地點集中,所以爲發現大量針對同一事件的多方記録創造了條件。在没有揭剥圖的情况下,找出這樣的多方記録進行對比復原,無疑能在很大程度上彌補揭剥圖缺失的不足。

除了從横向的對同一活動的多方記録中去尋找復原的可能性外,從縱向的也就是歷時性的角度去考慮也可能會發現幫助復原的綫索。由於政治經濟活動的發生發展都有一個過程,比如倉米流轉,就會包括入倉、儲存、轉運、消耗四個步驟,又比如一份單一的賬目記録,也至少包括羅列數據、統計核算兩個步驟。也許其中某個步驟的記録存在缺失,但利用步驟間存在的邏輯關係,完全有可能對缺失的記録進行復原。

筆者將以上兩種復原思路分别命名爲"横向比較復原法"與"縱向比較復原法"。這兩種方法僅從方法論的角度而言,并非新生事物,但在電腦技術日益發達的今天,就復原龐大的吴簡而言却有着新的意義。

復原過程分爲三步,首先將相關數據輸入電腦,然後借助電腦的搜索功能,配合兩種方法尋找所需材料,最後對搜集到的材料進行分析、復原。

一　研究對象的選取及原因

本文選取《長沙走馬樓三國吴簡·竹簡肆》中,揭剥圖 18-26 包含的所有簡牘作爲數據來源,將它們全部輸入同一個 word 文檔中,以備查詢。

之所以選擇竹簡肆揭剥圖 18-26 中的所有簡牘作爲研究對象,其原因有二:

一、根據竹簡肆的總説明,竹簡肆發表的簡牘均係現場考古發掘清理所獲,具有較明確的層位關係,這爲充分利用簡牘的出土信息來輔助復原提供了可能性。而在竹簡肆中,揭剥圖 18-26 都屬於 I 區 c 分段第 3 小綦。雖然 I 區"從嚴格意義上講,仍屬於經擾亂後散亂的部分。圖上標識出的疊壓關係衹是借用考古層位學的方法反映擾亂後的現狀,并不具有考古層位學上的意義",但至少從對發掘情况的介紹來看,揭剥圖 18-26 所包含的簡牘位置相近,彼此間存在關聯的可能性較大。[1]

二、之所以選擇揭剥圖 18-26 中的所有簡牘作爲備用數據,而不是僅選用其中某幅揭剥圖,是基於如下考慮:在揭剥圖繪製時,由於不知截取對象的原始面貌,不可避免地會存在將同份簿籍分入不同揭剥圖的可能性。因此,最大限度地保持同層簡牘的完整性,可以增加復原的成功率。

二 復原過程

爲了進行復原首先有必要找出一類簡的大致框架,然後把零散的簡拼接到這個框架中去。爲了找出這樣的框架,筆者先對所有輸入的材料反復通讀,形成一個基本的印象。在此基礎上,筆者挑出了如下兩枚簡。

1. 出臨湘倉吏黄諱潘慮所領黄龍三年新吏限吴平斛米五千斛□倉吏監賢米六百
(肆·5006)

2. 五十斛劉陽倉吏周春米七百八十斛通合吴平斛米一千四百八十斛被督軍糧
(肆·4920)

簡 1 中出現了"□倉吏監賢"這個名字,在文檔中搜索"監賢",找到如下這枚簡:

3. 郡倉吏監賢米一千一百五十六斛七斗四升劉陽倉吏春這收米一千七百七十六斛
(肆·4754)

再參照圖版可知,"□倉吏監賢"應爲"郡倉吏監賢"。在比對監賢身份後,參照圖版對整簡進行校釋,發現"五千"應爲"五十"之誤。[2] 故最終釋讀簡 1 如下:

1°. 出臨湘倉吏黄諱潘慮所領黄龍三年新吏限吴平斛米五十斛郡倉吏監賢米六百
(肆·5006)[3]

簡 2 中出現了"劉陽倉吏周春",在文檔中搜索"周春",没有找到類似對象,搜索"劉陽倉吏",僅在簡 3 中發現了相關記録。參照簡 3 與圖版,發現簡 3 中"春這收"原作:

---

① 詳參長沙簡牘博物館、中國文化遺産研究院、北京大學歷史系:走馬樓簡牘整理組編著《長沙走馬樓三國吴簡·竹簡[肆]》下册,北京:文物出版社,2011,755-757 頁。

② 爲了説明筆者校釋的理由,本文列舉了相關圖版。但限於篇幅,除特殊需要外,當所引參照簡釋文有誤時,并不出圖版校釋。

③ 爲與原釋文相區别,在 1 後加"°",新釋字外加"○"作爲提示。其餘諸簡的校釋標記以此類推,不再出注。

應爲"周春這收"之誤,對於"這收",筆者找到了如下這枚簡:

4. 人李綏米與吴昌(?)郡吏唐[謝]□頡(?)米二百卅斛劉陽倉吏這𤈦(?)□□米 (貳·9080)

仔細比較簡3"這收"與簡4"這𤈦(?)"的圖版,發現"𤈦(?)"應爲"收"之誤。周春、這收都爲劉陽倉吏,同時出現在簡3中,上下文可通,故最終釋讀簡3如下:

3°. 郡倉吏監賢米一千一百五十六斛七斗四升劉陽倉吏[周]春這收米一千七百七十六斛 (肆·4754)

回到簡1°、2,對其進行通讀後可以發現,簡中出現的數據間存在加成關係,50+650+780正好等於1480,兩簡應爲前後相連的簡。雖然簡2後還應接有它簡,但僅就米的部分而言(不包括運輸信息),已形成一组完整的記録,關於這組記録有三點值得注意:

第一,這組有關出米的記録以三種米名開頭,以"通合"結尾。

第二,三種米名,以"臨湘倉吏黄諱潘慮所領某米+郡倉吏監賢米+劉陽倉吏周春米"的順序展開。

第三,書寫時采用"米名+數量"的順序。

這就爲我們復原建立了一個框架,即倉米簿籍的出米簡中存在這樣一類格式的簡(下文簡稱A類簡),以"出臨湘倉吏黄諱潘慮所領某米+郡倉吏監賢米+劉陽倉吏周春米+通合"的順序記録前半部分。

在明確了框架後,筆者開始在文檔中尋找合適的材料。因爲前文在釋讀簡1°與簡2時找到了簡3°,其既包含"郡倉吏監賢米",又包含"劉陽倉吏周春米",很可能屬於A類簡,故在没有其他信息的情况下,先以其爲綫索展開討論。

根據對A類簡的分析,在"劉陽倉吏周春米"後即應出現"通合"字樣,故以"通合"爲關鍵詞搜索文檔,找到如下四枚簡:

5. 定黄龍三年限米……吏□□□米七十二[斛]八斗二升通合吴平斛米一百□☑ (肆·4932)

6. 米一千五百六十斛[醴][陵]倉吏劉仨米五十斛二斗通合吴平斛米六千斛被督 (肆·4100)[1]

[1] 原釋爲"米一千五百六十斛[醴][陵]倉吏[謝]仨米五十斛二斗通合吴平斛米六千斛被督",參照簡肆·3948、肆·4759與圖版校釋。

7.　十七錢通合一千五百五十七萬六千九百七錢付吏潘羜□□　　（肆・4699）

8.　六斗四升醴陵倉吏劉仨米二千二百卌九斛□斗二升通合吴平斛米六千

（肆・4759）

考慮到簡3°最后爲"一千七百七十六斛"這樣的數字，簡5、6、7的首字與其相接都語氣不暢，故唯一有可能與其進行對接的衹有簡8。但簡8中，在"通合"之前又出現了"醴陵倉吏劉仨"，似乎與前文總結的A類簡前半部分的格式略有不同，但考慮到"醴陵倉吏某某米"與"劉陽倉吏某某米"都屬於格式類似的表述，且醴陵與劉陽都是長沙郡屬縣，故"醴陵倉吏某某米"與"劉陽倉吏某某米"兩者性質應相同，可能不影響我們對A類簡形式的總體判斷，衹需將其修改爲"出臨湘倉吏黄諱潘慮所領某米+郡倉吏監賢米+某某倉吏某某米+通合"的形式即可。在没有其他反例的情况下，我們暫將簡8記於簡3°後。

因爲簡8最後爲"六千"，所以其後接簡開頭要么爲數字要么爲"斛"。這個搜索範圍過大，筆者衹好嘗試先在簡8附近尋找，然後找到了如下這枚簡。

9.　七百被督軍糧都尉黄龍三年十月十六日乙卯書付監運兵曹陳謙運詣

（肆・4752）

這裏的"七百"後無"斛"字，可能是漏記，在無其他更有利材料前，暫將其記於簡8之後，以備查驗。簡9最後以"運詣"結尾，遍查已經公布的竹簡，除簡壹・2080爲"運詣[武][陵]"（圖版中"武陵"二字并不清晰），簡叁・1562爲"運詣邸閣"外，其餘"運詣"後衹接續"集所""中倉""州中倉"三個名詞，故以"集""中""州"爲關鍵詞搜索文檔，但没有發現合適的材料。這時筆者嘗試在簡9附近尋找，發現緊鄰其的一簡釋文較爲奇怪：

10.　[嘉]禾三年十月廿一日付書史使盧杝師夏軍　　（肆・4751）

在對文檔進行反復通讀后可以發現，文檔中材料的紀年基本集中在黄龍年間，這裏出現"嘉禾三年"的紀年，令人感到突兀。參照圖版，再比照簡壹・1157中"集所"的圖版，發現"嘉禾"應爲"集所"之誤。故將該簡校釋如下：

10°.　(集)(所)三年十月廿一日付書史使盧杝師夏軍　　（肆・4751）

簡10°正符合接續簡9的要求。至此，這組簡的簡尾基本成型。可以總結其格式爲"被督軍糧都尉+某年月日書+付某某+運詣+某處+某年月日+付書史+某某+杝師+某某"。下面要開始尋找簡開頭的部分。

因爲A類簡的加成算式爲"臨湘倉吏黄諱潘慮所領某米+郡倉吏監賢米+某某倉吏某某米=通合"，故在掌握了"郡倉吏監賢米""某某倉吏某某米"、"通合"三類數據的前提下，我們可以利用這個算式,反推“臨湘倉吏黄諱潘慮所領某米”的數量。

6700－2249.？2－1776.64－1156.74＝1517.6－0.？

遍搜文檔,没有發現符合條件的數值,衹尋找到一枚數值近似的簡:

11. 出倉吏黄諱潘慮所領雜吴平斛米一千五百卌一斛八斗其五斗零陵桂陽私學 （肆・4032）

参照圖版,復查相關數據,結果發現簡 8 中的數據似乎存在問題。“二千二百卌九斛□斗二升”中,“卌九斛”的“卌”,圖版并不清晰,寫法似乎也可釋作“廿”,“九”雖被墨點覆蓋,但其右上角的轉折很大,不似其餘簡中“九”字“乁”比較平緩豎直的寫法,而有些像“四”的右上角。將這兩處改動加入,再次進行計算。

6700－2224.？2－1776.64－1156.74＝1542.6－0.？

若要等式成立,“□斗”必須爲“八斗”。對照圖版,“□斗”的筆畫除底部的“斗”較易辨識外,上部由於編繩痕迹的干擾,并不清晰。但從殘筆來看,似乎也可釋爲“八”。不過,因为图版不清,谨慎起见,最終將簡 8 校釋爲:

8°. 六斗四升醴陵倉吏劉仨米二千二百□□斛□斗二升通合吴平斛米六千 （肆・4759）

并將簡 11 暫作爲我們所復原簡的開頭部分。簡 11 中“倉吏黄諱潘慮”前無“臨湘”兩字,筆者推測爲書寫者所省,所以繼續校正 A 類簡前半部分的格式爲“出(臨湘)倉吏黄諱潘慮所領某米+郡倉吏監賢米+某某倉吏某某米+通合”。

仔細考察簡 11 的格式,可以發現其與簡 1°有兩點不同:

第一,在給出“倉吏黄諱潘慮所領某米”的數量後,簡 11 還對這個數量的構成進行了羅列。

第二,羅列時采用了“數量+米名”的順序,與記録“倉吏黄諱潘慮所領某米”“郡倉吏監賢米”“某某倉吏某某米”時,“米名+數量”的順序正好相反。

在對這兩點不同有所了解後,我們開始借助簡 11 幫助復原。簡 11 中出現了“五斗零陵桂陽私學”的字樣,選擇“零陵桂陽私學”作爲關鍵詞對文檔進行搜索,得到了如下一組記録:

12. 其五斗零陵桂陽私學黄龍元年限米 （肆・4036）

13. ・其五斗吏文水備黄龍元年零陵桂陽私學限米 （肆・4069）

14. 其五斗吏文水備黄龍元年零陵桂陽私學限米 （肆・4755）

簡 11－14 四枚簡中的記録基本一致,所以簡 11 中“五斗零陵桂陽私學”的全稱應爲“五斗零陵桂陽私學黄龍元年限米"。則緊接其後的簡開頭四字當爲"黄龍元年"。對文檔進行檢索，僅找到一枚符合條件的簡。

15. 黄龍元年限米一斛[六]斗四升民還黄龍元年租禾[准]米一斛四斗一升黄龍元年[限]米☒ （肆·4031）

先將此簡暫記於簡 11 後。在簡 15 中出現了兩種新的米名，分别以兩種新的米名作爲關鍵詞進行搜索得到如下兩組簡：

第一組：

16. ·其一斛二斗四升民還黄龍元年租禾准米 （肆·4068）

17. 其一斛二斗四升民還黄龍元年租禾准米 （肆·4172）

對照圖版，簡"一斛[六]斗四升"中"[六]斗"，除底部可見"斗"字外，中上部由於夾雜編繩痕迹，所以并不清晰，上部殘存的"一"畫，似也可釋爲"二"字。再結合簡 16、17，基本可以確定其爲"二"。

第二組：

18. 其一斛四斗八升黄龍元年租米 （肆·4168）

19. 其一斛四斗八升民還黄龍元年租米 （肆·4728）

對照圖版，簡中"一"應爲"八"，且"租米"後應爲簡牘底部，簡牘不存在殘缺。經過校釋，現將簡 15 重新迻録如下：

15°. 黄龍元年限米一斛(二)斗四升民還黄龍元年租禾准米一斛四斗(八)升黄龍元年(租)米 （肆·4031）

因爲簡最后"一斛四斗八升黄龍元年租米"爲一完整記録，所以無法利用前面的方法進行復原。

這時我們再回到已復原的結尾部分，尋找是否有可能借助其往前復原。因爲簡 11 在給出"倉吏黄諱潘慮所領某米"的數量後，還對這個數量的構成進行了羅列，所以與"郡倉吏監賢米"直接接續的應是這些羅列的部分。因爲羅列的部分采用了"數量+米名"的順序，這與記録"倉吏黄諱潘慮所領某米""郡倉吏監賢米""某某倉吏某某米"時，"米名+數量"的順序相反，所以兩者對接，其中可能存在某些轉换語以協調格式。對文檔進行檢索，發現了如下這枚簡：

20. 監沱丘業浚直米五十九斛大男常碩黄龍三年轉□兵貫米與劉陽倉周□

(肆·4117)

參照圖版,最終校釋爲:

20°. 監寒等稟米五十九斛大男常碩黄龍三年轉罷兵貫米與劉陽倉周春

(肆·4117)①

這枚簡有兩點值得注意:

第一,這裹出現的是"劉陽倉周春"而不是"劉陽倉吏周春",筆者懷疑可能是書寫者遺漏或省寫了"吏"字。

第二,在羅列數據與"劉陽倉周春"之間并未出現"郡倉吏監賢米"的字樣,這與前文總結的A類簡前半部分的格式稍有區别。但仔細分析,實際上"郡倉吏監賢米"的格式與"劉陽倉周春"米十分類似,②都可概括爲"某某倉吏某某米",衹是一爲郡級倉吏米,一爲縣級倉吏米。出米簡是反映現實的記録,可能完整的格式是先列出郡級倉吏米,再列出縣級倉吏米,但當没有郡級倉吏米時,就會直接書寫縣級倉吏米。至於爲何"臨湘倉吏"作爲縣級倉吏却被寫在最前面,筆者推測可能與"臨湘"本身的地位有關。一方面臨湘作爲長沙郡的郡治,另一方面其又是"臨湘侯國",作爲"臨湘"的倉可能與一般的郡倉、縣倉不同。不過具體原因,尚需進一步考察。

簡20°反應了羅列數據與"某某倉吏某某米"之間的接續方法,即在兩者之間加"與"字。綜上,A類簡前半部分的格式可進一步修正爲"出(臨湘)倉吏黄諱潘慮所領某米+與+某某倉吏某某米+通合"。因此,處於簡3°前的簡最後一字應是"與"字。以"與"字爲關鍵詞進行搜索,并未發現符合條件的簡。筆者再次在簡3°附近尋找,找到了如下這枚簡:

21. 米四斛監運兵曹張象備黄龍二年斧賈米一千五百六斛黄龍二年盈涵米

(肆·4757)

仔細對照圖版,發現簡的最下部"米"字後還留有空隙,空隙中隱隱有一"一"字殘筆。檢查已復原出的諸簡,除尾簡10°外,每簡皆書寫至簡牘底部,不留空隙,因此按照慣例,簡21後也不應留有空隙,空隙處必定還有一字未釋出,考慮到其剩下的筆畫,筆者推測其應爲"與"字,故最終將其校釋如下:

21°. 米四斛監運兵曹張象備黄龍二年斧賈米一千五百六斛黄龍二年盈涵米與

(肆·4757)

---

① 因此簡衹作説明使用,故其具體校釋過程不再贅叙。

② "劉陽倉周春"米的"米"字應在其後續簡開頭。

在無其他反例前,將其暫記於簡 3°之前。

簡 21°中出現了兩種新米名及數量,以其爲關鍵詞進行搜索,找出如下兩組簡:

第一組:

22. 其四斛監運兵曹張象備黄龍二年斧賈米 （肆·4723）

23. 其四斛監運兵曹張象備黄龍二年斧賈米 （肆·4741）

24. 其四斛監運兵曹張象備黄龍二年斧賈米 （肆·5045）

第一組與簡 21°中的記載完全一致。

第二組:

25. 其一千五百六斛黄龍二年□□米 （肆·4907）

參照圖版,可以將其校釋爲:

25°. 其一千五百六斛黄龍二年盈涵米 （肆·4907）

也與簡 21°中記載一致。這兩組簡從側面證明了簡 21°的釋文應無誤。

簡 21°前剩一“米”字,前接一簡的最後應爲某米名缺一“米”字。因無其他信息,筆者通過對文檔進行一一比對,最後找到了如下這枚簡:

26. 斗五升諸將黄武七年佃禾准米七斗黄龍二年□租准米五斗黄龍三年醬□☑ （肆·4846）

這裏出現了三種米名及其數量,以其爲關鍵詞進行搜索,找到了如下三組簡:

第一組:

27. 其四斛二斗五升諸將黄武□年佃禾准米 （肆·4756）

第一組的數據與簡 26 中基本相似,兩者很可能記録的是同一對象。

第二組:

28. 其七升黄龍二年□租米 （肆·4758）

29. 其七升黄龍二年定租准米 （肆·5109）

30. ·其七升黄龍二年兵租限(?)米 （肆·4071）

第二組三簡數據大體與簡 26 中相似,參照圖版,基本可以肯定它們記録的是同一對象,原釋文中“七斗”應爲“七升”之誤,“黄龍二年□租准米”應爲“黄龍二年定租准米”。

第三組:

31. 其五斗黄龍三年醬賈米 (肆·4727)

第三組與簡26中可見部分一致,參照圖版,上部"醬"字隱約可認,其下僅餘一字空間,其字已基本磨滅,參照簡31,筆者推測其應爲"賈"字,故最終將簡26校釋爲:

26°. 斗五升諸將黄武七年佃禾准米七升黄龍二年定租准米五斗黄龍三年醬賈 (肆·4846)

暫將其記於簡21°前。

根據"其四斛二斗五升諸將黄武□年佃禾准米"這個信息,簡26°前接一簡的最後很可能爲"四斛二",以此爲綫索,筆者找到了如下一簡:

32. 二年限米一斛四升别領黄龍二年限米九斛五升監運掾姃度漬米四斛二 (肆·4893)

這裏出現了三種米名,第一種僅剩最後"二年限米"。剩餘兩種完整,以其中信息作爲關鍵詞搜索,得到以下兩組簡:

第一組:

33. 其一斛四升□□□□黄龍二年限米 (肆·4763)

34. 其一斛四升司馬黄升黄龍二年屯田限米 (肆·4056)

35. 其一斛四升司馬黄升黄龍二年屯田限米 (肆·4058)

第一組三簡與簡32中數據基本相同,參照其圖版

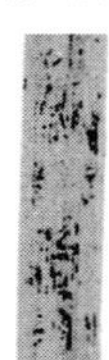

底部"黄升"兩字較清晰,因此簡32中"别領"當爲"司馬黄升"之誤。

第二組:

36. 其七斛五升監運掾姃度漬米 (肆·4025)

37. 其七斛五升監運掾姃度税米 (肆·4048)

38. 其七斛五升監運掾姃度漬米 (肆·4760)

第二組三簡與簡32中數據基本相同,參照圖版,簡32中"九"應爲"七"之誤。故最終將

簡 32 校釋爲：

32°. 二年限米一斛四升司馬黄升黄龍二年限米七斛五升監運掾姃度漬米四斛二
（肆・4893）

暫記於簡 26°前。

因爲簡 32°開頭部分爲“二年限米”，根據文檔中的紀年與書寫慣例，前接簡的最後兩字很可能爲“黄龍”。以此爲綫索進行搜索，找到了如下一枚簡：

39. ☒一斛八升佃卒黄龍二年限米四斗二升叛士黄武二年限米九斗三升佃吏黄龍
（肆・4894）

這裏出現了三種米名，以其爲綫索進行搜索，得到如下兩組簡：

第一組：

40. 其一斛八升黄龍二年佃卒限米（肆・4724）

41. 其一斛八升黄龍二年佃卒限米（肆・4746）

第一組簡與簡 39 中記録完全相同，參照圖版，“一”前似已無字。

第二組：

42. 其四斗三升黄龍二年叛士限米（肆・4725）

43. 其四斗三升叛士黄龍二年限米（肆・4726）

參照圖版，簡 39 中“二”應爲“三”之誤。參照圖版與同簡“龍”，簡 39 中“黄武”應爲“黄龍”之誤。故最終將簡 39 校釋爲：

39°. 一斛八升佃卒黄龍二年限米四斗㊂升叛士黄龍二年限米九斗三升佃吏黄龍
（肆・4894）

暫將其記於 32°之前。

因爲簡 39°開頭爲一完整記録，而簡 15°結尾爲一完整記録，故兩者之間如果存在記録的話，一定也是首尾完整的記録，基於此，筆者對文檔再次通讀後，找到了如下一組簡：

44. 三升佃吏黄龍元年限米七斛三斗七升私學黄龍二年限米四斛一斗九升新吏
（肆・4173）

45. 黄龍二年限米二升新吏黄龍元年限米十斛六斗二升郵卒黄龍二年限米
（肆・4171）

經過進一步搜索,筆者找到了四組簡分别與上述兩簡對應。

第一組:

46. 其三升黄龍二年佃吏限米 (肆·4076)

47. 其三升佃吏黄龍元年限米 (肆·4899)

第一組的數據與簡 44 中基本對應,參照圖版,簡 46 中“二年”爲“元年”之誤。

第二組:

48. 其四斛一斗九升黄龍二年新吏限米 (肆·4065)

49. 其四斛四斗九升新吏黄龍□年限米 (肆·4881)

參照圖版,第二組兩簡與簡 44 所記録的應爲同一對象,簡 49 中“四斗”應爲“一斗”之誤。

第三組:

50. 其二升黄龍元年新吏黄龍元年限米[①] (肆·4747)

51. 其二升新吏黄龍元年限米 (肆·4860)

52. 其二升黄龍元年新吏限米 (肆·5117)

第三組中三簡與簡 45 中數據一致。

第四組:

53. 其一斛七斗二升黄龍二年郵卒限米 (肆·4729)

參照圖版,兩簡釋文皆有失誤。簡 45 圖版中與明確的“十”圖版相比,“丨”偏右下,而簡 52 中很清晰,所以判斷簡 45 中類似“丨”可能爲污迹。所以“十”當爲“一”之誤。簡 45 中“六”較清晰,簡 53 中,字型雖較模糊,但仔細辨認,應爲“六”。最終校釋簡 45 爲:

45°. 黄龍二年限米二升新吏黄龍元年限米一斛六斗二升郵卒黄龍二年限米 (肆·4171)

現將所有復原的簡牘進行整理,略加標點,羅列如下:

一 11. 出倉吏黄諱、潘慮所領雜吴平斛米一千五百卌一斛八斗:其五斗零陵桂陽私學 (肆·4032)

二 15°. 黄龍元年限米、一斛㊁斗四升民還黄龍元年租禾准米、一斛四斗㊇升黄

① 整理小組注:此簡衍“黄龍元年”四字。

龍元年㊎米、(肆·4031)

三　44.　三升佃吏黄龍元年限米、七斛三斗七升私學黄龍二年限米、四斛一斗九升新吏　(肆·4173)

四　45°.　黄龍二年限米、二升新吏黄龍元年限米、㊀斛☐六☐斗二升郵卒黄龍二年限米、　(肆·4171)

五　39°.　一斛八升佃卒黄龍二年限米、四斗㊂升叛士黄龍二年限米、九斗三升佃吏黄龍　(肆·4894)

六　32°.　二年限米、一斛四升㊂㊂㊂㊂黄龍☐二☐年限米、㊆斛五升監運掾姃度漬米、四斛二　(肆·4893)

七　26°.　斗五升諸將黄武七年佃禾准米、七㊂黄龍二年㊂租准米、五斗黄龍三年☐醬☐㊂　(肆·4846)

八　21°.　米、四斛監運兵曹張象備黄龍二年斧賈米、一千五百六斛黄龍二年盈湎米,㊂　(肆·4757)

九　3°.　郡倉吏監賢米一千一百五十六斛七斗四升,劉陽倉吏㊂春、這收米一千七百七十六斛　(肆·4754)

十　8°.　六斗四升,醴陵倉吏劉仨米二千二百□□斛□斗二升,通合吴平斛米六千　(肆·4759)

十一　9.　七百。被督軍糧都尉黄龍三年十月十六日乙卯書,付監運兵曹陳謙運詣　(肆·4752)

十二　10°.　㊂㊂,三年十月廿一日付書史使盧、杝師夏軍。　(肆·4751)

爲了檢驗復原的正確性,將所有羅列的米數相加:

0.5+1.24+1.48+0.03+7.37+4.19+0.02+1.62+1.08+0.43+0.93+1.04+7.05+4.25+0.07+0.5+4+1506=1541.8

正與“倉吏黄諱潘慮所領雜吴平斛米”數量相等,因此,從一到八的編聯應無誤。

由前文的復原過程可知,從九到十二的編聯也應無誤,但由於十的釋文存在疑問,所以一到八與九到十二之間能否編聯尚需論證。僅從釋文角度而言,證明比較困難,因此,筆者考慮從圖版角度來討論這個問題。將所有復原所需竹簡的圖版,按順序排列,製成圖一。觀察圖一可以發現,從七到十一的編繩痕迹聯接平順。這從側面能證明八九之間可以編聯。

最後,通觀十二枚簡的字迹,基本保持一致的風格,這也從側面爲復原的可靠性提供了支持。

綜上,復原應無誤。

三 對復原結果的分析

首先,通過復原,我們明確了走馬樓吴簡出米簡中有這樣一類簡:

出(臨湘)倉吏黄諱潘慮所領某米+與+某某倉吏某某米+通合+被督軍糧都尉+某年月日書+付某某+運詣+某處+某年月日+付書史+某某+杝師+某某

當以後在吴簡中發現符合類似格式的簡時,可以考慮利用這種格式進行復原。

其次,記録最後,"被督軍糧都尉黄龍三年十月十六日乙卯書,付監運兵曹陳謙運詣集所,三年十月廿一日付書史使盧、杝師夏軍"中,最終物品的繳納對象是"書史使盧、杝師夏軍"。這裏存在一個疑問,根據筆者《走馬樓吴簡三州倉出米簡的復原與研究——兼論"横向比較復原法"的可行性》一文中的復原可知,出米(不包括作爲稟直的米)的最終繳納對象應是倉吏,而這裏出現的"書史使盧、杝師夏軍"不是倉吏。從"杝師"的名字來看,"夏軍"屬於運輸者。米先被交給"監運掾"後又被交給"杝師"這樣的運輸者,讓人有些費解。結合"付監運兵曹陳謙運詣集所"的記録,筆者推測,米可能先被交給"監運兵曹陳謙",由其負責運到集中點,然後再在集中點分配給"杝師夏軍"這樣的運輸者運往目的地,"書史使盧"則可能在其中扮演書記員的角色,負責記録出米情況等運輸信息,同時作爲見證人被記録在案。

再次,關於州中倉的性質,學界一直莫衷一是,通過本次復原,似乎可以得到一部分解答。本次復原中的"黄諱""潘慮"與"監賢"都與州中倉有關。

54. 中倉吏黄諱潘慮謹列黄龍三年十月旦簿 (肆·4734)

55. ……八百布付庫吏……米百廿□斛付州中郡倉吏監賢 (壹·4761)

因爲,在簡54中,黄諱潘慮所列月旦簿的月份爲"黄龍三年十月",正是復原記録寫成的時間。所以,此時黄諱潘慮爲中倉吏無疑,而"中倉"就是"州中倉"。在簡55中,雖無具體時間,但監賢與"州中郡倉吏"相連,證明其與"州中倉"也有關聯。

通過簡1°可知,黄諱潘慮還是"臨湘倉吏"。記録"黄諱潘慮"是"臨湘倉吏"的簡還有:

56. ☑閣李嵩付臨湘倉吏黄諱潘慮受 (貳·7424)

簡56亦指明了黄諱潘慮的上級爲☑閣李嵩。根據簡

57. 州中邸閣汝南李嵩 (肆·4644)

可知,李嵩爲州中邸閣。李嵩同時也管理監賢:

58. 其廿二斛一斗五升付州中倉關壂閣李嵩吏監賢受 （壹·3368）

關於“邸閣”，很多先生都進行過探討，相關的學術史整理可參看孫正軍先生《走馬樓吴簡中的左、右郎中》一文。[①] 其中，筆者贊同伊藤敏雄、王素、宋少華等先生“邸閣”爲職名的理解。[②] 關於“邸閣”這個官職的執掌，一般認爲就是掌管邸閣。但通過以上材料，筆者有一個新的想法，即“邸閣”可能就是一倉之長的官方名稱，所以“州中倉”的長官就是“州中邸閣”，“三州倉”的長官就是“三州邸閣”。“州中邸閣”已見簡 57，“三州邸閣”是否存在呢？關於這一點有如下一簡可做證明：

59.其一斛付三州邸閣董基…… （貳·753）

綜上，筆者認爲，“州中倉”長官的職名爲“州中邸閣”。“州中倉”下轄郡倉、[③]臨湘縣倉，并由郡倉吏與縣倉吏分别管理。

最後，將這些簡放回揭剥圖中，用黑色標出。我們可以發現，簡牘的編聯順序基本都是從右至左，再考慮到這些簡在揭剥圖中都是字面向下，故筆者推測這四幅揭剥圖很可能都是頂視圖。因爲揭剥圖的繪畫面相同，所以可以直接將它們進行排比，無需考慮翻轉的因素。

從復原結果來看，復原材料分别來源於 18、19、24、25 四份揭剥圖，對照復原的順序加入它們所屬的揭剥圖號，得到如下序列：

一(圖 18-22)、二(圖 18-21)、三(圖 19-81)、四(圖 19-79)、五(圖 25-44)、六(圖 25-43)、七(圖 24-126)、八(圖 24-37)、九(圖 24-34)、十(圖 24-39)、十一(圖 24-32)、十二(圖 24-31)

十二枚簡所屬的揭剥圖順序爲 18、19、25、24。由於復原的簡牘除少數擾動外，基本在各自的揭剥圖中都屬於同一層，故以該層爲基準，將四份揭剥圖按照 18、19、25、24 的先後順序排列，製成圖二。通過圖二，我們可以發現，四張圖的形狀正好互補。而且，簡牘也基本按照從右至左的順序排列，與在完整記録中的順序相同，因此，筆者推測四份揭剥圖的原始位置即是如此。如果進行調整，也許能將四幅揭剥圖拼接成一幅，爲以後的復原工作提供幫助。

致謝：本文在初稿完成後，曾得到吴簡研究班諸位先生以及審稿專家的指正，受益匪淺，筆者在此表示深深的謝意。

① 孫正軍：《走馬樓吴簡中的左、右郎中》，《吴簡研究》第三輯，北京：中華書局，2011，264-276 頁。

② 伊藤敏雄：《長沙走馬樓吴簡中の“邸閣”再檢討——米納入簡の書式と并せて》，太田幸男、多田狷介編《中國前近代史論集》，東京：汲古書院，2007，313-314 頁。王素、宋少華：《長沙走馬樓三國吴簡的新材料與舊問題——以邸閣、許迪案、私學身份爲中心》，《中華文史論叢》2009 年第 1 期。

③ 這裏的“郡倉”很可能就是長沙郡倉，但限於材料，不敢妄下定論。

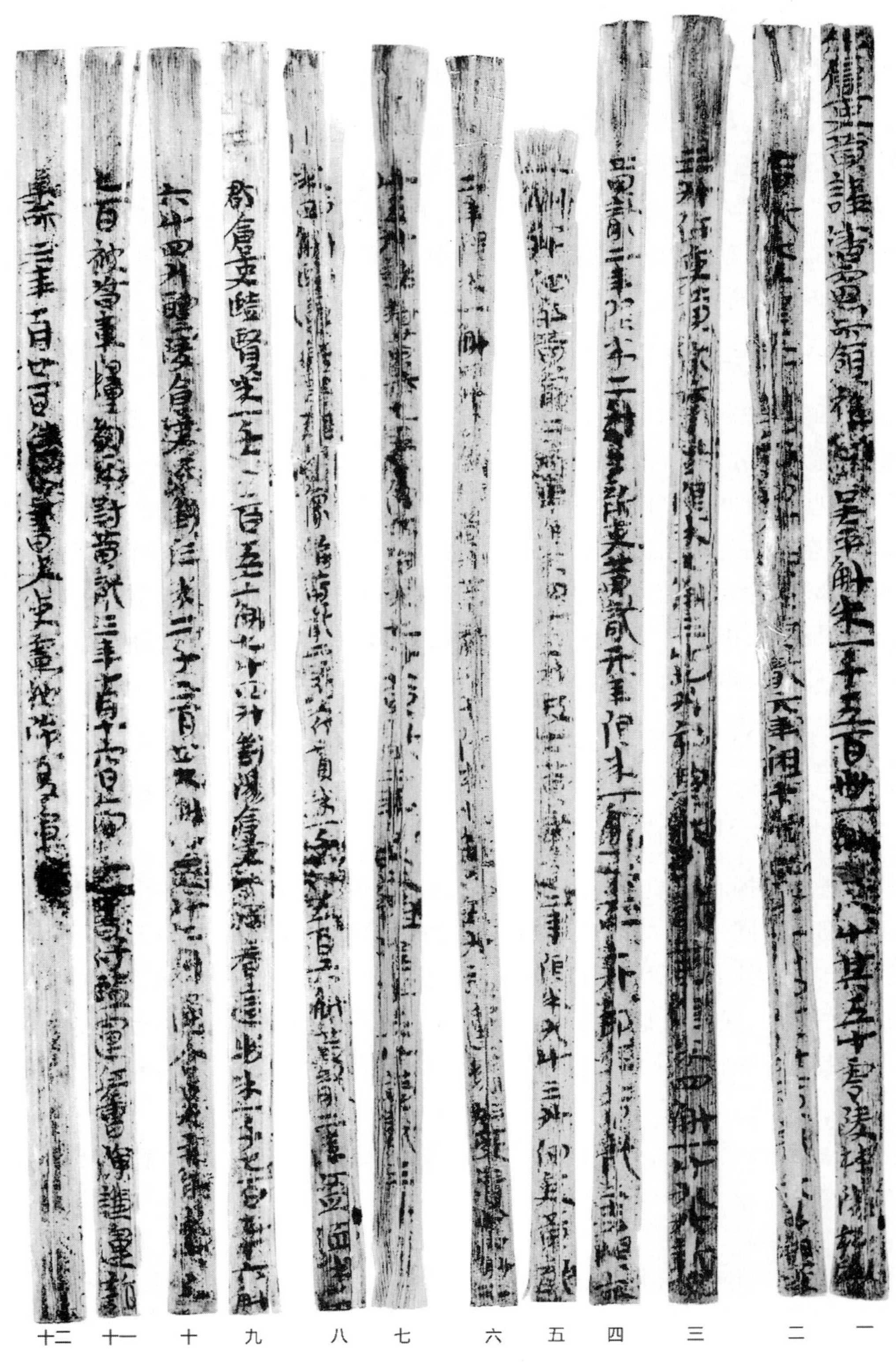

圖一

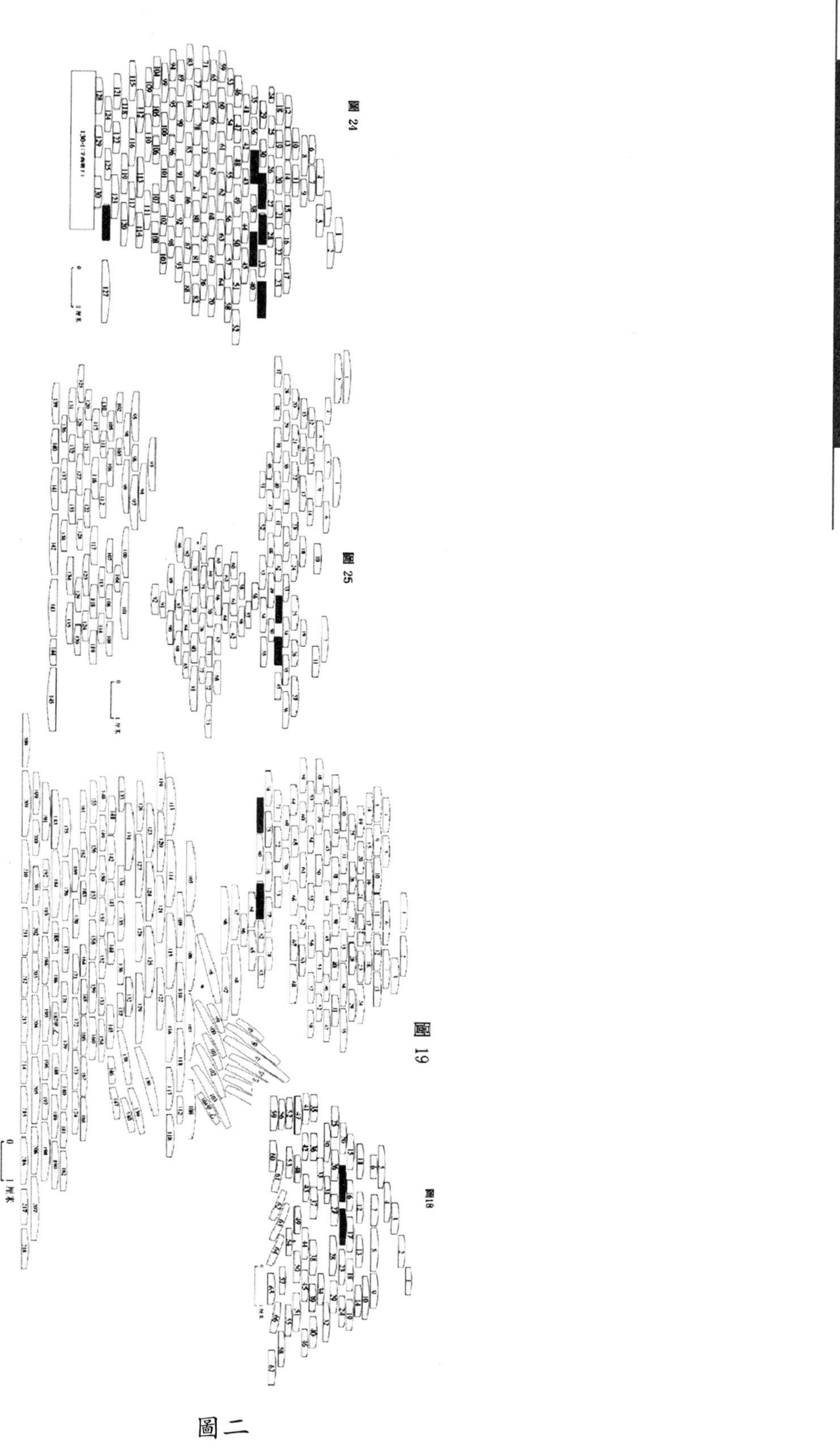

圖二

吴簡所見孫吴家庭結構的建構原則*

湖南大學岳麓書院
[日]新潟大學大學院現代社會文化研究科
蘇俊林

内容提要 吴簡中的家庭簡是孫吴家庭結構的真實反映。本文通過對家庭簡中連記簡的考察,認爲孫吴家庭結構的建構原則包括:輩分次序原則,血緣親疏次序原則,同身份成員間的長幼次序原則,合户家庭的"完全登録"原則,非親屬成員間的依附程度次序原則。了解這些原則有助於復原與家庭相關的簿籍。

關鍵詞 吴簡 孫吴 家庭結構 建構原則

家庭結構是社會史研究的重要課題。但在相當長時期内,中國古代特别是秦漢魏晋時期家庭結構方面的研究基本停留在人口規模、世代多寡等程度上,未能深入到家庭結構的内部構成。出現此種狀况的原因主要在於相關資料的匱乏。1996 年長沙走馬樓出土了數量龐大的三國吴簡。現今公布的《長沙走馬樓三國吴簡·竹簡》[壹]、[貳]、[叁]、[肆]、[柒]等

* 基金項目:國家社科基金重點項目"走馬樓吴簡與孫吴縣政研究"(13AZS009)。

五卷吴簡中,[①]有許多記載孫吴時期家庭情况的簡牘——家庭簡,[②]這給研究中國古代特别是孫吴時期的家庭結構提供了新的契機。

走馬樓吴簡出土後,中外學者對孫吴家庭結構進行了多方面研究。于振波、孫聞博、賈麗英等先生對家庭規模和家庭類型等進行了分析;[③]汪小烜、楊際平、侯旭東、沈剛、凌文超、安部聰一郎、鷲尾祐子等先生對簿籍的文書格式和編聯等進行了研究;[④]町田隆吉先生用"同居"的概念將名籍中的"户"分爲單純家族世代(核家族世代)、擴大家族世代、多核家族世代和非家族世代四類;[⑤]鷲尾祐子先生認爲家庭簡的登録次序中父子關係最爲優先,其次是母子關係,再次是兄弟關係。[⑥] 這些研究成果各有側重,但都没有對家庭結構的建構問題進行深入分析。池田温先生在研究敦煌的西涼籍時指出,這種并非記載兄弟姐妹每一人與户主的關係、而是記載表明與前一行登載者關係的獨特書式,若是繼承了西晋以前户籍的做法,則可以斷定必有木簡名籍的存在。即便木簡的繫組斷了,簡零散紛亂或次序顛倒,也可以憑藉這種細緻的格式恢復名籍的原狀。如果這種解釋成立,西涼籍就應成爲間接窺知漢晋木簡籍面貌的一個綫索。[⑦] 吴簡中家庭簡的記載格式正是如此。成員的登録并非都記載與户

① 長沙市文物考古研究所、中國文物研究所、北京大學歷史學系走馬樓簡牘整理組編:《長沙走馬樓三國吴簡・竹簡》[壹],北京:文物出版社,2003;長沙簡牘博物館、中國文物研究所、北京大學歷史學系走馬樓簡牘整理組編:《長沙走馬樓三國吴簡・竹簡》[貳],北京:文物出版社,2007;長沙簡牘博物館、中國文物研究所、北京大學歷史學系走馬樓簡牘整理組編:《長沙走馬樓三國吴簡・竹簡》[叁],北京:文物出版社,2008;長沙簡牘博物館、中國文化遺産研究院、北京大學歷史學系走馬樓簡牘整理組編:《長沙走馬樓三國吴簡・竹簡》[肆],北京:文物出版社,2011;長沙簡牘博物館、中國文化遺産研究院、北京大學歷史學系、故宫研究院古文獻研究所走馬樓簡牘整理組編:《長沙走馬樓三國吴簡・竹簡》[柒],北京:文物出版社,2013。

② 本文將吴簡中以家庭成員爲記載對象的竹簡統稱爲"家庭簡",而不局限於户籍簡。

③ 于振波:《吴簡所見户的結構小議》,《走馬樓吴簡續探》,臺北:文津出版社,2007,25-38頁;孫聞博:《走馬樓簡"吏民簿"所見孫吴家庭結構研究》,卜憲群、楊振紅主編《簡帛研究2007》,桂林:廣西師範大學出版社,2010,246-261頁;賈麗英:《從〈長沙走馬樓三國吴簡〉看三國吴的家庭結構》,《中國史研究》2010年第3期。

④ 汪小烜:《走馬樓吴簡户籍初論》,北京吴簡研討班編:《吴簡研究》第1輯,武漢:崇文書局,2004,143-159頁;楊際平:《秦漢户籍管理制度研究》,《中華文史論叢》2007年第1期;侯旭東:《長沙走馬樓吴簡〈竹簡〉[貳]"吏民人名年紀口食簿"復原的初步研究》,《中華文史論叢》2009年第1期;沈剛:《户籍文書的編制方式與格式復原》,《長沙走馬樓三國竹簡研究》,北京:社會科學文獻出版社,2013,3-18頁;凌文超:《走馬樓吴簡采集簡"户籍簿"復原整理與研究——兼論吴簡"户籍簿"的類型與功能》,長沙簡牘博物館、北京大學中國古代史研究中心、北京吴簡研討班編:《吴簡研究》第3輯,北京:中華書局,2011,9-64頁;[日]安部聰一郎:《長沙吴簡にみえる名籍の初步的検討》,[日]長沙吴簡研究會編:《長沙吴簡研究報告》第2集,東京,2004,39-53頁;[日]安部聰一郎:《試論走馬樓吴簡所見名籍之體式》,長沙簡牘博物館、北京吴簡研討班編《吴簡研究》第2輯,武漢:崇文書局,2006,14-24頁;[日]鷲尾祐子:《長沙走馬樓吴簡連記式名籍簡的探討——關於家族的記録》,《吴簡研究》第3輯,65-87頁。

⑤ [日]町田隆吉:《長沙吴簡よりみた"戸"について—三国吴の家族構成に關する初步的考察—》,[日]長沙吴簡研究會編《長沙吴簡研究報告》第3集,東京,2007,27-47頁。

⑥ [日]鷲尾祐子:《走馬樓吴簡から見える家族の情况について—夫婦間の年齡差などから—》,[日]長沙吴簡研究會编《長沙吴簡研究報告2009年度特刊》,新瀉,2010,35-55頁。

⑦ [日]池田温著,龔澤銑譯:《中國古代籍帳研究》,北京:中華書局,2007,50-51頁。

主的關係,更多的是記載與前一人的關係。這種記載格式的目的,可能正在於簡牘散亂之後容易恢復原狀。在此,我們以家庭簡中的連記簡(記載兩人以上的簡)爲依據,通過對家庭成員間位次關係的考察來分析孫吴家庭結構的建構原則,以探尋家庭簡的編聯邏輯。

一　輩分次序原則

吴簡所見家庭的户主并不都是家庭的家長,于振波先生對此早有論斷。[①] 吴簡所見家庭成員中不僅有父、母、兄等,甚至還有祖父、祖母。户主位列家庭簡的首簡,特别是其位於祖父、祖母、父、母、兄之前,[②]這并不符合家庭倫理的輩分次序要求。此外,還有妻位於父或母之前的簡例(貳・1696、壹・4540),甚至還有小妻位於户主父之前的簡例(貳・2117)。此類簡例數量極少,不是成員位次關係的常例,但都有悖於家庭倫理的輩分要求。即便如此,就整個家庭簡中成員的位次關係看,孫吴家庭結構還是體現出十分强烈的輩分次序色彩。

子女都位於其父母之後——户主爲子時除外。户主子女一般位於户主妻之後。女性爲户主或户主妻亡故時,子女位於户主之後。妻與子的兩人連記簡如壹・11:"妻大女思年卌三 禮子男李年",子李位於妻思之後。此類連記簡在吴簡的家庭簡中較爲普遍。三人的連記簡中户主子也位於户主妻之後,如柒・53:"上鄉里户人□喰年五十六刑右手 妻之年卅九 子男龍年六歲"。凡三人連記簡——此類簡多是户主所在的連記簡,衹要出現了户主子女,他們都位於户主妻之後。

即便兒子已成年、娶妻,衹要他與其父同户,其也位於户主妻之後。如:

平陽里户人鄧□年六十二　妻□年六十六　子男沈年廿　　柒・157

沈妻樂年廿 沈男弟苻年十六　　柒・158

柒・157 和柒・158 兩簡應是同户家庭簡。户主子沈已成年(20 歲)且已娶妻(樂)。但是沈與其父、母同簡連記,位於户主妻之後。

也有户主子女位於小妻前的情况,如貳・1929:"姪子女黑(?)年十歲　姪小妻□年卅二"。位於小妻前的子女可能是正妻所生,位於小妻之後的子女可能是小妻所生。此外,有小妻子女直接位於户主女之後的情况,如柒・6057:"婢女弟萬年八歲 小妻子女兒年一歲"。小妻所生子女兒位於萬之後,而不是位於小妻之後。可能此家中小妻已經亡故。如果户主

① 于振波:《户人與家長——以走馬樓户籍簡爲中心》,《走馬樓吴簡續探》,16-23 頁。

② 本文中説某某位於某某之前或之後,是針對整個家庭結構而言的。有的家庭中是直接位於之前或之後;有的家庭中是間接位於之前或之後,二者之間可能還夾有其他家庭成員。

的妻、中妻、小妻都在世且都生有子女的話,她們之間的位次關係應是如下次序:

正妻(吴簡中稱"妻"或"大妻")——正妻子女;

中妻——中妻子女;

小妻——小妻子女。

即誰所生的子女就位於誰的後面。子女因爲其母地位不同而位次不同,子女在家庭中的位次跟其親生母親的地位有關。户主諸妻及各自所生子女的位次關係,不僅不違背家庭內部的尊卑關係,可能正是嫡庶有别、尊卑有序的古代宗法制度的内在要求。

户主父、母與妻的位次較爲複雜,相互之間位次有交錯。父、母位於妻之前可能是家庭結構的常例,妻在父、母之前的情況則較爲少見。户主的兄、男弟、女弟等無一例外都位於户主父、母之後。不僅如此,與其同户的兄之子、寡嫂之子、姊之子等也都位在兄、寡嫂、姊之後。伯父、叔父、季父、大父、[①]小父、從父、從小父、兄、從兄、從兄姪子、從男姪、妻父等有妻、子時,也按照夫——妻——子的次序登録。吴簡中子女都位於其親生父母之後——户主爲子時除外,某些簡例是父子、母子同簡連記且子位於其父、母之後。至於如壹・16那樣户主男弟位於户主姪子之前的簡例,[②]應該也是遵循了輩分次序的原則。

男孫、女孫等孫輩等都位於户主子或子妻之後,位次相對靠後。至於如柒・2"宜陽里户人韓時年七十九　妻汝年六十四　孫子男客年九歲"中孫位於户主妻之後的簡例,可以考慮兒子、兒媳雙亡的可能。伯父、大父等這些户主的父輩、户主的兄弟姊妹等輩分較高但位於户主子女之後的家庭結構似乎與輩分次序原則不合,這是因爲他們的位次關係主要不是由輩分次序原則決定,而是由血緣親疏原則決定的。

二　血緣親疏次序原則

據吴簡的連記簡可知,户主的叔父、季父、大父、從父、從小父、從姑、兄、弟、從兄、寡嫂、姊、寡姊、妻母、妻男弟等輩分高於户主子女的家庭成員,一般都位於户主子女之後。如下:

材男□年九歲苦雍(癰)病　泉叔父金年卌筭一腫兩□　貳・3066[③]

車子女奶(?)年四歲　車季父公乘羅年八十三　柒・3784

---

① 吴簡中有祖父、祖母,如貳・7482:"狶祖父讀年五十一筭一",壹・9238:"欣祖母妾年七十三"。由此推測,大父、大母應是與祖父、祖母有所差别而與小父、小母年齡不同的親屬稱謂。

② 壹・16原釋文爲:"從男弟修年六歲　妾姪子男亡年四歲。"于振波先生認爲,依據圖版"從男弟"當爲"妾男弟"。

③ 此簡"男"字後缺字。从年齡及吴簡中的親屬關係詞推測,所缺字可能爲"男弟"的"弟"字。此男弟可能是户主泉之子材的男弟。另外,此簡中"叔父"下的圓點爲作者所加,非釋文所有。下同。

·梁子公乘印年十歲　梁(?)大父示(?)年九十一　貳·1591

暘男弟岑年九歲　暘從父□年卅一腫足　柒·2425

子小女深年六歲　志從小父□年卅三苦腹心☑　叁·6214

□子□□年七歲　□從姑□□年十二　柒·451

子男□年十一　□兄明年十五踵右足　叁·6250

□子男里年十三　弱從兄仲年八十五　肆·2531

☑子小女累年七歲　壽寡嫂大女妾年五十四□☑　貳·3318

·白弟仕伍念年七歲隨軍在宫　□姊薙年六十七踵(腫)兩足　貳·2435①

·衣(?)弟仕伍心年九歲　前寡姊大女□年七十□　貳·2530②

淮子男漢年十七　淮男弟養年五十一　貳·2171

·若子男仕伍進年二歲　若女弟小女勉年八歲一名問　貳·2441

事子男兒年二歲　事從男弟難年十七一名尚　柒·3770

樊子仕伍難年三歲　和妻母誅(?)年七十三　貳·1920③

非男弟城年六歲　妻男弟懸年十二往居　柒·3841④

伯父、小父、叔母、季母、大母、小母、姑、寡姑、妻父、妻女弟等雖然没有與户主子女的連記簡,但依照大父、叔父、季父、從姑、妻母、妻男弟位於户主子女之後的位次關係推測,伯父等可能也位於户主之女之後。户主的長輩或同輩位於户主子女之後,這明顯與家庭倫理中的輩分要求相違背。

出現此種情况不是因爲吴簡記載錯誤,也不是其時家庭倫理出現了問題,而在於孫吴的家庭結構,特别是包含了原本可以獨立爲户的家庭成員的複合家庭的結構。户主的伯父、叔父、季父、大父、小父、從父、從小父、兄、弟、姊、從兄、妻父、妻男弟等,不少人有妻、子,且與其妻或子同簡連記。不論是年齡還是身體狀况,或是家庭的完整程度,他們都可以獨立爲户。但他們却帶着妻、子甚至其他親屬與户主合户。叔母、季母、大母、小母、姑、寡姑、從姑、寡嫂等在其丈夫亡故之後與户主合户,寡姊、寡女弟等出嫁的姐妹喪夫後帶着子女回到娘家與已經成爲户主的兄弟合户。"合户"現象的普遍存在,衝擊着家庭倫理中的輩分尊卑關係。

① 從此簡所記親屬關係及年齡推測,簡中的"白"和"念"可能是户主的子女。

② 從此簡所記親屬關係及年齡推測,簡中的"衣"和"心"可能户主前的子女。

③ 貳·1920中難和誅年齡相差70歲,可能相差兩代人。推測簡中的樊可能爲户主和的子輩,難爲孫輩。他們的位次關係應爲:户主和——户主子樊——樊子難——户主妻母誅。

④ 此簡中的男弟城可能爲户主非的男弟。據貳·2171等可知,户主男弟一般位於户主子女之後,那麼位於户主男弟之後的"妻男弟懸"自然也位於户主子女之後。

我們也注意到這些“合户”者多位於户主子女之後。就孫吴家庭結構看,户主子女是家庭結構中最爲關鍵的一環。户主父、母、妻多位於户主子女之前,伯父、叔父、季父、大父、小父、從父、從小父、叔母、季母、大母、小母、姑、寡姑、從姑、兄、姊、男弟、女弟、從兄、從男弟、寡嫂、寡姊、寡女弟、弟寡婦、從兄嫂、妻母等家庭成員,通常是位於户主子女之後。

户主、父、母、妻、子女是中國古代家庭的核心成員,學者將其稱爲“主幹家庭”,或是“核心家庭”。他們是家庭中血緣最爲親近、關係最爲親密的人,相互之間特别是父——户主——子三者之間具有强烈的直系血親關係。[①] 當户主祇有妻而無中妻、小妻、妾及其子女時,父——户主——子之間甚至是嫡系血親關係。伯父、叔父、季父、大父、小父、從父、從小父、從兄等與户主有着不同程度的血緣關係,但這種血緣關係屬於旁系宗親的範疇。户主與其兄弟姊妹是户主父之下的直系血親,但孫吴家庭結構不是以户主父而是以户主爲中心建構的。家庭在確定户主時就已經確定了家庭成員之間的血緣親疏關係。對於户主而言,子女是直系血親,兄弟姊妹是旁系血親。親疏有别正是兄弟姊妹位於子女之後的原因所在。

伯父、叔父、季父、大父、小父、從父、從小父、從兄等爲旁系宗親,大母、叔母、季母、小母、姑、寡姑、從姑等也是旁系宗親,妻父、妻母、妻男弟、妻女弟、外姪子等是血緣更爲疏遠的外親。兄子、男弟子女、姑(寡姑)子女、寡嫂姪子、姪子、姪女、從男姪、兄男姪等與户主并非直系血親,而是旁系宗親,甚至是遠親。吴簡中的家庭結構大致遵循了這樣的位次序列:直系血親——旁系血親——旁系宗親——外親、遠親。這種位次關係正是血緣親疏次序的倫理要求。

吴簡所見孫吴家庭結構中,不少輩分高、年齡大的成員却位於輩分低、年齡小的成員之後。這種位次關係正是按照血緣親疏次序原則排序的結果。户下奴婢、限佃客、衣食客等與户主之間没有血緣關係,他們位於所有血緣親屬之後,也是血緣親疏原則的體現。

三　同身份成員間的長幼次序原則

家庭簡中某些成員具有相同的身份,如都是某人的子女,或是某人的姪子等。這些家庭成員因爲身份相同,既無法以輩分高低排序,也没有血緣親疏的差别。他們的先後位次主要是以年齡的長幼次序來確定的。

户主的子女中,長子、長女一般是排在次子、次女之前。吴簡中没有長子、長女、次子、次女這樣的稱謂,一般是以“子男”“子女”來稱謂長子、長女,次子、次女則多以“子男/子女的名+男弟/女弟+名”的格式來登録。如:

---

① 本文所用血親、宗親等概念,參見胡士雲《漢語親屬稱謂研究》,北京:商務印書館,2007,3-4頁。

宜子女卯[①]年六歲　卯女弟將年三歲　貳・1572

・邯子女陵年五歲　陵弟仕伍長年三歲　貳・1844

卵和將同爲宜的子女,長和陵同爲邯的子女。他們的身份相同,無法以輩分和血緣排序,祇有以年齡長幼排序。户主子女也有不以相互之間的男弟、女弟關係登録而以與户主關係登録的家庭簡,如:

海妻阿年卅五　海子女汝年八歲　叁・1416

海子男淇年四歲　海子男載年二歲　叁・1536

此家庭中汝、淇、載都是海的子女。按照常見的户主子女的登録格式,叁・1536 應該登録爲:"汝男弟淇年四歲　淇男弟載年二歲"。但是叁・1536 簡没有按照常見格式登録,而是都以"海子男"來登録淇、載的身份。即便格式如此特殊的家庭簡,海的三個子女——汝(8 歲)、淇(4 歲)、載(2 歲)依然是按照年齡長幼次序登録的。子女中年齡大的排在前面,年齡小的排在後面。

不僅户主子女按年齡長幼排序,户主的兄弟姊妹之間也是按照年齡長幼排序。如柒・3214:"金男弟生年十八 生男弟兒年八歲",貳・4688:"□姊大女思年十一 思女弟汝年十"。姪子也按年齡長幼排序,如壹・4471:"登姪子男由龍年十一 龍女弟□客年十"。也有特殊的情況,如壹・20:"禮姪子男魯年五歲　魯兄勉年八歲苦癰病"。魯爲禮的姪子,但魯的兄勉却在魯之後。出現此種情況的原因尚不清楚。或許是因爲魯是禮的姪子但勉不是禮的姪子,或許記載有誤。即便記載無誤,且二人都是禮的姪子,我們也可將其作爲特例看待,因爲此類情況在吴簡中極其少見。

孫吴家庭結構中不僅同身份的親屬成員間按年齡大小確定位次先後,非親屬成員的户下婢之間、户下奴之間也按年齡長幼排序。[②] 柒・3576"户下婢新年卌　户下婢嚴(?)年十三"中,户下婢按年齡大小次序登録。壹・7637"□户下奴右長六尺　户下奴進長五尺"中,户下奴不以年齡而以身高確定先後位次。于振波先生認爲"五尺"約爲 1.15 米,年齡估計在 7—8 歲;"六尺"約爲 1.38 米,年齡估計在 13—14 歲。[③] 一般而言身高和年齡成正比。身高的高低次序應是年齡長幼次序的反映。客可能也是按年齡長幼排序,如壹・7754:"□休

① 整理小組注:"卯",或釋爲"肥"。

② 户下奴與户下婢之間有的按年齡長幼排序,如柒・3037"户下婢吏(?)年六十 户下奴鼠年卌八腫足";有的却不是年齡長幼次序,如柒・1712"户下奴椛年十八　户下婢智年卅一"。户下奴與户下婢之間似乎不是按年齡長幼排序,其排序原則有待研究。

③ 于振波:《略論走馬樓吴簡中的"户下奴婢"》,《走馬樓吴簡續探》,116 頁。

[依]食客五役年廿五刑左足[①] □客□年十六”。由此可知,孫吴的家庭結構中不論是親屬成員還是非親屬成員,衹要身份相同,他們之間都是按長幼次序登録。

唐代户籍的一般格式是不論年齡,將男子歸在一起列在前面,女子則附在男子後面。[②]唐代這種具有重男輕女色彩的户籍登録格式與孫吴的户籍登録格式存在很大差别。吴簡中同身份的家庭成員之間一般按照長幼次序進行位次排列,姐在弟前的簡例十分常見。兩漢以來重男輕女的社會風氣有日漸强烈的傾向,但在孫吴的家庭結構中長幼有序的家庭倫理較爲濃烈,而重男輕女的社會觀念還没有完全改變家庭結構中的男女位次關係。學者認爲重男輕女觀念的程度與家庭類型有關,“大家庭中的重男輕女色彩相對濃厚,而小家庭中的重男輕女色彩相對淡薄”。[③] 孫吴時期家庭内的重男輕女觀念還不太明顯,可能與此地區多爲3—6人的小家庭有關。[④]

孫吴户籍與唐代户籍中男女的位次差别,除了跟家庭規模有關外,可能還與賦役制度有關。孫吴賦役制度大體上是繼承秦漢制度,年齡和性别是賦役征派的重要依據,年齡似較性别更爲重要。唐代賦役的征派同樣與年齡和性别有關。從西晋開始,在占田、課田數額、租調繳納數額等方面都有明顯的性别差别。《晋書·食貨志》載:

---

① 原釋文是“休食客”,王素先生認爲可能是“依食客”。參見王素《長沙吴簡中的佃客與衣食客——兼談西晋户調式中的“南朝化”問題》,《中華文史論叢》2011年第1期。本文從王氏觀點修改。

② [日]池田温:《中國古代籍帳研究》,51頁。

③ 岳慶平:《中國的家與國》,長春:吉林文史出版社,1990,232頁。

④ 學者曾對吴簡中家庭的人口規模進行統計。《竹簡》[柒]出版後,家庭人口的規模有所變化。我們以家庭的合計簡爲依據,將吴簡中家庭的人口規模統計如下表:

吴簡所見孫吴家庭人口規模統計表

家庭人數	户數	家庭人數	户數	家庭人數	户數
1人	11户	9人	73户	17人	4户
2人	140户	10人	28户	18人	4户
3人	268户	11人	33户	19人	1户
4人	323户	12人	18户	20人	0户
5人	296户	13人	14户	21人	2户
6人	207户	14人	7户	22人	1户
7人	126户	15人	16户	23人	1户
8人	71户	16人	11户	不明	316

説明:柒·5032“右口食五十一人”,其與“右”類家庭合計簡的格式不同,且人數較大,可能不是某一家人口的統計,而是數户人家的統計。吴簡中有如壹·825“朋家口食”和壹·5099“筭二”這樣的簡,我們暫視爲家庭的合計簡。另有僅殘留“訾一百”(貳·3712)、“訾五十”(貳·6666)字樣的簡,共109枚。因爲某些户主簡中也有類似記載,故不能確定這109枚是否爲家庭合計簡。

又制户調之式:丁男之户,歲輸絹三匹,緜三斤,女及次丁男爲户者半輸。其諸邊郡或三分之二,遠者三分之一。夷人輸賨布,户一匹,遠者或一丈。男子一人占田七十畝,女子三十畝。其外丁男課田五十畝,丁女二十畝,次丁男半之,女則不課。男女年十六已上至六十爲正丁,十五已下至十三、六十一已上至六十五爲次丁,十二已下六十六已上爲老小,不事。

租調制上的性别差异同樣存在於唐代。《新唐書·食貨志》載:

凡民始生爲黄,四歲爲小,十六爲中,二十一爲丁,六十爲老。授田之制,丁及男年十八以上者,人一頃,其八十畝爲口分,二十畝爲永業;老及篤疾、廢疾者,人四十畝,寡妻妾三十畝,當户者增二十畝,皆以二十畝爲永業,其餘爲口分。

凡授田者,丁歲輸粟二斛,稻三斛,謂之租。丁隨鄉所出,歲輸絹二匹,綾、絁二丈,布加五之一,緜三兩,麻三斤,非蠶鄉則輸銀十四兩,謂之調。

在晋、唐的租調制中,性别有超越年齡成爲賦役制度首要影響因素的傾向。唐代户籍以男女性别排序,除了男尊女卑觀念的强化外,可能也與性别對賦役制度的影響加大有關。

四　合户家庭的"完全登録"原則

吴簡中有不少親屬成員,有的有妻,有的有子,有的甚至有妻、子。他們是原本可以獨立爲户的家庭,但也登録在户主的家庭簡中。這些可稱爲"合户家庭"的登録次序有一定的特殊性。如下:

䧘兄黑年五十　黑妻大女客年卌五　　柒·3595

[黑]子女草年五歲　䧘子男兒年七歲　　柒·3594

黑有妻有子,却與弟䧘合户。黑家成員按夫——妻——子的次序登録。在黑家成員登録完畢之後才登録了户主䧘的子男兒。雖然䧘子男兒(7歲)年齡比黑子女草(5歲)大,且與户主䧘的血緣要比草親近,但其位次却在草之後。

如此登録的簡例在吴簡中并不少見。吴簡的家庭簡中,一旦記録到與户主合户者,接着就登録他的妻、子、男弟、女弟甚至姪子等。合户者的夫妻連記簡、母子連記簡、兄弟姊妹連記簡等都是如此登録。我們稱此種登録爲合户家庭的"完全登録"原則,即合户到户主家的人員衹要記録到合户者,都先將與其相關的親屬登録完畢後再登録其他家庭成員。此原則會影響到整個家庭結構中成員之間的位次關係,對其他建構原則如輩分次序原則、血緣親疏原則和年齡長幼原則等也會帶來一定的衝擊,會給孫吴家庭結構的復原帶來極大的不便。

但是,按照此種原則登録可以體現合户家庭内部成員之間的親屬關係,免於將其與合户家庭之外的複合家庭的其他成員相混淆。"完全登録"原則保證了合户家庭内部的完整性和序列性。即便合户家庭將來要獨立爲户,將其從複合家庭的簿籍中移出即可,不會給原簿籍造成大的混亂。這種合户家庭的"完全登録"原則可能是出於方便人口管理的考慮。

五　非親屬成員間的依附程度次序原則

吴簡中的非親屬成員是指户下奴、户下婢、限佃客、衣食客(衣食少)等依附於家庭、并作爲成員登録於家庭簡的人員。[①] 户下奴婢與客的連記簡并不多,但從柒・289"户下奴有長三尺[限][佃]客義年廿六"可知,户下奴位於限佃客之前。户下奴和户下婢衹是性别不同,身份没有性質上的區别。限佃客、衣食客(衣食少)等雖然性質上有一定的差别,但都屬於"客"的範圍。由此推測,衣食客(衣食少)可能如同限佃客,也是位於户下奴婢之後。這意味着奴婢可能都位於客之前。

客與奴婢之間的位次既不是輩分次序的要求,也不是血緣原則的體現。柒・289 中身高三尺的户下奴有(尚在嬰幼期)位於 26 歲的限佃客義之前,也不是年齡長幼排序的結果。客與奴婢在家庭結構中的位次與前述的家庭結構建構原則都没有關係,可能跟其身份所體現出來的人身依附關係有關。奴婢雖然與户主没有血緣關係,但往往被視爲主人的財産,其與主人之間有着極强的人身依附關係。吴簡中以"户下"來修飾奴婢,説明他們已被視同家庭成員。

客則不同。以"客"的身份登録於家庭之中,可能是爲了便於人口管理和賦役攤派,并不是説其地位已經發生根本性的變化。秦漢魏晋時期客的地位呈下降趨勢,有時甚至被視同奴婢。但是現在没有證據顯示孫吴時期客已經完全等同於奴婢。客和奴婢是兩個性質完全不同的身份名詞,客還没有奴化到失去其"客"這一身份的地步。唐長孺先生認爲自西漢中葉起客的地位開始卑微化,逐漸由外來人的原始含義變成一種身份性稱呼。但直到東漢末三國初期,將客視同於奴的社會事實并未得到法律認可,客仍屬於良人。[②] 有學者認爲,登録在家庭簡中的客没有像奴婢那樣用"户下"來加以限制,説明"身份上他們還是自由人"。[③] 孫吴時期客的地位具有一定的獨立性,其與主人的人身依附關係遠没有奴婢那樣强烈。從秦漢魏晋的社會結構關係看,三國孫吴時期客的地位還没有下降到與奴婢相等的地位。即

---

① 衣食少可能是衣食客中的未成年者,如柒・3590:"依食少[交]年十二盲左目"。

② 唐長孺:《魏晋南北朝隋唐史三編》,北京:中華書局,2011,28-36 頁。

③ 沈剛:《客》,《長沙走馬樓三國竹簡研究》,202 頁。

便到了魏晋時期,客的地位急劇下降、幾乎與奴婢相同時,至少在法律上或者名義上,其地位也要略高於奴婢。研究魏晋社會結構的學者將客和奴婢都歸爲賤口等級,但却是兩個不同的階級。居於社會最下層的奴婢,其地位要低於客。①

孫吴的家庭簡中客位於奴婢之後,并不是因爲客的地位比奴婢低,而是因爲客和奴婢與户主的依附程度不同。與客和户主的依附關係相比,户下奴婢與户主的依附關係要强烈很多。故而奴婢列在親屬成員之後,并以“户下”限制。客的依附性較弱,且没有加以“户下”限制,説明客還不算完全意義上的家庭成員。客排在户下奴婢之後,是非親屬成員間按與户主依附關係從强到弱排列的次序原則的結果。

六　結語

通過對吴簡中家庭連記簡的分析,可以總結出孫吴家庭結構的五大建構原則,即輩分次序原則、血緣親疏次序原則、同身份成員間的長幼次序原則、合户家庭的“完全登録”原則和非親屬成員間的依附程度次序原則。這些建構原則可用於復原那些與家庭相關的簿籍。但是具體到某個家庭結構的建構時,其優先使用了哪一原則不能一概而論,需要視情況而定。這會影響我們的復原工作。另外,家庭簡中存在着位次特殊的簡例。雖然這些特殊的簡例數量較少,但也會對具體的復原工作造成影響。不過家庭簡的成員登録一般都要記載親屬稱謂,甚至在親屬稱謂前還有上一簡成員(或連記簡中最後一人)的名字。如果我們將其與這些建構原則配合使用,再參考吴簡的揭剥位置示意圖,可能會有利於簿籍復原工作的順利進行。

附記:湖南大學岳麓書院于振波教授、故宫博物院王素研究員、中國社會科學院歷史研究所楊振紅研究員和匿名審稿專家提出了不少修改意見,本文多有采納。特此致謝。

① 朱大渭、劉馳、梁滿倉、陳勇:《魏晋南北朝社會生活史》,北京:中國社會科學出版社,2005,18、27頁。

也説吴簡夷民問題*

長沙簡牘博物館　熊　曲

内容提要　本文借助新材料，認爲吴簡中的夷民是南方少數民族人民。夷民與夷生口都是戰爭獲得的，孫吴從中央派官員管理夷民，反映了中央對兵源和勞動力的控制。孫吴征討山越、武陵蠻等少數民族所獲的人口至少有三種處理辦法：一是成爲夷兵；二是成爲編民；三是成爲夷生口。

關鍵詞　吴簡　夷民　夷兵　夷生口

目前，學界對吴簡中的夷民有三種不同的看法：王素先生認爲，吴簡中的夷民與兵有關，因其由官府配口糧或俸，進而認爲他們至少也應是官府控制的一種特殊少數民族依附人口。又據《三國志》中記載的孫吴"發夷民爲兵"事例，認爲"夷民"與"夷兵"概念混同。從而解釋所謂的"夷民""夷兵"，可能是孫吴地方官府或私人控制的一種少數民族"民兵"，正因爲是"民兵"，所以既可以稱爲"夷民"，也可以稱爲"夷兵"。[①] 羅新先生則不認同王素先生的觀點，認爲兵和民法律意義上的差别是相當明顯的。"部伍夷民"就是部伍南方土著族群，其結果與"部伍山越"一樣，即"强者爲兵，羸者補户"，爲兵者就是吴簡中的"夷兵"，補户者就是

---

* 本文得到國家社科基金重點項目"走馬樓吴簡與孫吴縣政研究"（13AZS009）資助。

① 王素：《説"夷民"——讀長沙走馬樓三國吴簡札記》，《故宫博物院院刊》2004 年第 5 期，49-52 頁，後收入其著《漢唐歷史與出土文獻》，北京：故宫出版社，2011。

吴簡中的"夷民",部伍後的夷民已華夏化,非原來的政治和社會結構。[1] 魏斌先生認爲夷民"有别於官府編户,應當視作孫吴初期仍然存在的一種土著族群。其性質與西晉户調式提到的'遠夷不課田者輸義米',或許比較接近"。[2]

下面是已公布的有關"夷民""夷兵"的材料:

1、曰郎中□邵　□貴尚書部伍夷民(壹·984)[3]

2、其卅一斛五斗付吏區業給稟夷(?)民(壹·1648)

3、入吏鄧佃番端備夷民嘉禾元年粢粟准入米三斛九斗□升(叁·1926)

4、夷新兵五十六人人二斛起嘉禾二年正月訖二月卅日其年四月十六日付杝師市(叁·2169)

5、□曹言夷民……事　八月廿□日……白(柒·3045)

6、·右□户夷兵……(柒·4177)

在待刊的吴簡中還有關於夷民的簡文:

7、其一千三百六十四斛三斗四升付吏區□給稟所送夷民道上粻(陸·總45599)

簡7是夷民被送往某個目的地,政府配給他們路上所需的口糧。簡2與簡7簡文含義應是一樣的,這些夷民可能是被送到别的地方服役。所以,不能以政府配給夷民口糧作爲他們是官府依附人口的判斷依據。

8、右尉□貞　　使送夷民到建業(伍·總39244)

9、〼郡吏胡皖攸吏利舉弩枋上送詣建業其年十一月二日付〼[4](肆·5402)

從簡8是夷民被送往建業,簡9是往建業送武器的記録,可見,因中央的要求或需要,地方政府往往需出物出力。《三國志》記載了交阯太守送交州人到建業。《三國志·魏書·陳留王奂紀》載云:

吴賊政刑暴虐,賦斂無極。孫休遣使鄧句,勑交阯太守鎖送其民,發以爲兵。吴將吕興因民心憤怒,又承王師平定巴蜀,即糾合豪傑,誅除句等,驅逐太守長吏,撫和吏民,

① 羅新:《王化與山險——中古早期南方諸蠻歷史命運之概觀》附論"吴簡中的'部伍夷民'問題",《歷史研究》2009年第2期,16-20頁。

② 魏斌:《吴簡釋姓——早期長沙編户與族群問題》,《魏晉南北朝隋唐史資料》第24輯,2008,28頁。

③ "曰郎中□邵　□貴尚書"原釋作"曰□中尚(?)……",據圖版改。

④ "枋"原釋作"析",據圖版改。

以待國命。[①]

同一件事情,《三國志·吴書·孫休傳》記爲:

交阯郡吏吕興等反,殺太守孫諝。諝先是科郡上手工千餘人送建業,而察戰至,恐復見取,故興等因此扇動兵民,招誘諸夷也。[②]

這裏,太守孫諝"科郡上手工千餘人送建業",即《魏書》中講的"交阯太守鎖送其民"。從"招誘諸夷"來看,鎖送者當包括夷民。交阯太守所送到建業的手工業者,因吕興的叛亂,臨時充作兵用。他們的身份不是夷兵,衹是充當了夷兵的角色。

另還有夷民亡叛的記録:

10、(?)坑　　使追逐叛夷民妻子(伍·總39221)

由於該簡文殘缺,我們無法判斷"夷民"與"妻子"之間是否存在關係。單從簡文字面意思來看,夷民似乎不包括妻子,這樣夷民似乎指少數民族成年男子,那麽,就可以佐證"夷民"即"夷兵"的觀點。事實到底如何呢?這裏我們可以借助吴簡中類似詞例"吏民妻子"相關的簡文判斷"夷民"與"妻子"的關係。如:

11、☑小武陵鄉□嘉禾四年吏民人名妻子年紀簿(壹·10153)

這條材料中"吏民"是包含妻子在内的。很顯然,把"妻子"去掉,也不影響我們對該簡文的理解。吴簡中這種表達方式的簡更多是這樣寫的:"廣成鄉謹列嘉禾六年吏民人名年紀口食爲簿"(叁·1798)。又"右新成里魁謝三領吏民五十户父母妻子合二百一十七人"(柒·4016),該簡吏民也是包含父母妻子的。同樣的,這種表達還可以寫成"右高遷里領吏民卅八户口食一百八十人"(壹·10229)。由此,我們認爲簡10中的"夷民"也應包含"妻子"在内的。如果這種理解不誤的話,簡10就不能證明"夷民"即"夷兵"的觀點。那麽,夷民會不會是有别於官府編户的南方土著族群呢?

我們重新核校了簡1的釋文,該簡文有助於我們探討孫吴對少數民族的政策。補出的"貴尚書"中的"尚書"是中央的職官。三國孫吴的尚書虽然地位不高,[③]据同时曹魏的尚書制度和后来西晋的尚書制度推测,孫吴也应该设有"五兵尚书"管理軍事。[④] 據此,貴尚書

① 《三國志》卷四《魏書·陳留王奂紀》,北京:中華書局,1982,151頁。

② 《三國志》卷四八《吴書·孫休傳》,1161頁。

③ 參閲王素、汪力工《略談走馬樓孫吴"中書典校事吕壹"簡的意義》,《文物》2002年第10期,88-91頁,後收入王素《漢唐歷史與出土文獻》,北京:故宫出版社,2011。

④ 參閲王素《三省制略論》,山東:齊魯書社,1986,10-14頁。

"部伍夷民"并非指軍事行動,而是指以軍事編制的手段管理夷民事務,包括組建軍隊。①

另在吴簡中還出現了與簡1中"貴尚書"相關的"右選曹尚書郎貴倩":

12、[嘉]禾元年十月廿四日[丙][辰]書給右選(?)曹尚書郎貴倩嘉禾元年十月奉(俸)②(貳·7337)

这里的"右選曹尚書郎",文獻未見記載;貴倩爲何人,也無法知曉。該簡文的意思是地方接到上級命令給右選曹尚書郎貴倩俸禄。史籍記載張温曾拜爲選曹尚書。③ 可見,選曹尚書郎是中央選曹尚書下的郎官,而選曹是負責選舉官員的。《三國志》曾記載吴黄武三年(224),選曹尚書暨豔坐檢三署郎官事,與選曹郎徐彪一起被誣自殺。④ 不過,史籍中未有貴姓尚書的記載。此外,吴簡中還有"尚書吏":

13、尚書吏劉露年廿八(壹·8416)

從吴簡中記録的名籍來看,尚書吏應該是普通小吏。

從《三國志》中可以得知,孫吴討伐并部伍山越是孫吴的重要國策。羅新先生認爲,吴簡中的"部伍夷民"反映了孫吴對荆州諸蠻和對揚州山越處理方式是一樣的,即"彊者爲兵,羸者補户",⑤爲兵者就是吴簡中的"夷兵",補户就是吴簡中的"夷民"。⑥ 誠如羅新先生所説,"部伍夷民"就是對南方諸蠻夷强制征發、遷徙或補户。而貴尚書"部伍夷民"却體現了中央官員以軍事編制的方式對這些通過討伐諸蠻夷而獲得的兵源和勞動力進行規範管理,實際就是爲了加强中央對兵源和勞動力的控制。此外,吴簡中還出現了代表朝廷監督地方駐軍的督軍都尉:

14、言𨚕□□見督軍都尉下□米□行不見不割用猿見頃□(肆·3567)

從貴尚書"部伍夷民"到朝廷派遣"督軍都尉",都是孫吴爲確保兵源和勞動力在自己有效控制下的措施。

我們以爲,孫吴大概不可能將所有的諸蠻夷都充兵,從其對山越"彊者爲兵,羸者補户"來看,對其他少數民族也應該采取這種政策。目前,學界對於"羸者補户"的理解有兩種:一,

① 羅新:《王化與山險——中古早期南方諸蠻歷史命運之概觀》附論"吴簡中的'部伍夷民'問題",《歷史研究》2009年第2期,16-17頁。

② "倩"原釋作"借",據圖版改。貳·7788:"☐丙辰書給右選曹尚書郎貴儙(?)所將……"中的"儙",也應爲"倩"。又,《竹簡》[柒]和待刊的《竹簡》[捌]也都释作"倩"(柒·2085、捌·總58371、捌·總58591、捌·總58803等)。

③ 《三國志》卷五七《吴書·張温傳》,1329-1330頁。

④ 《三國志》卷五七《吴書·張温傳》,1337頁。

⑤ 《三國志》卷五八《吴書·陸遜傳》,1344頁。

⑥ 羅新:《王化與山險——中古早期南方諸蠻歷史命運之概觀》附論"吴簡中的'部伍夷民'問題",17頁。

成爲編户民;[①]二,成爲屯田民。[②] 而對於成爲"屯田民",學者所持論據是《三國志·吴書·諸葛恪傳》中的"其從化平民,悉令屯居"。[③] 顯然,他們將"屯居"中的"屯"視作屯田。諸葛恪征討丹楊時,因丹楊與吴郡、會稽、新都、鄱陽四郡鄰接,於是"及移書四郡屬城長吏,令各保其疆界,明立部伍,其從化平民,悉令屯居"。諸葛恪令與丹楊鄰接的四郡各守其疆界,嚴明軍紀,整肅部隊。其中,"部伍"應是指軍隊,而非蔣福亞先生所認爲的以軍事手段編制屯田民。至於"屯居",《三國志》載:"涿北接鮮卑,數有寇盜,觀令邊民十家已上,屯居,築京候。"[④]爲防止盜寇侵擾,將邊民聚居在一起,而非使邊民成爲屯田民。因此,"屯居"應爲"聚居"。對於"彊者爲兵,羸者補户",《三國志》中還有"揀其精健爲兵,次爲縣户",[⑤]"縣户"應該爲"編户民"。從吴簡來看,雖然有少數民族吏民,且還有少數民族集中居住地。[⑥] 但是這些爲編户的少數民族人民是否是孫吴討伐後補户的,我們尚不清楚,因爲當時的長沙地區民族衆多,自兩漢以來就應該有少數民族爲編户民。在探討這一問題前,我們須先弄清楚,吴簡中的夷兵的來源。

除夷兵外,吴簡還出現了"夷生口":

15、□□吏石欣買嘉禾三年夷生口小男□☑(肆·3990)[⑦]

關於這些夷兵、夷生口的來源,有部分可能來自潘濬討伐武陵蠻所獲。在未刊吴簡中有買賣夷生口的記録,其買賣的時間絶大部分爲嘉禾四年,而平定武陵蠻叛亂爲嘉禾三年十一月,時間正相吻合。也可能如羅新先生所認爲的,來自長沙郡郡界以内。即孫權時張承"出爲長沙西部都尉,討平山寇,得精兵萬五千人"。其中精兵萬五千人可能是吴簡中的夷新兵的來歷。[⑧] 孫吴一直征討山越、蠻夷等少數民族,由此所獲的兵源很多,據何兹全先生估計:"以山

① 唐長孺先生與陳玉屏先生均持這種觀點。分别見於唐長孺《孙吴建国及汉末江南的宗部与山越》,《魏晋南北朝史论丛及续编》,石家莊:河北教育出版社,2000,17頁;陳玉屏《魏晉南北朝兵户制度研究》,成都:巴蜀書社,1988,50頁。朱紹侯先生的觀點與他們有區别,認爲:"從社會地位來看,東吴的'正户'、'縣户'却比漢代的編户齊民低,受國家的控制較嚴,國家隨時都有可能把他們轉爲軍户和屯田户。或賞賜其功臣變爲佃客。"朱紹侯《魏晉南北朝土地制度與階級關係》,鄭州:中州古籍出版社,1988,75頁。

② 林志華:《東吴屯田制探略》,《安徽大學學報》(哲學社會科學版)1984年第1期,71頁。陳連慶:《孫吴的屯田制》,《中國古代史研究——陳連慶教授學術論文集》,長春:吉林文史出版社,1991,509頁。蔣福亞:《吴簡所見吴國前期民屯——兼論魏吴民屯的區别》,《中華文史論叢》2008年第1期,19頁;後收入其著《走馬樓吴簡經濟文書研究》,北京:國家圖書館出版社,2012,156頁。

③ 《三國志》卷六四《吴書·諸葛恪傳》,1431頁。

④ 《三國志》卷六四《魏書·王觀傳》,693頁。

⑤ 《三國志》卷六〇《吴書·賀齊傳》,1379頁。

⑥ 王素:《説"夷民"——讀長沙走馬樓三國吴簡札記》,51頁。

⑦ "夷"原釋作"廋",據圖版改。

⑧ 羅新:《王化與山險——中古早期南方諸蠻歷史命運之概觀》附論"吴簡中的'部伍夷民'問題",18頁。

越爲兵,僅見於記載的,已不下十餘萬。"[1]可見,吴簡中的"夷兵"和"夷生口"爲戰争所獲是可信的。從吴簡來看,孫吴對於這些戰争所獲的夷兵和夷生口,與其他士兵和生口是有所區分的,不然不會在其前特别注明"夷"字,表明其種族屬性。可是,在大量的吴簡名籍簿中,我們并没有發現在名稱上有所區别的爲編户的夷民。或者説,并没有專門針對某種類型的少數民族人民爲夷民的情況。又從"部伍夷民""送夷民道上粻/到建業"及"叛夷民妻子"等材料,所有記録"夷民"的吴簡,都没有具體體現夷民的性質。我們認爲,這反而可以證明吴簡中的夷民可能不具有特殊性质,指的就是南方少數民族人民,包括了部伍後補户的,及本來在臨湘的編户民。如果這樣理解不誤的話,夷民也并非都是有别於官府編户的南方土著族群。此外,吴簡中有"小武陵鄉",它可能是武陵夷民在臨湘的聚居地。這些武陵夷民或許是由於戰争原因成爲了流民,并在臨湘重新入籍。

目前,孫吴嘉禾年間,吏户、兵户制是否形成,學界存在分歧。[2] 不過,從吴簡來看,吏士身份至少已具有傳承的趨勢。

16、草言府大男五杭不是卒子弟不應給卒事　八月卅日兼兵曹掾潘[因](?)白(柒·770)

17、户曹言新兵妻及母合三人月須就輩傳送詣大屯事　閏月廿四日書佐烝贇封(陸·總43638)

18、部曲田曹列言[諸]士妻子佃田四[百]五十九畝☐(肆·5598)

簡16是兵曹掾向長沙郡太守府報告的文書。從兵曹的職掌來看,此處的"卒"應指士兵。衹有卒子弟才能給卒事,説明,即便吴簡户籍中并未民、吏、士分别造籍,但在實際操作中,吏役與兵役趨向於吏家和士家了。簡17指將新兵、新兵妻及新兵母三人送到大屯。大屯爲軍屯確鑿無疑。新兵一家全部屯田,士兵且戰且耕,説明東漢的征兵制度到孫吴已發生了變化。簡18中的部曲田曹可能是縣一級管理軍屯之機構,[3]"士"应指"士兵",士兵的妻子在军屯屯田,与简17相互印证。三國混戰,吏卒叛逃屢見不鮮。政府將新兵的家屬與其一起送到

① 何兹全:《魏晋南朝的兵制》,《讀史集》,上海人民出版社,1992,283頁。

② 王素認爲,"吏民"造籍合簿至迟始於秦,至三国永安元年已分别造籍了。而兵自有兵籍,應該屬於常識。王素:《説"吏民"——讀長沙吴簡札記之一》,《中國文物報》2002年9月,收入其著《漢唐歷史與出土文獻》,北京:故宫出版社,2011,173-175頁。蔣福亞:《嘉禾吏民田家莂中的諸吏》,《文史哲》2002年第1期,130-134頁;《再論走馬樓吴簡中的諸吏》,《史學月刊》2013年第1期,22-41頁。兩文論述了孫吴存在吏户制度。黎虎則認爲吏民未分籍,否認"吏户"存在的觀點。黎虎:《"吏户"獻疑——從長沙走馬樓吴簡談起》,《歷史研究》2005年第3期,53-68頁。凌文超認爲吴簡户籍(薄)中吏、民及兵未分籍,但孫吴官府根據行政的需要,常針對特殊身份人員製作薄書。凌文超:《走馬樓隱核州、軍吏父兄子弟簿整理與研究——兼論孫吴吏、民分籍及在籍人口》,未刊稿。

③ 徐暢:《走馬樓簡所見孫吴臨湘縣廷列曹設置及曹吏》,《吴簡研究》第3輯,北京:中華書局,2011,307頁。

服役處,在某種程度上,反映了三國時期的質任制。在吴簡中稱爲“保質”,并設有專門的保質曹。[①] 這種質任制,也是吏卒身份化的一種表現。從學者整理的臨湘侯國鄉里吏民人名年紀口食簿來看,孫吴至少在嘉禾年間,吏、民、兵并未分籍,[②]那么,戰争所獲的夷民入籍的當不在少數,精壯之人多充兵役,這些充兵役的夷民家屬也可能被送往軍屯。

從吴簡材料來看,羸者中至少有一部分成爲了夷生口,這些夷生口有些被買賣,如簡15所記。[③] 史籍中有戰争俘虜没入弱口爲生口的記録:“安定降羌燒何種脅諸羌數百人反叛,郡兵擊滅之,悉没入弱口爲奴婢。”[④] “(永寧元年)汶山羌反於都安之天拭山,遣王敦討之。殺數千人,大没女弱爲生口。”[⑤]另還有生口被送往大屯的記録:

19、☒□人爲生口[送]大屯事對封府督郵

二月[廿]日[謝]□[兵][曹][史]☒(壹·1002)[⑥]

“府”应为长沙郡府。如前所論,“大屯”指軍屯。[⑦] 生口送去屯田,是奴婢用於生産領域的反映。那么,夷生口是否也用於屯田呢?雖未見直接的材料可以證明,但從他們同屬於生口來看,是有可能的。可見,“羸者”中的夷生口一部分用於買賣,一部分用於屯田。这样看来,孙吴征討山越、蠻夷等少数民族所获人口至少有三種处理办法:一为夷兵;二为編户民;三爲夷生口。

從《三國志》可知,從孫吴建國直至滅亡,一直與討伐山越等少數民族相始終。一方面反映孫吴對兵源和勞動力大量渴求,及孫吴的將領們爲争奪更多的兵源以擴充其實力,一方面是因爲山越包括南方蠻夷等少數民族不服從孫吴的統治。即便被征服了,也有叛亂的可能。在吴簡中記録了很多士兵的叛逃,如:

20、草言府逐捕叛士□ 笞不還縣界長留今□事 六月十四日兵曹掾[謝][韶]白(柒

---

① 如簡貳·8930“草言諸鄉條列州吏父兄子弟保質人名爲簿[事] 五月十二日保質曹史□□白”,還有簡貳·8969,叁·494,柒·1495等。蔣非非認爲,吴簡師佐家屬名籍注記中“屯將行”應是防止師佐亡叛而强制家屬隨行以作人質的連坐制度。《走馬樓吴簡師佐家屬籍注記“屯將行”及“單身”與孫吴軍法》,《簡帛研究二〇一一》,桂林:廣西師範大學出版社,2013,164-183頁。釋文参照凌文超《走馬樓隱核州、軍吏父兄子弟簿整理與研究——兼論孫吴吏、民分籍及在籍人口》,未刊稿,此文對州吏、軍吏的保質作了探討。

② 凌文超:《走馬樓隱核州、軍吏父兄子弟簿整理與研究——兼論孫吴吏、民分籍及在籍人口》,未刊稿。

③ 關於吴簡中的生口買賣,可參閱拙文《論長沙走馬樓吴簡中“生口”及相關問題》,《出土文獻研究》第12輯,上海:中西書局,2013,327-339頁。

④ 《後漢書》卷八七《西羌傳》,北京:中華書局,1965,2885頁。

⑤ [晋]常璩:《華陽國志·大同志》,濟南:齊魯書社,2000,107頁。

⑥ “大屯”原釋作“□屯”,“[謝]”字未能確認。李均明、王昕:《長沙走馬樓三國吴簡·竹簡[壹]釋文校記(一)》,164頁。

⑦ 蔣福亞先生認爲這是簡文中所見到的最大軍屯區。蔣福亞:《長沙走馬樓吴簡所見奴婢雜議》,《首都師範大學學報》(社會科學版)2006年第6期,5頁。

·558)

21、草言……叛士……事　五月廿四日兵曹掾謝韶白(柒·559)

22、兵曹言叛士鄧平等不在縣界無□(柒·3154乙)

由兵曹逐捕叛士,那麽,簡中的“士”應是兵曹所掌管的“士兵”。這些叛士被抓後,被傳送到軍屯上屯田:

23、☐□叛士胡成胡堅□傳送大屯☐(叁·3461)

同時,需繳納叛士限米。如:

24、其卌六斛五斗四升叛士黄龍三年限米(柒·2200)[①]

吴簡中關於“叛士限米”賬簿記録很多,反映士兵亡叛的情況嚴重。這應與士兵負擔沉重有關。自首的叛士被稱爲自首士,他們也被安排屯田:

25、草言府條列叛自首士五人爲簿事　八月十九日部曲田曹史蕊(柒·4434)

這條簡文反映的是部曲田曹史向郡府報告叛逃的自首士的情況。部曲田曹爲縣一級管理軍屯的機構。[②] 因此,自首士也是軍屯上的勞動者。這些違反國家法律的叛逃士兵,不管是被抓回來的還是自首的,都被安排屯田,可見,當時孫吴對勞動力的需求是相當大的,其中原因可能是當時戰争頻繁,軍糧短缺。吴簡中就出現了賣生口籌備軍糧的簡文。[③] 當士兵叛逃後,他們的家屬就被没入爲官奴婢。官奴婢有的被送往大屯,如簡19,因此,他們有屯田的可能。同時,也有可能被官府賣掉。對於夷兵的叛逃,孫吴又是如何處理的呢?我們認爲,孫吴軍隊中有大量的少數民族士兵,除孫吴任用少數民族貴族爲軍官管理治理夷兵外,所有的軍隊應該適用統一的法律及制度。爲防止其亡叛,與孫吴其他士兵一樣,通過質任制度,控制他們的家屬,或者讓其合家隨營。此外,孫吴對全國軍隊都有監督,有前面提到的監督地方駐軍的督軍都尉,還有軍事行動時的監軍使者,在長江沿綫等地方還有常駐的監軍。

附記:本文在寫作和定稿過程中,得到了王素、宋少華位兩先生的熱忱幫助,匿名審稿專家也提出了很好的建議,一并致謝!

---

① 整理小組注釋:“其”上原有墨筆點記。

② 徐暢:《走馬樓所見孫吴臨湘縣廷列曹設置及曹吏》,《吴簡研究》第3輯,307頁。

③ 如“期會掾烝若白縣領黄武六年文入養及軍糧所賣生口賈錢合卌”(肆·4686),“期會掾烝若白縣”原釋作“領臨湘縣丞小□白縣銀”,“軍”原缺釋。見楊芬《長沙走馬樓吴簡考釋三則——“懸逋”、“文入”、“種領簿”》,《出土文獻研究》第11輯,上海:中西書局,2012,274頁。

《長沙走馬樓三國吴簡·竹簡[肆]》釋文、注釋補正

長沙市文物考古研究所　黎石生

内容提要　本文將《竹簡[肆]》釋文與圖版對照,對其中存有疏忽或疑問的一些釋文和注釋予以補正。

關鍵詞　《竹簡[肆]》　釋文　注釋　補正

繼《長沙走馬樓三國吴簡》之《竹簡[叁]》之後,文物出版社於2011年出版了長沙簡牘博物館、中國文化遺産研究院、北京大學歷史學系走馬樓簡牘整理組編著的《竹簡[肆]》。筆者在閱讀時,對照圖版,發現其中有些釋文和注釋存在疏忽或疑問,今將其簡號和相關簡文及注釋逐條列出,下加"按"語,以供讀者參考。按語中凡引自前三卷之簡,均在簡號前加標卷號。爲精減文字,與"按"語無關者省略未録。謬誤之處,敬請批評。

1、妻婢年卌四雀兩足(肆·11)
按:"卌",圖版清晰,顯爲"卅"字,釋文誤之。

2、右限僦溢合六千一百一十七斛一斗七升五合六勺(肆·225)
按:"一十七斛"之"一",圖版清晰,顯爲"七"字,釋文誤之。依文意,簡文"溢"下或脱

“米”字。

3、右佶家口食四人(肆·337)

按:“佶”,圖版清晰,其右上部從“土”,右下部從“口”,故應改釋爲“佶”。簡341(大男鄭佶年卌二)之“佶”同此。

4、嘉禾六年東扶里户人公乘李刳年廿六踵佐足(肆·414)

按:“刳”,圖版清晰,“丁”與“开”之間的兩劃作“八”狀,衹抵及“丁”之横劃而未突出其上,或當改釋爲“刑”。

5、右兔家口食五人(肆·415)

按:“兔”,圖版清晰,其右下部無點劃,字形與簡178(子男免年五歲)之“免”如出一轍,或當改釋爲“免”。

6、右定見人四百七十七人 其一百八十五人男
一百九十二人女(肆·654)

按:據簡文,將男女人數相加,共計三百七十七人,核對圖版,補字“四”誤,當改釋爲“三”。

7、右昆口食廿一人(肆·691)

【注】「昆」下省略「家」字。

按:注釋表述欠妥。依文例,“昆”下應有的“家”字并非“省略”而係漏書,當如簡677(右囊口食一人)之注(「囊」下脱「家」字)表述爲“脱漏”之意。簡692、762之注同此。

8、曼溲里户人公乘王生年七十(肆·743)

按:“曼溲”二字,圖版模糊難辨。本卷竹簡係據出土位置分坨揭剥整理的,其卷册原始位置和編連順序應大致未亂,較零散之簡相對準確。除此簡外,卷中所見“曼溲里户人”簡共21枚(簡128、139、148、433、443、447、452、454、585、593、599、707、742、755、763、770、851、1123、2791、2819、2823),“户人”之下均未標身份,故補字“曼溲”存疑。

9、白⿰亻□乞假期重絞促有入複言書□入詣右倉(肆·1262)

按:“言”上之“複”,圖版衹見“复”,但其書寫結構明顯偏右,推測左邊應有偏旁,現已磨滅。“復”“複”均爲“复”之繁體,然本卷圖版“復”字常見而似未見“複”,釋文如之,故簡中之“複”或當改釋爲“復”,以統一體例。此外,簡下端有明顯斷痕,釋文未標“☑”符號。

10、□□負作□湘□以所汜漬股米廿□七千三百廿二□(肆·1307)

按:此簡圖版雖較模糊,仍可見“廿二”之下并非一字,而是三字,故當釋爲“□□□”。依文意,“廿□”之“□”或可釋爲“萬”。

11、領郡吏潘丁備羅縣年諸將佃禾五十斛九斗六升四合(肆·1368)

按:據圖版,“縣”“年”之間的編痕處尚有字痕,依文例,應補加一“□”。

12、與前刺通合一萬□千二百□□斛□□斗□升(肆·1415)

按:於走馬樓吴簡所見,孫吴量制爲十進位,故“□□斗”當爲“□斗”。

13、其七十三斛一斗給雇萮粻(肆·1458)

按:“粻”,圖版清晰,其右部從“良”無疑,故當改釋爲“粮”。

14、☑一萬二千絹十三匹一丈七尺六寸凡(?)直八千錢(肆·1574)

按:“凡(?)直”之“凡”,圖版較模糊,其字形更似“匹”。參以簡4695(□丈三尺匹直三千六百其六百八十一匹二丈一尺匹直三千五百布)、簡[壹]4370(所調布廿三匹□丈一尺匹直錢三千六百□□)、簡[叁]6447(☑調布得一百卌匹其七百匹直三千六百☑)等所記布之“匹直”,此字或當改釋爲“匹(?)”。

15、丞出給民種糧掾烝(肆·1644)

按:“糧”,圖版右部從“長”。於卷中所見,亦有“良”“長”書法略似者,但此字右部中間之横劃和右下之捺劃偏長,當從“長”而非“良”。故“糧”字當改釋爲“粻”。

16、郡男弟士年卌二踵右足(肆·1744)

按:“士”,圖版清晰,作“工”狀,或可改釋爲“上”。

17、右入税米一百廿一斛六斗三升(肆·2387乙)

按:圖版清晰,“米”“百”之間無“一”字,釋文衍之。

18、入東鄉税米五斛冑畢(肆·2409)

按:此簡圖版雖較模糊,仍可辨“米”上之字其寫法與簡 2408(入東鄉税米廿三斛七斗冑畢)之“鄉”如出一轍,釋文衍一“税”字。

19、平妻大女威年五十四□復(肆·2663)

按:此簡圖版雖較模糊,仍可辨“四”“復”之間有“九十”二字,“九”字相對清晰,“十”則作“一”狀,豎劃極短。

20、子男止年十三(肆·2773)

按:“止”,圖版未見豎中横劃,其字形與簡 2108(領山丘侯虞付三州倉吏谷漢受)之“山”如出一轍,或當改釋爲“山”。

21、入平鄉米七斛八斗冑米畢(肆·3134)

【注】「米」上或脱字。

按:注釋表述欠精准。簡文前後兩處有“米”字,注中之“米”當指“鄉”下之“米”而非“冑”下之“米”。依此簡注例,簡 2933(入廣成鄉米卅七斛五☐)應出注。

22、入桑鄉租米一斛畢(肆·3208)

【注】「畢」前當脱「冑」或「就」字。

按:注釋表述欠精准。簡 2013(入東鄉租米二斛七斗□升冑米畢)、簡[貳] 7801(入西鄉租米三斛僦米畢)等可爲佐證。

23、……□秫糧(肆·3213)

按:“糧”,圖版作“粮”。於本卷所見,“糧”“粮”之釋多據圖版直釋,如簡 3904(1)(謹達所出二年税禾給貸〈貸〉民爲三年種粮)、簡 4752(被督軍糧都尉黄龍三年十月十六日乙卯書)即是,故此簡之“糧”當改釋爲“粮”。

24、出米卅三斛雇魁吴鹿布賈(肆·3474)

按:圖版清晰,“斛”“雇”之間有“八斗”二字,釋文漏之。

25、右□人佃奴各一人合七人(肆·3584)

按:此簡殘損,“奴”上四字均衹剩左半。據殘存字迹,“右”下之字其寫法似有簡中“七”

字筆意，揣文意，“□”或可釋爲“七(?)”。

26、□當以□入死罪受罪實當所從記到衛促縣攝宛等(肆·3593)

按:“死”上之“入”，圖版清晰，顯爲“人”字，釋文誤之。

27、入嘉禾元年租税雜米四百卌六斛七斗五升付州中倉李金▨(肆·3713)

按:“五升”之“五”，圖版顯爲“四”字，釋文誤之。

28、□□屯田吏戴章弟卒一□卅八▨(肆·3730)

按:“卅”，圖版顯爲“廿”字，釋文誤之。此字與“一”間距緊湊、中間無字迹，釋文衍“□”。依文意，二字之間當有脱字。

29、操奴富年廿七(肆·3809)

按:“富”，圖版與簡4197(簡文見後)中第一個“當”字寫法略似，“冖”“口”之間均無一横，或當改釋爲“當”。

30、……粻米四斛□斗給爲藏粻……(肆·3901)

按:“藏”，圖版清晰，顯爲“莍”字，釋文誤之。

31、收白米三百一十一斛九斗八升零陵倉吏劉仨白米(肆·3948)

按:“零陵”之“零”，圖版雖不十分清晰，仍可見其字形筆劃與簡4759(六斗四升醴陵倉吏劉仨米)之“醴”如出一轍，而與簡4032(其五斗零陵桂陽私學)、簡4036(其五斗零陵桂陽私學黄龍元年限米)之“零”寫法相异，佐以簡文内容，“零”或當改釋爲“醴”。

32、長沙太守丞掾下□陵縣令長丞……(肆·3978)

按:“太守”之“太”，圖版清晰，顯爲“大”字。卷中簡文“大守”均據圖版直釋，故“太”當改釋爲“大”。

33、其五十九斛大男常碩轉□兵賈米(肆·4013)

按:“兵”上之“□”，圖版雖較模糊，仍可見其下部似“非”，依釋文凡例，此“□”可釋爲“罪”，參以簡4117(簡文見後)、簡5081(其五十九斛大男常碩黄龍三年轉罪兵賈▨)，此“□”或可釋爲“罪”。

34、大男常碩黄龍三年轉□兵賈米與劉陽倉周□(肆·4117)

按:“兵”上之“□”,圖版字迹可辨,其上部從“罒”,下部從“非”,當釋爲“罪”。

35、月便當伐之得當集三□欲自料省又諸郵道……(肆·4197)

按:“欲”上之“□”,圖版清淅,此字上部作“ㅂ”狀,下部從“口”,或當釋爲“君”。

36、□者宜明以[賞]如有所匿鄉吏帥即[斬]丞尉收(肆·4211)

按:本卷釋文偶有漏標和誤標“☐”符號之情況。此簡圖版“收”下有明顯斷痕,故應補標“☐”符號。另如簡4458(☐列部界有方遠吏民□條列家口食年紀爲簿言☐),圖版“言”字已書至簡之最末端,其下無殘斷痕迹,故“言”下之“☐”符號應删去。

37、☐三年子弟限米(肆·4579)

按:“限”,圖版清晰,顯爲“租”字,釋文誤之。

38、其一千八百斛四斗八升七合付中邸閣李嵩倉吏李金(肆·4616)

按:依文例,簡文“付”下或脱“州”字,應出注。

39、其一升監運掾魏樓[限]米(肆·4721)

按:“米”上之字,圖版雖較模糊,仍可辨其右上部筆劃似“𠀎”,参以簡4175(其一升監運掾魏樓漬米)、簡5107(其一升監運掾魏樓漬米)等,“[限]”或當改釋爲“[漬]”。

40、入黄龍三年醬賈七斛八斗(肆·4872)

按:依文例,簡文“賈”“七”之間或脱“米”字,應出注。

41、月妻汝年卅(肆·5323)

按:“汝”,圖版清晰,顯爲“女”字,釋文誤之。

漢簡草書與書法研究綜述*

湖南大學岳麓書院　李洪財

内容提要　在漢代草書研究方面,漢簡是不可逾越的重要材料。在書法方面,通過漢簡草書研究解决了以往書法史中很多含混不清的問題。時至今日,仍有大量學術論文以漢簡草書爲研究材料,諸家雖各執己見,却促使認識進一步深化。但我們也看到,缺乏對以往成果的系統梳理,成爲這一研究領域中的一大弊病,因此我們有必要對既有的研究成果作一番全盤清理。

關鍵詞　漢簡草書　書法學　綜述

時至今日,出土的漢簡數量已過十萬枚之多,這些漢代墨迹的出土,無疑是相當難得的重要書法研究材料。所以自漢簡出土,就引起了書法研究者的極大重視,涌現出非常多的研究成果。

在草書研究方面,利用漢簡中大量的草書簡,解决了以往書法史中很多含混不清的問題。但也出現很多認識上的分歧,特别是在草書的産生時間、來源和書體演變上都出現了不同的説法。由於漢簡草書是研究早期草書最重要的材料,所以很多關於草書研究的文章,皆或多或少帶有漢簡草書的内容,爲了避免材料過多産生的混亂不清,我們按照文章的主要内容分類概述。需要事先説明的是,本文重點總結漢簡草書與書法的相關内容,至於漢簡草書考釋的文章暫不列入,我們另有專文考察。再有,很多文章不單單是討論一個問題,而且很

* 本文爲中國博士後科學基金第57批面上資助成果。

多問題也存在交叉内容,所以在概述相關文章時,儘量概述文章主要内容和突出問題。至於一些内容重複或者并無新意的文章則簡略帶過。

一　草書的定義與劃分

在傳世文獻中草書的定義大都比較零散簡略。啓功從書寫的不同情況考慮,重新定義草書,認爲:“在字體方面,‘草書’又有廣狹二義:廣義的,不論時代,凡寫得潦草的字都可以算。狹義的,即作爲一種專門字體名稱的草書,則是在漢代才形成的。”①這個定義既考慮到漢字縱向發展的階段性變化,也考慮到了同時代横向聯繫,成爲學界最認可的定義。陳夢家《漢簡綴述》稱漢簡草書是:“即解散了形體更爲省易較爲潦草的字體。”②其實就是啓功所説的廣義草書。後來有文章對啓功的定義提出了不同意見,但多失之偏頗。比如《草書的廣狹二義與草書分類説略》,③就提出了草書廣狹二義劃分中産生的問題,認爲一幅作品中常常是諸體相雜,所以劃分類别時需要區分對待,但是文章所舉出的,按來源、章法、特徵、字數等分法,并没有解決實質問題,反而使問題更加複雜。李永忠《草書劃分私議》也提出了不同的劃分方法。④ 該文分析了已見的草書劃分方式的得失後,介入新的草書概念“古草”(章草和一般的漢代草書的總稱),將草書劃分爲“古草”和今草,以此明確展示草書整體的構成情況。這種方法注意字體的縱向發展,但較多注意草書發展的古今區别,而較少關注文字的横向聯繫。本文對草書的定義與劃分采用啓功和陳夢家的觀點,在選擇材料上我們采取廣義草書定義。

二　草書産生時間

草書的産生時間究竟起於何時,有多種説法。1941 年,劉延濤在《草書月刊》第一期第一卷的《中國文字之演進:篆—隸—草》中,將傳世文獻中草書産生的各種説法梳理成文,共總結出五種説法:第一,宋張栻之草書與文字俱來説;第二,張懷瓘草書起於晚周屈原説;第三,趙壹草書起於秦末説;第四,許慎草書起於漢初説;第五,草書起於史游《急就章》説。這五種説法基本成爲後世相關研究中反復申述和主要討論點。劉延濤對各種説法作了評判,認爲西漢時草書還没有完整的組織形式,整個漢代也不應該是草書的創始時代。劉延濤發

① 啓功:《古代字體論稿》,《啓功全集》第二卷,北京師範大學出版社,2009,65 頁。
② 陳夢家:《漢簡綴述》,北京:中華書局,2008,310 頁。
③ 許偉東:《草書的廣狹二義與草書分類説略》,《書法之友》1995 年第 4 期。
④ 李永忠:《草書劃分私議》,《首都師範大學學報》(社會科學版)2008 年第 5 期。

表此文時大量西陲漢簡已經面世,而此文章仍用傳世文獻爲證,未充分使用出土材料,觀點偏頗,不免有些遺憾。與此相比,早在1930年,沙孟海《隸草書的淵源及其變化》一文,則充分顯示出二重證據法應用在書法研究中的精彩表現。①

沙文先對整個中國文字的分體作了概説,按照傳世文獻整理出籀書、篆書、隸書、草書(即章草)、今隸(即真書)、行書、今草七個主要書體。然後對文獻中記載的書體排列順序、來源作了討論,發現隸書、草書的演變順序存在問題。然後利用《流沙墜簡》的材料,選取出有年號、書體風格有代表性的簡,并按照字體分類。根據分類材料得出結論,認爲:隸法在戰國時已有了,至遲在前漢宣帝時已成熟。草法在前漢宣帝時已有了,至遲在前漢末後漢初已成熟。今隸在前漢宣帝時也萌芽了,至遲在後漢順帝時已成熟。今草成熟期,約在後漢中葉。② 雖然這個結論存在一些問題,但不能不説極有開創之功,很多後世研究結論與沙文結論相差并不大。如唐蘭《中國文字學》認爲"草書的成熟,至晚也在西漢末,東漢初",③還有裘錫圭認爲"草書正式形成爲一種字體,大概在西漢中期偏後","至遲不會晚於元、成之際,很可能在宣、元時代就已經形成了"。④ 唐、裘二人研究結論與沙孟海結論差不多。沙文在討論隸草的來源時,并沒有如傳世書論那樣,簡單的確定源於哪種書體,而是通過對出土書迹分析,來説明書體的來源不衹是單一書體簡單的直綫演變。并且按照時間將文字形體排成演變譜系,來觀察文字演變的分合情況。這種方法,在後來的碩博論文中常常見到,例如張恒奎《草書體的形成與演變》和尋鵬《章草書形體演變研究》就是利用這種研究方法。⑤

沙孟海這篇文章無論在方法還是在結論上,都極具典範意義,但後世草書研究中基本引用裘錫圭觀點,而沙孟海的説法幾乎被淡去了。後世很多相關研究中也未參考此文。比如前面提到的兩篇博士論文就隻字未提此文。甚至還有因爲沒見沙文,導致了一些常識性錯誤。比如朱會萍、劉常飛《試論萌芽期的草書》認爲草書在戰國中期開始萌芽,⑥所舉例證爲阮元《積古齋鐘鼎款識》中的《乙亥鼎》,而沙孟海文中,早已明確説明這個《乙亥鼎》是贋品。⑦

《説文》序中説"漢興有草書",隨着新材料的不斷出土,産生了不少新看法。尤其在草書的萌芽時間問題上,有些觀點要比上面沙、裘二人的觀點更加激進。毛惠明《從天水秦簡

---

① 沙孟海:《隸草書的淵源及其變化》,《沙孟海論書文集》,上海書畫出版社,1997,75頁。并見於《國立中山大學語言歷史學研究所週刊》第二集,1930。

② 沙孟海:《隸草書的淵源及其變化》,86頁。

③ 唐蘭:《中國文字學》,上海世紀出版集團,2009,138頁。

④ 裘錫圭:《從馬王堆一號漢墓"遣册"談關於古隸的一些問題》,《考古》1974年第1期。

⑤ 張恒奎:《草書體的形成與演變》,吉林大學博士學位論文,2008年12月。尋鵬:《章草書形體演變研究》,山東大學博士學位論文,2010年4月。

⑥ 朱會萍、劉常飛:《試論萌芽期的草書》,《邯鄲學院學報》2007年第1期。

⑦ 沙孟海:《沙孟海論書文集》,86頁。

看秦統一前的文字及其書法藝術》認爲天水秦簡中“已經出現了不少草書的寫法”,主張“草書是與隸書同時産生并發展的”。[①] 駢宇騫在《銀雀山漢簡文字編》前言中説:“從銀雀山漢墓竹簡文字資料來看,草率的隸書已經普遍使用。因此,廣義的草書當起於秦代或更早一些。”[②]連劭名《草書考》以文獻材料來訓讀“草”,梳理“草”的字義演變,認爲“草書”的“草”,應讀爲“早”,“草書”是草稿之書,草書産生的時代應是秦代。[③] 趙平安的觀點更加激進,他在《隸變研究》中認爲“草書的萌芽大約可以推到戰國中期”。[④] 范國强《論史游章草〈急就章〉之真實性》也大致認同這種觀點,并加以引申,認爲:“草書濫觴於戰國中晚期的秦篆隸變。章草以隸變的正、草分途爲肇端,脱胎於秦隸草化。至西漢昭帝、宣帝時期初具規模,而成熟於西漢元帝、成帝之間。”[⑤]

綜合來看,草書的産生時間問題,分歧點主要在草書産生的萌芽期爲何時。多數看法是在秦代或更早一些。對成熟草書的産生年代,學界基本贊同沙孟海、裘錫圭的觀點,即草書正式形成大概是在西漢中期偏後,最晚不會晚於漢元帝、成帝之際,也可能在漢宣帝、元帝時代就已經形成了。

三 草書來源問題

唐代張懷瓘《書斷》説:“章草即隸書之捷。”認爲章草是從隸書演變而來。魏建功《草書在文字學上之新認識》説:“最初的草書是隸書的别體。”[⑥]其觀點也是認爲草書由隸書而生。同樣觀點還見於唐蘭《中國文字學》,認爲:“古代所謂草,都是草稿,秦書八體里没有草書,《尉律》里還衹有八體,可見草起於隸之後。”[⑦]孫星衍《急就章考异序并注》有不同的看法,認爲:“草書之始,蓋出於篆。”[⑧]這種看法得到陸錫興的贊同。陸錫興認爲:“漢代草書是直接從篆書演變過來。”[⑨]認爲“秦漢之間的草書嚴格地説是篆草,這是一種篆書的草體、簡捷的古隸書,亦可稱爲草隸”。[⑩] 楊宗兵《秦文字“草化”論析》通過對秦簡中具有草書萌芽字的構形

---

① 毛惠明:《從天水秦簡看秦統一前的文字及其書法藝術》,《書法》1990 年第 4 期。
② 駢宇騫:《銀雀山漢簡文字編》,北京:文物出版社,2001,11 頁。
③ 連劭名:《草書考》,《北京教育學院學報》2002 年第 2 期。
④ 趙平安:《隸變研究》,保定:河北大學出版社,2009,24 頁。
⑤ 范國强:《論史游章草〈急就章〉之真實性》,《東方藝術》2007 年第 12 期。
⑥ 魏建功:《草書在文字學上之新認識》,《輔仁學志》1946 年第 14 卷 1、2 合期。
⑦ 唐蘭:《中國文字學》,137 頁。
⑧ 孫星衍:《急就章考异序并注》,《急就篇》,長沙:岳麓書社,1987,381 頁。
⑨ 陸錫興:《漢代草書概説》,《書法研究》1990 年第 3 期。
⑩ 陸錫興:《論漢代草書》,《漢代簡牘草字編》,上海書畫出版社,1989,2 頁。

分析,認爲秦簡中的草化字形,對漢代草書的形成與趨於成熟,具有導源意義和示源作用。[①] 這三篇文章基本上認爲草書源於篆書。尤其是陸錫興力主此説,他在《〈漢代簡牘草字編〉編後》説:"從漢代草字材料可以清楚地看到,隸變不是篆書直接演變爲隸書或楷書,而是經過篆字草化,由草字而轉變爲隸書或楷書。"[②]我們認爲,所謂"篆字草化",其產生的文字不一定衹是"草字",隸書也可以是篆書草化的結果,其文字演變過程也不一定用"草化"來概括,用"俗化"這個概念可能更符合文字演變狀況。草化在文字演變中起到的是催化作用,但草書不一定作爲一個漢字形體演變的必然過渡階段。其主要的演變還是應該從篆書到隸書。當然從篆書到隸書的演變過程中,一部分漢字是以"篆字草化"形體進入隸書,但這不能代表文字主流演變過程。

裘錫圭認爲,在隸書形成及以後的演變過程中,都出現了一些草率的寫法。草書即是在這種新舊草率寫法的基礎上形成的。[③] 這種説法注意到了分别對待正體和非正體關係。同樣考慮方法,秦永龍《漢字書寫漫談》認爲:"在古隸發展的過程中便發生了兩種傾向:其工整的正體逐漸規範成熟爲以波磔右展、長掠左伸爲特徵的八分,其草率的俗體通過適當的簡化和變動逐漸改造成以點畫省變并大量運用使轉筆形爲標誌的草書……作爲正體隸書的輔助字體而行世,這是早期的草書。"[④]李洪智秉承并發展了秦永龍的觀點,認爲:"漢代草書的來源應該有兩個:古隸的俗體和漢代的隸書,其中,古隸的俗體是漢代草書主要的來源。"其觀點基本集中在其博士論文《漢代草書研究》中,後來散見於各處的文章大多來源於其博士論文。[⑤]

研究早期草書來源的文章還有很多,除了大陸外,如臺灣中國文化大學郭伯佾博士論文《漢代草書的産生》,是專門探討漢代草書産生相關問題的文章。[⑥] 該文旨在中國書法史中的草書體研究,對草書從萌芽到成熟,以及各種草化程度的草書類型、草書的來源都作了深入研究,其結論大多不出上述諸家。總之,在漢代草書研究上,使用的材料大多以漢簡材料爲主,傳世書迹和書論成了輔助材料。研究的結論主要是源於秦篆、源於古隸兩種説法。至於其他一些偏激説法,衹能代表個人觀點而已,不被多數人所接受。

---

① 楊宗兵:《秦文字"草化"論析》,《中國歷史文物》2006 年第 2 期。

② 陸錫興:《〈漢代簡牘草字編〉編後》,《辭書研究》1990 年第 5 期。

③ 裘錫圭:《文字學概要》,北京:商務印書館,1988,85 頁。

④ 秦永龍:《漢字書寫漫談》,《語文建設》1997 年第 6 期。

⑤ 李洪智:《漢代草書研究》,北京師範大學博士學位論文,2004 年 5 月。并見李洪智《試論漢代草書的來源》,《新世紀高等書法教育學術研討會論文集》,北京:中國文聯出版社,2006,248-255 頁;李洪智《關於今草字形來源問題的辨析》,《書法賞評》2002 年第 5 期;李洪智、高淑燕《也談今草的産生》,《文化藝術研究》2009 年第 3 期。《也談今草的産生》討論《永元兵物簿》的書體性質,認爲仍是隸草或略帶今草特徵的隸草,利用漢簡草書材料討論今草的産生等問題。

⑥ 郭伯佾:《漢代草書的産生》,臺灣中國文化大學博士學位論文,1997。

四　漢簡草書與草書演變研究

對草書體的演變研究,在二十世紀以前是相對薄弱的,能見到的相關文章比較少。比較有代表性的是郭紹虞《草體在字體演變上的關係》。[①] 這篇文章雖然關注到了草書的形體演變問題,但是文章的主旨是强調草體在漢字演變中的重要作用。而且文章中所説的草體是相對於正體而言的,并不完全等同於草書。該文注意到了漢字演變過程中,正式場合與非正式場合的文字區别,及在發展過程中的相互關係。唐蘭在《古文字學導論》中論述文字演變的規律時説:"民衆所用的通俗文字,却并不是整齊的、合法的、典型的,他們不需要這些,而衹要率易簡便。這種風氣一盛,貴族們也沾上了。"[②]唐蘭的這句話實質上也是在説文字書寫的正式與非正式關係問題。陳夢家《漢簡綴述》説:"武威簡本也有不少簡率之筆,通俗流行之體,并非都是正字或合乎許慎所謂'字例之條'的。"[③]這句話實質也是在説正俗兩個層面的互相影響。這種以多角度區分對待漢字發展的方法,在後來的文字研究中得到擴展體現。例如侯開嘉《隸草派生章草今草説》,[④]把漢代簡牘中實用而潦草的字通通劃歸爲"隸草",定其屬性爲民間自發性草書,章草和今草屬於書家自覺性草書,應把隸草和章草截然分開。侯開嘉認爲章草的名稱與史游《急就章》有密切關係。章草與今草之間并不能用新體草書與舊體草書來區分。李洪智《略論字體的典型——從隸草、章草之間的關係説起》,將書體的發展分成社會書寫和權威規範兩個層面來分析,認爲書體的形成是社會書寫與權威書家共同作用的結果,并强調漢字發展中書法家的引導作用。[⑤] 這兩位學者也是從多角度考慮草書演變。

進入二十一世紀後,草書演變研究成爲一時熱潮,出現大量研究草書演變的文章。僅2003年到2008年5年間,僅碩博論文就不下5篇,其中博士論文就有3篇。博士論文如2003年首都師範大學李永忠博士論文《草書流變研究》,該文對草書的形成、發展、變化等作了比較詳盡的考述,其中漢代草書主要依據漢簡草書字形,利用漢簡草書字形分析早期草書的變化規律。2008年吉林大學張恒奎博士論文《草書體的形成與演變》,文章主要研究草書的形成和發展變化。全文以自製的字形表作爲研究依據,其中對漢簡草字的筆法、結構、草

① 郭紹虞:《草體在字體演變上的關係》(上、下),《學術月刊》1961年第11、12期。

② 唐蘭:《古文字學導論》(增訂本),濟南:齊魯書社,1981,125頁。

③ 陳夢家:《漢簡綴述》,311頁。

④ 侯開嘉:《隸草派生章草今草説》,《四川大學學報》(哲學社會科學版)2002年第5期。

⑤ 李洪智:《略論字體的典型——從隸草、章草之間的關係説起》,《中國書法》2006年第4期,82-83頁。并見李洪智《從章草看權威人士對隸草字形的優化選擇和改造》,《書法漢學研究》(日本)2008年第2期。

化規律等方面作了深入分析。特别是文章後附《草書字形演變簡表》,每個字頭下横向按照時間排列,縱向按照字形的演變關係排列,對認識文字和書體的演變關係有非常大的幫助。同年,厦門大學劉家軍博士論文《晋以前漢字草書體勢嬗變研究》,也以草書演變研究爲題。該文試圖綜合文字學、書法學、文獻學等領域的方法來探索晋代以前的書論、草書變化和美學表現。但遺憾的是文中并没有看到多少傳統文字學研究方法,而是重複了書法學研究套路,與以往的草書研究相比,雖然稍多了些文字構形的分析,但更多筆墨用在了草書相關的書論梳理和書法美學的闡釋上。此外,碩士論文如尋鵬《論章草書的形體演變及其在漢字史上的作用》、趙彦國《章草書法歷史流變研究》,[①]這些文章雖各有貢獻,但創新不多。

五　草書結構和特徵研究

草書的結構和特徵屬於草書發展中每個階段的構形研究,其實也可算是草書演變研究的一部分。目前漢簡草書構形研究主要有兩種方式。第一種是製作漢簡草書字形表,將字形按照形體特點或變化方式,分出若干類型,最後總結構形特徵或變化規律。這種研究方法的運用,首推沙孟海(前文有述)。還有張恒奎《草書體的形成與演變》、尋鵬《章草書形體演變研究》、金美蘭《從西漢馬圈灣簡牘看早期草書的發展》、李洪智《漢代草書研究》。[②] 另一種方法雖然也用漢簡字形來説明問題,但更加注重結合各種相關的書寫因素。比如黄修珠《論古代簡牘書寫方式與今草的形成》,就是以書寫形式、執筆方法、書寫工具等方面爲出發點,來探討今草的形成。[③] 再如承春先《漢字草書における"連綿"現象再考》,文章主要是結合傳世書論與出土材料,考察書寫中的連綿現象。[④] 文章先是梳理了中國和日本傳世文獻及主要工具書中,關於"連綿"的定義,然後概括總結出書法中"連綿"的意義。接着按照時間順序,列舉傳世和出土書迹中的連綿現象表現。其文章所謂的"連綿"就是通常所説的牽絲連寫,其討論所用的材料,出土文獻少,傳世文獻多,出土材料最早爲長沙東牌樓漢簡,而且言及較少。由於其所用材料的限制,决定了文章論證不充分的缺陷。

此外,還有一些試圖從文字學角度研究草書結構特點的文章,例如吴照義、王琪《居延漢簡草書内部結構及外部特點——兼論草書對隸變的影響》和《漢代草書與簡化字》,前者從居

---

① 尋鵬:《論章草書的形體演變及其在漢字史上的作用》,山東大學碩士學位論文,2005 年 11 月。趙彦國:《章草書法歷史流變研究》,南京藝術學院碩士學位論文,2006 年 5 月。

② 金美蘭:《從西漢馬圈灣簡牘看早期草書的發展》,中央美術學院碩士學位論文,2010 年 5 月。李洪智觀點并見於一些散見的相關文章《試論隸草的符號及系統性》,《第七届中國書法史論國際研討會論文集》,北京:文物出版社,2009;《略論漢代草書的古文字特徵》,《書法叢刊》2007 年第 6 期;《試談草書符號》,《書法之友》2002 年第 12 期。

③ 黄修珠:《論古代簡牘書寫方式與今草的形成》,河南大學碩士學位論文,2006 年 5 月。

④ 承春先:《漢字草書における"連綿"現象再考》,《學苑・文化創造學科紀要》第 829 號,2009,80-92 頁。

延漢簡草書的結構特點,來説明草書對隸變的影響,後者將漢簡草書與現代的簡化字作了對比研究,認爲草書打破漢字的固有結構,使漢字朝着簡、省方向發展。認爲所謂隸變,從某種角度上説是草變,它首先改變小篆筆劃,再通過簡、省、連三種方法改變小篆結構。[①] 這兩篇文章的視角和思路雖獨特,但其論證并不充分,存在一些問題。而且,兩文雖然從文字學角度研究,但結論在一些書法研究的相關論文中都曾提及過。

六　漢簡草書與章草

1914 年出版的《流沙墜簡》中,王國維就已經提到了漢簡草書和傳世章草的關係問題。他在《流沙墜簡·簡牘遺文六十七》中有如下一段話:

> 諸簡牘中唯此及下第七十五書與屯戍叢殘簿書類三十二至三十五四簡爲草書,與秘閣所載晋以來尺牘書體相同。此外皆章草。否則亦存章草及隸書遺意。其章草書具年月者,則如屯戍叢殘廩給類第十一簡,有建武三十一年字,第十二簡有永平十一年字,然則前人謂章草始於章帝者,殆不然矣,又神爵四年簡(屯戍叢殘烽燧類第二十二)與二爨碑頗相近,爲今楷之濫觴,至永和二年簡(屯戍叢殘烽燧類第二十三)則楷七而隸三矣。魏景元四年簡(屯戍叢殘雜事類第五十六)則全爲楷書。此卷魏晋以後諸書楷法亦大備。昔人疑鍾太傅諸帖爲傳橅失真,或贋作者,以此卷證之確知其不然也。此有關於書體之沿革故附著之。[②]

這一段話雖不長,但通過漢簡字迹説明了章草、今楷與傳世章草、楷書的關係,可以説是利用出土材料與傳世材料相結合來研究文字演變的開創,後來的很多文章大多繼承此法。而且文中所提到的幾支年號簡,也成爲後來探討草書産生時間問題中常使用的材料。

1941 年孔令穀在《説文月刊》發表《漢章草木簡見於宋》,主張章草名是由於"《急就章》書此體,故有此名"。[③] 文中揭示了宋代趙彦衛("衛"原文誤作"衡")《雲麓漫抄》中所述的一枚"永初二年"草書漢簡。後來陸錫興在《宋代永初漢簡的整理和研究》中作了詳細的考述。[④]

關於章草的定義,啓功《古代字體論稿》説:"漢代草書簡牘中的字樣,多半是漢隸的架勢,而簡易地、快速地寫去。所以無論一字中間如何簡單,而收筆常帶出燕尾的波脚、且兩字

① 吴照義、王琪:《居延漢簡草書内部結構及外部特點——兼論草書對隸變的影響》,《時代文學》2007 年第 5 期。吴照義、王琪:《漢代草書與簡化字》,《南昌高專學報》2005 年第 6 期。

② 王國維:《流沙墜簡·簡牘遺文六十七》,北京:中華書局,1993,240 頁。

③ 孔令穀:《漢章草木簡見於宋》,《説文月刊》1941 第 10 期年第 2 卷,448 頁。

④ 陸錫興:《宋代永初漢簡的整理和研究》,《南昌大學學報》(人文社會科學版)2003 年第 4 期。

之間絶不相連……稱爲章草。"[①]這段話大致概括出章草的基本特徵,後世對章草的界定也大多以這些基本特徵作爲依據。當然也有學者有不同意見,如陸錫興《漢代草書概説》中,按照裘錫圭《文字學概要》中的草書結體特點來分析了漢簡草書的特點,指出傳統所謂章草"字字獨立、帶有波磔"特點的問題所在,并作了反證論述,認爲漢簡草書并非全是字字獨立,其中也有兩字相連的,而且也并非全都有燕尾波脚。[②] 在這個問題上,我們贊同陸錫興的見解,我們在梳理材料時確實發現了不少"字字相連、不帶波磔"的草字。

關於章草的源流問題,在章草名稱和成熟時間上争論較多。如劉洪《章草起源探述——兼論尹灣漢墓新出土簡牘的章草文字》,認爲章草形成於西漢後期,大致在西漢後期元帝、成帝之間,"隸草"應是章草的别稱,認爲尹灣簡的草書就是"隸草"。[③] 蔡顯良《談尹灣漢墓簡牘中的章草書法》,認爲章草最遲在西漢末已經趨於定型成熟,《神烏賦》是完全成熟定型的章草書體。[④] 武可榮《尹灣漢簡〈神烏傅〉草書墨迹的藝術特色》討論了尹灣漢簡的字體與隸書和草書的關係,認爲《神烏賦》已經有了成熟草書的特點,但整體上還是隸書、草書相間的書寫風格。[⑤] 李永忠《漢代草書與章草的關係》認爲章草是已有草書進行加工的産物,認爲漢代草書與章草的關係是整體與部分的關係,從新莽到光武是章草初步形成的時期,明帝、章帝之際章草已經完全成熟。[⑥] 何本安《章草瑣議》,認爲今草之前的古代草書稱謂比較隨便,"草書""隸草""草隸"都在使用,以别於正體,章草還是極少見,稱"草隸"多見。[⑦] 文章認爲凡是隸書通行時期的草寫,都可以稱作"隸草",銀雀山出土武帝時《守令》等簡,草勢明顯,但草法不完備。趙彦國《章草名實考略》利用漢簡草書與傳世今草筆法、筆勢、字形的對比,來説明章草其得名源於今草産生之後,世人爲了區别章草和今草這兩種不同形態體系的草書,而作出的稱謂上的區别。[⑧] 華人德認爲章草名稱漢代未見,可能是在南北朝初期才出現的,章草之名爲《急就章》草書之略稱。[⑨]

另外還有很多關於章草的綜合專題論著,如尋鵬《論章草書的形體演變及其在漢字史上的作用》、趙彦國《章草書法歷史流變研究》、謝晨《章草形體研究》、林榮森《章草書法研究》、

---

① 啓功:《古代字體論稿》,《啓功全集》第二卷,2009,65 頁。

② 陸錫興:《漢代草書概説》,《書法研究》1990 年第 3 期。

③ 劉洪:《章草起源探述——兼論尹灣漢墓新出土簡牘的章草文字》,《尹灣漢墓簡牘綜論》,北京:科學出版社,1999,190 頁。

④ 蔡顯良:《談尹灣漢墓簡牘中的章草書法》,《尹灣漢墓簡牘綜論》,192 頁。

⑤ 武可榮:《尹灣漢簡〈神烏傅〉草書墨迹的藝術特色》,《尹灣漢墓簡牘綜論》,187 頁。

⑥ 李永忠:《漢代草書與章草的關係》,《首都師範大學學報》(社會科學版)2007 年第 1 期。

⑦ 何本安:《章草瑣議》,《貴州文史叢刊》1999 年第 1 期。

⑧ 趙彦國:《章草名實考略》,《藝術百家》2007 年第 8 期。

⑨ 華人德:《華人德書學文集》,北京:榮寶齋出版社,2008,132-135 頁。又,華人德《章草辨》,《書法研究》1998 年第 5 期。

邱奕銘《尹灣西漢簡牘章草書法的研究》、莊春真琴《漢簡帛書章草考》、卓定謀《章草考》等。[①] 尤其是卓定謀《章草考》,這本書在1930年就已經出版發行,該書對章草的名稱、字體、源流、省變方法、歷代盛衰、書家小傳、參考材料、歷代收藏等方面,考索詳盡,爲多數學者稱道。其後世的很多文章論著,有些觀點雖與其略有差异,但所用材料大多可見於此書。

章草研究中《急就章》是不可繞開的話題。漢簡中有大量的《急就章》殘簡,必然引起關注。羅振玉《流沙墜簡·考釋》、王國維《校松江本急就篇》很早就注意到了漢簡中的《急就章》和傳世《急就章》的差异。[②] 比如羅振玉《流沙墜簡·考釋》將漢簡中的《急就章》與皇象章草《急就章》的文字加以對比考證,如漢簡"勉力務之必有熹"之"熹",顔師古注本作"喜";漢簡"趙孺卿"之"孺",顔師古注本作"儒",認爲"古人寫書多隨意用世俗通行之字,雖字書且然。不似後人點劃之嚴矣。"[③]

關於《急就章》作者、編撰問題也是討論焦點。在《急就章》是"篇"還是"章"的問題上,啓功認爲全篇者稱篇,裁割者稱章,"後世不知其别,誤以章代稱篇耳"。[④] 并認爲"史游是編訂《急就》文詞的人,不是用草字寫《急就》的人。"[⑤]裘錫圭《文字學概要》認爲:"《急就章》是史游所編字書《急就篇》的俗名。"并認爲:"章草書决不會是史游作《急就篇》時所創的字體。"[⑥]郭紹愚《從書法中窺測字體的演變》説:"我想《急就篇》雖是編纂一些日常用字,但不妨爲了要使日常用字有正規的寫法,於是采取了當時流行的草體而使之標準化,因爲這種草體正是當時日常應用的寫法。"[⑦]郭紹愚文與啓功和裘錫圭的論證相比,雖然所説問題點不同,但前面兩人的文章結論更客觀,而郭文主觀推斷成份略多。叢文俊《章草及其相關問題考略》認爲,《急就章》草書不能完全代表嚴格意義上的草書演進狀態,而是寫入字書後的特殊樣式,是當時藉助字書承習傳播的標準草書;認爲《永元兵器簿》及敦煌漢簡、樓蘭木簡等草書才代表了草書的正常實用發展綫索。[⑧] 范國强《論史游章草〈急就章〉之真實性》,將漢簡草書分出五個發展時期,利用漢代簡牘等材料來説明史游作《急就章》是真實的,認爲松江

① 尋鵬:《論章草書的形體演變及其在漢字史上的作用》,山東大學碩士學位論文,2005年11月;趙彦國:《章草書法歷史流變研究》,南京藝術學院碩士學位論文,2006年5月;謝晨:《章草形體研究》,南昌大學碩士學位論文,2010年12月;林榮森:《章草書法研究》,逢甲大學中國文學所博士學位論文,1998;邱奕銘:《尹灣西漢簡牘章草書法的研究》,臺灣藝術大學碩士學位論文,2005;[日]莊春真琴:《漢簡帛書章草考》,《卒業研究梗概集》,大東文化大學書道學專攻院,2004,54-55頁;卓定謀:《章草考》,天津古籍書店,1990。

② 王國維:《校松江本〈急就篇〉序》,《觀堂集林》卷第五《藝林五》,北京:中華書局,2004。

③ 羅振玉、王國維:《流沙墜簡》,80頁。

④ 啓功:《〈急就篇〉傳本考》,《啓功書法論叢》,北京:文物出版社,2003,5頁。

⑤ 啓功:《古代字體論稿》,67頁。

⑥ 裘錫圭:《文字學概要》,86頁。

⑦ 郭紹愚:《從書法中窺測字體的演變》,《現代書法論文選》,上海書畫出版社,1980。

⑧ 叢文俊:《章草及其相關問題考略》,《中國書法》2008年第10期。

本《急就章》中的一些字法、筆法與西漢章草簡牘相合,與東漢以後章草筆法不同,其原因是《急就章》爲古隸草書,東漢已經變爲今隸。[①] 文章論證史游作章草《急就章》真實性問題,單純用字法、筆法來證明,證據稍顯不足,且忽略了漢字發展的複雜不均衡特點。從結構上説,漢字中有些字發展速度是比較慢的,例如有些古字在後代的碑刻中仍在沿用,就是不均衡的表現。筆法的相似也不能完全説明史游章草《急就章》是真實的。假設東漢人或晋代人模擬西漢章草筆法作《急就章》,也不是没有可能的。至於文中漢簡的五個分期,所舉材料過少,并不能説明一個時期的草書特點。

七　其他

還要再重申的是,上面的分類衹是粗略的劃分,很多文章内容屬於綜合性的,涉及多方面内容。我們衹是儘量詳盡的提煉出重點,減少冗繁重複内容。還有很多文章無法歸類説明。例如張嘯東《簡牘文書習語與早期漢代草書》,討論了漢簡草書簡中的紀年簡,認爲大量的文書簡的實用書寫導致大量草書出現。[②] 李洪智、高淑燕《"藁書"辨》,討論文獻中"藁書",通過考察漢簡的書寫情况,發現已出土的漢代簡牘中純粹的草書簡牘并不多見,相反那種摻雜着草書以及相對規矩的隸書、隸行的簡牘却比比皆是,認爲這些就是所謂的"藁書";認爲所謂"藁書"是一種同時雜有行書(隸行)和草書(隸草)字形,或者形體介乎二者之間的字體。[③] 徐華《論草書源起時期的地域性特徵》注意到了漢簡草書的地域特徵。[④] 還有一些概述文章如劉濤《長沙東牌樓東漢簡牘所見書體及書法史料價值》,按書體闡述東牌樓漢簡的書法史料價值,認爲東牌樓漢簡草書證明了"今草"的雛形在東漢後期已經出現。[⑤] 黎泉《漢簡書體淺析》和《西北漢簡淺説》,概述了漢簡草書的字體、書體情况。[⑥] 李逸峰《敦煌漢簡草書略論》,通過對敦煌漢簡中草書簡書寫形態、用筆情况與結字布局等情况的考察,認爲當時草書的符號已達到較高的統一性與規範性,具有較高的藝術性,認爲漢代草書的流行是漢字隸變和草化的共同結果。[⑦] 再有一些綜合性的論著,如鄭惠美《漢簡文字的書法研究》、文功

---

① 范國强:《論史游章草〈急就章〉之真實性》,《東方藝術》2007 年第 12 期。

② 張嘯東:《簡牘文書習語與早期漢代草書》,《東方藝術》2007 年第 8 期。

③ 李洪智、高淑燕:《"藁書"辨》,《書畫世界》2009 年第 1 期。

④ 徐華:《論草書源起時期的地域性特徵》,《中華藝術論叢》第 7 輯,上海:同濟大學出版社,2007。

⑤ 劉濤:《長沙東牌樓東漢簡牘所見書體及書法史料價值》,《文物》2005 年第 12 期。

⑥ 黎泉:《漢簡書體淺析》,《漢簡研究文集》,蘭州:甘肅人民出版社,1984,399 頁;黎泉《西北漢簡淺説》,《書法》1979 年第 5 期。

⑦ 李逸峰:《敦煌漢簡草書略論》,《簡牘學研究》第 5 輯,蘭州:甘肅人民出版社,2014。

烈《漢簡書法研究》、王有鵬《論兩漢草書繁榮的成因》等等,[①]都討論了不少漢簡草書的相關問題,闡明個人觀點。

另外在一些簡牘綜合研究和書法史研究專著中,還有不少關於漢簡草書的論述。尤其是書法史中關於兩漢的書法史,基本都會利用到漢簡草書,但多數觀點大致如上不一一詳述。值得關注的是簡牘專家著作中的漢簡草書研究。如日本學者大庭脩《漢簡研究》中第五章,對漢簡與書法史的關係,提出了一些非常獨到的看法,認爲字體與筆法應該分别看待來思考問題。當以漢簡作爲書法史資料時,不應簡單的以紀年簡來分析書體的發展時間。如有太初三年紀年的居延漢簡 303・39、513・23,這種簡是後來倒敘太初三年的事情,而不是太初三年的事。還提出了木簡和書寫者,與王羲之以後的書法史的聯繫等問題。[②] 書中還批評了利用漢簡研究書法存在的問題,説:"若是名家自然不必去問内容,然而問題在於完全不懂寫的是什麽就去習字。極難釋讀、見解有分歧的文字姑且不論,對那些根本没有讀懂原意却在大談藝術價值的書法評論,實在無話可説。"[③]認爲利用漢簡的書法研究,需要重視結合漢簡的文字内容。這點確實十分值得書法研究者深思。

① 鄭惠美:《漢簡文字的書法研究》,《故宫叢刊》,臺北故宫博物院故宫叢刊編輯委員會編甲種之 33,1984 年 12 月。文功烈:《漢簡書法研究》,首都師範大學碩士學位論文,2001 年 5 月。王有鵬:《論兩漢草書繁榮的成因》,廣西師範大學碩士學位論文,2011 年 4 月。

② [日]大庭脩著,徐世虹譯:《漢簡研究》,桂林:廣西師範大學出版社,2001。

③ [日]大庭脩著,徐世虹譯:《漢簡研究》,259 頁。

臺灣簡帛研究論著目録(2000-2006年)

臺灣彰化師範大學歷史學研究所　陳文豪

編輯體例

一、本目録收集2000-2006年間在臺灣(含部分香港、澳門)出版之簡帛研究相關專書及論文目録,作者不以國籍爲限。

二、爲使綱舉目張,呈現學術研究歷程,采分年方式編排。

三、目録分專書及論文兩類,論文所收包括期刊、文集隨筆(專書論文)。

四、專書不分類,論文依通論、楚簡、秦簡、漢簡、走馬樓吴簡、帛書、其他等項略作分類,同時采互見分類。

五、專書依作者、書名、出版地點、出版者、頁數、出版時間爲序,同一出版時間者,以姓氏筆畫次序排列。

六、論文依作者、篇名、期刊名(專書名)、卷期(出版者)、頁次、出版時間爲序,按出版時間先後排列,同一出版時間者,以姓氏筆畫次序排列;無法查明出版時間者,列於本年度之末。期刊卷期有總期數者,在期數後以"="連接之。

2000 年

一、專書

作(編)者	書名	出版地點	出版者	頁數	出版時間
趙建偉	出土簡帛《周易》疏證	臺北	萬卷樓圖書有限公司	317	2000.01
胡平生	胡平生簡牘文物論集	臺北	蘭臺出版社	394	2000.03
高敏	睡虎地秦簡初探	臺北	萬卷樓圖書有限公司	315	2000.04
龐樸	竹帛《五行》篇校注及研究	臺北	萬卷樓圖書有限公司	190	2000.06
魏啓鵬	簡帛《五行》箋釋	臺北	萬卷樓圖書有限公司	222	2000.07
張壽仁	醫簡論集	臺北	蘭臺出版社	221	2000.08
王輝	秦出土文獻編年	臺北	新文豐出版公司	338	2000.09
駢宇騫	銀雀山竹簡《晏子春秋》校釋	臺北	萬卷樓圖書有限公司	284	2000.10
丁原植	郭店楚簡儒家佚籍四種釋析	臺北	臺灣古籍出版有限公司	431	2000.12
劉信芳	簡帛五行解詁	臺北	藝文印書館股份有限公司	404	2000.12

二、期(報)刊論文

1.通論

作者	篇名	期(報刊)名	卷期(出版者)	頁次	出版時間
張子開	豐富古漢語詞庫的一部力作——評張顯成博士《簡帛藥名研究》	書目季刊	33:4	91-94	2000.03
陳文豪	"第一届簡帛學術討論會"側記	漢學研究通訊	19:2=74	245-252	2000.05
顏世鉉	第一届出土文獻學術研討會	古今論衡	4	120-123	2000.06
黄忠天	漫談歷代出土文物對易學研究的影響	中華道教學院臺南分院學報	1	157-177	2000.09
陳靜	隋唐"策書"用簡考——兼論桓玄"禁簡令"之無效	中國文化月刊	248	36-49	2000.11
顧史考	從禮教與刑罰之辯看先秦諸子的詮釋傳統	臺大文史哲學報	53	1-32	2000.11
陸錫興	七十年代以來的秦漢簡帛文字研究	新北大	2000.春季號	55-66	2000
林思成	有關中瑞西北科學考查團交涉過程及協定内容評議	新北大	2000.春季號	67-77	2000

2.楚簡

作者	篇名	期(報刊)名	卷期(出版者)	頁次	出版時間
李景林	從郭店簡看思孟學派的性與天道論——兼談郭店簡儒家類著作的學派歸屬問題	孔孟月刊	38:5=449	12–22	2000.01
劉榮賢	從郭店楚簡看老子思想及其書之起源	静宜人文學報	12	51–65	2000.03
魯瑞菁	"郭店楚簡·太一生水"的思想特色	鵝湖	25:9=297	13–17	2000.03
劉榮賢	從郭店楚簡論《老子》書中段落與章節之問題	中山人文學報	10	1–26	2000.04
池田知久 黄秀敏譯	郭店楚簡《窮達以時》之研究(上)	古今論衡	4	58–86	2000.06
梁濤	郭店楚簡與《中庸》公案	臺大歷史學報	25	25–51	2000.06
廖名春	從郭店楚簡論先秦儒家與《周易》的關係	漢學研究	18:1=35	55–72	2000.06
顔世鉉	郭店楚簡散論	大陸雜誌	101:2	26–37	2000.08
許子濱	《左傳》"棺有翰檜"解——兼説《後漢書》及長沙仰天湖竹簡之"檜"	嶺南學報(復刊號)	2	17–26	2000.10
黄靈庚	屈賦楚簡釋證(上)	大陸雜誌	101:4	46–47	2000.10
黄靈庚	屈賦楚簡釋證(下)	大陸雜誌	101:5	36–43	2000.11
顧史考	從禮教與刑罰之辯看先秦諸子的詮釋傳統	臺大文史哲學報	53	1–32	2000.11
池田知久 黄秀敏譯	郭店楚簡《窮達以時》之研究(下)	古今論衡	5	63–103	2000.12
葉國良	郭店儒家著作的學術譜系問題	臺大中文學報	13	1–3+5–25	2000.12
劉信芳	郭店簡文字例解三則	中研院歷史語言研究所集刊	71:4	933–944+955	2000.12

3.秦簡

作者	篇名	期(報刊)名	卷期(出版者)	頁次	出版時間
傅榮珂	秦律肉刑制度考述	嘉義大學學報	70	111–127	2000.06
陳文豪	田静《秦史研究論著目録》評介	東海大學文學院學報	41	315–322	2000.07
黄文傑	秦漢文字考釋(七則)	中山人文學術論叢	3	279–290	2000.10

4.漢簡

作者	篇名	期(報刊)名	卷期(出版者)	頁次	出版時間
游國慶	馬王堆簡牘帛書之書法藝術	故宫文物月刊	17:11=203	102-129	2000.02
郭偉民	虎溪山漢墓驚世新發現	典藏古美術	91	80-81	2000.04
邢義田	漢長安未央宫前殿遺址出土木簡的性質	大陸雜誌	100:6	1-4	2000.06
邢義田	"中央研究院"歷史語言研究所藏居延漢簡整理近況簡報	古今論衡	4	87-114	2000.06
許學仁	尹灣漢簡研究文獻要目(1996-1999)	經學研究論叢	8	351-357	2000.09
洪萬生	"算數書"初探	師大學報(科學教育類)	45:2	77-90	2000.10
黄文傑	秦漢文字考釋(七則)	中山人文學術論叢	3	279-290	2000.10
洪萬生	《算數書》VS.《九章算術》	科學史通訊	21	1-6	2000.11
蘇意雯 蘇俊鴻 蘇玉惠 陳鳳珠 林倉億 黄清陽 葉吉海	《算數書》校勘	HPM 通訊	3:11	2-20	2000.11
洪萬生	"算數書"的幾則論證	臺灣歷史學會會訊	11	44-52	2000.12
羅仕杰	《丁宫等入關檄留遲推辟牒》問題研究	新北大	2000.春季號	43-54	2000

5.帛書

作者	篇名	期(報刊)名	卷期(出版者)	頁次	出版時間
游國慶	馬王堆簡牘帛書之書法藝術	故宫文物月刊	17:11=203	102-129	2000.02
蕭世瓊	馬王堆帛書之書法藝術	中一中學刊	7	頁左 1-60	2000.04
何澤恆	孔子與易傳相關問題覆議	臺大中文學報	12	1-3+5-55	2000.05

续表

作者	篇名	期(報刊)名	卷期(出版者)	頁次	出版時間
宋光宇 陳國鎮 蘇莉華	從道原經看先秦道家思想對信息的了解	佛學與科學	1:1	37-45	2000.07
黄忠天	漫談歷代出土文物對易學研究的影響	中華道教學院臺南分院學報	1	157-177	2000.09
陳進益	再論易傳的作者及其流傳經過	清雲學報	20:1	251-265	2000.12

6.其他

作者	篇名	期(報刊)名	卷期(出版者)	頁次	出版時間
劉家和 邵東方	理雅各(JamesLegge)譯《書經》及《竹書紀年》析論	中研院歷史語言研究所集刊	71:3	681-744	2000.09

三、文集隨筆

1.通論

作者	篇名	書名	出版者	頁次	出版時間
張壽仁	方藥劑量	醫簡論集	蘭臺出版社	198-200	2000.08
張壽仁	醫簡用藥不忌反畏	醫簡論集	蘭臺出版社	201-203	2000.08
張壽仁	傷寒方	醫簡論集	蘭臺出版社	204-207	2000.08
張壽仁	餓,不死的傷寒	醫簡論集	蘭臺出版社	208	2000.08
張壽仁	古書有“欬”而無“嗽”	醫簡論集	蘭臺出版社	209	2000.08
張壽仁	子之病革矣	醫簡論集	蘭臺出版社	210-211	2000.08
張壽仁	乳醫淳于衍	醫簡論集	蘭臺出版社	212-214	2000.08
張壽仁	張壽仁著作目録	醫簡論集	蘭臺出版社	217-221	2000.08
邢文	中國簡帛學與二十一世紀	兩岸青年學者論壇——中國傳統文化的現代價值	法鼓人文社會學院	11-16	2000.12

2.楚簡

作者	篇名	書名	出版者	頁次	出版時間
龐樸	竹帛《五行》篇比較	竹帛《五行》篇校注及研究	萬卷樓圖書公司	91–96	2000.06
龐樸	竹帛《五行》篇與思孟"五行"説	竹帛《五行》篇校注及研究	萬卷樓圖書公司	97–104	2000.06
龐樸	三重道德論	竹帛《五行》篇校注及研究	萬卷樓圖書公司	105–119	2000.06
龐樸	思孟五行新考	竹帛《五行》篇校注及研究	萬卷樓圖書公司	133–143	2000.06
龐樸	郢書燕説——郭店楚簡及中山三器心旁文字試説	竹帛《五行》篇校注及研究	萬卷樓圖書公司	145–153	2000.06
席盤林	論魯穆公變法中的子思——郭店楚簡《魯穆公問子思》及相關問題研究	帛書《五行》箋釋	萬卷樓圖書公司	179–222	2000.07
劉信芳	《五行》述略	簡帛五行解詁	藝文印書館股份有限公司	174–186	2000.12
劉信芳	簡帛《五行》仁義禮知聖研究	簡帛五行解詁	藝文印書館股份有限公司	283–308	2000.12
劉信芳	"金生玉振"及其相關問題	簡帛五行解詁	藝文印書館股份有限公司	309–314	2000.12
劉信芳	簡帛《五行》慎獨及相關總量	簡帛五行解詁	藝文印書館股份有限公司	315–326	2000.12
劉信芳	簡帛《五行》認識論術語試解四則	簡帛五行解詁	藝文印書館股份有限公司	327–338	2000.12
劉信芳	論"成"與"成之"——一個先秦哲學中的認識論問題	簡帛五行解詁	藝文印書館股份有限公司	339–352	2000.12
劉信芳	釋《五行》與《繫辭》之型	簡帛五行解詁	藝文印書館股份有限公司	353–363	2000.12
劉信芳	郭店簡《六德》解詁一則	簡帛五行解詁	藝文印書館股份有限公司	364–374	2000.12
劉信芳	郭店簡"度"與古代且字制度	簡帛五行解詁	藝文印書館股份有限公司	375–392	2000.12

续表

作者	篇名	書名	出版者	頁次	出版時間
劉信芳	釋“詳”	簡帛五行解詁	藝文印書館股份有限公司	393–395	2000.12

3.秦簡

作者	篇名	書名	出版者	頁次	出版時間
林富士	“匿名檢舉”有罪——從睡虎地秦簡談起	小歷史——歷史的邊陲	三民書局	203–207	2000.01
胡平生	雲夢龍崗秦簡《禁苑律》中的“奥”(堧)字及相關制度	胡平生簡牘文物論集	蘭臺出版社	1–5	2000.03
胡平生	雲夢龍崗秦簡考釋校證	胡平生簡牘文物論集	蘭臺出版社	6–32	2000.03
胡平生	青川秦墓木牘“爲田律”所反映的田畝制度	胡平生簡牘文物論集	蘭臺出版社	259–267	2000.03
胡平生	解讀青川秦墓木牘的一把鑰匙	胡平生簡牘文物論集	蘭臺出版社	268–270	2000.03
高敏	自序	睡虎地秦簡初探	萬卷樓圖書公司	1–2	2000.04
高敏	前言	睡虎地秦簡初探	萬卷樓圖書公司	1–9	2000.04
高敏	《編年記》的性質與作者質疑	睡虎地秦簡初探	萬卷樓圖書公司	1–5	2000.04
高敏	關於秦時服役者年齡問題的探討——讀《睡虎地秦簡》札記	睡虎地秦簡初探	萬卷樓圖書公司	7–14	2000.04
高敏	勞動人民是戍邊徭役的主要承擔者——讀《睡虎地秦簡》札記	睡虎地秦簡初探	萬卷樓圖書公司	15–21	2000.04
高敏	南郡守騰的經歷及其發布《語書》的意義——讀秦簡《語書》札記	睡虎地秦簡初探	萬卷樓圖書公司	23–26	2000.04
高敏	商鞅《秦律》與睡虎地出土《秦律》的區别	睡虎地秦簡初探	萬卷樓圖書公司	27–37	2000.04

续表

作者	篇名	書名	出版者	頁次	出版時間
高敏	從出土《秦律》看秦的奴隸制殘餘	睡虎地秦簡初探	萬卷樓圖書公司	39-54	2000.04
高敏	《秦律》是地主階級壓迫、剥削農民階級的工具	睡虎地秦簡初探	萬卷樓圖書公司	55-67	2000.04
高敏	關於《秦律》中的"隸臣妾"問題質疑——讀《睡虎地秦簡》札記兼與高恒商榷	睡虎地秦簡初探	萬卷樓圖書公司	69-83	2000.04
高敏	秦簡《編年記》與《史記》	睡虎地秦簡初探	萬卷樓圖書公司	85-103	2000.04
高敏	從《睡虎地秦簡》看秦的土地制度	睡虎地秦簡初探	萬卷樓圖書公司	105-122	2000.04
高敏	從《睡虎地秦簡》看秦的賜爵制度	睡虎地秦簡初探	萬卷樓圖書公司	123-133	2000.04
高敏	論《秦律》中的"嗇夫"一官	睡虎地秦簡初探	萬卷樓圖書公司	135-148	2000.04
高敏	從《睡虎地秦簡》看秦的若干制度	睡虎地秦簡初探	萬卷樓圖書公司	149-188	2000.04
高敏	秦簡《爲吏之道》中所反映的儒法融合傾向——兼論儒法諸家思想融合的歷史演變	睡虎地秦簡初探	萬卷樓圖書公司	189-200	2000.04
高敏	從《秦律》的刑罰類别看地主階級法律的實質	睡虎地秦簡初探	萬卷樓圖書公司	201-206	2000.04
高敏	"有秩"非"嗇夫"辨——讀《睡虎地秦簡》札記兼與鄭實商榷	睡虎地秦簡初探	萬卷樓圖書公司	207-214	2000.04
高敏	論秦、漢時期的"亭"——讀《睡虎地秦簡》札記	睡虎地秦簡初探	萬卷樓圖書公司	215-228	2000.04
高敏	秦的奴隸制殘餘與秦末農民起義——讀《睡虎地秦簡》札記	睡虎地秦簡初探	萬卷樓圖書公司	229-243	2000.04
高敏	見於《秦律》中的訴訟、審訊和量刑制度	睡虎地秦簡初探	萬卷樓圖書公司	245-264	2000.04

续表

作者	篇名	書名	出版者	頁次	出版時間
高敏	《睡虎地秦簡》中幾種稱謂的涵義試析	睡虎地秦簡初探	萬卷樓圖書公司	265–277	2000.04
高敏	秦代經濟立法原則及其意義	睡虎地秦簡初探	萬卷樓圖書公司	279–290	2000.04
高敏	評[日]堀毅著《秦漢法制史論考》	睡虎地秦簡初探	萬卷樓圖書公司	291–309	2000.04
高敏	爲學有如積薪後來者居上——讀吴福助著《睡虎地秦簡論考》	睡虎地秦簡初探	萬卷樓圖書公司	311–315	2000.04

4.漢簡

作者	篇名	書名	出版者	頁次	出版時間
胡平生	居延漢簡中的“功”與“勞”	胡平生簡牘文物論集	蘭臺出版社	33–44	2000.03
胡平生	漢簡《蒼頡篇》新資料的研究	胡平生簡牘文物論集	蘭臺出版社	45–69	2000.03
胡平生	敦煌馬圈灣木簡中關於西域史料的辨證	胡平生簡牘文物論集	蘭臺出版社	70–95	2000.03
胡平生	馬圈灣木簡與厠簡	胡平生簡牘文物論集	蘭臺出版社	96–98	2000.03
胡平生	木簡出入取予券書制度	胡平生簡牘文物論集	蘭臺出版社	99–120	2000.03
胡平生	樓蘭出土文書釋叢	胡平生簡牘文物論集	蘭臺出版社	121–137	2000.03
胡平生	樓蘭木簡殘紙文書雜考	胡平生簡牘文物論集	蘭臺出版社	138–152	2000.03
胡平生	漢末晋初樓蘭文書編年繫聯	胡平生簡牘文物論集	蘭臺出版社	153–195	2000.03
胡平生	都督府所下文書簽牌	胡平生簡牘文物論集	蘭臺出版社	196–198	2000.03
胡平生	一九八〇年樓蘭出土文書考釋	胡平生簡牘文物論集	蘭臺出版社	199–232	2000.03
胡平生	玉門、武威新獲簡牘文字校釋——讀《漢簡研究文集》札記	胡平生簡牘文物論集	蘭臺出版社	233–252	2000.03
胡平生	寫在木觚上的西漢遺詔	胡平生簡牘文物論集	蘭臺出版社	253–258	2000.03

续表

作者	篇名	書名	出版者	頁次	出版時間
胡平生	釋“佰師”	胡平生簡牘文物論集	蘭臺出版社	271-274	2000.03
胡平生	《王杖詔書令》册“衣僵”解	胡平生簡牘文物論集	蘭臺出版社	275-277	2000.03
胡平生	阜陽漢簡《蒼頡篇》的初步研究	胡平生簡牘文物論集	蘭臺出版社	278-293	2000.03
胡平生	阜陽漢簡《年表》整理札記	胡平生簡牘文物論集	蘭臺出版社	294-312	2000.03
胡平生	阜陽漢簡《萬物》略説	胡平生簡牘文物論集	蘭臺出版社	313-327	2000.03
胡平生	説絨絲	胡平生簡牘文物論集	蘭臺出版社	328-330	2000.03
張壽仁	居延漢簡中之醫簡試釋	醫簡論集	蘭臺出版社	53-73	2000.08
張壽仁	官醫	醫簡論集	蘭臺出版社	74-78	2000.08
張壽仁	疾心腹	醫簡論集	蘭臺出版社	79	2000.08
張壽仁	胸脇支滿四肢清	醫簡論集	蘭臺出版社	80	2000.08
張壽仁	敦煌漢簡中之醫簡試釋	醫簡論集	蘭臺出版社	81-94	2000.08
張壽仁	武威漢代醫簡探微——治劑之法	醫簡論集	蘭臺出版社	95-113	2000.08
張壽仁	服劑之法	醫簡論集	蘭臺出版社	114-131	2000.08
張壽仁	治痿手足雍種方	醫簡論集	蘭臺出版社	132-136	2000.08
張壽仁	金創方	醫簡論集	蘭臺出版社	137-146	2000.08
張壽仁	白水侯方試釋	醫簡論集	蘭臺出版社	147-167	2000.08
張壽仁	白水侯方之藥味	醫簡論集	蘭臺出版社	168-169	2000.08
張壽仁	七傷	醫簡論集	蘭臺出版社	170	2000.08
張壽仁	治久欬上氣喉中如百蟲鳴狀卅歲以上方試釋	醫簡論集	蘭臺出版社	171-174	2000.08
張壽仁	治婦人膏藥方試釋	醫簡論集	蘭臺出版社	175-178	2000.08
張壽仁	“婦”即“婦”	醫簡論集	蘭臺出版社	179	2000.08
張壽仁	治湯火涷方試釋	醫簡論集	蘭臺出版社	180	2000.08
張壽仁	七七號簡試釋	醫簡論集	蘭臺出版社	181	2000.08
張壽仁	“勿得傳”釋義	醫簡論集	蘭臺出版社	182-183	2000.08
張壽仁	簡牘醫方之讀法——以武威漢代醫簡爲例	醫簡論集	蘭臺出版社	184	2000.08

续表

作者	篇名	書名	出版者	頁次	出版時間
張壽仁	"行愈"與"行解"同義	醫簡論集	蘭臺出版社	185	2000.08
張壽仁	木牘九十二號乙面"不令嫁女"	醫簡論集	蘭臺出版社	186	2000.08
張壽仁	川弓	醫簡論集	蘭臺出版社	187	2000.08
張壽仁	西陲漢代醫簡方名考	醫簡論集	蘭臺出版社	188–197	2000.08
張壽仁	《張家山漢簡〈脈書〉校釋》評介	醫簡論集	蘭臺出版社	215–216	2000.08

5.帛書

作者	篇名	書名	出版者	頁次	出版時間
李建民	養生·情色·房中術:中國早期房中術之探索	方術醫學歷史	南天書局有限公司	66–80	2000.06
李建民	"人字"圖考	方術醫學歷史	南天書局有限公司	81–94	2000.06
李建民	馬王堆的數術世界	方術醫學歷史	南天書局有限公司	130–142	2000.06
龐樸	竹帛《五行》篇比較	竹帛《五行》篇校注及研究	萬卷樓圖書公司	91–96	2000.06
龐樸	竹帛《五行》篇與思孟"五行"説	竹帛《五行》篇校注及研究	萬卷樓圖書公司	97–104	2000.06
龐樸	馬王堆帛書解開了思孟五行説古謎	竹帛《五行》篇校注及研究	萬卷樓圖書公司	121–132	2000.06
龐樸	帛書五行篇評述	竹帛《五行》篇校注及研究	萬卷樓圖書公司	155–173	2000.06
魏啓鵬	帛書《五行》研究札記	帛書《五行》箋釋	萬卷樓圖書公司	141–178	2000.07
張壽仁	《五十二病方》爲秦醫方書抄本辨	醫簡論集	蘭臺出版社	1–7	2000.08
張壽仁	馬王堆帛書《五十二病方》之劑型	醫簡論集	蘭臺出版社	8–32	2000.08
張壽仁	《脈訣》十一經之説有據	醫簡論集	蘭臺出版社	33–34	2000.08

续表

作者	篇名	書名	出版者	頁次	出版時間
張壽仁	熏法	醫簡論集	蘭臺出版社	35-39	2000.08
張壽仁	狂犬齧人	醫簡論集	蘭臺出版社	40-41	2000.08
張壽仁	偅與瘂	醫簡論集	蘭臺出版社	42-43	2000.08
張壽仁	雞湮	醫簡論集	蘭臺出版社	44	2000.08
張壽仁	蕢末	醫簡論集	蘭臺出版社	45	2000.08
張壽仁	人泥	醫簡論集	蘭臺出版社	46	2000.08
張壽仁	庶	醫簡論集	蘭臺出版社	47	2000.08
張壽仁	少半斗	醫簡論集	蘭臺出版社	48-49	2000.08
張壽仁	針砭之害	醫簡論集	蘭臺出版社	50	2000.08
張壽仁	《馬王堆漢墓醫書校釋》評介	醫簡論集	蘭臺出版社	51-52	2000.08
劉信芳	《五行》述略	簡帛五行解詁	藝文印書館股份有限公司	174-186	2000.12
劉信芳	簡帛《五行》仁義禮知聖研究	簡帛五行解詁	藝文印書館股份有限公司	283-308	2000.12
劉信芳	"金生玉振"及其相關問題	簡帛五行解詁	藝文印書館股份有限公司	309-314	2000.12
劉信芳	簡帛《五行》慎獨及相關問題	簡帛五行解詁	藝文印書館股份有限公司	315-326	2000.12
劉信芳	帛書《五行》認識論術語試解四則	簡帛五行解詁	藝文印書館股份有限公司	327-338	2000.12
劉信芳	論"成"與"成之"——一個先秦哲學中的認識論問題	簡帛五行解詁	藝文印書館股份有限公司	339-352	2000.12
劉信芳	釋《五行》與《繫辭》之型	簡帛五行解詁	藝文印書館股份有限公司	353-363	2000.12

2001年

一、專書

作(編)者	書名	出版地點	出版者	頁數	出版時間
何雙全	雙玉蘭堂文集(上)(下)	臺北	蘭臺出版社	879	2001.01
涂宗流 劉祖信	郭店楚簡先秦儒家佚書校釋	臺北	萬卷樓圖書有限公司	438	2001.02

续表

作(編)者	書名	出版地點	出版者	頁數	出版時間
陳松長	馬王堆帛書《刑德》研究論稿	臺北	臺灣古籍出版有限公司	276	2001.04
王博	簡帛思想文獻論集	臺北	臺灣古籍出版有限公司	337	2001.05
陳久金	帛書及古典天文史料注析與研究	臺北	萬卷樓圖書有限公司	486	2001.05
馮時	出土古代天文學文獻研究	臺北	臺灣古籍出版有限公司	385	2001.05
廖名春	新出楚簡試論	臺北	臺灣古籍出版有限公司	376	2001.05
馬先醒	漢居延志長編	臺北	鼎文書局	534	2001.10

二、期(報)刊論文

1.通論

作者	篇名	期(報刊)名	卷期	頁次	出版時間
陳文豪	二十世紀出土秦漢簡帛概述(上)	空大學訊	269	32-46	2001.04.16
陳文豪	二十世紀出土秦漢簡帛概述(下)	空大學訊	270	45-55	2001.05.01
大高蒼龍	木簡出土烽燧紀行	國際簡牘學會會刊	3	631-675	2001.07
永田英正 何雙全譯	簡牘古文書學	國際簡牘學會會刊	3	1-16	2001.07
西林昭一	中國新出土の書十選	國際簡牘學會會刊	3	589-630	2001.07
邢義田	傅斯年、胡適與居延漢簡的運美及抵台	國際簡牘學會會刊	3	45-74	2001.07
金子卓義	木簡出土烽燧紀行	國際簡牘學會會刊	3	677-678	2001.07

2.楚簡

作者	篇名	期(報刊)名	卷期	頁次	出版時間
丁四新	從出土竹書綜論"周易"諸問題	世界中國哲學學報	2	1+3-29	2001.01
諸葛俊元	談《郭店楚簡・性自命出》中"心"與"性"	鵝湖	26:10=310	54-64	2001.04
彭忠德	完整理解郭店楚簡《尊德義》後,再説《民可使由之》章	孔孟月刊	39:9=465	26-32	2001.05
蘇建洲	論戰國燕系文字中的"梋"	中國學術年刊	22	95-115+474-478	2001.05

续表

作者	篇名	期(報刊)名	卷期	頁次	出版時間
范麗梅	論郭店竹書與《易傳》之天道思想	中國文學研究	15	1-20	2001.06
顏世鉉	郭店楚簡《六德》箋釋	中研院歷史語言研究所集刊	72:2	443-501	2001.06
羅凡晸	郭店楚簡异體字研究	臺灣師範大學國文研究所集刊	45	361-607	2001.06
許學仁	戰國楚簡文字研究的幾個問題——談國楚簡《語叢四》所録《莊子》語暨漢墓出土《莊子》殘簡瑣記	東華人文學報	3	37-60	2001.07
龔鵬程	金木水火土	世界中國哲學學報	4	57-59 轉 67	2001.07
魯瑞菁	《郭店竹簡·性自命出》的思想特色	静宜人文學報	14	70-87	2001.08
陳麗桂	郭店儒簡的外王思想	臺大文史哲學報	55	239-274	2001.11
白於藍	包山楚簡補釋	中國文字	新 27	155-162	2001.12
周鳳五	九店楚簡《告五夷》重探	中研院歷史語言研究所集刊	72:4	941-959	2001.12
季旭昇	讀郭店、上博簡五題:舜、河滸、紳而易、牆有茨、宛丘	中國文字	新 27	113-120	2001.12
許文獻	郭店楚簡"緐"字形構新釋	中國文字	新 27	171-175	2001.12
黄君良	看郭店楚簡"性自命出"篇	樹人學報	2	41-54	2001.12
楊澤生	郭店簡幾個字詞考釋	中國文字	新 27	163-169	2001.12
廖名春	上海博物館藏《詩論》簡佚《詩》探原	中國文字	新 27	121-129	2001.12

3.秦簡

作者	篇名	期(報刊)名	卷期	頁次	出版時間
陳文豪	二十世紀出土秦漢簡帛概述(上)	空大學訊	269	32-46	2001.04.16
林文華	《睡虎地秦簡·金布律》釋文	美和技術學院學報	19	42-53	2001.04
陳文豪	二十世紀出土秦漢簡帛概述(下)	空大學訊	270	45-55	2001.05.01
吴福助	秦律"重刑主義"下的彈性法規探討	東海中文學報	13	1-18	2001.07
張銘洽	秦簡《日書》之"建除法"試析	國際簡牘學會會刊	3	137-148	2001.07

续表

作者	篇名	期(報刊)名	卷期	頁次	出版時間
劉增貴	秦簡《日書》中的出行禮俗與信仰	中研院歷史語言研究所集刊	72:3	503-539	2001.09

4.漢簡

作者	篇名	期(報刊)名	卷期	頁次	出版時間
陳文豪	二十世紀出土秦漢簡帛概述(上)	空大學訊	269	32-46	2001.04.16
陳文豪	二十世紀出土秦漢簡帛概述(下)	空大學訊	270	45-55	2001.05.01
大庭脩	肩水金関出土の永始三年詔書册について	國際簡牘學會會刊	3	341-363	2001.07
大庭脩 鵜飼昌男 吉村昌之 門田明	居延地區の現狀と新出土漢簡情報	國際簡牘學會會刊	3	523-558	2001.07
大高蒼龍	木簡出土烽燧紀行	國際簡牘學會會刊	3	631-675	2001.07
吴昌廉	試論"木中隧"之地緣關係與其相關問題	國際簡牘學會會刊	3	149-168	2001.07
角谷常子	漢代居延における軍政系統と縣との関わりについて	國際簡牘學會會刊	3	437-472	2001.07
邢義田	傅斯年、胡適與居延漢簡的運美及抵台	國際簡牘學會會刊	3	45-74	2001.07
周宇	居延關東戍卒考	國際簡牘學會會刊	3	169-218	2001.07
金子卓義	木簡出土烽燧紀行	國際簡牘學會會刊	3	677-678	2001.07
馬彪	尹灣漢簡《神烏傅》考辨	國際簡牘學會會刊	3	91-108	2001.07
張壽仁	居延醫方略論稿——居延新簡	國際簡牘學會會刊	3	19-222	2001.07
陳文豪	《敦煌漢簡釋文》、《敦煌漢簡》評介	國際簡牘學會會刊	3	303-340	2001.07
富谷至	漢代穀倉制度——エチナ川流域の食糧支給より	國際簡牘學會會刊	3	365-435	2001.07
藤田高夫	敦煌居延漢簡による漢代文書行政の基礎的研究	國際簡牘學會會刊	3	473-522	2001.07

续表

作者	篇名	期(報刊)名	卷期	頁次	出版時間
陳茂仁	定縣漢簡《儒家者言》校《新序》四則	書目季刊	35:2	21-27	2001.09
林宏明	阜陽詩簡殘片綴合一則	大陸雜誌	103:4	33-34	2001.10

5.走馬樓吴簡

作者	篇名	期(報刊)名	卷期	頁次	出版時間
王子今	走馬樓簡"折咸米"釋義	國際簡牘學會會刊	3	75-80	2001.07
宋少華	長沙走馬樓吴簡——堪與殷墟甲骨、敦煌文書相媲美	中國國家地理	6	66-75	2001.11

6.帛書

作者	篇名	期(報刊)名	卷期	頁次	出版時間
胡治洪	帛書易傳天人道德觀發覆——對孔子天人道德思想及其承傳影響之檢討	世界中國哲學學報	2	31-33 轉 80	2001.01
林靜茉	老子乙本卷前古佚書四篇成書年代考	中國學術年刊	22	147-183 轉 478	2001.05
羅德星 蕭世瓊	馬王堆帛書之發現與内容	中一中學刊	8	左 1-78	2001.05
林志鵬	簡帛《五行》篇文本差异析論	中國文學研究	15	21-46	2001.06
廖伯娥	馬王堆帛書"易之義"校釋與思想研究	臺灣師範大學國文研究所集刊	45	1-189	2001.06
歐崇敬	今本"易傳"與帛書"繫辭"、"二三子問"、"易之義"、"要"、"繆和"、"昭力"的哲學發展關係	佛光人文社會學刊	1	147+149-170	2001.06
龔鵬程	金木水火土	世界中國哲學學報	4	57-59 轉 67	2001.07
游振群	構思譎怪,立意新奇——楚國的帛畫	藝術家	53:6=319	352-353	2001.12
游振群	長沙楚帛畫賞析	歷史月刊	167	8-10	2001.12

7.其他

作者	篇名	期(報刊)名	卷期	頁次	出版時間
寺崎保広	日本における木簡研究の現狀	國際簡牘學會會刊	3	559–597	2001.07、
何雙全	新出土元始五年《詔書四時月令五十條》考述	國際簡牘學會會刊	3	17–44	2001.07
邢義田	羅馬帝國的居延與敦煌——簡介英國雯都蘭達出土的駐軍木牘文書	國際簡牘學會會刊	3	109–136	2001.07

三、文集隨筆

1.通論

作者	篇名	書名	出版者	頁次	出版時間
何雙全	甘肅考古新發現	雙玉蘭堂文集(上)	蘭臺出版社	1–7	2001.01
何雙全	中國簡牘與簡牘學研究	雙玉蘭堂文集(上)	蘭臺出版社	100–136	2001.01

2.楚簡

作者	篇名	書名	出版者	頁次	出版時間
張立文	略論郭店楚簡的"仁義"思想	跨世紀的中國哲學	五南圖書出版股份有限公司	205–228	2001.06
郭齊勇	郭店儒家簡與孟子心性論	跨世紀的中國哲學	五南圖書出版股份有限公司	191–203	2001.06

3.秦簡

作者	篇名	書名	出版者	頁次	出版時間
何雙全	甘肅天水放馬灘戰國秦漢墓群的發掘	雙玉蘭堂文集(上)	蘭臺出版社	8–29	2001.01
何雙全	天水放馬灘秦墓出土地圖初探	雙玉蘭堂文集(上)	蘭臺出版社	38–56	2001.01
何雙全	天水放馬灘秦簡綜述	雙玉蘭堂文集(下)	蘭臺出版社	542–561	2001.01
何雙全	天水放馬灘秦簡甲種《日書》釋文	雙玉蘭堂文集(下)	蘭臺出版社	562–566	2001.01

续表

作者	篇名	書名	出版者	頁次	出版時間
何雙全	天水放馬灘秦簡甲種《日書》考述	雙玉蘭堂文集(下)	蘭臺出版社	567–592	2001.01
余宗發	《雲夢秦簡》中的父子關係——父不慈子不孝	慶祝周一田先生七秩誕辰論文集	萬卷樓圖書有限公司	105–109	2001.03

4.漢簡

作者	篇名	書名	出版者	頁次	出版時間
何雙全	漢懸泉置遺址發掘獲重大收獲	雙玉蘭堂文集(上)	蘭臺出版社	30–33	2001.01
何雙全	居延漢簡所見漢代農作物小考	雙玉蘭堂文集(上)	蘭臺出版社	90–99	2001.01
何雙全	敦煌漢簡研究	雙玉蘭堂文集(上)	蘭臺出版社	137–206	2001.01
何雙全	居延漢簡研究	雙玉蘭堂文集(上)	蘭臺出版社	207–297	2001.01
何雙全	甘青地區散簡輯釋	雙玉蘭堂文集(上)	蘭臺出版社	298–340	2001.01
何雙全	敦煌新出簡牘輯録	雙玉蘭堂文集(上)	蘭臺出版社	341–375	2001.01
何雙全	竇融在河西	雙玉蘭堂文集(下)	蘭臺出版社	593–614	2001.01
何雙全	居延新簡釋粹之簡文注釋	雙玉蘭堂文集(上)	蘭臺出版社	376–448	2001.01
何雙全	敦煌漢簡釋文補正	雙玉蘭堂文集(下)	蘭臺出版社	449–463	2001.01
何雙全	《塞上烽火品約》詮釋	雙玉蘭堂文集(下)	蘭臺出版社	464–473	2001.01
何雙全	《武威漢代醫簡》釋文補正	雙玉蘭堂文集(下)	蘭臺出版社	474–477	2001.01
何雙全	敦煌漢簡司法文書考疏	雙玉蘭堂文集(下)	蘭臺出版社	478–496	2001.01
何雙全	漢簡研究札記(五則)	雙玉蘭堂文集(下)	蘭臺出版社	497–507	2001.01
何雙全	漢代敦煌史概論	雙玉蘭堂文集(下)	蘭臺出版社	508–541	2001.01
何雙全	漢代戍邊士籍貫考	雙玉蘭堂文集(下)	蘭臺出版社	615–632	2001.01
何雙全	兩漢時期西北郵政蠡測	雙玉蘭堂文集(下)	蘭臺出版社	633–656	2001.01
何雙全	《漢簡・鄉里志》及其研究	雙玉蘭堂文集(下)	蘭臺出版社	657–769	2001.01
何雙全	甲渠候官漢簡人名索引	雙玉蘭堂文集(下)	蘭臺出版社	770–879	2001.01
陳麗桂	定州竹簡《文子》及其相關問題	慶祝莆田黃錦鋐教授八秩嵩壽論文集	文史哲出版社	77–97	2001.06

5.帛書

作者	篇名	書名	出版者	頁次	出版時間
陳久金	子彈庫《楚帛書》注譯	帛書及古典天文史料注析與研究	萬卷樓圖書有限公司	73-101	2001.05
陳久金	《馬王堆漢墓帛書五星占》注譯	帛書及古典天文史料注析與研究	萬卷樓圖書有限公司	102-147	2001.05
陳久金	長沙子彈庫帛書反映出的先秦南方民族的天文曆法	帛書及古典天文史料注析與研究	萬卷樓圖書有限公司	411-448	2001.05
曾憲通	楚帛書神話系統試説	新古典新義	臺灣學生書局	33-44	2001.09

2002 年

一、專書

作(編)者	書名	出版地點	出版者	頁數	出版時間
王輝	一粟集——王輝學術文存	臺北	藝文印書館	872	2002.01
劉信芳	子彈庫楚墓出土文獻研究	臺北	藝文印書館	259	2002.01
邵東方 倪德衛 (DavidS.Nivison)	今本竹書紀年論集	臺北	唐山出版社	378	2002.02
李零	上博楚簡三篇校讀記	臺北	萬卷樓圖書有限公司	179	2002.03
丁原植	楚簡儒家性情説研究	臺北	萬卷樓圖書有限公司	358	2002.05
蔡萬進	尹灣漢墓簡牘論考	臺北	臺灣古籍出版有限公司	247	2002.05
龐樸等	古墓新知	臺北	臺灣古籍出版有限公司	292	2002.05
龐樸等	郭店楚簡與早期儒學	臺北	臺灣古籍出版有限公司	289	2002.05
陳福濱主編	新出楚簡與儒家思想論文集	新莊	輔仁大學文學院	328	2002.07
何炳棣	有關《孫子》《老子》的三篇考證	臺北	中研院近代史研究所	102	2002.08
高敏	秦漢史論稿	臺北	五南圖書出版股份有限公司	427	2002.08
黄人二	上海博物館藏戰國楚竹書研究(一)	沙鹿	高文出版社	283	2002.08
黄人二	敦煌懸泉置詔書四時月令五十條試析	沙鹿	高文出版社	90	2002.08

二、期刊論文

1.通論

作者	篇名	期(報刊)名	卷期	頁次	出版時間
李均明	百年簡牘:找回的史册	中國國家地理	9	100-109	2002.02
	中華簡牘學會與其《通報》——代發刊詞	中華簡牘學會通報	1	1-2	2002.04
沈明得	馬先醒教授著作目録	簡牘學報	18	377-389	2002.04
沈明得 洪淑湄	王國維《簡牘檢署考》校釋	簡牘學報	18	227-269	2002.04
方孝坤	簡牘文字發展研究	國際簡牘學會會刊	4	113-174	2002.05
張壽仁	簡帛文字述論稿——由篆入隸辨	國際簡牘學會會刊	4	221-225	2002.05
潘銘燊	中國古代文化遺産的特色與承傳——評錢存訓著《書於竹帛:中國古代的文字記録》新版	傳記文學	81:3=484	94-96	2002.09
章瑄文	趨吉避凶——先秦兩漢擇吉術研究之回顧與展望	百齡高中學報	2	63-97	2002.11
潘銘燊	評錢存訓著《書於竹帛——中國古代的文字記録》	人文中國學報	9	323-325	2002.12

2.楚簡

作者	篇名	期(報刊)名	卷期	頁次	出版時間
尚郁白	九店五十六號楚墓一至十二簡試探	中國文學研究	16	13-38	2002.06
林素英	郭店簡"爲父絶君"在服制中的文化意義	中國學術年刊	23	61-83	2002.06
王初慶	由上海博物館所藏"孔子詩論"論孔門詩學	輔仁學誌・人文與藝術之部	29	1-21	2002.07
李添富	上博楚簡"詩論"馬氏假借説申議	輔仁學誌・人文與藝術之部	29	23-44	2002.07
邵台新	戰國至漢初的儒學傳承——以楚地簡帛爲中心的探討	輔仁學誌・人文與藝術之部	29	95-127	2002.07

续表

作者	篇名	期(報刊)名	卷期	頁次	出版時間
彭華	“無爲”思想發凡——以先秦漢初的儒家和道家爲考察中心	孔孟學報	80	165-180	2002.09
趙中偉	性自命出,命自天降——上海戰國竹簡“性情論”與郭店竹簡“性自命出”之人性論剖析	輔仁學誌・人文與藝術之部	29	45-70	2002.07
潘小慧	上博簡與郭店簡“性自命出”篇中“情”的意義與價值	輔仁學誌・人文與藝術之部	29	129-145	2002.07
方素真	太一生水與《周易参同契》的關係	成大宗教與文化學報	2	117-142	2002.12
白於藍	《上海博物館藏戰國楚竹書(一)》釋注商榷	中國文字	新28	133-142	2002.12
葉國良	上博楚竹書《孔子詩論》札記六則	臺大中文學報	17	1-19	2002.12
劉釗	釋“儥”及相關諸字	中國文字	新28	123-132	2002.12
劉信芳	關於上博藏楚簡的幾點討論意見	中國文字	新28	113-122	2002.12
謝佩霓	郭店楚簡“与”構形試探	中國文字	新28	143-155	2002.12
羅凡晸	“老子”文本比較研究——以王弼本十八章“大道廢,有仁義”章爲例	國文學報	32	31-54	2002.12
張培瑜 张健	新出四組秦漢曆簡與秦漢初曆法	簡牘學報	18	39-54	2002.04

3.秦簡

作者	篇名	期(報刊)名	卷期	頁次	出版時間
沈明得	臺灣學者研究睡虎地秦簡概況	簡牘學報	18	331-364	2002.04
馬先醒	睡虎地秦簡、張家山漢簡之形制及其意義	中華簡牘學會通報	1	49-52	2002.04
張培瑜 张健	新出四組秦漢曆簡與秦漢初曆法	簡牘學報	18	39-54	2002.04
陳中龍	秦漢刑徒研究述評	簡牘學報	18	271-286	2002.04

续表

作者	篇名	期(報刊)名	卷期	頁次	出版時間
蔡宜静	戰國時期秦國之户籍制度	中國上古史研究專刊	2	105-125	2002.06
張春龍 龍京沙	21世紀重大考古發現:湘西里耶秦簡復活秦國歷史	中國國家地理(繁體中文國際版)	2002:11=18	36-45	2002.11
章瑄文	趨吉避凶——先秦兩漢擇吉術研究之回顧與展望	百齡高中學報	2	63-97	2002.11
林清源	睡虎地秦簡標題格式析論	中研院歷史語言研究所集刊	73:4	773-826	2002.12
岡野誠、石岡浩著 翁育瑄譯	新出土的中國古代法制史資料——秦代行政文書·晋律	法制史研究	3	299-303	2002.12

4.漢簡

作者	篇名	期(報刊)名	卷期	頁次	出版時間
洪萬生 林倉億	《算數書》部分題名的再校勘	HMP通訊	5:2,3	6-24	2002.03
朴順德	《居延漢簡》疑似字分析(一)	中華簡牘學會通報	1	63-83	2002.04
何雙全	論西漢敦煌玉門關的三次變遷	簡牘學研究	3	192-203	2002.04
吴昌廉	甲渠當曲隧北界至臨木隧南界之里程	中華簡牘學會通報	1	19-47	2002.04
沈明得 洪淑湄	王國維《簡牘檢署考》校釋	簡牘學報	18	227-269	2002.04
汪文儁	"簡帛金石資料庫"中漢簡文的版本問題	簡牘學報	18	309-330	2002.04
洪淑湄	"居延漢簡"一六二標號簡所見之賜爵問題	簡牘學報	18	85-98	2002.04
馬先醒	睡虎地秦簡、張家山漢簡之形制及其意義	中華簡牘學會通報	1	365-375	2002.04
馬先醒	簡牘堂隨筆	簡牘學報	18	365-375	2002.04

续表

作者	篇名	期(報刊)名	卷期	頁次	出版時間
張培瑜 張健	新出四組秦漢曆簡與秦漢初曆法	簡牘學報	18	39-54	2002.04
啓衆	簡牘堂隨筆	簡牘學報	18	85-98	2002.04
莊瑲逸	漢簡里名初探——冠"市"里名研究	簡牘學報	18	139-164	2002.04
陳中龍	秦漢刑徒研究述評	簡牘學報	18	271-286	2002.04
蔡宜静	漢代河西邊塞之就運	中華簡牘學會通報	1	53-62	2002.04
蔡宜静	兩漢時期雇庸勞動與就運之研究	簡牘學報	18	99-137	2002.04
羅仕杰	居延漢簡札記	中華簡牘學會通報	1	107-120	2002.04
羅仕杰	甲渠候任期復原及其分析	簡牘學報	18	1-37	2002.04
王利	西漢西北邊郡官廳會計研究	國際簡牘學會會刊	4	41-98	2002.05
朴順德	居延漢簡"丈"、"支"釋文商榷	國際簡牘學會會刊	4	175-206	2002.05
何雙全	西漢與烏孫交涉史新證——懸泉漢簡所見西域關係史之一	國際簡牘學會會刊	4	13-28	2002.05
何雙全	漢與樓蘭(鄯善)、車師(姑師)交涉史新證——懸泉漢簡所見西域關係史之二	國際簡牘學會會刊	4	29-39	2002.05
吴昌廉	居延漢簡所見當曲北界至臨木南界之界中里數	國際簡牘學會會刊	4	349-367	2002.05
李成珪	虛像的太平:漢帝國之瑞祥與上計的造作——從尹灣漢簡《集簿》的分析説起	國際簡牘學會會刊	4	255-315	2002.05
李均明	張家山漢簡奴婢考	國際簡牘學會會刊	4	1-11	2002.05
張銘洽 王育龍	西安杜陵漢牘《日書》"農事篇"考釋	國際簡牘學會會刊	4	391-404	2002.05
陳茂仁	定縣漢簡"儒家者言"校"論語"一則	大陸雜誌	104:5	9-11	2002.05
劉淑娟	尹灣漢簡"神烏賦"與敦煌"燕子賦"甲篇之比較研究	中國學術年刊	23	303-326	2002.06
邢義田	行役尚未已,日暮居延城——勞榦先生的漢簡因緣	古今論衡	8	43-62	2002.07

续表

作者	篇名	期(報刊)名	卷期	頁次	出版時間
裘錫圭	讀書札記四則	人文與社會學報	1	1-9	2002.09
廖伯源	漢初縣吏之秩階及其任命——張家山漢簡研究之一	中國中古史研究	1	1-22	2002.09
蔡宜静	阜陽漢簡《詩經》與漢代詩經學——兼論江蘇尹灣漢墓簡牘《神烏傅(賦)》	史耘	8	35-43	2002.09
章瑄文	趨吉避凶——先秦兩漢擇吉術研究之回顧與展望	百齡高中學報	2	63-97	2002.11
蘇建洲	尹灣漢墓《六甲占雨》續貂	東方人文學誌	1:4	1-5	2002.12
邱奕銘	尹灣西漢簡《神烏傅》章草書法的考察	造形藝術學刊	2002 年度	171-182	2002.12
何志華	《吕氏春秋》與竹簡本、傳世本《文子》相合書證疑義:再論《淮南子》、《文子》兩書因襲關係	中國文化研究所學報	新 11=42	497-535	2002
廖伯源	漢代考課制度雜考	中國文化研究所學報	新 11=42	1-20	2002

5.走馬樓吴簡

作者	篇名	期(報刊)名	卷期	頁次	出版時間
王偉雄	長沙走馬樓吴簡中的"復民"與"復"	簡牘學報	18	287-308	2002.04
黎明釗	聚族而居與聚族里居:三國吴簡《嘉禾吏民田家莂》探討	中國文化研究所學報	新 11=42	21-83	2002

6.帛書

作者	篇名	期(報刊)名	卷期	頁次	出版時間
張培瑜 張　健	馬王堆漢墓帛書刑德篇與干支紀年	華岡文科學報	25	97-110	2002.03
崔永東	帛書"黄帝四經"中的陰陽刑德思想初探	哲學與文化	29:4=335	342-351	2002.04

续表

作者	篇名	期(報刊)名	卷期	頁次	出版時間
賴貴三	孔子的"易"教(5)——帛書"易傳·二参子問""孔子曰"條理簡釋	孔孟月刊	40:9=477	3-8	2002.05
賴貴三	孔子的"易"教(6)——帛書"易傳"中"繫辭"、"易之義"、"要"、"繆和"與"昭力"綜合説明	孔孟月刊	40:10=478	6-8	2002.06
賴貴三	孔子的"易"教(7)——帛書"易傳·易之義""子曰"條理簡釋	孔孟月刊	40:11=479	4-7	2002.07
賴貴三	孔子的"易"教(8)——帛書"易傳·要""夫子曰"條理簡釋	孔孟月刊	40:12=480	4-6	2002.08
彭華	"無爲"思想發凡——以先秦漢初的儒家和道家爲考察中心	孔孟學報	80	165-180	2002.09
賴貴三	孔子的"易"教(9)——帛書"易傳·繆和""先生"與"子曰"分節簡釋	孔孟月刊	41:1=481	7-11	2002.09
賴貴三	孔子的"易"教(10)——帛書"易傳·昭力""子曰"、"先生曰"條理簡釋	孔孟月刊	41:2=482	4-7	2002.10

7.其他

作者	篇名	期(報刊)名	卷期	頁次	出版時間
倪德衛著 邵東方譯	三代年代學之關鍵:"今本"《竹書紀年》	經學研究論叢	10	223-310	2002.03
朴順德	韓國咸安·城山山城出土木簡之探討	簡牘學報	18	55-83	2002.04
尹在碩	韓國出土木簡的形制及其内容	國際簡牘學會會刊	4	99-112	2002.05

三、文集隨筆

1.通論

作者	篇名	書名	出版者	頁次	出版時間
陳福濱	出土文獻在臺灣之研究	新出楚簡與儒家思想論文集	輔仁大學文學院	319-328	2002.07

续表

作者	篇名	書名	出版者	頁次	出版時間
郭齊勇	出土簡帛與經學詮釋的範式問題	儒學與儒學史新論	臺灣學生書局	65-89	2002.10

2.楚簡

作者	篇名	書名	出版者	頁次	出版時間
王輝	郭店楚簡釋讀五則	一粟集——王輝學術文存	藝文印書館	809-819	2002.01
王輝	郭店楚簡零釋三	一粟集——王輝學術文存	藝文印書館	821-827	2002.01
王輝	由郭店楚簡《唐虞之道》説到《尚書・堯典》的整編年代	一粟集——王輝學術文存	藝文印書館	829-743	2002.01
李學勤	釋"改"	石璋如院士百歲祝壽論文集——考古・歷史・文化	南天書局	401-407	2002.04
許文獻	先秦楚系文字聲符替換結構初探——分類之一:非屬同一諧聲系統之共時性同字异構例	第十三屆全國暨海峽兩岸中國文字學學術研討會論文集	萬卷樓圖書有限公司	259-283	2002.04
馮勝君	談《老子》中的"孩"字	第十三屆全國暨海峽兩岸中國文字學學術研討會論文集	萬卷樓圖書有限公司	387-391	2002.04
劉國勝	包山二七八號簡釋文及其歸屬問題	第十三屆全國暨海峽兩岸中國文字學學術研討會論文集	萬卷樓圖書有限公司	233-240	2002.04
朱淵清	上博《詩論》一號簡讀後	郭店楚簡與早期儒學	臺灣古籍出版有限公司	201-202	2002.05
江山 孔慶平	《太一生水》:楚儒的體相論	古墓新知	臺灣古籍出版有限公司	69-81	2002.05
李零	長台關楚簡《申徒狄》研究	郭店楚簡與早期儒學	臺灣古籍出版有限公司	229-244	2002.05

续表

作者	篇名	書名	出版者	頁次	出版時間
李零	"三閭大夫"考——兼論楚國公族的興衰	郭店楚簡與早期儒學	臺灣古籍出版有限公司	245–258	2002.05
李二民	讀《太一生水》札記	古墓新知	臺灣古籍出版有限公司	37–46	2002.05
李天虹	《性自命出》的編連及分篇	古墓新知	臺灣古籍出版有限公司	101–111	2002.05
李存山	《窮達以時》與"大德者必受命"	古墓新知	臺灣古籍出版有限公司	287–292	2002.05
姜廣輝	郭店楚簡與早期儒學	郭店楚簡與早期儒學	臺灣古籍出版有限公司	1–12	2002.05
姜廣輝	郭店儒簡研究的參考座標	郭店楚簡與早期儒學	臺灣古籍出版有限公司	13–23	2002.05
姚治華	《太一生水》與太乙九宫占	古墓新知	臺灣古籍出版有限公司	47–67	2002.05
范毓周	上海博物館所藏《詩論》第一枚簡的釋文問題	郭店楚簡與早期儒學	臺灣古籍出版有限公司	203–207	2002.05
曹峰	試析已公布的二支上海戰國楚簡	郭店楚簡與早期儒學	臺灣古籍出版有限公司	209–227	2002.05
梁濤	《性自命出》與早期儒家心性論	古墓新知	臺灣古籍出版有限公司	113–138	2002.05
梁濤	簡帛《五行》"經文"比較	古墓新知	臺灣古籍出版有限公司	161–171	2002.05
梁濤	簡帛《五行》新探——兼論《五行》在思想史中的地位	古墓新知	臺灣古籍出版有限公司	191–217	2002.05
梁濤	郭店竹簡與"君子慎獨"	古墓新知	臺灣古籍出版有限公司	219–229	2002.05
梁濤	郭店簡與《大學》	郭店楚簡與早期儒學	臺灣古籍出版有限公司	61–74	2002.05
梁濤	郭店楚簡與《中庸》公案	郭店楚簡與早期儒學	臺灣古籍出版有限公司	85–113	2002.05

续表

作者	篇名	書名	出版者	頁次	出版時間
郭沂	《五行》考略	古墓新知	臺灣古籍出版有限公司	173–180	2002.05
郭沂	《論語》·《論語》類文獻·孔子史料——從郭店簡談起	郭店楚簡與早期儒學	臺灣古籍出版有限公司	25–60	2002.05
郭沂	《中庸》·《子思》·《子思子》——子思書源流考	郭店楚簡與早期儒學	臺灣古籍出版有限公司	75–83	2002.05
郭齊勇	郭店楚簡《性自命出》的心術觀	古墓新知	臺灣古籍出版有限公司	139–148	2002.05
郭齊勇	郭店楚簡《五行》的心術觀	古墓新知	臺灣古籍出版有限公司	149–160	2002.05
陳偉	關於郭店楚簡《六德》諸篇編連的調整	古墓新知	臺灣古籍出版有限公司	231–248	2002.05
陶磊	《太一生水》發微	古墓新知	臺灣古籍出版有限公司	27–35	2002.05
陶磊	郭店儒簡與告子學説	郭店楚簡與早期儒學	臺灣古籍出版有限公司	169–176	2002.05
彭林	《六德》柬釋	古墓新知	臺灣古籍出版有限公司	263–272	2002.05
彭林	再論郭店簡《六德》"爲父絶君"及相關問題	古墓新知	臺灣古籍出版有限公司	273–285	2002.05
彭林	論子思學派對禮的理論詮釋	郭店楚簡與早期儒學	臺灣古籍出版有限公司	129–146	2002.05
寧鎮疆	《老子》"同文複出"現象的初步研究	郭店楚簡與早期儒學	臺灣古籍出版有限公司	187–200	2002.05
廖名春	郭店簡《成之聞之》的編連和命名問題	古墓新知	臺灣古籍出版有限公司	83–100	2002.05
廖名春	郭店簡《六德》的綴補編連和命名問題	古墓新知	臺灣古籍出版有限公司	249–261	2002.05
劉信芳	《太一生水》《曾子天圓》的宇宙論問題	古墓新知	臺灣古籍出版有限公司	7–25	2002.05

续表

作者	篇名	書名	出版者	頁次	出版時間
劉信芳	簡帛《五行》慎獨及其相關問題	古墓新知	臺灣古籍出版有限公司	181–189	2002.05
劉信芳	釋《五行》與《繫辭》之"型"	郭店楚簡與早期儒學	臺灣古籍出版有限公司	115–122	2002.05
劉樂賢	《性自命出》的學派性質	古墓新知	台灣古籍出版有限公司	107–111	2002.05
歐陽禎人	"反善復始"淺談	郭店楚簡與早期儒學	臺灣古籍出版有限公司	177–185	2002.05
鄧建鵬	楚地心性學與郭店儒家簡及子思之學南傳新探(節選)	郭店楚簡與早期儒學	臺灣古籍出版有限公司	123–127	2002.05
龐樸	古墓新知——漫談郭店楚簡	古墓新知	臺灣古籍出版有限公司	1–6	2002.05
龐樸	三重道德論	郭店楚簡與早期儒學	臺灣古籍出版有限公司	147–162	2002.05
龐樸	"仁"字臆斷——從出土文獻看仁字古文和仁愛思想	郭店楚簡與早期儒學	臺灣古籍出版有限公司	163–168	2002.05
周鳳五	楚簡文字的書法意義	古文字與商周文明——第三屆國際漢學會議論文集文字學組	中研院歷史語言研究所	195–221	2002.06
林素清	楚簡文字綜論	古文字與商周文明——第三屆國際漢學會議論文集文字學組	中研院歷史語言研究所	143–157	2002.06
丁原植	楚簡儒家佚籍的性情説	新出楚簡與儒家思想論文集	輔仁大學文學院	239–290	2002.07
王初慶	由上海博物館藏《孔子詩論》論孔門詩學	新出楚簡與儒家思想論文集	輔仁大學文學院	35–63	2002.07
王金凌	《禮記・緇衣》今本與郭店、上博楚簡比論	新出楚簡與儒家思想論文集	輔仁大學文學院	1–33	2002.07
李添富	上海楚簡《詩論》馬氏假借説申議	新出楚簡與儒家思想論文集	輔仁大學文學院	75–109	2002.07

续表

作者	篇名	書名	出版者	頁次	出版時間
邵台新	戰國至漢初的儒學傳承——以楚地簡帛爲中心的探討	新出楚簡與儒家思想論文集	輔仁大學文學院	193-237	2002.07
黄湘陽	上海簡《性情論》與樂教主張	新出楚簡與儒家思想論文集	輔仁大學文學院	65-74	2002.07
趙中偉	性自命出,命自天降——上海戰國竹簡《性情論》與郭店竹簡《性自命出》之人性論剖析	新出楚簡與儒家思想論文集	輔仁大學文學院	111-150	2002.07
潘小慧	上博簡與郭店簡《性自命出》篇中"情"字的意義與價值	新出楚簡與儒家思想論文集	輔仁大學文學院	291-317	2002.07
戴晋新	上海博物館藏楚簡《詩論》的歷史認識問題	新出楚簡與儒家思想論文集	輔仁大學文學院	175-191	2002.07
鍾宗憲	《禮記·緇衣》的論述結構及其版本差异	新出楚簡與儒家思想論文集	輔仁大學文學院	151-173	2002.07
郭齊勇	郭店儒家簡與孟子心性論	儒學與儒學史新論	臺灣學生書局	3-15	2002.10
郭齊勇	郭店楚簡《性自命出》的心術觀	儒學與儒學史新論	臺灣學生書局	17-29	2002.10
郭齊勇	郭店楚簡《五行》的身心觀與道德論	儒學與儒學史新論	臺灣學生書局	31-46	2002.10
郭齊勇	再論"五行"與"聖者"	儒學與儒學史新論	臺灣學生書局	47-63	2002.10
郭齊勇	《郭店楚墓竹簡思想研究》序	儒學與儒學史新論	臺灣學生書局	407-415	2002.10
林素清	利用出土戰國楚竹書資料檢《尚書》异文及相關問題	龍宇純先生七秩晋五壽慶論文集	臺灣學生書局	79-100	2002.11

3.秦簡

作者	篇名	書名	出版者	頁次	出版時間
王輝	秦史三題	一粟集——王輝學術文存	藝文印書館	649-657	2002.01
徐筱婷	秦駰玉版研究	第十三屆全國暨海峽兩岸中國文字學學術研討會論文集	萬卷樓圖書有限公司	77-88	2002.04
廖名春	王家台秦簡《歸藏》管窺	郭店楚簡與早期儒學	臺灣古籍出版有限公司	259-271	2002.05
歐陽禎人	《爲吏之道》的儒家思想發微	郭店楚簡與早期儒學	臺灣古籍出版有限公司	273-281	2002.05
高敏	秦的賜爵制度試探	秦漢史論稿①	五南圖書出版股分有限公司	1-33	2002.08
高敏	秦漢賦税制度考釋	秦漢史論稿	五南圖書出版股分有限公司	61-124	2002.08

4.漢簡

作者	篇名	書名	出版者	頁次	出版時間
王輝	"都官"顔注申論	一粟集——王輝學術文存	藝文印書館	703-714	2002.01
王輝	出土醫學簡帛札記	一粟集——王輝學術文存	藝文印書館	715-725	2002.01
邢義田	十年樹木,百年樹人——從尹灣出土簡牘看漢代的"種樹"與"養老"	石璋如院士百歲祝壽論文集——考古・歷史・文化	南天書局	531-551	2002.04
蔡萬進	引言	尹灣漢墓簡牘論考	臺灣古籍出版有限公司	1-13	2002.05
蔡萬進	《元延二年日記》校釋	尹灣漢墓簡牘論考	臺灣古籍出版有限公司	15-43	2002.05

① 本書係1982年中州書畫社出版之《秦漢史論集》的臺灣版。臺灣版改爲《秦漢史論稿》,并在每篇論文之前加上章名。

续表

作者	篇名	書名	出版者	頁次	出版時間
蔡萬進	《元延二年日記》所反映的事實與制度	尹灣漢墓簡牘論考	臺灣古籍出版有限公司	45–86	2002.05
蔡萬進	《元延二年日記》文書淵源探索	尹灣漢墓簡牘論考	臺灣古籍出版有限公司	87–109	2002.05
蔡萬進	《贈錢名籍》性質考辨——兼論西漢成帝時期東海郡的社會與經濟狀況	尹灣漢墓簡牘論考	臺灣古籍出版有限公司	111–143	2002.05
蔡萬進	尹灣名謁木牘研究	尹灣漢墓簡牘論考	臺灣古籍出版有限公司	145–168	2002.05
蔡萬進	"師君兄貸師子夏"錢約考	尹灣漢墓簡牘論考	臺灣古籍出版有限公司	169–186	2002.05
蔡萬進	墓主師饒思想探析	尹灣漢墓簡牘論考	臺灣古籍出版有限公司	187–202	2002.05
高敏	秦漢賦稅制度考釋	秦漢史論稿	五南圖書出版股分有限公司	61–124	2002.08
張光裕	讀定州漢墓竹簡《論語》通假字札記	龍宇純先生七秩晋五壽慶論文集	臺灣學生書局	151–164	2002.11

5.帛書

作者	篇名	書名	出版者	頁次	出版時間
王輝	馬王堆帛書《六十四卦》校讀札記	一粟集——王輝學術文存	藝文印書館	683–701	2002.01
王輝	出土醫學簡帛札記	一粟集——王輝學術文存	藝文印書館	715–725	2002.01
王輝	"祝由"新解	一粟集——王輝學術文存	藝文印書館	727–731	2002.01
劉信芳	中國最早的物候曆月名——楚帛書月名及神祇究	子彈庫楚墓出土文獻研究	藝文印書館	129–166	2002.01
劉信芳	楚帛書論綱	子彈庫楚墓出土文獻研究	藝文印書館	167–1184	2002.01

续表

作者	篇名	書名	出版者	頁次	出版時間
劉信芳	楚帛書序録	子彈庫楚墓出土文獻研究	藝文印書館	185–224	2002.01
劉信芳	關於子彈庫楚帛畫的幾個問題	子彈庫楚墓出土文獻研究	藝文印書館	243–258	2002.01
蔡季襄	關於楚帛書流入美國經過的有關資料	子彈庫楚墓出土文獻研究	藝文印書館	225–238	2002.01

6.其他

作者	篇名	書名	出版者	頁次	出版時間
方詩銘	《竹書紀年》古本散佚及今本源流考	今本竹書紀年論集	唐山出版社	15–40	2002.02
邵東方	序一	今本竹書紀年論集	唐山出版社	Ⅴ–ⅩⅢ	2002.02
邵東方	《今本竹書紀年》周武王成王紀譜排列問題再分析	今本竹書紀年論集	唐山出版社	101–120	2002.02
邵東方	《今本竹書紀年》諸問題考論——兼與陳力先生商榷	今本竹書紀年論集	唐山出版社	173–217	2002.02
邵東方	從思想傾向和著述體例論《今本竹書紀年》的真僞問題	今本竹書紀年論集	唐山出版社	253–296	2002.02
范祥雍	關於《古本竹書紀年》的亡佚年代	今本竹書紀年論集	唐山出版社	1–14	2002.02
倪德衛(DavidS. Nivison)	序二	今本竹書紀年論集	唐山出版社	ⅩⅤ–ⅩⅩⅡ	2002.02
倪德衛	論"今本"《竹書紀年》的歷史價值	今本竹書紀年論集	唐山出版社	41–82	2002.02
夏含夷	也談武王的卒年——兼論《今本竹書紀年》的真僞	今本竹書紀年論集	唐山出版社	83–100	2002.02
夏含夷	《竹書紀年》與周武王克商的年代	今本竹書紀年論集	唐山出版社	121–141	2002.02

续表

作者	篇名	書名	出版者	頁次	出版時間
班大爲(DavidW. Pankenier)	《墨子》與夏商周的年代——《竹書紀年》研究札記	今本竹書紀年論集	唐山出版社	297-303	2002.02
張培瑜	《大衍曆議》與今本《竹書紀年》	今本竹書紀年論集	唐山出版社	237-251	2002.02
陳力	今本《竹書紀年》研究	今本竹書紀年論集	唐山出版社	143-171	2002.02
陳力	今古本《竹書紀年》之三代積年及相關問題	今本竹書紀年論集	唐山出版社	219-235	2002.02
黄凡	《竹書紀年》——利用《周易》辨誤	今本竹書紀年論集	唐山出版社	343-378	2002.02
楊朝明	《今本竹書紀年》并非僞書説	今本竹書紀年論集	唐山出版社	305-320	2002.02
楊朝明	沈約與《今本竹書紀年》	今本竹書紀年論集	唐山出版社	321-342	2002.02

2003 年

一、專書

作(編)者	書名	出版地點	出版者	頁數	出版時間
林素英	從《郭店簡》探究其倫常觀念:以服喪思想爲討論基點	臺北	萬卷樓圖書有限公司	300	2003.01
劉信芳	包山楚簡解詁	臺北	藝文印書館	524	2003.01
羅仕杰	漢代居延遺址調查與衛星遥測研究	臺北	臺灣古籍出版有限公司	166	2003.02
歐陽禎人	郭店儒簡論略	臺北	臺灣古籍出版有限公司	224	2003.04
金春峰	《周易》經傳梳理與郭店楚簡思想新釋	臺北	臺灣古籍出版有限公司	196	2003.04
季旭昇主編 陳美蘭、蘇建洲、陳嘉陵撰	《上海博物館藏戰國楚竹書(二)》讀本	臺北	萬卷樓圖書有限公司	246	2003.07

续表

作(編)者	書名	出版地點	出版者	頁數	出版時間
陳昭容	秦系文字研究——從漢字史的角度考察	臺北	中研院歷史語言研究所	362	2003.07
西林昭一著 温淑惠譯	中國新發現的書迹	臺北	蕙風堂筆墨有限公司出版部	262	2003.10
邱德修	上博楚簡《容成氏》注釋考證	臺北	臺灣古籍出版有限公司	720	2003.10
饒宗頤	饒宗頤二十世紀學術文集·卷三·簡帛學	臺北	新文豐出版股份有限公司	934	2003.10

二、期刊論文

1.通論

作者	篇名	期(報刊)名	卷期	頁次	出版時間
陳文豪	簡帛研究與簡帛學	中華文化學術研討會專輯	2	151-166	2003.01
李均明	簡牘文書學概述	簡帛研究彙刊	1	75-92	2003.05
林素清	簡牘符號試論——從楚簡上的符號談起	簡帛研究彙刊	1	93-108	2003.05
初師賓	簡牘研究與考古學方法之運用	簡帛研究彙刊	1	13-22	2003.05
馬先醒	河西簡牘與《新史》	簡帛研究彙刊	1	1-12	2003.05
張顯成	簡帛文獻與先秦兩漢漢語研究	簡帛研究彙刊	1	223-252	2003.05
陳文豪	陳直與簡牘學	簡帛研究彙刊	1	827-840	2003.05
陳文豪	“第一屆簡帛學術討論會”側記	簡帛研究彙刊	1	845-863	2003.05
熊鐵基	簡帛在秦漢史研究中的地位	簡帛研究彙刊	1	109-122	2003.05
陳文豪	《簡帛發現與研究》(書評)	東海大學文學院學報	44	397-401	2003.07
陳文豪	《簡帛學年鑑(2002 年)》	華岡文科學報	26	189-279	2003.09
邢義田	夏鼐發現敦煌漢簡和晉泰始石刻的經過	古今論衡	10	60-69	2003.12
林清源	簡牘帛書疑似標題考辨	中國文字	新 29	133-176	2003.12

2.楚簡

作者	篇名	期(報刊)名	卷期	頁次	出版時間
馬濤	從郭店楚簡"老子"看老子的經濟思想	孔孟月刊	41:5=485	27–32	2003.01
陳立	楚系簡帛資料所見符號初擇	中華學苑	56	291–313	2003.02
梁濤	簡帛"五行"新探——兼論"五行"在思想史中的地位	哲學與文化	30:2=345	147–164	2003.02
袁國華	郭店楚墓竹簡從"匕"諸字及相關詞語考釋	中研院歷史語言研究所集刊	74:1	17–33	2003.03
鄒濬智	上博緇衣釋文續紹	思辯集(第九屆臺灣師範大學國文學系研究生論文發表會論文集)	6	1–15	2003.03
李家浩	九店楚簡"告武夷"研究	簡帛研究彙刊	1	635–654	2003.05
周鳳五	楚簡文字瑣記(三則)	簡帛研究彙刊	1	623–634	2003.05
林素清	簡牘符號試論——從楚簡上的符號談起	簡帛研究彙刊	1	93–108	2003.05
陳偉	包山楚司法簡 131——139 補釋	簡帛研究彙刊	1	323–336	2003.05
陳錫勇	《老子》通行本謬誤舉證	簡帛研究彙刊	1	155–174	2003.05
趙苑夙	郭店《老子》"疕"考	興大中文研究生論文集	8	177–185	2003.05
劉信芳	包山楚簡地名考釋十二則	簡帛研究彙刊	1	313–322	2003.05
蔣義斌	郭店楚簡《六德》的仁與聖	簡帛研究彙刊	1	655–684	2003.05
林素清	釋吝——兼論楚簡的用字特徵	中研院歷史語言研究所集刊	74:2	293–305	2003.06
俞志慧	竹書《孔子詩論》的論詩特點及其詩學史地位	漢學研究	21:1=42	23–45	2003.06
俞志慧	《戰國楚竹書·孔子詩論》校箋	經學研究論叢	11	89–132	2003.06
袁國華	望山楚墓卜筮祭禱簡文字考釋四則	中研院歷史語言研究所集刊	74:2	307–324	2003.06
陳美蘭	上博簡"讒"字芻議	中國學術年刊	24	107–116	2003.06

续表

作者	篇名	期(報刊)名	卷期	頁次	出版時間
韓碧琴	《禮記·緇衣》與郭店楚簡"緇衣"之比較	興大人文學報	33(上)	69-114	2003.06
顔世鉉	上博楚竹書(一)、(二)讀記	臺大中文學報	18	1-29	2003.06
顔世鉉	《郭店竹書别釋》讀後	古今論衡	9	143-150	2003.07
張鴻愷	從郭店竹簡《老子》不非"仁""義""禮""樂"論早期之儒道關係	宗教哲學	29	175-188	2003.09
戴璉璋	儒家慎獨説的解讀	中國文哲研究集刊	23	211-234	2003.09
蘇建洲	楚文字考釋九則	輔仁國文學報	19	1-27	2003.10
邱德修	《上博簡》(二)《容成氏》用字構詞研究	修辭論叢	5	193-219	2003.11
白於藍	曾侯乙墓竹簡中的"鹵"和"櫓"	中國文字	新29	193-208	2003.12
林啟屏	先秦儒學思想中的"遇合"問題——以"窮達以時"爲討論起點	鵝湖學誌	31	85-121	2003.12
張輝成	上博簡《容成氏》禪讓思想考論	中山女高學報	3	13-24	2003.12
淺野裕一	上博楚簡《容成氏》中的禪讓與放伐	清華學報	33:2	377-397	2003.12
陳偉	郭店竹書《成之聞之》、《尊德義》、《六德》三篇的編連問題	國文學報	34	31-54	2003.12
陳錫勇	《郭店楚簡老子校釋》指瑕	鵝湖學誌	31	201-219	2003.12
劉昭敏	上博簡"孔子詩論"簡序	建中學報	9	47-62	2003.12
顔世鉉	郭店竹書校勘與考釋問題舉隅	中研院歷史語言研究所集刊	74:4	619-672	2003.12
蘇建洲	楚簡文字考釋二則	國文學報	34	55-86	2003.12
蘇建洲	郭店楚墓竹簡"五行"初探	語文學報	10	173-204	2003.12
饒宗頤	《詩》與古史——從新出楚簡説玄鳥傳説與早期殷史	中國文化研究所學報	新12=43	1-12	2003

3.秦簡

作者	篇名	期(報刊)名	卷期	頁次	出版時間
余宗發	由睡虎地秦律看商鞅對秦之貢獻	簡帛研究彙刊	1	753-786	2003.05
吴福助	秦律"重刑主義"下的彈性法規	簡帛研究彙刊	1	711-730	2003.05
桂齊遜	秦漢律令關於"老幼殘疾有罪得減"相關規範試析	簡帛研究彙刊	1	337-364	2003.05
傅榮珂	秦律死刑制度考述	簡帛研究彙刊	1	731-752	2003.05
黄留珠	簡牘所見秦漢文吏的若干問題	簡帛研究彙刊	1	203-222	2003.05
趙平安	雲夢龍崗秦簡釋文注釋訂補——附論"書同文"的歷史作用	簡帛研究彙刊	1	815-826	2003.05
王曉衡	秦簡《日書》與敦煌卷子中的宅居觀	歷史月刊	187	50-53	2003.08
桂齊遜	秦漢律令關於"刑事責任能力"相關規範試析	華岡文科學報	26	135-160	2003.09
蔡宜静	湖南龍山里耶古城之發現與戰國秦漢史研究	史耘	9	1-10	2003.09
賴光宏	從雲夢秦簡《日書·詰咎篇》看楚人對鬼怪作祟及防治之道	大漢學報	18	341-354	2003.11
李力	睡虎地秦簡"隸臣妾"身分問題研究及評述	法制史研究	4	1-45	2003.12

4.漢簡

作者	篇名	期(報刊)名	卷期	頁次	出版時間
王子今	漢代絲路貿易的一種特殊形式:論"戍卒行道貰賣衣財物"	簡帛研究彙刊	1	487-506	2003.05
史語所簡牘整理小組①	"中央研究院"歷史語言研究所藏居延漢簡整理近悦簡報	簡帛研究彙刊	1	23-54	2003.05
何雙全	西漢與烏孫交涉史新證——懸泉漢簡所見西域關係史研究之一	簡帛研究彙刊	1	507-524	2003.05

① 本文由邢義田執筆。

续表

作者	篇名	期(報刊)名	卷期	頁次	出版時間
吴昌廉	關於木中隧與城北隧相候望問題之討論	簡帛研究彙刊	1	55–74	2003.05
李振宏	漢代居延地區屯戍吏卒的經濟生活	簡帛研究彙刊	1	525–556	2003.05
李解民	《東海郡吏員簿》續探	簡帛研究彙刊	1	123–138	2003.05
桂齊遜	秦漢律令關於"老幼殘疾有罪得減"相關規範試析	簡帛研究彙刊	1	337–364	2003.05
馬先醒	河西簡牘與《新史》	簡帛研究彙刊	1	1–12	2003.05
郭伯佾	尹灣漢簡《神烏賦》的書體運用	簡帛研究彙刊	1	441–486	2003.05
陶天翼	漢簡裏所幸存的政府人事檔册	簡帛研究彙刊	1	189–202	2003.05
黄留珠	簡牘所見秦漢文吏的若干問題	簡帛研究彙刊	1	203–222	2003.05
楊雄	敦煌漢簡藝術論	簡帛研究彙刊	1	393–440	2003.05
廖伯源	漢代縣丞尉職掌雜考	簡帛研究彙刊	1	139–154	2003.05
劉樂賢	邵家溝漢代木牘上的符、咒及相關問題	簡帛研究彙刊	1	567–584	2003.05
謝桂華	《居延漢簡補編》釋文補正舉隅	簡帛研究彙刊	1	787–814	2003.05
邢義田	從張家山漢簡《二年律令》論秦漢的刑期問題	臺大歷史學報	31	311–323	2003.06
林進忠	敦煌漢簡王駿幕府檔案的草書文字	造形藝術學刊	2003年度	1–27	2003.06
洪淑湄	漢代之賜杖	興大人文學報	33(下)	643–662	2003.06
黄雅茹	漢簡識字書之書法初探	造形藝術學刊	2003年度	187–208	2003.06
林進忠	武威漢代醫簡的行草書法	藝術學報	72	1–16	2003.08
林進忠	東漢初年兩件草書簡册的内容與書法	臺北師範學院學報	16:2	25–53	2003.09
桂齊遜	秦漢律令關於"刑事責任能力"相關規範試析	華岡文科學報	26	135–160	2003.09
邢義田	夏鼐發現敦煌漢簡和晋泰始石刻的經過	古今論衡	10	60–69	2003.12
林進忠	玉門花海出土漢簡的書法考察	藝術學報	73	1–21	2003.12
廖伯源	《張家山漢簡·秩律》鄭侯國及雍縣考	漢學研究	21:2=43	31–44	2003.12

5.走馬樓吴簡

作者	篇名	期(報刊)名	卷期	頁次	出版時間
胡平生	《嘉禾四年吏民田家莂》統計錯誤例解析	簡帛研究彙刊	1	585-622	2003.05

6.帛書

作者	篇名	期(報刊)名	卷期	頁次	出版時間
王小盾 朱旭强	三重符號的疊合——"馬王堆二〇〇二號·紅與白"解讀	明報月刊	38:1=445	62-65	2003.01
林清源	馬王堆帛書《十大經》題解	中國文哲研究集刊	22	259-290	2003.03
陳麗紅	帛書《易經》卦名通假字研究	問學	5	129-151	2003.03
李建民	"㕮咀"箋證——兼論古代"嘗藥"禮俗	簡帛研究彙刊	1	557-566	2003.05
孫長祥	帛書《道原》與《淮南子·原道》思想的比較	簡帛研究彙刊	1	287-312	2003.05
張顯成	簡帛文獻與先秦兩漢漢語研究	簡帛研究彙刊	1	223-252	2003.05
郭梨華	"德之行"與"行"的哲學意義	簡帛研究彙刊	1	697-710	2003.05
陳松長	試論帛書《刑德》甲、乙本的撰抄年代	簡帛研究彙刊	1	685-696	2003.05
陳清香	馬王堆T形帛畫所反映的漢代宇宙觀與繪畫風格	簡帛研究彙刊	1	365-392	2003.05
陳錫勇	《老子》通行本謬誤舉證	簡帛研究彙刊	1	155-174	2003.05
熊鐵基	簡帛在秦漢史研究中的地位	簡帛研究彙刊	1	109-122	2003.05
魏啓鵬	帛書"天企"考釋	簡帛研究彙刊	1	273-286	2003.05
羅獨修	從出土之簡帛資料研析——"(法家)歸本於黄老"之真義	簡帛研究彙刊	1	175-188	2003.05
許雅棠	無以取有——"帛書老子"政治思想試説	政治科學論叢	18	171-189	2003.06
陳文豪	《簡帛發現與研究》(書評)	東海大學文學院學報	44	397-401	2003.07
陳文豪	《簡帛學年鑑(2002年)》	華岡文科學報	26	189-279	2003.09

续表

作者	篇名	期(報刊)名	卷期	頁次	出版時間
戴璉璋	儒家慎獨説的解讀	中國文哲研究集刊	23	211-234	2003.09
林清源	簡牘帛書疑似標題考辨	中國文字	新29	133-176	2003.12

7.其他

作者	篇名	期(報刊)名	卷期	頁次	出版時間
邵東方	劉殿爵等點校《汲冢紀年存真》辨誤舉例	經學研究論叢	11	317-332	2003.06

三、文集隨筆

1.通論

作者	篇名	書名	出版者	頁次	出版時間
	嘉義大學第一届簡牘學術研討會會議記録	第一届簡牘學術研討會論文集	嘉義大學中國文學研究所	217-243	2003.07①
陳文豪	金少英《漢簡臆談》	第一届簡牘學術研討會論文集	嘉義大學中國文學研究所	163-170	2003.07
張桂光	新世紀古文字研究若干省思	第四届國際中國古文字學研討會論文集	香港中文大學中國語言及文學	383-391	2003.10
馮勝君	從出土文獻談先秦兩漢古書的體例(文本書寫篇)	第四届國際中國古文字學研討會論文集	香港中文大學中國語言及文學	453-467	2003.10
饒宗頤	李均明《初學録》序	饒宗頤二十世紀學術文集·卷三·簡帛學·簡帛文藪	新文豐出版股份有限公司	215-217	2003.10
饒宗頤	胡平生簡牘論文集序	饒宗頤二十世紀學術文集·卷三·簡帛學·簡帛文藪	新文豐出版股份有限公司	218-219	2003.10

① 本論文集無版權頁,故無出版年月日,據編者嘉義大學中國文學研究所所長傅榮珂於書前所寫之〈序〉後所附年月日訂爲7月出版。

续表

作者	篇名	書名	出版者	頁次	出版時間
饒宗頤	中文大學藏簡序	饒宗頤二十世紀學術文集·卷三·簡帛學·簡帛文藪	新文豐出版股份有限公司	220-221	2003.10
張光裕	出土古文字材料與經典詮釋	文獻及語言知識與經典詮釋關係	財團法人喜瑪拉雅研究發展基金會	83-117	2003.12

2.楚簡

作者	篇名	書名	出版者	頁次	出版時間
汪天成	舜父考	第一屆簡牘學術研討會論文集	嘉義大學中國文學研究所	113-123	2003.07
阮忠仁	楚簡《太一生水》宇宙論之淵源——從齊地八神考察	第一屆簡牘學術研討會論文集	嘉義大學中國文學研究所	19-73	2003.07
周鳳五	楚簡文字考釋	第一屆簡牘學術研討會論文集	嘉義大學中國文學研究所	125-129	2003.07
季旭昇	上博二小議(四):《昔者君老》中的“母弟送退”及君老	第一屆簡牘學術研討會論文集	嘉義大學中國文學研究所	209-216	2003.07
林素清	楚簡文字零釋(一)説	第一屆簡牘學術研討會論文集	嘉義大學中國文學研究所	201-208	2003.07
邱德修	《上博簡》(二)《民之父母》“虽”字考	第一屆簡牘學術研討會論文集	嘉義大學中國文學研究所	149-161	2003.07
高婉瑜	上博簡《孔子詩論》隱字考	第一屆簡牘學術研討會論文集	嘉義大學中國文學研究所	75-85	2003.07
陳金木	楚簡《緇衣》研究的省思	第一屆簡牘學術研討會論文集	嘉義大學中國文學研究所	1-18	2003.07
蘇建洲	《上博楚竹書(二)》文字柬釋	第一屆簡牘學術研討會論文集	嘉義大學中國文學研究所	131-147	2003.07

续表

作者	篇名	書名	出版者	頁次	出版時間
沈培	試説郭店楚簡《性自命出》關於賚、武、韶、夏之樂一段文字中的幾個字詞	第四屆國際中國古文字學研討會論文集	香港中文大學中國語言及文學系	217—231	2003.10
大西克也	試論上博楚簡《緇衣》中的"𠂤"字和相關諸字	第四屆國際中國古文字學研討會論文集	香港中文大學中國語言及文學系	331—345	2003.10
白於藍	《容成氏》編連問題補議	第四屆國際中國古文字學研討會論文集	香港中文大學中國語言及文學系	301—308	2003.10
吴辛丑	簡帛《周易》字詞拾零	第四屆國際中國古文字學研討會論文集	香港中文大學中國語言及文學系	415—427	2003.10
李守奎	曾侯乙墓竹簡"水"部字補釋	第四屆國際中國古文字學研討會論文集	香港中文大學中國語言及文學系	505—516	2003.10
李家浩	戰國竹簡《民之父母》中的"才辯"	第四屆國際中國古文字學研討會論文集	香港中文大學中國語言及文學系	583—595	2003.10
季旭昇	《上博二·民之父母》四論	第四屆國際中國古文字學研討會論文集	香港中文大學中國語言及文學系	243—255	2003.10
袁國華	楚簡與《楚辭》訓讀	第四屆國際中國古文字學研討會論文集	香港中文大學中國語言及文學系	429—451	2003.10
張連航	出土簡、帛《老子》的"用字"研究	第四屆國際中國古文字學研討會論文集	香港中文大學中國語言及文學系	469—478	2003.10
曹峰	"名二物三"考——兼論《語叢一、三》兩篇所見"名"思想	第四屆國際中國古文字學研討會論文集	香港中文大學中國語言及文學系	347—361	2003.10
陳偉	竹書《容成氏》零識	第四屆國際中國古文字學研討會論文集	香港中文大學中國語言及文學系	295—300	2003.10
陳劍	據戰國竹簡文字校讀古書兩則	第四屆國際中國古文字學研討會論文集	香港中文大學中國語言及文學系	371—381	2003.10
陳美蘭	《上博(二)·從政》芻議三則	第四屆國際中國古文字學研討會論文集	香港中文大學中國語言及文學系	267—276	2003.10
陳偉武	戰國竹簡與傳世子書字詞合證	第四屆國際中國古文字學研討會論文集	香港中文大學中國語言及文學系	199—209	2003.10

续表

作者	篇名	書名	出版者	頁次	出版時間
陳斯鵬	論周原甲骨和楚系簡帛中的“囟”和“思”——兼論卜辭命辭的性質	第四届國際中國古文字學研討會論文集	香港中文大學中國語言及文學系	393-413	2003.10
單周堯	楚簡《詩論》“文王唯谷”説	第四届國際中國古文字學研討會論文集	香港中文大學中國語言及文學系	663-668	2003.10
馮時	《詩經·小宛》教旨探義——讀《子羔·孔子詩論》札記之五	第四届國際中國古文字學研討會論文集	香港中文大學中國語言及文學系	309-317	2003.10
黄鳳書 劉國勝	記荆門左冢楚墓漆梮	第四届國際中國古文字學研討會論文集	香港中文大學中國語言及文學系	493-503	2003.10
黄錫全	讀上博簡(二)札記五則	第四届國際中國古文字學研討會論文集	香港中文大學中國語言及文學系	233-242	2003.10
楊澤生	上博竹書考釋(三篇)	第四届國際中國古文字學研討會論文集	香港中文大學中國語言及文學系	277-293	2003.10
裘錫圭	由郭店簡《性自命出》的“室性者故也”説到《孟子》的“天下之言性也”章	第四届國際中國古文字學研討會論文集	香港中文大學中國語言及文學系	43-56	2003.10
趙平安	戰國文字中的“宛”及其相關問題研究——以與縣有關的資料爲中心	第四届國際中國古文字學研討會論文集	香港中文大學中國語言及文學系	529-540	2003.10
劉信芳	上博藏竹書《從政》補釋(六則)	第四届國際中國古文字學研討會論文集	香港中文大學中國語言及文學系	257-266	2003.10
劉彬徽	楚系文獻略論——從郭店楚簡談起	第四届國際中國古文字學研討會論文集	香港中文大學中國語言及文學系	363-370	2003.10
劉樂賢	讀包山楚簡札記	第四届國際中國古文字學研討會論文集	香港中文大學中國語言及文學系	211-215	2003.10
饒宗頤	從郭店簡追踪古哲“重言”——儒道學脈試論	饒宗頤二十世紀學術文集·卷三·簡帛學·簡帛文藪	新文豐出版股份有限公司	5-11	2003.10

续表

作者	篇名	書名	出版者	頁次	出版時間
饒宗頤	郭店楚簡本《老子》新義舉例	饒宗頤二十世紀學術文集·卷三·簡帛學·簡帛文藪	新文豐出版股份有限公司	12-20	2003.10
饒宗頤	郭店楚簡與《天問》——"墜何故以東南傾"説	饒宗頤二十世紀學術文集·卷三·簡帛學·簡帛文藪	新文豐出版股份有限公司	21-24	2003.10
饒宗頤	"太一"古義及相關問題	饒宗頤二十世紀學術文集·卷三·簡帛學·簡帛文藪	新文豐出版股份有限公司	25-36	2003.10
饒宗頤	説九店楚簡之武(君)與復山	饒宗頤二十世紀學術文集·卷三·簡帛學·簡帛文藪	新文豐出版股份有限公司	37-42	2003.10
饒宗頤	中文大學文物館藏建初四年"序寧病簡"與包山簡——論戰國、秦、漢解疾禱祠之諸神與古史人物	饒宗頤二十世紀學術文集·卷三·簡帛學·簡帛文藪	新文豐出版股份有限公司	172-184	2003.10
饒宗頤	郭店楚簡《老子》柬釋序	饒宗頤二十世紀學術文集·卷三·簡帛學·簡帛文藪	新文豐出版股份有限公司	209-211	2003.10
饒宗頤	郭店簡中虞舜先人"寞"考	饒宗頤二十世紀學術文集·卷三·簡帛學·簡帛文藪	新文豐出版股份有限公司	212-214	2003.10
顧史考	讀《尊德義》札記	第四屆國際中國古文字學研討會論文集	香港中文大學中國語言及文學系	319-329	2003.10

3.秦簡

作者	篇名	書名	出版者	頁次	出版時間
傅榮珂	秦律民法所有權評述	第一屆簡牘學術研討會論文集	嘉義大學中國文學研究所	171–164	2003.07
羅仕杰	里耶秦簡地理問題初探	第一屆簡牘學術研討會論文集	嘉義大學中國文學研究所	87–99	2003.07
饒宗頤	古酉水、酉墳考——里耶秦簡所見"酉陽"與古史	第四屆國際中國古文字學研討會論文集	香港中文大學中國語言及文學系	1–3	2003.10
饒宗頤	從雲夢勝文書談秦代文學	饒宗頤二十世紀學術文集·卷三·簡帛學·簡帛文藪	新文豐出版股份有限公司	47–58	2003.10
饒宗頤	秦簡中"稗官"及如淳稱魏時謂"偶語爲稗"——論小説與稗官	饒宗頤二十世紀學術文集·卷三·簡帛學·簡帛文藪	新文豐出版股份有限公司	59–67	2003.10
饒宗頤	秦簡中的五行説與納音説	饒宗頤二十世紀學術文集·卷三·簡帛學·簡帛文藪	新文豐出版股份有限公司	98–125	2003.10
饒宗頤	論天水秦簡中之"中鳴"、"後鳴"與古代以音律配合時刻制度	饒宗頤二十世紀學術文集·卷三·簡帛學·簡帛文藪	新文豐出版股份有限公司	156–161	2003.10
饒宗頤	睡虎地秦簡日書研究	饒宗頤二十世紀學術文集·卷三·簡帛學	新文豐出版股份有限公司	229–368	2003.10

4.漢簡

作者	篇名	書名	出版者	頁次	出版時間
廖伯源	漢代考課制度雜考	秦漢史論叢	五南圖書出版股份有限公司	127–154	2003.05
廖伯源	《尹灣漢墓簡牘·東海郡下轄長吏不在署、未到官者名籍》釋證	秦漢史論叢	五南圖書出版股份有限公司	265–303	2003.05
吴昌廉	秦漢"自占"制度初探	第一屆簡牘學術研討會論文集	嘉義大學中國文學研究所	101–111	2003.07

续表

作者	篇名	書名	出版者	頁次	出版時間
陳文豪	金少英《漢簡臆談》	第一屆簡牘學術研討會論文集	嘉義大學中國文學研究所	163–170	2003.07
李零	尹灣漢簡《神烏賦》校讀記	第四屆國際中國古文字學研討會論文集	香港中文大學中國語言及文學	517–522	2003.10
饒宗頤	銀雀山簡《天地八風五行客主五音之居》初探	饒宗頤二十世紀學術文集·卷三·簡帛學·簡帛文藪	新文豐出版股份有限公司	162–171	2003.10
饒宗頤	中文大學文物館藏建初四年"序寧病簡"與包山簡——論戰國、秦、漢解疾禱祠之諸神與古史人物	饒宗頤二十世紀學術文集·卷三·簡帛學·簡帛文藪	新文豐出版股份有限公司	172–184	2003.10
饒宗頤	居延簡術數耳鳴目瞤解 附居延零簡	饒宗頤二十世紀學術文集·卷三·簡帛學·簡帛文藪	新文豐出版股份有限公司	185–197	2003.10
饒宗頤	《神烏傳(賦)》與東海文風	饒宗頤二十世紀學術文集·卷三·簡帛學·簡帛文藪	新文豐出版股份有限公司	204–208	2003.10
饒宗頤 李均明	敦煌漢簡編年考證	饒宗頤二十世紀學術文集·卷三·簡帛學	新文豐出版股份有限公司	443–664	2003.10
饒宗頤 李均明	新莽簡輯證	饒宗頤二十世紀學術文集·卷三·簡帛學	新文豐出版股份有限公司	665–934	2003.10

5.帛書

作者	篇名	書名	出版者	頁次	出版時間
林榮森	馬王堆帛書書法藝術初探	第一屆簡牘學術研討會論文集	嘉義大學中國文學研究所	185–199	2003.07
吴辛丑	簡帛《周易》字詞拾零	第四屆國際中國古文字學研討會論文集	香港中文大學中國語言及文學	415–427	2003.10
張連航	出土簡、帛《老子》的"用字"研究	第四屆國際中國古文字學研討會論文集	香港中文大學中國語言及文學	469–478	2003.10

续表

作者	篇名	書名	出版者	頁次	出版時間
饒宗頤	帛書《繫辭傳》"大恒"説	饒宗頤二十世紀學術文集·卷三·簡帛學·簡帛文藪	新文豐出版股份有限公司	68-88	2003.10
饒宗頤	論帛書《要》篇損益的天文意義——産道與産氣	饒宗頤二十世紀學術文集·卷三·簡帛學·簡帛文藪	新文豐出版股份有限公司	89-97	2003.10
饒宗頤	馬王堆《刑德》乙本九宫圖諸神——兼論出土文獻中的顓頊與攝提	饒宗頤二十世紀學術文集·卷三·簡帛學·簡帛文藪	新文豐出版股份有限公司	126-136	2003.10
饒宗頤	馬王堆《陰陽五行》之《天一圖》——漢初天一家遺説考	饒宗頤二十世紀學術文集·卷三·簡帛學·簡帛文藪	新文豐出版股份有限公司	137-155	2003.10
饒宗頤	長沙楚帛書研究	饒宗頤二十世紀學術文集·卷三·簡帛學	新文豐出版股份有限公司	229-368	2003.10

6.其他

作者	篇名	書名	出版者	頁次	出版時間
趙世綱	禱祠考——温縣盟書T4K5詞釋讀	第四届國際中國古文字學研討會論文集	香港中文大學中國語言及文學	479-492	2003.10
饒宗頤	記建興廿八年"松人"解除簡——"五龍相拘絞"説	饒宗頤二十世紀學術文集·卷三·簡帛學·簡帛文藪	新文豐出版股份有限公司	198-203	2003.10

2004 年

一、專書

作(編)者	書名	出版地點	出版者	頁數	出版時間
林清源	簡牘帛書標題格式研究	臺北	藝文印書館	390	2004.02
劉釗	出土簡帛文字叢考	臺北	臺灣古籍出版有限公司	276	2004.03
朱心怡	天之道與人之道:郭店楚簡儒道思想研究	臺北	文津出版社	323	2004.05

续表

作(編)者	書名	出版地點	出版者	頁數	出版時間
季旭昇主編 陳霖慶、鄭玉珊、鄒濬智合撰	《上海博物館藏戰國楚竹書(一)》讀本	臺北	萬卷樓圖書有限公司	286	2004.07
李均明	居延漢簡編年:居延編	臺北	新文豐出版股份有限公司	312	2004.08
于振波	走馬樓吴簡初探	臺北	文津出版社	258	2004.10
張光裕 袁國華	望山楚簡校録(附文字編)	臺北	藝文印書館	226	2004.12
淺野裕一著 佐藤將之監譯	戰國楚簡研究	臺北	萬卷樓圖書有限公司	211	2004.12
劉祖信	郭店楚簡綜覽	臺北	萬卷樓圖書有限公司	85	2004.12

二、期刊論文

1.通論

作者	篇名	期(報刊)名	卷期	頁次	出版時間
王子今	陳夢家與簡牘學	簡帛研究彙刊	2	381-409	2004.05
吴福助	馬先醒與臺灣地區的簡牘學	簡帛研究彙刊	2	39-98	2004.05
吕宗力	何四維、魯惟一與簡帛學	簡帛研究彙刊	2	177-196	2004.05
李均明	饒宗頤先生與簡帛學	簡帛研究彙刊	2	351-380	2004.05
邢義田	行役尚未已,日暮居延城——勞榦先生的漢簡因緣	簡帛研究彙刊	2	1-38	2004.05
林文慶	高敏簡牘學研究述論	簡帛研究彙刊	2	255-312	2004.05
胡平生	裘錫圭與簡帛學	簡帛研究彙刊	2	137-176	2004.05
徐世虹	大庭脩與中國簡牘學	簡帛研究彙刊	2	197-220	2004.05
張榮芳	中國簡牘學的奠基者王國維	簡帛研究彙刊	2	99-120	2004.05
張銘洽	林劍鳴先生與簡牘學	簡帛研究彙刊	2	411-423	2004.05
陳文豪	陳直著《居延漢簡研究》析論	簡帛研究彙刊	2	313-350	2004.05
陳煒湛	商承祚先生與簡牘學	簡帛研究彙刊	2	121-136	2004.05
趙平安	于豪亮先生與秦漢簡帛研究	簡帛研究彙刊	2	237-254	2004.05

续表

作者	篇名	期(報刊)名	卷期	頁次	出版時間
羅獨修	羅振玉對簡牘學之貢獻試探	簡帛研究彙刊	2	221-235	2004.05
藝術家雜誌	石窟·簡牘·彩陶瓶——中國考古新發現	藝術家	58:5=3348	128	2004.05
魏慈德	《逸周書》《世俘》、《克殷》兩篇與出土文獻互證試論	東華人文學報	6	25-55	2004.07
	漢簡·帛書探微(上)	書友	209	33-45	2004.08
	漢簡·帛書探微(下)	書友	210	28-32	2004.09
寧鎮疆	由出土文獻再説《孔子家語》的性質及其成書過程	孔孟學報	82	131-159	2004.09

2.楚簡

作者	篇名	期(報刊)名	卷期	頁次	出版時間
季旭昇	《上博二·昔者君老》簡文探究及其與《尚書·顧命》的相關問題	中國文哲研究集刊	24	253-292	2004.03
林素英	上博簡《民之父母》思想探微——兼論其與《孔子閒居》的關係	中國學術年刊	25	37-59	2004.03
陳錫勇	《老子》第五十六章析解	中國文化大學中文學報	9	13-19	2004.03
謝素菁	論簡帛《五行》君子内聖之進程	中國學術年刊	25	61-82	2004.03
陳桐生	《孔子詩論》的作者和時代	孔孟月刊	42:8=500	39-47	2004.04
王志	上博簡《孔子詩論》與《詩》經成書考	鵝湖	29:11=347	31-38	2004.05
周雅清	郭店楚簡《性自命出》的“性”論	孔孟月刊	42:9=501	39-47	2004.05
胡平生	裘錫圭與簡帛學	簡帛研究彙刊	2	137-176	2004.05
陳煒湛	商承祚先生與簡牘學	簡帛研究彙刊	2	121-136	2004.05
魏慈德	上海博物館藏戰國楚竹書《孔子詩論》與《詩經》研究瑣記	東華漢學	2	47-72	2004.05
林素英	從《禮記》探究“中庸”之義旨——兼論“中庸”在朱熹以前儒學思想中的地位	國文學報	35	1-34	2004.06

续表

作者	篇名	期(報刊)名	卷期	頁次	出版時間
顧史考	以新出楚簡重遊中國古代的詩歌音樂美學	政大中文學報	1	229–247	2004.06
張書豪	楚簡《太一生水》的自然觀	東吴中文研究集刊	11	115–127	2004.07
江林	楚竹書《孔子詩論》與《詩經》中《風》、《雅》、《頌》的篇次定名	孔孟月刊	42:12=504	27–33	2004.08
黄耀堃	"無爲則不治"及《老子道德經河上公章句》的傳承	先秦兩漢學術	2	33–56	2004.09
寧鎮疆	由出土文獻再説《孔子家語》的性質及其成書過程	孔孟學報	82	131–159	2004.09
蔡鴻	上博簡《孔子詩論》排序新探	中國語文通訊	71	19–24	2004.09
張鵬飛	孔子乎?子夏乎?子羔乎?——上博藏戰國楚竹書《孔子詩論》作者研究綜述	孔孟月刊	43:2=506	24–27	2004.10
林素英	早期儒家服喪措施的文化意義——以《郭店簡》的服喪紀録爲討論中心	經學研究論叢	12	227–256	2004.12

3.秦簡

作者	篇名	期(報刊)名	卷期	頁次	出版時間
吴福助	馬先醒與臺灣地區的簡牘學	簡帛研究彙刊	2	39–98	2004.05
吕宗力	何四維、魯惟一與簡帛學	簡帛研究彙刊	2	177–196	2004.05
林文慶	高敏簡牘學研究述論	簡帛研究彙刊	2	255–312	2004.05
胡平生	裘錫圭與簡帛學	簡帛研究彙刊	2	137–176	2004.05
徐世虹	大庭脩與中國簡牘學	簡帛研究彙刊	2	197–220	2004.05
張銘洽	林劍鳴先生與簡牘學	簡帛研究彙刊	2	411–423	2004.05
趙平安	于豪亮先生與秦漢簡帛研究	簡帛研究彙刊	2	237–254	2004.05
徐富昌	睡虎地秦簡通假字研究	臺大中文學報	21	29–31+33–83	2004.12

4.漢簡

作者	篇名	期(報刊)名	卷期	頁次	出版時間
林文慶	張家山漢簡《二年律令》所見逮捕對象探論	中國文化大學中文學報	9	93-109	2004.03
吴福助	馬先醒與臺灣地區的簡牘學	簡帛研究彙刊	2	39-98	2004.05
吕宗力	何四維、魯惟一與簡帛學	簡帛研究彙刊	2	177-196	2004.05
李均明	饒宗頤先生與簡帛學	簡帛研究彙刊	2	351-380	2004.05
邢義田	行役尚未已,日暮居延城——勞榦先生的漢簡因緣	簡帛研究彙刊	2	1-38	2004.05
林文慶	高敏簡牘學研究述論	簡帛研究彙刊	2	255-312	2004.05
胡平生	裘錫圭與簡帛學	簡帛研究彙刊	2	137-176	2004.05
徐世虹	大庭脩與中國簡牘學	簡帛研究彙刊	2	197-220	2004.05
張榮芳	中國簡牘學的奠基者王國維	簡帛研究彙刊	2	99-120	2004.05
張銘洽	林劍鳴先生與簡牘學	簡帛研究彙刊	2	411-423	2004.05
陳文豪	陳直著《居延漢簡研究》析論	簡帛研究彙刊	2	313-350	2004.05
趙平安	于豪亮先生與秦漢簡帛研究	簡帛研究彙刊	2	237-254	2004.05
羅獨修	羅振玉對簡牘學之貢獻試探	簡帛研究彙刊	2	221-235	2004.05
	漢簡・帛書探微(上)	書友	209	33-45	2004.08
林進忠	西漢《甘露二年御史書》册書文字的書法	藝術學報	74	1-22	2004.08
	漢簡・帛書探微(下)	書友	210	28-32	2004.09
寧鎮疆	由出土文獻再説《孔子家語》的性質及其成書過程	孔孟學報	82	131-159	2004.09
阮宜婷	漢代西北邊防——移民屯田、烽燧制度初探	新北大史學	2	113-123	2004.10
林彦妙 傅榮珂	武威旱灘坡漢代醫簡治咳藥方探微	嘉義大學通識學報	2	109-134	2004.12
林進忠	敦煌漢簡王駿幕府檔案的草書文字(Ⅱ)	造形藝術學刊	2004 年度	9-38	2004.12
黎明釗	户律與編户民的控制:張家山《二年律令・户律》讀記	中國文化研究所學報	13=44	1-19	2004

5.走馬樓吴簡

作者	篇名	期(報刊)名	卷期	頁次	出版時間
于振波	“筭”與“事”——走馬樓户籍簡所反映的算賦和徭役	漢學研究	22:2=45	189-209	2004.12
于振波	從長沙走馬樓三國吴簡看其户籍中的性别與年齡結構——兼論户與里的規模	臺大歷史學報	34	329-380	2004.12

6.帛書

作者	篇名	期(報刊)名	卷期	頁次	出版時間
邱德修	馬王堆“脈法”“季子忠謹”新證	中國文化大學中文學報	9	21-40	2004.03
陳錫勇	《老子》第五十六章析解	中國文化大學中文學報	9	13-19	2004.03
謝素菁	論簡帛《五行》君子内聖之進程	中國學術年刊	25	61-82	2004.03
吕宗力	何四維、魯惟一與簡帛學	簡帛研究彙刊	2	177-196	2004.05
李均明	饒宗頤先生與簡帛學	簡帛研究彙刊	2	351-380	2004.05
胡平生	裘錫圭與簡帛學	簡帛研究彙刊	2	137-176	2004.05
趙平安	于豪亮先生與秦漢簡帛研究	簡帛研究彙刊	2	237-254	2004.05
	漢簡·帛書探微(上)	書友	209	33-45	2004.08
	漢簡·帛書探微(下)	書友	210	28-32	2004.09
黄耀堃	“無爲則無不治”及《老子道德經河上公章句》的傳承	先秦兩漢學術	2	33-56	2004.09
曾美雲	帛書《易説》思想探析——兼論“子曰”及其相關問題	語文學報	11	203-244	2004.12

三、文集隨筆

1.通論

作者	篇名	書名	出版者	頁次	出版時間
劉釗	讀書叢札	出土簡帛文字叢考	臺灣古籍出版有限公司	224-234	2004.03

续表

作者	篇名	書名	出版者	頁次	出版時間
劉釗	出土簡牘帛書的分類及其在歷史文獻學上的意義	出土簡帛文字叢考	臺灣古籍出版有限公司	262-274	2004.03
林文慶	高敏簡牘學研究續論	許錟輝教授七秩祝壽論文集	萬卷樓圖書股份有限公司	413-432	2004.09
高婉瑜	試論遣册中的兩組物量詞	第七届中區文字學學術研討會論文	聖環圖書股份有限公司	51-60	2004.12
張光裕	出土文字材料與經典詮釋	雪齋學術論文二集	藝文印書館股份有限公司	1-21	2004.12
張光裕	歷史可以改寫嗎? "第四届國際中國古文字學術研討會"——新世紀的古文字學與經典詮釋引言	雪齋學術論文二集	藝文印書館股份有限公司	41-46	2004.12
張光裕	古文字學發展的新方向 中央研究院歷史語言研究所七十周年研討會"邁向新學術之路——學術史與方法學的省思"特約評論稿	雪齋學術論文二集	藝文印書館股份有限公司	47-51	2004.12

2.楚簡

作者	篇名	書名	出版者	頁次	出版時間
劉釗	包山楚簡文字考釋	出土簡帛文字叢考	臺灣古籍出版有限公司	3-32	2004.03
劉釗	談包山楚簡中有關"煮鹽於海"的重要史料	出土簡帛文字叢考	臺灣古籍出版有限公司	33-34	2004.03
劉釗	讀郭店楚簡文字札記(一、二、三)	出土簡帛文字叢考	臺灣古籍出版有限公司	35-70	2004.03
劉釗	讀郭店楚簡文字札記(四)	出土簡帛文字叢考	臺灣古籍出版有限公司	71-76	2004.03

续表

作者	篇名	書名	出版者	頁次	出版時間
劉釗	郭店楚簡《語叢》一箋釋	出土簡帛文字叢考	臺灣古籍出版有限公司	77-106	2004.03
劉釗	讀《上海博物館藏戰國楚竹書》(一)札記	出土簡帛文字叢考	臺灣古籍出版有限公司	107-109	2004.03
劉釗	《容成氏》釋讀二則	出土簡帛文字叢考	臺灣古籍出版有限公司	110-112	2004.03
劉釗	釋楚簡中的"緫"(繆)字	出土簡帛文字叢考	臺灣古籍出版有限公司	113-119	2004.03
劉釗	釋"儥"及相關諸字	出土簡帛文字叢考	臺灣古籍出版有限公司	120-129	2004.03
劉釗	説"禼""皇"二字來源并談楚帛書"萬""兒"二字的讀灋	出土簡帛文字叢考	臺灣古籍出版有限公司	130-133	2004.03
許文獻	楚系从夬之字再釋	許錟輝教授七秩祝壽論文集	萬卷樓圖書股份有限公司	219-270	2004.09
許學仁	信陽長臺關《竹書》的性質定位與内涵開展	許錟輝教授七秩祝壽論文集	萬卷樓圖書股份有限公司	1-17①	2004.09
	江陵望山楚墓竹簡研究文獻要目	望山楚簡校録(附文字編)	藝文印書館	219-226	2004.12
袁國華	江陵望山楚簡"青帝"考釋	望山楚簡校録(附文字編)	藝文印書館	35-40	2004.12
袁國華	《望山楚簡》考釋三則	望山楚簡校録(附文字編)	藝文印書館	41-54	2004.12
袁國華	望山楚墓卜筮祭禱簡文字考釋四則	望山楚簡校録(附文字編)	藝文印書館	55-82	2004.12
張光裕 袁國華	《包山楚簡文字編》校訂	雪齋學術論文二集	藝文印書館股份有限公司	321-324	2004.12
張光裕 袁國華	讀包山楚簡札迻	雪齋學術論文二集	藝文印書館股份有限公司	325-328	2004.12

① 本文未收入論文集中,單獨以别册性質復印,夾附於論文集中。

续表

作者	篇名	書名	出版者	頁次	出版時間
張光裕	《包山楚簡研究·第一卷·文字編》緒言	雪齋學術論文二集	藝文印書館股份有限公司	329–336	2004.12
張光裕	《包山楚簡研究·第一卷·文字編》校補	雪齋學術論文二集	藝文印書館股份有限公司	337–347	2004.12
張光裕	望山楚簡校録	雪齋學術論文二集	藝文印書館股份有限公司	349–364	2004.12
張光裕	上海博物館藏戰國楚竹書(二)《從政》	雪齋學術論文二集	藝文印書館股份有限公司	365–385	2004.12
張光裕	上博楚竹書《從政》識小	雪齋學術論文二集	藝文印書館股份有限公司	387–394	2004.12
張光裕	上博楚竹書《從政》篇釋讀補説	雪齋學術論文二集	藝文印書館股份有限公司	395–402	2004.12
張光裕	上海博物館藏戰國楚竹書(四)《相邦之道》	雪齋學術論文二集	藝文印書館股份有限公司	403–407	2004.12
張光裕	上博竹書"其"、"己"通假例辨析	雪齋學術論文二集	藝文印書館股份有限公司	409–414	2004.12
張光裕	雪齋驚見上博竹書詩稿	雪齋學術論文二集	藝文印書館股份有限公司	415–417	2004.12

3.秦簡

作者	篇名	書名	出版者	頁次	出版時間
劉釗	談秦簡中的"鬼怪"	出土簡帛文字叢考	臺灣古籍出版有限公司	137–146	2004.03
劉釗	讀秦簡文字札記	出土簡帛文字叢考	臺灣古籍出版有限公司	147–155	2004.03
劉釗	談睡虎地秦簡中的"濆"字	出土簡帛文字叢考	臺灣古籍出版有限公司	156–158	2004.03
劉釗	説秦簡中"女筆"之"筆"	出土簡帛文字叢考	臺灣古籍出版有限公司	159–161	2004.03

续表

作者	篇名	書名	出版者	頁次	出版時間
劉釗	秦簡考釋一則	出土簡帛文字叢考	臺灣古籍出版有限公司	162–165	2004.03
劉釗	讀《龍崗秦簡》札記	出土簡帛文字叢考	臺灣古籍出版有限公司	166–170	2004.03
劉釗	武夷山與武夷山神	出土簡帛文字叢考	臺灣古籍出版有限公司	207–209	2004.03
何清谷	郭店楚簡的書寫時間與秦楚戰爭	秦史探微	蘭臺出版社	198–200	2004.07
張光裕 陳偉武	簡帛醫藥文獻考釋	雪齋學術論文二集	藝文印書館股份有限公司	419–427	2004.12

4.漢簡

作者	篇名	書名	出版者	頁次	出版時間
劉釗	關於馬王堆和張家山出土醫書中兩個詞語解釋的辨正	出土簡帛文字叢考	臺灣古籍出版有限公司	175–178	2004.03
劉釗	馬王堆漢墓簡帛文字考釋	出土簡帛文字叢考	臺灣古籍出版有限公司	179–190	2004.03
劉釗	《張家山漢墓竹簡》釋文注釋商榷	出土簡帛文字叢考	臺灣古籍出版有限公司	191–202	2004.03
劉釗	江蘇高郵邵家溝漢代遺址出土木簡神名考釋	出土簡帛文字叢考	臺灣古籍出版有限公司	203–206	2004.03
張光裕 陳偉武	簡帛醫藥文獻考釋	雪齋學術論文二集	藝文印書館股份有限公司	419–427	2004.12
張光裕	讀定州漢墓竹簡《論語》通假字札記	雪齋學術論文二集	藝文印書館股份有限公司	429–442	2004.12

5.走馬樓吴簡

作者	篇名	書名	出版者	頁次	出版時間
于振波	走馬樓吴簡所見佃田制度考略	走馬樓吴簡初探	文津出版社	1–24	2004.10
于振波	走馬樓吴簡中的"限米"與屯田	走馬樓吴簡初探	文津出版社	25–42	2004.10
于振波	走馬樓吴簡中的里與丘	走馬樓吴簡初探	文津出版社	43–76	2004.10
于振波	漢調與吴調	走馬樓吴簡初探	文津出版社	77–104	2004.10
于振波	走馬樓户籍簡性别與年齡結構分析	走馬樓吴簡初探	文津出版社	105–142	2004.10
于振波	走馬樓吴簡所見户與里的規模	走馬樓吴簡初探	文津出版社	143–152	2004.10
于振波	苛政與自殘	走馬樓吴簡初探	文津出版社	153–174	2004.10
于振波	漢晋私學考述	走馬樓吴簡初探	文津出版社	175–224	2004.10
于振波	走馬樓吴簡習語考釋	走馬樓吴簡初探	文津出版社	225–236	2004.10
車今花	走馬樓吴簡論著目録	走馬樓吴簡初探	文津出版社	245–258	2004.10

6.帛書

作者	篇名	書名	出版者	頁次	出版時間
劉釗	馬王堆帛書《五十二病方》中一個久被誤釋的藥名	出土簡帛文字叢考	臺灣古籍出版有限公司	173–174	2004.03
劉釗	關於馬王堆和張家山出土醫書中兩個詞語解釋的辨正	出土簡帛文字叢考	臺灣古籍出版有限公司	175–178	2004.03
劉釗	馬王堆漢墓簡帛文字考釋	出土簡帛文字叢考	臺灣古籍出版有限公司	179–190	2004.03
劉釗	武夷山與武夷山神	出土簡帛文字叢考	臺灣古籍出版有限公司	207–209	2004.03
何清谷	《戰國策》和《戰國縱横家書》	秦史探微	蘭臺出版社	201–204	2004.07
張光裕 陳偉武	簡帛醫藥文獻考釋	雪齋學術論文二集	藝文印書館股份有限公司	419–427	2004.12

7.其他

作者	篇名	書名	出版者	頁次	出版時間
吕佩珊	《秦駰玉版》與《宗邑瓦書》文字研究	第七屆中區文字學學術研討會論文	聖環圖書股份有限公司	83–114	2004.12

2005 年

一、專書

作(編)者	書名	出版地點	出版者	頁數	出版時間
楊朝明	孔子家語通解——附出土資料與相關研究	臺北	萬卷樓圖書股份有限公司	634	2005.03
劉祖信 龍永芳	郭店楚簡綜覽	臺北	萬卷樓圖書股份有限公司	121	2005.03
駢宇騫	簡帛文獻概述	臺北	萬卷樓圖書股份有限公司	502	2005.04
黄人二 林志鵬	上海博物館藏戰國楚竹書(三)研究	沙鹿	高文出版社	200	2005.05
邢文	著乎竹帛:中國古代思想與學派	臺北	蘭臺出版社	430	2005.06
黄人二	出土文獻論文集	沙鹿	高文出版社	300	2005.08

二、期(報)刊論文

1.通論

作者	篇名	期(報刊)名	卷期	頁次	出版時間
劉樂賢	從出土文獻看兵陰陽	清華中文學林	1	1–15	2005.04
陳文豪	簡帛學年鑑(2003 年)	華岡文科學報	27	175–251	2005.05
夏含夷著 王正義譯	1960 年以來中國古文字學的發展——錢存訓著《書於竹帛》英文本第二版後序	中華民國圖書館學會會報	74	51–67	2005.06

2.楚簡

作者	篇名	期(報刊)名	卷期	頁次	出版時間
黄君良	郭店儒簡《六德》成於楚人的推測	樹仁學報	3	68–80	2005.01

续表

作者	篇名	期(報刊)名	卷期	頁次	出版時間
邱德修	戰國"内鍵合文"釋考——以"上博簡"(一)(二)爲例	育達學院學報	9	1-20	2005.03
高佑仁	《上海博物館藏戰國楚竹書(二)·民之父母》校讀	思辨集	8	122-148	2005.03
張曉芬	試論郭店楚簡"性自命出"中的反善之道	書友	216	11-41	2005.03
蘇建洲	出土文獻對《楚辭》校詁之貢獻	中國學術年刊	27	111-150+286	2005.03
邱德修	《上博簡·子羔》"人子"新證	中國文化大學中文學報	10	23-41	2005.04
陳錫勇	老子尚德説析解	中國文化大學中文學報	10	43-54	2005.04
李念祖	"民之父母"與先秦儒家古典憲政思想初探——從上博楚竹書簡文談起	法制史研究	7	45-101	2005.06
郭梨華	曾子與郭店儒簡的身體哲學探究	政大中文學報	3	3-32	2005.06
劉佳昌	郭店儒簡的自然人性論及其所涵蘊的價值	東海大學文學院學報	46	27-44	2005.07
鄒濬智	《上海博物館藏戰國楚竹書(四)·昭王毀室》校注——兼談楚昭王的歷史形象	東方人文學誌	4:3	41-55	2005.09
王政	從"詩論"的語義與《詩》旨的關係看上博楚竹書《孔子詩論》	經學研究集刊	1	45-53	2005.10
張曉芬	試論郭店楚簡《性自命出》中的反善之道	輔大中研所學刊	15	217-240	2005.10
白於藍	曾侯乙墓竹簡考釋(四篇)	中國文字	新30	193-202	2005.11
季旭昇	《上博三·恆先》"意出於生,言出於意"説	中國文字	新30	183-192	2005.11
邴尚白	上博楚竹書《曹沫之陳》注釋	中國文學研究	21	1+3-38	2005.12
淺野裕一著 王繡雯譯	上博楚簡《相邦之道》的整體結構	清華學報	35:2	283-294	2005.12

3.秦簡

作者	篇名	期(報刊)名	卷期	頁次	出版時間
王偉雄	秦倉名與糧食貯存形態的探討	中國上古秦漢學會通訊	5	1-23	2005.09
桂齊遜	從出土簡牘史料論《唐律·户婚律》之淵源	法制史研究	8	1-42	2005.12
凱立	里耶秦簡釋讀出秦朝祠先農史實	典藏古美術	159		2005.12

4.漢簡

作者	篇名	期(報刊)名	卷期	頁次	出版時間
邢義田	月令與西漢政治再議——對尹灣牘"春種樹"和"以春令成户"的再省思	新史學	16:1	159-170	2005.03
成蒂	通假字探析——以《張家山漢墓竹簡》中重、童爲聲符的通假字爲例	雲漢學刊	12	43-56	2005.07
羅仕杰	居延、敦煌未改元年號簡研究	嶺東通識教育研究學刊	1:2	414-164	2005.09
岑丞丕	蓋廬校釋補正	中國上古秦漢學會通訊	5	25-49	2005.09
張惠儀	遺老書法與新出土書法材料——二十世紀中國書法發展的契機	臺灣大學美術史研究集刊	19	163-224+228+a11-a12	2005.09
邢義田	從金關、懸泉置漢簡和羅馬史料再探所謂羅馬人建驪靬城的問題	古今論衡	13	49-72	2005.11
邢義田	從張家山漢簡《二年律令》重論秦漢的刑期問題	臺大歷史學報	36	407-432	2005.12
桂齊遜	從出土簡牘史料論《唐律·户婚律》之淵源	法制史研究	8	1-42	2005.12

5.走馬樓吴簡

作者	篇名	期(報刊)名	卷期	頁次	出版時間
張文杰	長沙走馬樓三國吴簡《嘉禾吏民田家莂》中的"復民"	興大歷史學報	16	73–95	2005.06

6.帛書

作者	篇名	期(報刊)名	卷期	頁次	出版時間
陳錫勇	老子尚德説析解	中國文化大學中文學報	10	43–54	2005.04
林静茉	從《經法·論》看帛書"黄帝書"的逆順思想	致理學報	20	187–208	2005.06
楊宗哲	《黄帝四經》與《韓非子》理論根基比較	國文學報(高師大)	2	203–222	2005.06
鍾宗憲	"黄帝"形象與"黄帝學説"的窺測——兼以反省《黄帝四經》的若干問題	輔仁學誌:人文藝術之部	32	17–57	2005.07
王國泰	由帛書《五星占》觀視中國古代天文學的成就	中國上古秦漢學會通訊	5	51–54	2005.09

7.其他

作者	篇名	期(報刊)名	卷期	頁次	出版時間
張勳燎 白彬	前涼建興二十八年"松人"木牘解復鬼文研究	臺灣宗教研究	3:2	101–123	2005.04

三、文集隨筆

1.通論

作者	篇名	書名	出版者	頁次	出版時間
邢文	簡帛時代:呼唤新世紀的大師	著乎竹帛——中國古代思想與學派	蘭臺出版社	410–411	2005.06
廖明君	中國簡帛學:走向世界的民族之學——邢文訪録	著乎竹帛——中國古代思想與學派	蘭臺出版社	412–424	2005.06

续表

作者	篇名	書名	出版者	頁次	出版時間
陳麗桂	近三十年出土儒道古佚文獻在中國思想史上的意義和貢獻	陳滿銘教授七秩榮退誌慶論文集	萬卷樓圖書股份有限公司	333-349	2005.07

2.楚簡

作者	篇名	書名	出版者	頁次	出版時間
邢文	《太一生水》與《淮南子》:《乾鑿度》再認識	著乎竹帛——中國古代思想與學派	蘭臺出版社	162-175	2005.06
季旭昇	從簡本《緇衣》"章好章惡"章到今本《緇衣》"章善癉惡"章	第二屆儒道國際學術研討會——兩漢論文集	臺灣師範大學國文系	1-16	2005.08
虞萬里	《緇衣》正文與孔子之關係	第二屆儒道國際學術研討會——兩漢論文集	臺灣師範大學國文系	17-51	2005.08
黄人二	簡論先秦兩漢書手抄寫後之校勘大概	出土文獻論文集	高文出版社	93-100	2005.08

3.秦簡

作者	篇名	書名	出版者	頁次	出版時間
邢文	《歸藏》筮法與秦簡《歸藏》筮法問題	著乎竹帛——中國古代思想與學派	蘭臺出版社	22-37	2005.06
邢文	秦簡《歸藏》與《周易》用商	著乎竹帛——中國古代思想與學派	蘭臺出版社	59-70	2005.06
邢文	從輯本《歸藏》看秦簡《歸藏》	著乎竹帛——中國古代思想與學派	蘭臺出版社	90-91	2005.06
孫機	説"箕斂"	孫機談文物	東大圖書股份有限公司	109-114	2005.07

4.漢簡

作者	篇名	書名	出版者	頁次	出版時間
邢文	八角廊簡《文子·聖知》探論	著乎竹帛——中國古代思想與學派	蘭臺出版社	147–152	2005.06
邢文	八角廊簡《文子》與帛書《五行》	著乎竹帛——中國古代思想與學派	蘭臺出版社	153–161	2005.06
孫機	江陵鳳凰山漢墓簡文中的"大柙"	孫機談文物	東大圖書股份有限公司	109–114	2005.07
孫機	説"箕斂"	孫機談文物	東大圖書股份有限公司	109–114	2005.07
邱德修	西漢定州《論語》簡新探	第二屆儒道國際學術研討會——兩漢論文集	臺灣師範大學國文系	123–150	2005.08
黄人二	張家山漢簡奏讞書案例三試釋——兼論函谷關之地位	出土文獻論文集	高文出版社	101–114	2005.08
黄人二	張家山漢簡奏讞書案例十七試釋	出土文獻論文集	高文出版社	115–127	2005.08
黄人二	讀張家山漢簡史律書後	出土文獻論文集	高文出版社	129–144	2005.08
福田哲之著佐藤將之、王綉雯合譯	阜陽漢簡《蒼頡篇》之文獻特性——與秦本之關係	中國出土古文獻與戰國文字之研究	萬卷樓圖書股份有限公司	3–28	2005.11
福田哲之著佐藤將之、王綉雯合譯	《蒼頡篇》之内容與結構	中國出土古文獻與戰國文字之研究	萬卷樓圖書股份有限公司	29–60	2005.11
福田哲之著佐藤將之、王綉雯合譯	阜陽漢墓出土木牘章題考——以一號、二號木牘爲中心	中國出土古文獻與戰國文字之研究	萬卷樓圖書股份有限公司	63–86	2005.11
福田哲之著佐藤將之、王綉雯合譯	阜陽漢墓一號木牘章題與定州漢墓竹簡《儒家者言》——與《新序》《説苑》《孔子家語》之關係	中國出土古文獻與戰國文字之研究	萬卷樓圖書股份有限公司	87–115	2005.11

5.帛書

作者	篇名	書名	出版者	頁次	出版時間
邢文	卦序與易學的起源——易類簡帛的卦序意義	著乎竹帛——中國古代思想與學派	蘭臺出版社	38-56	2005.06
邢文	八角廊簡《文子》與帛書《五行》	著乎竹帛——中國古代思想與學派	蘭臺出版社	153-161	2005.06
邢文	儒學與《周易》:馬王堆帛書研究的視角	著乎竹帛——中國古代思想與學派	蘭臺出版社	205-213	2005.06
邢文	伊川易學與帛書《周易》	著乎竹帛——中國古代思想與學派	蘭臺出版社	248-264	2005.06
邢文	《堯典》星象、曆法與帛書《四時》	著乎竹帛——中國古代思想與學派	蘭臺出版社	267-282	2005.06
邢文	沈有鼎先生卦序論——兼論帛書《周易》的卦序特徵	著乎竹帛——中國古代思想與學派	蘭臺出版社	283-300	2005.06
邢文	論帛書《要》篇巫史之辨	著乎竹帛——中國古代思想與學派	蘭臺出版社	307-327	2005.06
邢文	帛書《周易》與卦氣説	著乎竹帛——中國古代思想與學派	蘭臺出版社	328-340	2005.06
邢文	帛書《周易》與古代學術(節選)	著乎竹帛——中國古代思想與學派	蘭臺出版社	341-369	2005.06
邢文	帛書《周易》傳文所見五行説	著乎竹帛——中國古代思想與學派	蘭臺出版社	370-409	2005.06
鍾宗憲	“黄帝”形象“黄帝學説”的窺測——兼以反省《黄帝四經》的若干問題	先秦兩漢文化的側面研究	知書房	127-182	2005.06
李建民	馬王堆漢墓帛書“禹藏埋胞圖”箋證	生命史學——從醫療看中國歷史	三民書局	207-323	2005.07
李建民	明堂與陰陽——以《五十二病方》“灸其泰陰泰陽”爲例	生命史學——從醫療看中國歷史	三民書局	325-403	2005.07

续表

作者	篇名	書名	出版者	頁次	出版時間
徐富昌	典籍异文之鑒别與運用——以簡帛本與今本《老子》爲例	出土文獻研究方法論文集初集	臺灣大學出版中心	99-188	2005.09
淺野裕一	黄帝書《十六經》的宇宙生成論	出土文獻研究方法論文集初集	臺灣大學出版中心	233-264	2005.09

2006年

一、專書

作(編)者	書名	出版地點	出版者	頁數	出版時間
徐富昌	簡帛典籍异文側探	臺北	"國家"出版社	572	2006.03
徐富昌	武威儀禮漢簡文字編	臺北	"國家"出版社	590	2006.03
鄒濬智	《上海博物館藏戰國楚竹書(二)·緇衣》研究	臺北永和	花木蘭文化出版社	286	2006.03
湯淺邦弘著 佐藤將之譯	戰國楚簡與秦簡之思想史研究	臺北	萬卷樓圖書股份有限公司	276	2006.06
顧史考	郭店楚簡先秦儒書宏微觀	臺北	臺灣學生書局	279	2006.06
洪萬生 林倉億 蘇惠玉 蘇俊鴻	數之起源——中國數學史開章《筭數書》	臺北	臺灣商務印書館	283	2006.07
洪燕梅	《説文》未收録之秦文字研究:以《睡虎地秦簡》爲例	臺北	文津出版社有限公司	228	2006.09
曹峰	上博楚簡思想研究	臺北	萬卷樓圖書股份有限公司	286	2006.12

二、期刊論文

1.通論

作者	篇名	期(報刊)名	卷期	頁次	出版時間
黄棕源	近幾年中國内地儒學研究狀況(2000-2005年)	儒教文化研究	6	47-72	2006.02

续表

作者	篇名	期(報刊)名	卷期	頁次	出版時間
張顯成	論簡帛的文書檔案史研究價值	東海大學文學院學報	47	401-420	2006.07
洪楷萱	二十世紀後半期中國古史文獻的總彙——《古史考》簡介	國文天地	22:3=255	90-93	2006.08
任長正	勞榦教授著作目録(增訂版)	簡牘學報	19(勞貞一先生百歲冥誕專號)	601-629	2006
馬先醒	學校庠序與簡牘形制	簡牘學報	19(勞貞一先生百歲冥誕專號)	521-536	2006

2.楚簡

作者	篇名	期(報刊)名	卷期	頁次	出版時間
梁濤	先秦儒家天人觀辨證——從郭店竹簡談起	哲學與文化	33:1=380	123-141	2006.01
黄棕源	近幾年中國内地儒學研究狀况(2000-2005年)	儒教文化研究	6	47-72	2006.02
季旭昇	《孔子詩論》新詮	經學研究論叢	13	43-107	2006.03
顧史考	從《楚辭》韻例看郭店楚簡《語叢四》	先秦兩漢學術	5	187-216	2006.03
曹峰	從"自生"到"自爲"——《恒先》政治哲學探析	古今論衡	14	113-128	2006.05
范麗梅	由從"夲"諸字論金文"盭"與楚簡"盨"字	中國文學研究	22	1-28	2006.06
張宇衛	上博楚簡《交交鳴烏》析論——兼談詩篇意旨與創作年代	雲漢學刊	13	1-19	2006.06
張宇衛	《上博四·内禮》"負"字新釋與簡序考——兼以《内禮》版本探大、小戴《禮》傳承等問題	雲漢學刊	13	175-196	2006.06
張厚齊	郭店竹簡與鄒衍學派關係蠡探	東吴中文研究集刊	13	17-33	2006.06
黄志强	上海博物館藏戰國楚竹書(三)研究	東方文化	41:1	183-184	2006.06

续表

作者	篇名	期(報刊)名	卷期	頁次	出版時間
鄒濬智	《上海博物館藏戰國楚竹書(三)·恒先》思想體系試構	孔孟月刊	44:9/10=525/526	19-22	2006.06
鄭倩琳	從《郭店·老子甲》"絶智弃辯"章探析《老子》相關思想之詮釋發展	國文學報	39	81-109	2006.06
簡聖宗	《孔子詩論》論《木瓜》篇探析	孔孟月刊	44:9/10=525/526	11-14	2006.06
廖秀珍	由簡牘帛書中的"刑德"觀探析儒家天人思想之變化	明新學報	32	83-90	2006.08
許子濱	《郭店楚簡文字編》,張守中、張小滄、郝建文撰集	嶺南學報	3	356-360	2006.09
許學仁	楚地出土文獻與《楚辭》研究之"宏觀""微觀"考察	先秦兩漢學術	6	89-105	2006.09
陳麗桂	從出土簡帛文獻看戰國楚道家的道論及其相關問題——以帛書《道原》、《太一生水》與《互先》爲核心	中國文哲研究集刊	29	123-144	2006.09
楊晋龍	《五行篇》的研究及其引用《詩經》文本述評	經學研究集刊	2	159-196	2006.10
白於藍	《曹沫之陳》新編釋文及相關問題探討	中國文字	新31	117-134	2006.11
季旭昇	《上博三·周易·訟卦》二題:懥、其邑三四户	中國文字	新31	25-36	2006.11
蘇建洲	《上博楚簡(四)》考釋六則	中國文字	新31	143-160	2006.11
王輝	《上博楚簡(五)》讀記	中國文字	新32	21-32	2006.12
宋華强	新蔡簡中與"速"義近之字及楚簡中相關諸字新考	中國文字	新32	149-164	2006.12
李承律著西山尚志譯、曹峰譯	郭店楚簡《性自命出》的性情説和"禮樂"——禮樂之根源問題在思想史上的展開	中國文字	新32	175-210	2006.12
周鳳五	上博五《姑成家父》重編新釋	臺大中文學報	25	1-23	2006.12

续表

作者	篇名	期(報刊)名	卷期	頁次	出版時間
季旭昇	説《上博四·昭王與龔之脽》的"陳袍"	中國文字	新32	41-44	2006.12
袁國華	《上海博物館藏戰國楚竹書(五)·鮑叔牙與隰朋之諫》"錦(伐)器"、"滂沱"考釋	中國文字	新32	45-56	2006.12
寧鎮疆	結構研究視野下的《老子》材料討論	漢學研究	24:2=49	425-447	2006.12
蘇建洲	《上博楚簡(五)》考釋五則	中國文字	新32	73-92	2006.12

3.秦簡

作者	篇名	期(報刊)名	卷期	頁次	出版時間
李政峰	秦律的犯罪學解讀	警學叢刊	36:4=164	213-237	2006.01-02
林進忠	新出土里耶秦簡墨迹舉隅賞析	藝術欣賞	2:4	4-13	2006.04
范玫宜	秦律十八種中所見刑徒之生活	新北大史學	4	81-95	2006.10
林益德	傳承與演變——睡虎地秦簡與張家山漢律之比較	中華簡牘學會通報	2	69-94	2006
羅仕杰	里耶秦簡地理問題初探	簡牘學報	19(勞貞一先生百歲冥誕專號)	27-41	2006

4.漢簡

作者	篇名	期(報刊)名	卷期	頁次	出版時間
李政峰	秦律的犯罪學解讀	警學叢刊	36:4=164	213-237	2006.01-02
羅仕杰	居延漢簡甲渠塞士吏人名整理及任期復原	嶺東通識教育研究學刊	1:4	75-90	2006.08
張之傑	千年前的漢代數學(書評)	科學月刊	37:11=443	868	2006.11
張進勇	張大千與流沙墜簡	書畫藝術學刊	1	165-176	2006.11
何有祖	張家山漢簡《二年律令》釋文校訂	中國文字	新32	7-20	2006.12

续表

作者	篇名	期(報刊)名	卷期	頁次	出版時間
姜守誠	香港所藏"松人"解除木牘與漢晋墓葬之禁忌風俗	成大歷史學報	31	1-64	2006.12
吴昌廉	甲渠"當曲隧"至"臨木隧"里程重考	簡牘學報	19(勞貞一先生百歲冥誕專號)	489-520	2006
邢義田	貊炙小考——漢代流行烤肉串,還是全羊?	簡牘學報	19(勞貞一先生百歲冥誕專號)	213-231	2006
林文慶	高敏與張家山漢簡研究述論	中華簡牘學會通報	2	9-32	2006
林益德	恭讀秦漢史權威勞貞一先生的學術著作	簡牘學報	19(勞貞一先生百歲冥誕專號)	579-600	2006
林益德	傳承與演變——睡虎地秦簡與張家山漢律之比較	中華簡牘學會通報	2	69-94	2006
馬鼎	上林園札記——懸泉之畔"薄書"、新史料與"新史"——《新史研究》代序	中華簡牘學會通報	2	121-123	2006
陳中龍	肉刑與死刑之間——漢初刑制研究之一	中華簡牘學會通報	2	33-44	2006
蔡坤倫	漢代扜關地理位置初探	中華簡牘學會通報	2	55-67	2006
羅仕杰	建武五年四、五月《吏調罷牒》問題研究	中華簡牘學會通報	2	1-8	2006

5.走馬樓吴簡

作者	篇名	期(報刊)名	卷期	頁次	出版時間
于振波	走馬樓吴簡師佐籍蠡測	漢學研究	24:2=49	41-69	2006.12

6.帛書

作者	篇名	期(報刊)名	卷期	頁次	出版時間
廖秀珍	由簡牘帛書中的"刑德"觀探析儒家天人思想之變化	明新學報	32	83–90	2006.08
陳麗桂	從出土簡帛文獻看戰國楚道家的道論及其相關問題——以帛書《道原》、《太一生水》與《互先》爲核心	中國文哲研究集刊	29	123–144	2006.09
王曉波	"道生法"——《黄帝四經》的道法思想和哲學	臺灣大學哲學論評	32	75–113	2006.10
楊晋龍	《五行篇》的研究及其引用《詩經》文本述評	經學研究集刊	2	159–196	2006.10
張成秋	馬王堆帛書老子乙本殘卷之評鑑	語文學報	13	13–28	2006.12
寧鎮疆	結構研究視野下的《老子》材料討論	漢學研究	24:2=49	425–447	2006.12
劉文星	從《十六經》篇黄帝君臣的言論看《老子乙本卷前古佚書》的思想特色	宗教哲學	38	111–122	2006.12

三、文集隨筆

1.通論

作者	篇名	書名	出版者	頁次	出版時間
徐富昌	緒論:典籍异文概説	簡帛典籍异文側探	"國家"出版社	8–27	2006.03
徐富昌	簡帛典籍异文産生的原因	簡帛典籍异文側探	"國家"出版社	28–46	2006.03
徐富昌	簡帛典籍與傳世典籍异文現象分析	簡帛典籍异文側探	"國家"出版社	47–79	2006.03
徐富昌	簡帛典籍在异文考察上的意義——以簡帛本《老子》爲核心的説明	簡帛典籍异文側探	"國家"出版社	80–102	2006.03
徐富昌	出土文獻新證與文獻考察——兼論异文在文獻詮釋中的價值	簡帛典籍异文側探	"國家"出版社	490–537	2006.03

续表

作者	篇名	書名	出版者	頁次	出版時間
顧史考	從禮教與刑罰之辯看先秦諸子的詮釋傳統	郭店楚簡先秦儒書宏微觀	臺灣學生書局	1-37	2006.06
顧史考	古今文獻與史家之喜新守舊	郭店楚簡先秦儒書宏微觀	臺灣學生書局	133-154	2006.06

2.楚簡

作者	篇名	書名	出版者	頁次	出版時間
徐富昌	簡帛典籍在异文考察上的意義——以簡帛本《老子》爲核心的説明	簡帛典籍异文側探	"國家"出版社	80-102	2006.03
徐富昌	上博《周易》异文初探——以异體字及通假字爲中心的考察	簡帛典籍异文側探	"國家"出版社	104-151	2006.03
徐富昌	上博《緇衣》、郭店《緇衣》與今本《緇衣》异文側探——以通假异文爲核心的考察	簡帛典籍异文側探	"國家"出版社	152-194	2006.03
徐富昌	郭店《老子》與今本《老子》异文側探——以通假异文爲中心	簡帛典籍异文側探	"國家"出版社	195-240	2006.03
徐富昌	上博《周易》、《帛書周易》、《阜陽周易》及今本《周易》异文對照	簡帛典籍异文側探	"國家"出版社	332-366	2006.03
徐富昌	《上博緇衣》、《郭店緇衣》與今本《禮記緇衣》异文對照	簡帛典籍异文側探	"國家"出版社	367-384	2006.03
徐富昌	《郭店老子》、《帛甲本老子》、《帛乙本老子》及《王弼本老子》异文對照	簡帛典籍异文側探	"國家"出版社	385-422	2006.03
顧史考	從禮教與刑罰之辯看先秦諸子的詮釋傳統	郭店楚簡先秦儒書宏微觀	臺灣學生書局	1-37	2006.06
顧史考	從楚國竹簡論戰國"民道"思想	郭店楚簡先秦儒書宏微觀	臺灣學生書局	39-64	2006.06

续表

作者	篇名	書名	出版者	頁次	出版時間
顧史考	郭店楚簡儒家逸書及其對後世儒學思孟道統的意義	郭店楚簡先秦儒書宏微觀	臺灣學生書局	65-111	2006.06
顧史考	以新出楚簡重遊中國古代的詩歌音樂美學	郭店楚簡先秦儒書宏微觀	臺灣學生書局	112-131	2006.06
顧史考	古今文獻與史家之喜新守舊	郭店楚簡先秦儒書宏微觀	臺灣學生書局	133-154	2006.06
顧史考	郭店楚簡儒家逸書的排列調整芻議	郭店楚簡先秦儒書宏微觀	臺灣學生書局	155-168	2006.06
顧史考	讀《尊德義》札記	郭店楚簡先秦儒書宏微觀	臺灣學生書局	169-184	2006.06
顧史考	郭店楚簡《成之》等篇雜志	郭店楚簡先秦儒書宏微觀	臺灣學生書局	185-217	2006.06
顧史考	從《楚辭》韻例看郭店楚簡《語叢四》	郭店楚簡先秦儒書宏微觀	臺灣學生書局	219-260	2006.06
林耀潾	《上博簡·孔子詩論》的倫理接受與情感接受	第六届通俗文學與雅正文學——文學與經全國學術研討會論文集	新文豐出版股份有限公司	449-540	2006.09
許學仁	戰國文字研究面向的回顧與前瞻	文字與書法學術研討會論文集	中華書道學會	陸 1-46	2006.10

3.秦簡

作者	篇名	書名	出版者	頁次	出版時間
林倉億	《筭數書》校勘(漫談《筭數書》(一):從"醫"開始、漫談《筭數書》(二):墓道風情)	數之起源——中國數學史開章《筭數書》	臺灣商務印書館	213-231	2006.07
洪萬生 林倉億 蘇惠玉 蘇俊鴻	《筭數書》校勘(迄 2006 年 1 月)	數之起源——中國數學史開章《筭數書》	臺灣商務印書館	239-263	2006.07

续表

作者	篇名	書名	出版者	頁次	出版時間
林素清	上博館藏簡互證三則	屈萬里先生百歲誕辰國際學術研討會論文集	“國家”圖書館 中研院歷史語言研究所 台灣大學	311-319	2006.12
邱德修	《上博(五)》“弦望齊佰”釋考	屈萬里先生百歲誕辰國際學術研討會論文集	“國家”圖書館 中研院歷史語言研究所 台灣大學	321-337	2006.12
顧史考	上博竹書《三德》篇逐章釋	屈萬里先生百歲誕辰國際學術研討會論文集	“國家”圖書館 中研院歷史語言研究所 台灣大學	326-309	2006.12

4.漢簡

作者	篇名	書名	出版者	頁次	出版時間
徐富昌	《定州論語》與今本《論語》异文側探	簡帛典籍异文側探	“國家”出版社	241-330	2006.03
徐富昌	上博《周易》、《帛書周易》、《阜陽周易》及今本《周易》异文對照	簡帛典籍异文側探	“國家”出版社	332-366	2006.03
徐富昌	《定州論語》與今本《論語》异文對照	簡帛典籍异文側探	“國家”出版社	423-487	2006.03
勞榦	再論漢代的亭制	古代中國的歷史與文化	聯經出版事業有限公司	183-202	2006.06
勞榦	釋漢簡中的“烽”	古代中國的歷史與文化	聯經出版事業有限公司	215-224	2006.06
勞榦	簡牘中所見的布帛	古代中國的歷史與文化	聯經出版事業有限公司	325-329	2006.06

续表

作者	篇名	書名	出版者	頁次	出版時間
勞榦	漢代的"史書"與"尺牘"	古代中國的歷史與文化	聯經出版事業有限公司	545-552	2006.06

5.帛書

作者	篇名	書名	出版者	頁次	出版時間
徐富昌	簡帛典籍异文産生的原因	簡帛典籍异文側探	"國家"出版社	28-46	2006.03
徐富昌	簡帛典籍與傳世典籍异文現象分析	簡帛典籍异文側探	"國家"出版社	47-79	2006.03
徐富昌	簡帛典籍在异文考察上的意義——以簡帛本《老子》爲核心的説明	簡帛典籍异文側探	"國家"出版社	80-102	2006.03
徐富昌	《郭店老子》、《帛甲本老子》、《帛乙本老子》及《王弼本老子》异文對照	簡帛典籍异文側探	"國家"出版社	385-422	2006.03

附录:《簡帛研究》文稿技術規範

《簡帛研究》文稿技術規範在原有基礎上進行了適當調整,從《簡帛研究二〇一四》輯開始執行,敬請同仁垂注。

一、作者投稿,敬請惠寄打印稿或電子稿(WORD+PDF 文檔)。文稿務請達到齊(内容提要、關鍵詞、正文、注釋均完整無缺)、清(整齊清晰)、定(係作者定稿)。

二、文稿全文繁體横排(如果需要保留格式,個别簡文可豎排)。標題下標出作者工作單位、姓名。如果是國外學者,請在工作單位前添加國别,并加"[]",如[韓]。内容提要 300 字以内,關鍵詞 3—5 個。

三、文内分層或小節的標題數字順序依次是:一、,二、,三、,四、……;(一),(二),(三),(四)……;1.,2.,3.,4.……;(1),(2),(3),(4)……。文内一級標題漢字數碼後用顿号,後出標題題文,文内二級、四級標題後緊接標題,三級標題阿拉伯數字後加"."。如:

一、名籍的格式

(一)物價波動狀況與换算失誤

1.臨潼銀鋌與安邑分司

(1)婺源縣的事例

四、爲突出引文的重要而另立段落者,引文第 1 行起首空 4 格,從第 2 行起,每行之首均空 2 格。引文的首尾不加引號。引文的注釋號標在引文最後標點之後。

五、系統在默認狀態下不能處理録入的文字,請造字或以圖片形式插入正文。

六、關於數字的用法:

(一)數字用法以國家技術監督局 1995 年 12 月公布的《出版物上數字用法的規定》爲基本依據,并考慮到本專業的特殊性。

(二)如下情形使用阿拉伯數字:

1.作者的一般性叙述。如:

漢武帝實行鹽鐵官營,在全國 40 個郡國中設立鐵官 49 處。

2.公曆世紀、年代、年、月、日。如:

1922 年 12 月初,顧頡剛到商務印書館編譯所任專任編輯。

3.公制的度量衡單位計數與計量,包括正負數、分數、小數、約數和百分比,各種物理量值。如:

中國歷史博物館藏唐武德元年銅權重464.2克。

清代農業人口占人口總數90%以上,構成全國人口的主體。

4.表示順序號、數據及計量單位均用阿拉伯數字。

(三)如下情形使用漢字:

1.古籍文獻中的數字。如:

《晋書》卷一一《天文志上》:"古舊渾象以二分爲一度,凡周七尺三寸半分。"

2.古籍文獻中的卷數。如:

《册府元龜》卷三五《帝王部·封禪一》

3.中國朝代的年號及干支紀年使用漢字,其後加括號標出公元年代,但不寫出"公元"、"年"字。如:

乾道六年(1170),元狩四年(前119)

4.數字作爲詞素構成定型的詞、詞組或慣用語。如:

相差十萬八千里,十之八九,四分五裂

5.帶有"幾"字的數字。如:

幾千年以來

七、文内標點符號用法

(一)標點符號以國家技術監督局1995年發布的《標點符號用法》爲依據。

(二)連接號"—"爲短横(一字綫),占兩個字符。

如:中國秦嶺—淮河以北地區屬温帶季風氣候。

(三)引文或行文中的省略號,前、後均不加逗號或句號。

如:《左傳》隱公十一年《傳》:"與鄭人蘇忿生之田……盟……"

八、表格需注明表題,文中含一個以上的表需注明表序號,表中或表後應注明資料來源。如:

表1 明天啓元年(1621)北京五城鋪甲户數統計表

五城	鋪數	甲數(名)	户數(户)
中城	53	2544	25440
東城	173	3608	36080
南城	135	4330	43300
西城	101	3764	37640
北城	63	873	8730
合計	525	15119	151190

資料來源:《明熹宗實録》卷九。

九、注釋格式

(一)注文采用頁下注,每頁連續編號。

(二)注號采用阿拉伯圓圈數字,如:①、②、③。

(三)正文中的注號,無論隨文還是提行引用,一律標注在引號、逗號、分號、句號的後面。

(四)徵引古籍

1.徵引古籍標注一般順序:撰寫時代/撰寫者/著作名/卷數/版本/出版地點(出版社社名中已標示其所在地者,可不必再標地名)/出版社/年份/頁碼。影印古籍、未經今人整理的古籍亦出册頁。撰寫者時代以[ ]標出。如:

[宋]張齊賢:《洛陽縉紳舊聞記》卷五,文淵閣《四庫全書》本,上海人民出版社,1986,第231册,45頁。

2.習見古籍如二十四史、十三經、十通、《太平御覽》等書,徵引時可不出撰寫者時代和撰寫者。如:

《晋書》卷一四《地理志上》,北京:中華書局,1974,406頁。

《資治通鑑》卷一八五《唐紀一》貞觀元年,北京:中華書局,1956,5777頁。

(五)近人專著標注一般順序:責任者與責任方式/著作名/出版地點/出版社/年份/頁碼。

1.多卷本著作標明卷名,多人撰寫的著作應標出具體責任人。如:

林甘泉主編:《中國經濟通史·秦漢經濟卷》上册,第1章《緒論》(林甘泉撰寫),北京:經濟日報出版社,1999,8頁。

2.文集責任者與析出文獻責任者相同,省去文集責任者。如:

徐中舒:《殷人服象及象之南遷》,《徐中舒歷史論文選集》,北京:中華書局,1998,78頁。

3.文集責任者與文集析出者相同,但字面關係不明,可在文集前加上"收入其著"。如:

齊思和:《毛詩穀名考》,收入其著《中國史探研》,北京:中華書局,1981,24頁。

4.文集責任者與文集析出者不同,應標出責任人。如:

顧頡剛:《九州島之戎與戎禹》,中國社會科學院科研局組織選編《顧頡剛集》,北京:中國社會科學出版社,2001,101頁。

5.期刊文章標注順序:責任者與責任方式/著作名/期刊名/年期(或卷期,出版年月)。同名异地刊物應有區别説明。如:

潘明娟:《從鄭州商城和偃師商城的關係看早商的主都和陪都》,《考古》2008年第2期。

李濟:《創辦史語所與支持安陽考古工作的貢獻》,《傳記文學》(臺北)第28卷第1期,1976。

6.報紙文章標注順序:責任者與責任方式/著作名/報紙名稱、出版年月日/版次。如:

楊伯達:《東北夷玉文化板塊的男覡早期巫教辨》,《中國文物報》2008 年 4 月 9 日第 7 版。

7.網絡文章標注順序:責任者與責任方式/著作名/網站名稱/年月日。如:

邢義田:《漢代簡牘的體積、重量和使用——以中研院史語所藏居延漢簡爲例》(修訂稿),簡帛網,2008 年 4 月 5 日。

(五)外文文獻標注順序。西文專著:責任者與責任方式/著作名/出版地點/出版者/出版時間/頁碼。著作名用斜體,出版地點後用英文冒號,其餘各項間用英文逗點隔開。西文期刊:責任者與責任方式/著作名/期刊名/卷册及出版時間。著作名用英文引號標出,期刊名用斜體。引文跨頁用“pp. X-X”。日文、韓文等專著和期刊標注方式基本相同。日文、韓文等中的漢字請遵照其本來寫法,如發展的“發”,日文寫作“発”;“變”寫作“变”,“學”和“國”仍用簡體等。如:

T'ung-tsu Ch'ü, *Han Social Structure.* Seattle and London: University of Washington Press, 1972, p.121.

Brain E. Mcknight, *The Quality of Mercy: Amnesties and traditional Chinese Justic.* Honolulu: University Press of Hawaii, 1981, pp.37-72.

宫崎市定:《九品官人法の研究——科挙前史》,京都:同朋舍,1971,179 頁。

中村圭爾:《魏晋時代における“望”について》,《中国-社會と文化》2,1987,25 頁。

方東仁:《韓國의國境綫劃定研究》,首爾:一潮閣,1997,100 頁。

金文植:《조선후기지식인의자아인식과타자인식》,《大東文化研究》39,2001,19 頁。

(六)譯著格式:責任者國别/責任者與責任方式/翻譯者/著作名/出版地點/出版者/出版時間/頁碼。國别以[ ]標注,責任者需以括號標出本名,責任者和翻譯者間用逗點間隔。

譯文格式:責任者國别/責任者/翻譯者/著作名/刊名/出版時間或卷册。國别以[ ]標注,責任者需以括號標出本名,以書代刊出版物標出出版單位和時間。如:

[英]柯林伍德(R.C.Collingwood)著,何兆武、張文杰譯:《歷史的觀念》,北京:中國社會科學出版社,1986,155 頁。

[德]科卡(Juegen Kocka)著,景德祥譯:《全球化時代的社會史研究》,《史學理論研究》2007 年第 1 期。

[日]大庭脩著,徐世虹譯:《〈居延漢簡補編〉的出版》,《簡帛研究二〇〇一》,桂林:廣西師範大學出版社,2002,567 頁。

十、各朝代的簡帛資料,參照所引底本内容、格式、符號、標記、編號照録,或采用通行方法,如《吴簡研究》第 3 輯(北京:中華書局,2011,405 頁)附録的“吴簡徵引格式”。引用簡牘是否斷句、加標點,不做統一要求。

十一、其他

(一)凡徵引文獻以“參見”、“詳見”、“并見”等引導,責任人直接與文獻連接。如:

參見傅衣凌《明清社會經濟變遷論》,北京:人民出版社,1989,152頁。

(二)同一文獻再次引用時,注釋中祇標出責任者、著作名和頁碼。一律不采用“前揭”、“前引”、“同前注”、“同上注”等。

(三)出版物的出版時間均采用公曆。

(四)需要標出基金項目、資助等,在文章標題後加注,注釋符號爲“ * ”號,在頁下脚注寫出説明性文字。

(五)文稿附加文字如鳴謝等置於全文後,另段標出。

徵稿簡約

一、本刊作爲中國社會科學院簡帛研究中心的專業性學術刊物，歡迎與下述内容相關的論文投稿：

1.出土簡帛的辨識、考證；2.根據出土簡帛考辨史實，研究中國古代的各種制度、思想文化以及社會發展狀況；3.有代表性的國外簡帛研究譯文；4.簡帛研究綜述；5.簡帛研究論著評論；6.簡帛研究論著索引。

二、本刊提倡嚴謹的學風，堅持“百花齊放、百家争鳴”的方針，堅持相互尊重的自由討論。本刊發表的文章均不代表本刊意見，由作者文責自負。

三、本刊衹接受首發投稿。已在正式出版物和網絡上刊發者，均不視爲首發。

四、來稿請提交一份文本稿，一份電子文稿（電子郵件或磁盤）。

五、本刊實行雙向匿名專家審稿制度。稿件中請勿出現作者個人信息。有關作者姓名、單位、聯繫方式等，請另紙提供。

六、本刊對刊登的稿件擁有爲期兩年的專有版權。作者如有异議和特殊要求，請於投稿時聲明。請勿一稿兩投。

七、本刊處理來稿期限爲60個法定工作日。逾期未接到通知，作者有權對自己的稿件另行安排。因本刊經費緊張，來稿一律不退，請作者自留底稿。

八、來稿請寫明作者真實姓名(發表時筆名聽便)、工作單位、職稱或職務、通訊地址、郵政編碼、電話號碼和電子郵箱，以便聯繫。

來函請寄：

北京市建國門内大街五號 中國社會科學院歷史研究所戰國秦漢史研究室

凌文超 收

郵編：100732

電子郵件請寄：jbyj2005@126.com